JN412227

心齋 趙彦儒의 經學과 治心之學

趙壎泳

1940년 경북 英陽 출생.
성균관대 경제학과 졸업.
성균관대 무역대학원 졸업.
고려대 경영대학원 졸업.
성균관대 유학대학원 졸업.
성균관대 대학원 동양철학과 졸업(철학박사).
진우약품주식회사 회장.

心齋 趙彦儒의 經學과 治心之學

초판 1쇄 발행 2010년 11월 20일

지은이 | 조훈영
펴낸이 | 최원필
편　집 | 양상모
펴낸곳 | 심산출판사
주　소 | 서울시 은평구 불광동 219-7 예은 101
전　화 | 02-357-0633
팩시밀리 | 02-357-0631
E-mail | simsan@korea.com
등　록 | 제1-2114호(1996년 11월 28일)
ISBN | 978-89-89721-98-7 93150

心齋 趙彦儒의 經學과 治心之學

趙 壎 泳

심산

■ 序

이 책은 나의 博士學位論文을 약간 손질하고, 한 건의 附錄을 첨부한 것이다. 나는 1961년에 成均館大學校 經濟學科에 입학하여, 처음 成均館과 인연을 맺었다. 비록 경제학과에 입학했지만, 성균관대학은 儒學의 본산이요, 나도 언젠가는 儒學을 공부하겠다는 마음을 품고 있었다. 대학을 졸업한 후에는 생업에 종사하느라 학업과는 거리가 생겼지만, 마음 한구석에는 成均館으로 돌아가 儒學을 공부하겠다는 생각이 떠나지 않았다. 나는 마침내 1998년에 다시 성균관대학의 문을 두드렸다. 나는 碩士論文으로는 우리 집안 家學의 鼻祖가 되시는 靜菴 趙光祖 先生에 대해 연구하고, 박사논문으로는 先祖 心齋 趙彦儒 先生에 대해 연구하겠다는 계획을 품고 大學院에 진학했던 것이다. 이제 어언 십여 년의 세월이 흘러, 부끄럽게나마 박사학위논문을 제출하고, 마침내 이 책을 上梓하게 된 것이다.

心齋 先生은 筆者의 5代祖이시다. 선조의 저작을 후손이 직접 연구의 주제로 삼는다는 것은 부끄럽고 송구스러운 일일 것이다. 그러나 조상의 학문을 공부하고 선양하는 것은 보람 있는 일일 수도 있다는 생각에, 용기를 내어 본 연구에 착수하였다. 江湖 諸賢의 양해와 질정을 바란다.

儒學大學院에 입학하고 다시 학업에 매달린 세월을 돌이켜보니, 만감이 교차한다. 생업과 학업을 병행하느라 의욕만큼 학업의 진전이 없었고, 晩學이다 보니 어제 배운 것을 오늘 잊어버리는 일이 非

一非再했다. 그러나 家學의 실마리를 잇겠다는 일념으로 부지런히 明倫洞을 오갔다. 여러 교수님의 가르침이 두루 유익했지만, 무엇보다도 즐거웠던 추억은 韓國哲學硏究所의 금요강독 시간이었다. 매주 금요일마다 李東俊 교수님의 지도로 여러 同學이 모여 先賢의 글을 골라 읽었는데, 靜菴 先生의 〈謁聖試策〉, 退溪 先生의 〈自省錄〉, 栗谷 先生의 〈萬言封事〉 등이 특히 기억에 남는다. 先賢의 글을 대하는 시간은 마치 別天地에 노니는 느낌이라서, 세속의 번잡한 일들이 저절로 뇌리에서 사라지곤 했다.

나는 成均館에서 儒學을 공부하면서 실로 많은 분의 은혜를 입었다. 恩師 李東俊 교수님께서는 매주 별도의 講學을 열어 자상하게 後學들을 깨우쳐 주셨고, 나의 박사논문에 대해서는 字句 하나하나까지 정성스럽게 손질해 주셨다. 먼저 이동준 교수님께 깊은 감사의 말씀을 올린다. 지금은 釜山敎大에 재직하시는 李相益 교수님은 금요강독 시간에 同學들을 先導하시면서, 내게도 많은 가르침을 주셨다. 이상익 교수님은 또 心齋 先生의 『庸學辨疑』를 번역해주셨거니와, 나는 이상익 교수님의 〈庸學辨疑解題〉를 바탕으로 박사논문을 구상할 수 있었다. 이상익 교수님은 또한 내 논문의 부족한 부분을 보완할 수 있도록 많은 관련 자료를 제공해 주셨고, 이 책의 부록 〈心齋行狀〉도 번역해 주셨다. 이상익 교수님께 특별한 감사의 말씀을 올린다.

先親께서는 막내인 나를 특별히 사랑해 주셨다. 60여 년 전 先親의 손을 잡고 月麓書堂에 입학하던 날의 일은 지금도 기억에 생생하다. 고향 마을에 있는 월록서당에서는 당시에 초등학교 과정을 개설했었는데, 나는 봄 학기를 건너뛴 채 가을에 월록서당에 입학했다. 월록서당은 비록 新學을 가르치는 곳으로 탈바꿈했지만, 서당에서 공부하면서 나는 舊學의 분위기도 겸해서 배울 수 있었다. 先親께서는 日月鄕校의 釋典에 參祀하실 때에도 나를 꼭 데리고 가셨다. 이러한 추억들도 작지 않은 계기가 되어, 나는 成均館에서 儒學을 공부하게 된 것이다. 한편, 아내(李炫璟)는 우리 집안의 내력과 전통을 충분히 이해하고 나의 晩學을 묵묵히 성원해 주었다. 부족하나마 이 한 권의 책으로 先親의 訓導와 아내의 內助에 보답하고자 한다.

그러고 보니 豚兒 胤修·修賢·東權도 이제는 어엿한 成人이 되었다. 아비의 晩學을 지켜보면서 조금이라도 느낀 것이 있다면, 이를 바탕으로 가정의 전통을 잘 이어나가고, 사회와 국가에 꼭 필요한 인재가 되어주길 바란다.

檀紀 4343年 立秋之節

趙璜泳 謹識

차례

제1장 序論

1. 연구의 목적과 방법

心齋 趙彦儒(1767～1847)는 慶北 英陽 출신으로서, 오늘날에도 屈指의 文鄕으로 널리 알려진 '주실 마을'(慶尙北道 英陽郡 日月面 注谷里)이 그의 고향이다.[1] 心齋는 당시 嶺南의 碩儒로서 일찍이 文名을 얻었고 많은 著作을 남겼으나, 오늘날 學界에는 아직 본격적으로 소개되지 않은 인물이다.[2] 이에 본 연구에서는 心齋의 著作들 가운

1) 안동대학교 안동문화연구소에서는 '주실 마을'의 全貌를 소개한 책 『영양 주실 마을』을 편찬한 바 있다(안동대학교 안동문화연구소 지음, 『영양 주실 마을』, 예문서원, 2002). 이 책의 주요 목차를 소개하자면, 주실 마을의 자연환경과 풍수지리적 상징, 漢陽趙氏들의 주실 마을 정착, 조덕순·조덕린 형제의 삶과 생각, 家學의 형성과 계승, 조선 후기 중앙학계와의 만남, 새롭게 개척한 近代의 길, 민족의 양심 위에 일궈낸 변혁, 文學과 國學 - 지방에서 세계로, 주실의 전통 건축, 놀이와 배움의 어우러짐 - 주실의 민속, 새날을 여는 주실 사람들 등이다.

2) 心齋 趙彦儒를 오늘날 學界에 소개한 글로는 2편을 꼽을 수 있다. 하나는 權五榮의 〈『心齋遺稿』 解題〉로서, 이 글에서는 心齋의 家系와 學問淵源을 소개하고, 心齋의 主要 著作들에 대해 간결하게 소개하였다(『心齋遺稿』 上, 경인문화사, 2002, 1-24쪽 참조). 다른 하나는 李相益의 〈『譯註 庸學辨疑』 解題〉로서, 이 글에서는 心齋의 家系와 學問淵源, 學風, 『庸學辨疑』의 주요 내용과 그 밖의 哲學的 著作들에 대해 간결하게 소개하였다(『譯註 庸學辨疑』, 심산, 2006, 9-33쪽 참조). 한편 心齋에 대한 단편적인 소개로는 『영양 주실 마을』의 제4장 〈家學의 형성과 계승〉도 있거니와, 이 글에서 權五榮은 心齋의 학문적 특징을 '心學(治心之學)'으로 규정하고 간단히 소개한 바 있다(『영양 주실 마을』, 100쪽 참조). 또한 權五榮의 『조선후기 유림의 사상과 활동』(돌베개, 2003)의 〈19세기 초 안동 유림의 유회

데 哲學的 著作에 초점을 맞추어 心齋의 哲學思想을 조명하고, 이를 學界에 소개하고자 하는 것이다. 심재의 철학적 저작들은 다음의 세 부류로 크게 나뉜다.

첫째는 『庸學辨疑』로서, 이는 『中庸』과 『大學』에 대한 經學的 硏究書이다. 『庸學辨疑』의 기본적인 성격은 『中庸』과 『大學』의 '本文(經文)'과 朱子의 集註 가운데 '어려운 부분'이나 '未盡한 부분' 또는 '의심스러운 부분'을 해설하고, 『中庸章句大全』과 『大學章句大全』에 실린 諸家說에 대해 비판적으로 검토한 것이다. 요컨대 心齋의 『庸學辨疑』는 朱子學을 경전해석의 기본노선으로 삼는 것으로서, 朱子의 해석을 敷衍하는 데에 주안점이 있다. 그러나 심재가 朱子의 입장을 墨守하기만 한 것은 아니다. 심재는 諸家說은 물론 朱子의 해석에 대해서도 타당하지 않다고 판단되는 부분에 대해서는 과감하게 異意를 제기하고 있다.

둘째는 『心齋遺稿』「雜著」 가운데의 여러 論說로서, 그 가운데 대표적인 것으로는 〈心統性情說〉·〈人心道心說〉·〈浩氣說〉·〈夜氣說〉·〈心齋記〉·〈講會錄序〉 등을 들 수 있다. 〈心統性情說〉·〈人心道心說〉·〈浩氣說〉·〈夜氣說〉 등은 제목 그대로 儒學(性理學)의 주요 論題들에 대한 자신의 견해를 피력한 글이다. 〈心齋記〉는 心齋가 자신의 雅號 '心齋'를 해설한 글로서, 여기에는 자신의 學問的 指向과 마음을 다스리는 방법에 논의가 담겨 있다. 한편 〈講會錄序〉에는 訓詁와 詞章에 빠진 당시의 학풍을 비판하는 심재의 學問論이 잘 나타나 있다.

셋째는 『心齋遺稿』 가운데 1,200餘 首에 달하는 수많은 詩이다. 심

와 활동〉·〈19세기 안동 유림의 학맥과 사상〉도 '주실 마을의 家學'과 '안동 유림의 學脈'과의 교류 관계를 파악하는 데 도움이 된다.

재는 性理學의 주요 개념들을 '詩'로 읊기도 하였으며, 學問과 修養의 방법을 '箴'이나 '銘'으로 남기기도 하였다. 예컨대 心齋의 〈閒中雜詠〉 43首[3]는 朱子의 〈性理吟〉 147首를 연상하게 하는 대표적인 哲學詩이다. 또 '箴'으로는 愼言箴, 修身箴, 安分箴, 好善箴, 改過箴, 懲忿箴, 窒慾箴, 戒懼箴, 愼獨箴 등을 들 수 있으며, '銘'으로는 心銘, 性銘, 氣銘, 仁銘, 義銘, 禮銘, 智銘, 信銘, 敬銘, 誠銘, 中銘, 勇銘, 道銘, 德銘, 忠銘, 恕銘, 學銘 등을 들 수 있다. 요컨대 심재는 성리학의 주요 개념들은 물론 학문과 수양의 방법을 모두 詩나 箴·銘으로 표현하고 있는 것이다.

이렇게 볼 때, 心齋의 哲學的 著作들은 오늘날 학문적 논의의 소재가 되기에 충분할 것이다. 그리하여 본 연구에서는 위와 같은 저작들을 중심으로 心齋 哲學思想의 全貌를 규명해 보고자 한다. 본 연구의 주된 자료는 물론 심재의 『庸學辨疑』와 『心齋遺稿』이다.[4] 한편, 심재의 學問淵源으로는 靜菴 趙光祖와 晩谷 趙述道, 그리고 立齋 鄭宗魯와 大山 李象靖 등이 주목된다. 본 연구에서 심재의 학문연원을 해명하면서는 이들의 논설을 충분히 활용할 것이다. 또한

---

3) 〈閒中雜詠〉 43首의 제목을 모두 소개하자면, "天, 地, 人, 理, 氣, 心, 性, 情, 仁, 義, 禮, 智, 信, 道, 德, 誠, 敬, 忠, 恕, 孝, 悌, 存養, 省察, 致知, 力行, 克己, 改過, 立志, 修身, 懲忿, 窒慾, 謹言, 慮事, 操守, 識量, 誨子, 睦族, 家法, 僕御, 交際, 敎育, 處患, 安貧"이다.

4) 現存하는 『心齋遺稿』는 11卷의 本集과 2卷 분량의 附錄 「痛慕錄」으로 구성되어 있다. 심재의 曾孫 南洲 趙承基와 外曾孫 西坡 柳必永이 함께 심재의 文集을 編輯하고 校正한 바 있는데, 그것을 정식으로 간행하지 못한 채 전해오다가, 그 가운데 제6권과 제7권을 失傳하게 되었다. 근래에 심재의 후손들은 失傳한 두 卷을 끝내 찾지 못한 채 假編輯 상태의 筆寫本을 그대로 影印하여 간행하였다(『心齋遺稿』 上·下, 景仁文化社, 2002). 그런데 이후 심재의 『庸學辨疑』를 발견하게 되었거니와, 이것이 바로 失傳했다는 제6권과 제7권에 해당되는 것일 수도 있다. 한편 새롭게 발견된 『庸學辨疑』는 李相益의 譯註로 심산출판사에서 간행된 바 있다(『譯註 庸學辨疑』, 심산출판사, 2006).

심재의 經學을 논의하면서는 退溪 李滉이나 栗谷 李珥, 그리고 沙溪 金長生이나 星湖 李瀷 등의 논설을 아울러 살펴볼 것이다.

본 연구에서 먼저 심재의 生涯와 學問淵源 및 學風을 소개한 다음, 심재의 『庸學辨疑』에 대해 자세히 고찰하고, 이어서 經學과 心學을 두 축으로 삼아 심재 학문의 본령을 논의하고자 한다. 本考의 논의의 방향과 주요 내용을 소개하자면 다음과 같다.

본 연구의 제2장에서는 心齋의 學問淵源과 學風을 살펴보겠다. 心齋는 靜庵 趙光祖의 傍孫으로서 우뚝한 家學의 淵源을 배경으로 하면서, 당시 嶺南學界의 주류를 형성하였던 退溪學派와 폭넓은 交遊를 통해 자신의 학문을 성취하였다. 심재의 학문 형성에 큰 영향을 끼친 두 인물은 族曾祖 晩谷 趙述道와 外叔 立齋 鄭宗魯로서, 이들의 학문은 大山 李象靖과 밀접한 관련을 맺고 있다. 이들의 家系와 學問的 交遊 관계를 추적하면 심재의 학문연원을 살필 수 있다. 그리하여 제2장에서는 먼저 靜菴 趙光祖로부터 연원하는 家學의 전통을 살피고, 大山 李象靖과 立齋 鄭宗魯의 사상을 개관함으로써 심재의 학문이 성립하게 되는 배경을 살피고자 한다. 심재의 行狀에서는 심재의 학풍을 '마음을 다스리는 학문(治心之學)'으로 규정하고 있는데, '心齋'라는 號 역시 그의 이러한 학풍을 보여준다. 심재는 한편으로는 性理學者로서 사단칠정논쟁 등 '理氣心性에 관한 形而上學的 논의'와 '四書 등에 대한 經學的 탐구'에 많은 관심을 보였다. 본고의 주된 연구 자료인 『庸學辨疑』는 『中庸』과 『大學』에 대한 심재의 경학적 탐구의 결실이다. 이러한 맥락에서, 제2장에서는 심재의 학풍과 심재의 경학이 어떻게 매개되고 있는지 살핌으로써, 이어지는 논의의 단초로 삼고자 한다.

제3장에서는 심재의 『庸學辨疑』 가운데 「中庸辨疑」에 관해 살펴

보겠다. 심재는 「中庸辨疑」에서 “『中庸』의 大旨는 ‘知·仁·勇’ 三達德을 ‘道에 들어가는 門’으로 삼는 것이요, 그 요점은 ‘知·仁·勇을 말미암아서 中庸에 부합함’에 불과하다. ‘知’는 ‘이 中庸을 아는 것’이요, ‘仁’은 ‘이 中庸을 체득하는 것’이며, ‘勇’은 ‘이 中庸에 힘쓰는 것’이다. 知·仁·勇 三達德은 한마디로 표현하자면 ‘中庸’일 뿐이다.”라고 하였다. 그런데 心齋에 의하면, 知·仁·勇의 三達德은 결국 ‘知·行의 中庸’을 추구하는 것이다. 즉 知와 行에서 ‘지나침과 모자람이 없음’을 실현하려는 것이 『中庸』의 목표로서, 『中庸』의 모든 내용은 이에 초점이 맞추어져 있다는 것이다. 심재에 의하면, ‘知’는 ‘知’를 뒷받침하는 것이요, ‘仁’은 ‘行’을 뒷받침하는 것이며, ‘勇’은 知·仁처럼 독자적 位相을 지니는 것이 아니라 知와 行에 용감한 것이다. 또한 『中庸』의 특징은 知와 行을 별개로 논의하는 것이 아니라 항상 ‘서로 길러주고, 서로 발현시켜줌(交相養 互相發)’의 관계로 규정한다는 데에 있다는 것이다. 제3장에서는 이러한 점들에 초점을 맞추어 심재의 『中庸』 해석을 전반적으로 살펴보고, 그 특징을 규명할 것이다.

제4장에서는 심재의 『庸學辨疑』 가운데 「大學辨疑」에 관해 살펴보겠다. 經學史的으로 볼 때, 『中庸』의 해석을 둘러싼 쟁점은 별로 없었다. 그러나 『大學』은 해석상의 쟁점이 많았음은 물론, 編次上의 논쟁도 끊이지 않았다. 또한 『中庸』은 그 체계가 표면으로 잘 드러나지 않는 것과 달리, 『大學』은 ‘三綱領·八條目’이라는 체계가 분명하게 드러나는 경전이다. 심재 역시 ‘三綱領·八條目’의 체계로 『大學』을 이해하고 있다는 점은 再論의 여지가 없다. 다만, 심재는 ‘先後本末論’과 ‘絜矩之道’ 역시 『大學』의 全般的 體系를 관통하는 핵심 개념으로 설정하고 있다. 즉 심재는 ‘先後本末論’ 자체를 ‘三綱領·八條目’과 함께 經一章의 중요한 두 축으로 보는 것이다. 그리고 ‘絜矩

之道'를 이 모두를 관통하는 개념으로 보아 "『大學』의 八條目은 한결같이 모두 '絜矩'로 근본을 삼는다. 格物·致知는 絜矩에 대한 공부요, 誠意·正心·修身은 絜矩로부터 流出되는 것이며, 齊家·治國·平天下에 이르기까지 絜矩가 아니면 불가능하다."라고 말한다. 제4장에서는 이러한 점들에 초점을 맞추어 심재의 『大學』 해석을 전반적으로 살펴보고, 그 특징을 규명할 것이다.

제5장에서는 심재 學問의 본령을 규명하고, 그것이 『庸學辨疑』와 어떻게 조응하는지 논의할 것이다. '心齋'라는 號가 상징하듯이 심재는 心學을 중시했다. 그런데 심재의 心學은 전통 性理學의 지론에 입각한 '마음을 다스리는 학문'으로서, 마음을 진리의 표준으로 삼는 陽明學과는 오히려 반대되는 것이다. 모든 성리학자가 그러했듯이, 심재는 '心統性情'이라는 명제에 근거하여 '마음'을 '一身의 주재자'로 파악했다. 실로 마음은 一身의 주재자로서, 사람의 賢·否는 마음에 달린 것이다. 그러므로 마음을 바르게 다스리는 것이 학문의 궁극적 관건이라는 논리가 성립하는 것이다. 심재는 마음을 다스리는 학문의 토대를 經學에서 찾았다. 심재에 의하면, 經學이란 '꼭 알맞고 좋은 도리(恰好底道理)'를 탐구하는 학문이다. 經學을 통해서 우리 삶에 '꼭 알맞고 좋은 道理'를 터득하고, 그것을 통해서 마음을 다스림으로써 올바른 삶과 실천에 이르자는 것이다. 이러한 맥락에서, 제5장에서는 먼저 심재에게 있어서 經學과 心學의 관계를 규명하고, 이어서 심재의 治心之學을 구체적으로 살펴본 다음, 경학과 심학의 두 측면에서 『庸學辨疑』의 의의를 규명해 보고자 한다.

2. 心齋의 家系와 생애

心齋 趙彦儒(1767~1847)의 本貫은 漢陽으로 고려 후기에 僉議中書事를 지낸 趙之壽를 鼻祖로 한다. 조선 세종 때 右議政을 지낸 趙涓[5]은 심재의 15代祖이다. 심재의 先祖들은 서울에서 世居했었다. 그런데 1519년 己卯士禍로 靜庵 趙光祖 등이 賜死되고 그 禍가 一族에까지 미치자, 靜庵의 三從叔인 趙琮은 정치적 박해를 피해 一家를 이끌고 서울에서 慶北 榮州로 피난하였다. 이후 趙琮의 자손들은 영주뿐만 아니라, 풍기·예천·안동·영양 등으로 퍼져 나갔다. 그 가운데 趙琮의 손자 趙源은 英陽의 咸陽吳氏 吳澤의 사위가 되면서 英陽에 정착하게 되었다. 趙源의 손자 趙佺은 壬辰倭亂을 당하여 여러 從兄弟들과 함께 忘憂堂 郭再祐의 火旺義陣에 참여하여 많은 軍需物資를 지원하는 등 큰 功을 세웠고, 오늘날의 英陽 '주실 마을'에 터를 잡았다(1629년).[6] 趙佺의 아들 趙廷珩은 일찍이 進士試에 합격했으나, 丙子胡亂 이후 科擧의 뜻을 버리고 詩와 술로 마음을 달래다가 요절하였다.[7]

趙廷珩의 아들 趙頵은 學舍를 설립하여 子弟들의 교육에 심혈을 기울였다. 그 결과 趙頵의 두 아들 壺峯 趙德純과 玉川 趙德鄰이 文

5) 李弘稙 편, 『增補 새 國史事典』(교학사, 2000)에서는 趙涓에 대해 "財貨를 탐하지 않고, 國政에 힘써 家事를 염려함이 없었으며, 벼슬에 나간 후 좌천된 일이 없었고, 4대조(太祖-世宗)에 걸쳐서 寵遇를 받았다"고 소개하였다.

6) 『영양 주실 마을』, 41-44쪽 참조.

7) 조정형이 죽었을 때, 石溪 李時明(葛菴 李玄逸의 父)은 "屈原은 맑은 정신에 물에 빠져 죽었고, 그대는 술을 마시다 요절하였네. 悲憤을 품고 죽은 것은 하나이니, 道에 무슨 손상됨이 있으리오"라는 弔文으로 추모하였다(『心齋遺稿』, 卷11 頁39, 〈高祖考通德郎府君行略〉, "曾祖諱廷珩進士, 嘗入泮, 唱多士請斬李爾瞻, 自丙子後廢擧, 托意詩酒以自終, 李寢郎時明爲文以弔曰, 屈醒而沈, 君飮而夭, 懷憤則一, 何傷乎道!").

科에 급제하여, 주실 마을의 文風이 세상에 널리 알려지기 시작했다. 심재는 바로 趙德純의 5代 宗孫이다. 심재의 高祖 趙喜命은 通德郎에 이르렀으나 요절하였고, 曾祖 趙師道는 여러 번 科擧에 응시했으나 뜻을 이루지 못했다. 심재의 祖父 趙居寬과 父 趙明復은 당파적 핍박 속에서 官職에의 뜻을 접고, 家學을 이으면서 處士로 일생을 보냈다.

心齋의 家系와 生涯를 이해함에 있어서 빼놓을 수 없는 인물은 5代祖 趙德純(1652~1693)과 그의 아우 趙德鄰(1658~1737)이다. 조덕순은 文科에 壯元으로 급제하여(肅宗 16년, 1690년) 많은 사람의 촉망을 받으며 淸要職에 진출했다. 그는 짧은 기간 동안 成均館 典籍(정6품), 禮曹 正郎(정5품), 司憲府 持平(정5품) 등을 역임했는데, 갑작스러운 病으로 요절하였다. 조덕린 역시 增廣 文科에 급제하여(1691년) 淸職에 진출했으나, 1694년 4월 甲戌換局으로 西人이 정권을 장악하자, 身病을 이유로 사임하고 귀향하였다. 조덕린은 葛菴 李玄逸의 門人으로서 南人 계열의 핵심에 속했기 때문에, 西人 정권이 등장하자 사퇴한 것이다. 조덕린은 귀향 후 30여 년을 은거하면서 학문에 전념하였다. 景宗 말년의 정국을 운영한 少論은 南人에 대해서도 호의적으로 대했다. 그리하여 조덕린에 대해서도 敍用이 논의되고 있던 때, 景宗이 승하하고 英祖가 즉위하면서, 조덕린은 弘文館 修撰(정6품)에 임명되었다(1725년 3월). 조덕린은 그 해 9월 司諫院 司諫(종3품)으로 승진했다. 그러나 이미 老論 정권이 등장하여, 그의 관직 생활은 순탄하기 어렵게 되었다. 이에 그는 '時務 10條'를 건의하면서 辭職을 청하였다(〈乙巳十條疏〉, 1725년 10월). 그 가운데 제3조는 '관원의 선임을 정밀히 하여 바른 정치를 세우소서(精選任以立政)'라는 것이며, 제9조는 '공도를 넓혀서 사사로움을 없애

소서(恢公道以滅私)'라는 것인데, 이는 老論의 전횡을 직접적으로 비판한 것이었다. 이 상소문의 여파로 조덕린은 함경도 鍾城으로 유배되었다(1725년 11월).

조덕린은 1727년 7월 유배에서 풀려나, 사간원 사간에 다시 임명되었으나, 신병을 이유로 사직하고 귀향하였다. 낙향한 이후에 '戊申亂(이인좌의 난, 1728년 3월)'이 일어나자, 조정에서는 그를 嶺南上道號召使로 임명하였다. 그는 義兵을 조직하고 民心을 수습하여 亂을 평정하는 데 이바지하였다. 이러한 공로로 그는 '原從一等功臣'에 올랐고, 同副承旨와 經筵의 參贊官에 임명되어 進講하기도 했다. 그러나 그는 거듭 사직을 청하여, 마침내 고향으로 다시 돌아올 수 있었다(1728년 7월). 이후에도 右副承旨·兵曹參議 등에 임명되었으나, 그는 거듭 고사하고 고향에서 講學과 著述에 몰두하였다. 그런데 낙향한 지 8년이 지난 1736년 9월, 조정에서 〈乙巳十條疏〉가 재론되면서 그는 서울로 압송되어 국문을 받았으나, 英祖의 특명으로 출옥하였다. 그 후, 스승 李玄逸의 신원운동을 주도한 배후로 지목되어, 그는 다시 제주도로 유배를 가는 도중, 전라도 康津에서 운명하였다(1737년 7월). 조덕린의 시련은 그 자손들에게도 이어져, 자손들의 敍用이 오래도록 금지된 것이다. 그의 손자 趙進道는 文科에 급제했으나(1760년), 조덕린의 손자라는 사실이 밝혀지면서 합격이 취소되었다.[8] 1788년 '戊申亂 60주기'를 맞이하여, 영남 유생들의 상소로 조덕린의 官爵이 회복되었으나, 正祖가 승하하자마자 다시 추탈 당했다.[9]

---

8) 『正祖實錄』 12년 11월 26일조, 11월 27일조, 12월 3일조 참조.

9) 조덕린은 1899년(高宗 37년)에 이르러서야 신원되었고, 이현일은 1908년에 이르러서야 신원되었다. 以上 조덕순과 조덕린에 대한 記述은 『영양 주실 마을』, 52-75쪽 참조.

위와 같은 와중에서 心齋의 先祖들은 극심한 고초를 겪었거니와, 科擧를 통한 出仕는 사실상 불가능했던 것이다. 그리하여 심재의 先祖들은 고향에서 학문에 전념하면서, 한편으로는 祖上의 伸寃에 힘을 기울였다. 한편, 이처럼 심재의 先祖들이 老論政權의 핍박의 표적이 되면서, 심재의 집안은 嶺南儒林 내부에서 더욱 뚜렷한 位相을 확보하게 되었다.

심재는 위와 같은 家系를 배경으로, 1767년(英祖 43년) 7월 7일, 아버지 愚溪 趙明復과 어머니 晉州鄭氏(鄭仁模의 따님) 사이에서 태어났다.[10] 심재의 行狀[11]을 중심으로 그의 생애를 간단히 정리하면 다음과 같다. 心齋는 7~8세부터 族曾祖 晩谷 趙述道에게 受學했다.[12] 이때 심재가 '歷代의 興亡'을 '德의 有無'에서 비롯된 결과로 설명하자, 晩谷은 "어린아이가 벌써 德이 있는 모습을 보여준다."라면서 크게 기대하였다.[13] 10세 때에는 外叔인 立齋 鄭宗魯에게 就學하였다.[14] 이때 立齋가 눈앞의 경치를 주제로 詩를 지어보게 하자, 심재는 "비 내리니 계곡 물소리 시끄럽고, 바람 부니 나무 그림자 흔들린다."라고 대답하였다.[15]

심재는 15세부터는 科擧 공부를 시작했다. 그런데 立齋는 "科擧에 응하는 것은 비록 폐지할 수 없지만, 우리 儒學의 진실한 공부는 따

---

10) '주실 마을'(慶尙北道 英陽郡 日月面 注谷里)이 心齋의 고향이거니와, 心齋는 오늘날의 '주실 마을'을 개창한 壺隱 趙佺의 8代 宗孫이었다.

11) 心齋의 行狀은 外曾孫 西坡 柳必永이 撰하였다. 西坡는 西厓 柳成龍의 後孫이기도 하다.

12) 晩谷은 玉川 趙德鄰의 孫子이다.

13) 『西坡先生文集』 卷23 頁5, 〈外曾祖考成均生員心齋趙公行狀〉, "七八歲, 受學于族曾祖晩谷先生. 一聞輒解, 一覽輒誦, 拈擧歷代德否, 以證興亡之由. 晩翁語先公曰 兒已兆有德之象矣."

14) 立齋는 愚伏 鄭經世의 후손이기도 하다.

15) 『西坡先生文集』 卷23 頁5, 〈外曾祖考成均生員心齋趙公行狀〉, "十歲就學于立翁 立翁以卽景命題 公應聲曰 雨來溪聲亂 風吹樹影移"

로 있다. 마땅히 內·外와 輕·重의 구별을 알아야 할 것이다."라고 당부했다. 그리하여 심재는 '近裏之學'에 留心하면서도, 父親의 命으로 科學 공부도 병행했다.[16] 심재가 과거시험에 응하기 시작한 것은 비교적 늦은 나이 때부터인 것 같다. 行狀에는 35세와 40세 때 과거에 응했다는 기록이 보이는데, 이는 鄕試였던 것 같다. 두 차례의 시험에서 심재는 經學에 두각을 나타냈던 것으로 보인다.[17] 40세 때에는 父親喪을 당하여 3년 동안 禮法을 엄히 지켰다고 한다. 47세 때에는 마침내 增廣試에 합격, 生員이 되어 成均館에 입학할 수 있었다. 당시의 시험문제는 '마음을 다스리는 요령'을 물은 것인데, 심재의 답변에 대해 시험관들은 "切實한 例證이 이와 같으니, 어찌 무릎을 치지 않을 수 있겠는가?"라고 하면서 감탄했다고 한다.[18] 그런데 심재의 행장에는 科學에 대한 더 이상의 기록은 보이지 않는다. 심재는 小科에 합격한 후 大科는 포기한 것 같다. 앞에서 언급한 바와 같이, 조덕린의 신원 문제가 완전하게 해결되지 않는 한 大科의 합격은 기대할 수 없었기 때문이다.

行狀에서는 심재의 생애와 학문에 대해 다음과 같이 총평하고 있다.

一生의 用工은 오로지 '마음을 다스리는 학문(治心之學)'에 있었다. 언

16) 『西坡先生文集』 卷23 頁5, 〈外曾祖考成均生員心齋趙公行狀〉, "成童治擧子業, 立翁戒之曰, 應擧雖不可廢, 吾儒眞工自在, 當知內外輕重之別. 公遂留心於近裏之學, 而以親命傍治時工."

17) 『西坡先生文集』 卷23 頁5, 〈外曾祖考成均生員心齋趙公行狀〉, "辛酉占解, 晩翁覽試券, 喜曰, 深於經義如此, 勿以一時小獲爲幸, 益加進修焉. 丙寅又占解, 考官金基殷, 語金一一齋是瓚曰, 吾榜中得經學之士, 盖指公深解費隱之旨也."

18) 『西坡先生文集』 卷23 頁6, 〈外曾祖考成均生員心齋趙公行狀〉, "癸酉增試登上庠. 粤山韓公致應, 時主文, 問治心之要. 見公所製, 引同安聽鍾澶州修橋事, 顧謂諸考官曰, 切證如此, 寧不擊節耶?"

음과 잃음에 마음이 흔들리지 않았고, 世間의 誹謗이나 稱譽에 개의치 않았으며, 오직 자신의 本分에 마땅히 행해야 할 것에만 힘썼다. 마침내 用工이 더욱 두터워지고 心目이 더욱 정밀해짐에, 저술한 論說들이 모두 經典의 本旨를 發明하기에 충분했다. 예컨대 〈心統性情說〉·〈人心道心說〉·〈浩氣說〉 등이 그 핵심이다. 存養하고 省察하며 儆戒하는 방법에 대해서는 盤盂에 새겨두기도 하는데, 〈懲忿箴〉·〈窒慾箴〉·〈戒懼箴〉 등 9편의 箴과 〈誠銘〉·〈敬銘〉·〈仁銘〉·〈恕銘〉 등 17편의 銘은 모두 體認한 가운데 얻은 것이다. 『小學』과 『四書』에 나아가 要義를 뽑아 講錄을 만들었고, 『中庸』과 『大學』에 대해서는 더욱 자세하여, 章마다 分析을 가하고 각각 攷證하여 『庸學辨疑』라고 이름 지었는데, 海隱公(姜必孝)은 "후세에 전할 만한 것으로, 의심스러운 점이 없다."라고 평하였다. 무릇 그 밖의 著述들도 평이하고 간결하며 담백하여, 꾸밈에 힘쓰지 않았다. 詩도 또한 典雅하고 朴實하여, 특히 濃艶의 자태가 없었으니, 세속의 화려한 꾸밈을 오로지 숭상하는 자들은 간혹 깊이 기뻐하지 않았다. 그러나 詩學에는 오로지 杜·陸을 본받는 데 노력했고,[19] 구절을 다듬고 글자를 활용함에는 또한 모두 내력이 있었다. 謙虛하고 물러나 사양하여, 어짊(賢)과 지혜(智)를 뽐내 남보다 앞서지 않았으니, 그러므로 당시의 交遊를 또한 모두 알 수는 없다. 이제 남겨진 文章으로 살펴보면, 天·人·性·命의 근원과 動·靜·體·用의 나뉨을 추론하여 곡진하게 설명했으니, 字句를 발라내고 章節을 찾는 자와 견줄 것이 아니다. 삼가 訓詁를 지키고 새로운 견해를 끼워 넣지 않았으며, 여러 학설을 널리 고찰하되 한쪽으로 치우치지 않았으니, 여기에 근거하여 그 端緖를 찾으면, 정밀한 견해가 쇄도함은 실로 쌓인 노력으로부터 말미암고, 모든 일을 공정하게 논함은 저절로 속일 수 없는 학문의 힘이 있음을 알 수 있다. 마음을 보존함은 公正했고, 자신을 규율함은 嚴格했으며, 일을 처리할 때엔 자세히 살폈고, 사람들과 교제할 때엔 너그럽게 용서했다. 친한 사람들로부터 말미암아 소원한 사람에게까지 미치고, 작은 것으로부터 큰 것에 미쳐

19) '杜·陸'은 唐代의 시인 杜甫와 宋代의 시인 陸游를 말하는 것 같다. 杜甫의 詩風은 雄渾沈痛했으며 忠厚의 情이 넘쳤다고 한다. 陸游의 詩風은 淸新하였으며 자기 고장의 風土를 사랑하여 詩로 읊었다고 한다.

서, 사물과 나 사이에 간격이 없고(物我無間), 안과 밖이 한결같았으며(表裏如一), 고요한 물처럼 맑고, 봄바람처럼 향기로워, 한 번 보면 德이 있는 君子임을 알 수 있었다. 그러므로 비록 여러 갈래로 毁謗이 많았던 세상에 처했으면서도 일찍이 흠을 잡히지 않았던 것이다. 당시의 '팔십 평생 赤子의 마음을 잃지 않았다'는 말은 참으로 (心齋를) 잘 아는 말이었다. 다행히 때를 만나서 무언가 할 수 있는 지위를 얻었더라면, 事理를 종합함은 일을 주관하기에 충분했을 것이요, 忠厚함은 風俗의 모범이 되기에 충분했을 것이며, 백성을 어질게 대하고 만물을 사랑하는 德도 또한 남들에게까지 미쳤을 것이다. 그런데 草野에서 늙어 名聲이 다만 太學(성균관)에서 머물고 말았으며, 薦擧를 받아도 곧장 時論의 해치는 바 되었으니, 이것이 世道의 恨이 되는 것이다.[20]

위의 기록은 심재의 학문적 本領과 特徵을 잘 밝혀준 것이다. 위의 기록에 의하면, 심재의 학문은 經學과 心學(治心之學)[21]을 두 축

20) 『西坡先生文集』卷23 頁10-11, 〈外曾祖考成均生員心齋趙公行狀〉, "一生用工, 專在於治心之學, 得喪不動於中, 毁譽不關於心, 惟吾本分上當行是務. 而及其用工益篤, 心目愈精, 則著爲成說, 皆足以發明經旨. 如心統性情人道心浩氣諸說是肯綮, 而存省儆戒之方, 寓盤盂之義, 則有懲窒戒懼等九箴, 誠敬仁恕等十七銘, 皆是體認中得來也. 就小學及四書, 拈出要義爲講錄, 於庸學尤詳, 逐章分析, 各有攷證, 命曰庸學辨疑, 海隱公謂可傳無疑. 凡他著述, 平易簡淡, 不務雕飾, 詩亦典雅淳實, 殊無穠艶之態, 世之專尙華調者, 或不深喜. 然詩學用工, 專在杜陸, 鍊句使字, 亦皆有來歷也. 謙虛退讓, 不以賢智先人, 故當時交遊, 亦未盡知. 今以遺文考之, 天人性命之原, 動靜體用之分, 推說曲暢, 非摘句尋章者比也. 謹守訓詁, 而不入新見, 博考諸說, 而不偏一隅. 卽此而尋其端緖, 則煞到精覈之見, 實由積累之工, 夷考事行, 自有學力之難誣. 宅心也公, 律己也嚴, 處事也詳審, 接人也寬恕, 由親而逮疎, 自小而及大, 物我無間, 表裏如一, 淡如止水, 薰如春風, 一見可知爲有德君子也. 是以, 雖處毁謗多門之世, 而未嘗疵點之或加, 當時八十年不失赤子心之語, 儘知言也. 夫幸以時來, 得處有爲之地, 綜理足以幹事, 忠厚足以範俗, 仁民愛物之德, 亦有以及人, 而老于巖瀆, 名止一上庠間, 登薦剡亦爲時論所惎, 庸是爲世道之恨."

21) 儒學에서 말하는 '心學'은 '治心之學'과 '心卽理學'으로 대별된다. '治心之學'이란 '마음을 다스리는 학문'으로서, 이것은 孔·孟이래 程·朱와 退溪의 宗旨이기도 하였다. 陽明學에서 말하는 '心學'이란 자신의 마음을 진리의 표준으로 삼는 '心卽理學'을 근본으로 전제하는 것으로서, 이는 '마음을 다스리는 학문'(즉 惟精惟

으로 하는 것이다. 심재는 經學에 있어서는 "삼가 訓詁를 지키고 새로운 견해를 끼워 넣지 않았으며, 여러 학설을 널리 고찰하되 한쪽으로 치우치지 않았다."고 하였다. 이는 '述而不作'을 경학의 기본 입장으로 삼았다는 의미일 것이다. 심재는 또한 "얻음과 잃음, 비방과 칭찬에 마음을 움직이지 않았다."고 했으며, "마음을 보존함은 公正했고, 자신을 규율함은 嚴格했으며, 일을 처리할 때엔 자세히 살폈고, 사람들과 교제할 때엔 너그럽게 용서하였다."고 하였다. 이것은 심재의 心學(治心之學)을 설명하는 것이다. 위에서는 심재가 마음을 잘 다스린 결과 "팔십 평생 赤子의 마음을 잃지 않았다."라는 평을 들었다고 하였다. 심재 스스로는 자신의 마음공부를 '守拙의 삶'을 지향한 것으로 설명한 바 있다. 위에서는 심재의 詩가 "典雅하고 朴實하여, 특히 濃艶의 자태가 없었다."고 했는데, 이처럼 '典雅하고 朴實함'을 추구하여 '화려한 꾸밈'을 싫어하는 것이 바로 '守拙의 삶'이다.

위의 기록에서 '여러 갈래로 毁謗이 많았던 세상'이라거나 '薦擧를 받아도 곧장 時論의 해치는 바 되었다'는 내용 등은 심재가 당파적 굴레 속에서 핍박받고 있었음을 표현한 것이다. 위의 기록에 의하면, 심재는 經世의 의지와 능력이 충분했음에도 불구하고 당파적 핍박 속에서 그 기회를 얻지 못한 것이다. 심재가 '守拙의 삶'을 추구한 것은 당시의 이러한 현실과도 밀접한 관계가 있을 것이다.22) 이러한

一의 精一之學)과는 본래 상반된 것이다. 그런데 王陽明은 '心學'이라는 이름 아래 '心卽理學'과 '精一之學'을 병행시켰던바, 이는 이해하기 곤란한 처사이다. 王陽明의 後學들이 左·右로 분열한 것은 여기에서 기인한다. 心卽理學에 치중한 左派는 '猖狂自恣(미치광이처럼 스스로 방자하게 굶)'에 빠졌고, 精一之學에 치중한 右派는 결국 朱子學과 같은 노선으로 回歸하였다(이상익, 「庸學辨疑 解題」, 『譯註 庸學辨疑』, 12쪽 참조). 앞으로 本考에서 말하는 心齋의 '心學'은 모두 '治心之學'을 뜻하는 것이다.

22) 心齋가 추구한 '守拙의 삶'은 陶淵明의 〈歸田園居(전원에 돌아가 살리라)〉·〈歸

현실 속해서, 經典의 진리를 탐구하고 마음에 새기면서 守拙의 삶을 추구한 것, 이것이 심재의 생애요 학문이었던 것이다.

去來辭〉 등과 통하는 바 있다. 이에 대해서는 다음 章에서 살펴보겠다.

제2장 心齋의 學問淵源과 學風

1. 心齋의 學問淵源

心齋의 학문연원으로는 靜菴 趙光祖 이래의 '家學의 전통'과 退溪 李滉 이래의 '嶺南儒學의 전통'을 꼽을 수 있다. 한편, 심재의 行狀에서 "7~8세 때부터 族曾祖 晩谷에게 受學하기 시작하였고, 10세 때에는 外叔인 立齋에게 就學하였다."라고 한 것으로 보면, 심재의 학문 형성에 직접적으로 큰 영향을 끼친 두 인물은 族曾祖 晩谷 趙述道와 外叔 立齋 鄭宗魯인 것 같다. 晩谷은 玉川 趙德鄰의 손자였고, 玉川은 심재의 5代祖 壺峯 趙德純의 아우였다. 심재는 〈祭先師晩谷先生文〉, 〈先師晩谷先生墓所榮奠告由文〉, 〈先師晩谷先生遺事〉, 〈書先師晩谷先生文集後〉 등의 글을 남겼다. 이것으로 볼 때, 심재는 晩谷으로부터 많은 가르침을 받았으며, 晩谷은 아마도 심재의 학문 형성에 가장 큰 영향을 끼친 인물인 것 같다. 그런데 심재는 晩谷을 추모하는 글 〈先師晩谷先生遺事〉에서 다음과 같이 술회한 바 있다.

> 嗚呼라! 東方의 道學은 陶山(退溪 李滉)에서 集成되었는데, 그 嫡傳을 얻은 분은 西厓(柳成龍)와 鶴峯(金誠一) 두 先生이시다. 玉川 先生은 일찍이 外家에 노닐어, 厓翁(柳成龍)의 旨訣을 들을 수 있었다. 晩谷 先生은 일찍이 庭訓을 이어받고, 또 妻家에서 鶴老(金誠一)의 心法을 私淑했으니, 淵源의 由來가 이미 확실한 바 있다. 또한 湖學(李象靖의 학문)의

> 흥성함이 東南 지역에서 으뜸인 시절을 만나서는, 나가서는 師友들과 講討하는 도움이 있었고, 들어와서는 兄弟들과 우애를 나누는 즐거움이 있었다.1)

위의 인용문은 심재의 학문연원을 그대로 보여주는 자료라 할 수 있다. 玉川 趙德鄰의 外家는 西厓 柳成龍의 後孫家였고, 晩谷 趙述道의 妻家는 鶴峯 金誠一의 後孫家였다. 晩谷은 '일찍이 庭訓을 이어받았다'고 했는데, 이는 '靜菴 趙光祖 이래의 家學'을 계승했다는 뜻이다. 즉 晩谷은 靜菴 이래의 家學의 전통을 바탕으로, 退溪 門下의 여러 학맥과 두루 교유하면서 자신의 학문을 형성했던 것이다. 晩谷은 특히 大山 李象靖과도 깊은 교유가 있었다고 했는데, 大山은 鶴峯의 학맥을 이었으나, 영남 유림들 사이에서 '퇴계의 嫡傳'으로 두루 신망을 얻었던 인물이다.2) 또 심재의 外家는 愚伏 鄭經世의 後孫家였는데, 愚伏은 西厓의 門人이었다. 또한, 심재의 따님은 西厓의 後孫家로 出嫁하였다. 이와 같은 사실들로 볼 때, 심재의 집안은 靜菴 이래의 家學의 전통을 계승하면서, 退溪를 '東方 道學의 集成者'로 존숭하고, 退溪 門下의 양대 학맥인 虎派(鶴峯 金誠一 계통)·屛派(西厓 柳成龍 계통)와 두루 인연을 맺고 교유해 왔던 것이다.

특히 大山 李象靖은 '理主氣資'를 宗旨로 삼아 퇴계학파의 '理氣二元論的 色彩'를 상당 부분 완화했던 인물이다. 大山의 이러한 학문적 입장은 晩谷을 통해 심재에게 전해진 것으로 보인다. 즉 심재는 退溪를 지극히 존숭했지만, 심재의 『庸學辨疑』와 그 밖의 철학적 논문

1) 『心齋遺稿』 卷11 頁32, 〈先師晩谷先生遺事〉 : 嗚呼! 東方道學, 集成於陶山, 而得其嫡傳者, 厓鶴二先生也. 玉川先生, 蚤遊外庭, 得聞厓翁之旨訣. 先生旣襲庭訓, 又從甥舘, 私淑鶴老之心法, 淵源所自, 已有端的. 又値湖學之盛, 甲於東南, 出則有師友講討之益, 入則有壎篪唱和之樂.

2) 최영성, 『韓國儒學思想史』 Ⅳ, 아세아문화사, 1995, 287-288쪽 참조.

들에는 '退溪的인 互發論'의 색채는 거의 드러나지 않기 때문이다.[3] 이제 위와 같은 심재의 학문연원에 대해 보다 구체적으로 살펴보고, 각각의 특징을 규명해 보기로 하자.

1) 靜菴 趙光祖와 家學의 전통

앞에서 언급한 바 있거니와, 서울에서 世居하던 심재의 선조가 경북 지역으로 이주하게 된 직접적 계기는 1519년의 己卯士禍였다. 주지하듯이 己卯名賢의 중심은 靜菴 趙光祖였는데, 기묘사화 당시 심재의 선조는 '靜菴의 親族'이라는 이유로 핍박을 받았던 것이다. 여기서 알 수 있듯이, 심재의 집안에는 靜菴으로 상징되는 '家學의 전통'이 있었다. 먼저 이에 대해서 살펴보기로 하자.

일찍이 栗谷 李珥는 靜菴을 우리나라 '道學의 鼻祖'로 추앙한 바 있다.[4] 율곡은 '道學'을 "格物致知를 통해 善을 밝히고, 誠意正心을 통해 몸을 닦아서, 몸에 온축하면 天德이 되고 政事에 베풀면 王道가 되는 것"이라고 정의하고,[5] '道學을 추구하는 선비'가 바로 '참된 선비(眞儒)'라고 설명했다.[6] 율곡의 설명대로, 정암은 經筵에서 항상 "道學을 높이고, 人心을 바로잡으며, 聖賢을 본받고, 至治를 일으킬

---

3) 李相益, 「庸學辨疑 解題」, 『譯註 庸學辨疑』, 심산, 2006, 10-11쪽 참조. '退溪的인 互發論'이란 '理와 氣가 각각 發用한다'는 것을 뜻한다. 심재는 大山이나 晩谷의 입장을 계승하여 '理도 氣처럼 發用한다'는 주장은 부정하지만, 四端과 七情을 '主가 되는 것이 무엇이냐'에 따라 理發과 氣發로 구분한다.

4) 『栗谷全書』 卷28 頁22, 〈經筵日記〉, "我國理學無傳. 前朝鄭夢周, 始發其端, 而規模不精. 我國金宏弼, 接其緒, 而猶未大著. 及光祖倡道, 學者翕然推尊之. 今之知有性理之學者, 光祖之力也."

5) 『栗谷全書』 卷15 頁6, 〈東湖問答〉, "夫道學者, 格致以明乎善, 誠正以修其身, 蘊諸躬則爲天德, 施之政則爲王道."

6) 『栗谷全書』 卷15 頁6, 〈東湖問答〉, "道學之士, 謂之眞儒."

것"을 역설하였다.7)

율곡은 道學을 '行道'와 '垂敎'로 나누어 설명한 바 있거니와,8) 道學이란 '道를 밝히고 실천함'을 말할 것이다. 그러면 道란 무엇인가? 많은 유학자의 일반론이기도 하지만, 정암은 道를 '本性을 따르는 것'이요, '當然한 이치'라고 설명한다.9) 사물의 본성과 당연한 이치를 밝히고, 그것을 실천하는 것이 道學이라는 말이다.10) 그런데 정암은 또한 "道는 마음이 아니면 의거하여 설 수 없다."라고 하여,11) '道의 실천'은 '사람의 마음'에 달린 것이라고 설명하였다. 道의 실천은 마음에 달렸으니, 道를 실천하려면 먼저 마음을 잘 다스려야 한다는 것이 정암의 주장이다. 이러한 맥락에서 道學을 주창한 정암의 주요 文件들은 '마음을 해치는 요인들'을 밝히고, '마음을 다스리는 요령'을 제시하는 데 중점을 두고 있다. 예컨대 〈謁聖試策〉에서는 다음과 같이 말한다.

엎드려 바라옵건대, 殿下께서는 末端인 政事와 文具로 紀綱과 法度를

---

7) 『栗谷全書』 卷28 頁20, 〈經筵日記〉, "經席之上, 每以崇道學, 正人心, 法聖賢, 興至治之說, 反覆啓達."

8) 『栗谷全書』 卷15 頁9, 〈東湖問答〉, "夫所謂眞儒者, 進則行道於一時, 使斯民有熙皞之樂, 退則垂敎於萬世, 使學者得大寐之醒. 進而無道可行, 退而無敎可垂, 則雖謂之眞儒, 吾不信也." (李東俊 교수는 道學은 기본적으로 '行道와 垂敎를 겸하는 것'이라고 전제하면서도, 趙光祖는 行道的이고, 李滉은 垂敎的이며, 李珥는 行道와 垂敎를 겸하는 성향을 띠었다고 설명한 바 있다. 이동준, 『유교의 인도주의와 한국사상』, 한울, 1997, 428쪽 참조.)

9) 『靜菴集』 卷2 頁7, 〈謁聖試策〉, "所謂道者, 率性之謂也. (…) 不假人力之爲, 而莫不各有當然之理."

10) 정암은 실현해야 할 내용을 '古道·古禮'라고 표현하기도 했다(『靜菴集』 卷3 頁8, 〈侍讀官時啓11〉 참조). '古道·古禮'란 '옛 聖王의 道와 禮'를 지칭할 것이다. '古道·古禮'를 추구하는 것은 결코 復古主義가 아니요, 다만 '文明의 理想'을 지향하는 것일 뿐이다. 이동준, 「十六世紀 韓國性理學派의 歷史意識에 관한 연구」, 성균관대 박사학위논문, 1975, 104쪽 참조.

11) 『靜菴集』 卷2 頁2, 〈謁聖試策〉, "道非心無所依而立, 心非誠亦無所賴而行."

> 삼지 마시고, '靈妙한 一心'으로 紀綱과 法度의 根本을 삼으십시오. 이 마음의 본체로 하여금 光明正大하여 두루 흘러 통달하여(周流通達), 天地와 더불어 그 본체를 함께 하고 그 쓰임을 같게 하면, 日用과 政事에 모두 道가 베풀어지고, 紀綱과 法度도 저절로 세워집니다. (…) 엎드려 바라옵건대, 殿下께서는 진실로 明道와 謹獨으로 '마음을 다스리는 요령'을 삼으십시오. 그리하여 朝廷에서 그 道를 세우면, 紀綱과 法度도 어렵지 않게 定立할 수 있습니다.[12]

위의 인용문에서, "末端인 政事와 文具로 紀綱과 法度를 삼지 마시고, '靈妙한 一心'으로 紀綱과 法度의 根本을 삼으십시오."라고 한 말은 '道學의 근본'은 무엇보다도 '자신의 마음'에 있음을 천명한 것이다. 정암은 마음의 바람직한 상태를 '두루 흘러 통달함(周流通達)'으로 설명했다. 마음이 두루 흘러 통달하면, 天地와 體·用을 함께 함으로써 日用과 政事에 道를 실현할 수 있다는 것이다. 또 정암은 마음을 두루 흘러 통달하도록 다스리는 요령으로 '道를 밝힐 것(明道)'과 '홀로 있을 때 삼갈 것(謹獨)'을 제시했다. 그러면 마음이 두루 흘러 통달하는 것을 막는 요인은 무엇인가? 정암은 그것을 '欲望(私欲)'이라고 보았다. 정암은 "하늘은 私欲이 없으므로 봄이 운행되고 四季節이 이루어지나, 사람은 私欲이 있기 때문에 仁이 손상되고 四端이 확충되지 못한다."[13]라는 말로 자연과 인간의 차이를 설명하기도 했다. 天道가 제대로 유행할 수 있는 근거는 '無欲'에 있고, 人道가 손상을 입는 까닭은 '有欲'에 있다는 것이다. 정암은 〈戒心箴〉의 서

12) 『靜菴集』 卷2 頁5-8, 〈謁聖試策〉, "伏願殿下, 不以政事文具之末, 爲紀綱法度, 而以一心之妙, 爲紀綱法度之本. 使此心之體, 光明正大, 周流通達, 與天地同其體, 而大其用, 則日用政事之際, 皆爲道之用, 而紀綱法度, 不足立而立矣. (…) 伏願殿下, 誠以明道謹獨爲治心之要, 而立其道於朝廷之上, 則紀綱不難立而立, 法度不難定而定矣."

13) 『靜菴集』 卷1 頁1, 〈春賦序〉, "天無欲而春行四時成 ; 人有欲而仁喪端不充."

문에서 다음과 같이 말한다.

> 사람은 天地에서 剛柔를 품수하여 형체가 되고, 健順을 품수하여 본성이 된다. 氣로 말하면 四時(春·夏·秋·冬)이나, 마음으로 말하면 四德(仁·義·禮·智)이다. 그러므로 氣의 廣大함은 浩然하여 포함하지 않는 것이 없고, 마음의 靈妙함은 妙然하여 통하지 않는 곳이 없다(無所不通). 하물며 人君의 한마음은 天地의 위대함을 체현하는 것이니, 天地의 氣와 萬物의 理가 모두 내 마음이 運用하는 가운데에 있는 것이다. (…) 그러나 사람의 마음은 욕망이 있기에, 이른바 '靈妙한 것'이 막히는 것이다. 情欲과 私欲에 질곡되어 흘러 통할 수 없으니(不能流通), 天理가 어두워지고 氣 또한 막히어, 彛倫이 무너지고 萬物이 이루어지지 못한다.[14]

위의 인용문에서도 정암은 마음의 본래 상태를 '통하지 않는 곳이 없음(無所不通)'으로 설정하였다. 그런데 인간에게는 欲望(情欲과 私欲)이 있어서 마음이 두루 통하는 것을 방해한다는 것이다.[15] '天理가 어두워지고, 氣가 막히며, 彛倫이 무너지고, 萬物이 완수되지 못하는 것'은 마음이 두루 통하지 못한 결과이다. 위와 같은 전제 아래, 정암은 〈戒心箴〉에서 '마음을 다스리는 방법'을 다음과 같이 설명한다.

---

14) 『靜菴集』 卷2 頁17-18, 〈戒心箴序〉, "人之於天地, 稟剛柔以形, 受健順以性, 氣則四時, 而心乃四德也. 故氣之大, 浩然無所不包 ; 心之靈, 妙然無所不通. 況人君一心, 體天地之大, 天地之氣, 萬物之理, 皆包在吾心運用之中. (…) 然人心有欲, 所謂靈妙者, 沈焉, 梏於情私, 不能流通, 天理晦冥, 氣亦否屯, 彛倫斁而萬物不遂."

15) 이상성 박사는 정암이 말하는 '心의 靈妙性'을 '진리인식'에 초점을 두고 논의한 바 있다(이상성, 『정암 조광조의 도학사상』, 심산, 2003, 132-133쪽 참조). 朱子가 '心의 虛靈知覺'을 논한 바 있듯이 '虛靈'은 '心의 인식(知覺) 기능'을 뒷받침하는 것으로 설명됐다. 따라서 '心의 靈妙性'을 '진리인식'의 관점에서 논하는 것은 그 자체로는 至當한 것이다. 다만 論者는 위의 인용문에서 말하는 '心의 靈妙性'은 '疏通'의 관점에서 이해하는 것이 더욱 적절하리라고 본다.

> 君子는 이것을 두려워하여, 動·靜에 기름이 있네. 敬으로 안을 간직하고, 義로 밖을 막아서, 惺惺하게 지키면, 보고 들음에 恒常이 있네. (…) 밝히기 어려운 것은 理요, 쉽게 (惡으로) 흐르는 것은 欲이니, 오직 精一해야만, 그 德을 거의 보존할 수 있네.[16)]

정암이 마음을 다스리는 방법으로 제시한 내용은 '敬으로 안을 곧게 함(敬以直內)', '義로 밖을 바르게 함(義以方外)', '항상 意識을 깨어 있게 함(常惺惺法)', '인심인지 도심인지 精密하게 분별하고, 도심을 專一하게 지킴(惟精惟一)' 등 기존의 방법론과 다를 것이 없다. 이렇게 볼 때, 정암의 특징은 다만 道學의 근본을 '마음을 다스리는 학문'으로 귀결시킨 점에 있으며, 마음을 논할 때에 '천지 만물과의 疏通'을 중시한 점에 있다. 道學의 관점에서 私欲이 비판될 수밖에 없는 까닭은 '인간과 자연' 또는 '인간과 인간' 사이의 '疏通을 통한 感應'을 방해하기 때문이다.

이상에서 정암의 道學思想을 일별했거니와, '마음을 다스리는 학문(治心之學)'은 심재의 家學淵源에서 핵심이 되는 주제인 것으로 보인다.[17)] 심재의 가학연원에서 주목해야 할 또 하나의 인물은 晩谷 趙述道(1729~1803)이다. 晩谷은 심재의 族曾祖로서, 심재의 스승일 뿐만 아니라 심재 부친의 스승이기도 했다. 만곡은 당시 영남의 대표적 유학자 大山 李象靖의 문하에 출입하면서 학문을 토론했고, 家學의 전통을 계승하면서 그 祖父(玉川 趙德鄰)의 신원운동에도 심혈을 기울였다. 우선 만곡의 철학적 입장을 살펴보자.

만곡은 理氣心性論에 있어서, 퇴계의 理氣互發說과 다르고 율곡

---

16) 『靜菴集』 卷2 頁18, 〈戒心箴〉, "君子是懼, 動靜有養, 敬以內持, 義以外防, 惺惺介然, 視聽有常. (…) 難明者理, 易流者欲, 惟精惟一, 庶存其德."

17) 권오영 교수는 '心齋 家學의 특성'을 '心學'으로 규정한 바 있다(안동대학교 안동문화연구소 지음, 『영양 주실 마을』, 100쪽 참조).

의 氣發理乘一途說과도 다른 독특한 입장을 보여준다. 만곡은 "四端은 理發이며 七情은 氣發인데, 이것은 근본으로부터 이미 그러한 것이다. (…) 四端은 氣가 없지 않으나 理가 主가 되며, 七情은 理가 없지 않으나 氣가 主가 된다."[18]라고 하였다. 이 말 자체로 보면 만곡은 퇴계의 입장과 다르지 않은 것 같다. 그러나 퇴계의 호발설이 '理의 能動性'을 전제한 것임에 반하여, 만곡의 입장은 理의 능동성을 명확히 부정하는 바탕 위에서 전개되는 것이다. 만곡의 다음과 같은 말을 살펴보자.

> 무릇 理는 作爲가 없고, 氣는 作爲가 있다. 비록 本性은 이 理를 갖추고 있지만, (理를) 靈妙하게 運用하는 것은 모두 心의 知覺이다. 그러므로 性 가운데 비록 仁이 있지만, 知覺이 아니면 발해서 惻隱之心이 될 수 없고 비록 義가 있지만, 知覺이 아니면 발해서 羞惡之心이 될 수 없으며 비록 禮가 있지만, 知覺이 아니면 발해서 辭讓之心이 될 수 없고 비록 智가 있지만, 知覺이 아니면 발해서 是非之心이 될 수 없다.[19]

만곡은 '理는 作爲가 없고, 氣는 作爲가 있다'는 점을 분명히 했다. 따라서 만곡이 말하는 '理發'이란 '心(氣)의 知覺作用'을 통한 理發일 수밖에 없다. 위의 인용문에서는 이 점을 분명히 설명하고 있다. 반면에 퇴계의 호발설은 '理의 能發·能生'을 전제한 호발설이었다.[20]

---

18) 『晩谷集』 卷5 頁13, 〈與鄭士仰〉, "四端旣爲理發, 七情旣爲氣發, 自其根本而已然. (…) 四端非無氣而理爲之主 ; 七情非無理而氣爲之主."

19) 『晩谷集』 卷3 頁8-9, 〈答大山先生〉, "夫理無爲而氣有爲. 雖性具此理, 而運用靈明者, 皆心之知覺者爲之. 故性中雖有仁, 而非知覺則不能發而爲惻隱也 ; 雖有義, 而非知覺則不能發而爲羞惡也 ; 雖有禮, 而非知覺則不能發而爲辭讓也 ; 雖有智, 而非知覺則不能發而爲是非也."

20) 이동준 교수는 퇴계의 '四端은 理發'이라는 주장을 설명하면서 "退溪에 있어서 理氣의 作用上의 二元性까지도 同時에 볼 수 있는 것으로 생각된다."고 말한 바 있다(이동준, 『十六世紀 韓國性理學派의 歷史意識에 관한 硏究』, 189쪽). 즉 퇴

이러한 맥락에서, 만곡이 "四端은 理發이요, 七情은 氣發이다."라고 했더라도, 그것은 퇴계의 호발설과는 차이가 있다. 만곡의 위와 같은 설명은 오히려 栗谷의 氣發理乘論에 가까운 것이다. '心(氣)의 知覺作用'을 통해서 仁·義·禮·智의 本性이 惻隱·羞惡·辭讓·是非의 四端(情)으로 발현된다는 것이 율곡의 氣發理乘論이었기 때문이다. 그러나 만곡은 또 다음과 같이 말하고 있는바, 만곡의 입장은 율곡의 一途說과도 다른 것이었다.

> 대개 心이란 (…) 바로 陰陽五行의 氣가 합쳐진 것으로서, 사람에게 있어서 이 理를 갖추고 있는 곳이다. 아직 발하지 않았을 때에는 고요하여 움직이지 않지만(寂然不動), 발할 때에는 느끼어 마침내 통한다(感而遂通). 理가 있기 때문에 惻隱·羞惡·辭遜·是非의 四端이 있고, 氣가 있기 때문에 喜·怒·哀·樂·愛·惡·欲의 七情이 있다. '不雜'의 맥락에서 논하면, 四端은 스스로 四端이요, 七情은 스스로 七情이다. 그러나 '不離'의 맥락에서 논하면, 四端이 또한 七情이요, 七情이 또한 四端이다.[21]

만곡에 의하면, 理가 있기 때문에 四端이 있고, 氣가 있기 때문에 七情이 있다는 것이다. 즉 心의 지각작용을 통해서 本性이 情으로 드러나는 것은 四端이나 七情이 같지만, 四端은 理가 主가 되고, 七情은 氣가 主가 된다는 것이다. 이것을 만곡은 "四端은 氣가 없지 않으나 理가 主가 되며, 七情은 理가 없지 않으나 氣가 主가 된다."라

계가 '四端은 理發'이라고 말할 때의 '理發'이란 '내용상으로 理가 主가 된다'는 뜻뿐만 아니라 '그 作用(운동)의 주체도 理이다'는 뜻을 포함한다는 것이다.

21) 『晩谷集』 卷8 頁13, 〈心不可以專言氣〉, "蓋心者, (…) 乃合陰陽五行之氣, 而具此理於人者也. 未發而寂然不動, 當發而感而遂通. 以其有理也, 有惻隱羞惡辭遜是非之端焉 ; 以其有氣也, 有喜怒哀樂愛惡欲之情焉. 以其不雜者而論之, 則四端自四端, 七情自七情也 ; 以其不離者而論之, 則四端亦七情, 而七情亦四端也."

고 한 것이며, 이런 맥락에서 만곡은 '四端은 理發, 七情은 氣發'이라고 주장한 것이다. 만곡은 이렇듯 四端과 七情을 구분하면서도, 또한 "四端이 곧 七情이요, 七情이 곧 四端이다."라고 하여 四端과 七情을 통합시켜 보고 있다. 만곡은 '구분'의 근거는 '理氣不雜'에 두고, '통합'의 근거는 '理氣不離'에 두었다.[22]

만곡의 이러한 설명 방식은 아래에서 살펴볼 大山 李象靖의 理主氣資說에 입각한 것이며, 심재도 이러한 논리를 견지하고 있다. 한편, 만곡과 大山 사이의 왕복 편지는 대부분 『中庸』에 대해 문답한 것이며,[23] 만곡과 立齋 사이의 왕복 편지도 『中庸』에 관한 문답이 주축을 이룬다.[24] 심재의 『庸學辨疑』는 이러한 배경을 바탕으로 이루어진 것이다.

한편, 만곡의 친형 趙進道는 文科에 합격하고도 趙德鄰의 손자라는 이유로 합격이 취소된 바 있었다.[25] 이러한 정황에서 만곡은 일찌감치 出仕를 단념한 것 같다. 만곡은 晩年(1801년)에 조카 趙星復에게 답한 편지에서 다음과 같이 말한 바 있다.

---

22) 만곡의 입장에서 보자면, 퇴계의 互發說은 理氣不雜의 관점에 해당하는 것이요, 율곡의 一途說(七情包四端)은 理氣不離의 관점에 해당하는 것이다. 즉 관점에 따라서 율곡적인 一途說도 성립할 수 있고, 퇴계적인 互發說도 성립할 수 있다. 율곡의 '氣發理乘'은 '本性이 感情으로 발출되는 경로(방식)'를 설명하는 논리였다. 만곡의 '四端이나 七情이 모두 心의 지각작용을 통해 本性이 情으로 표출된 것'이라는 주장은 율곡의 氣發理乘論과 차이가 없는 것이다. 한편 만곡이 '四端은 理發이요, 七情은 氣發이다'라고 한 것은 四端과 七情을 내용적인 측면에서 각각 '도덕적 본성을 추구하는 것'과 '육체적 욕망을 추구하는 것'으로 구분해 보려는 논리로서, 이 점에 있어서는 만곡은 율곡과 입장을 달리하는 것이다. 만곡의 이러한 입장은 '理의 能動性'을 부정한다는 점에서는 '퇴계의 互發說'과 어긋나고, '四端과 七情을 所主에 따라 理發과 氣發로 구분한다'는 점에서는 '퇴계의 互發說'을 옹호하는 것이다.

23) 『晩谷集』 卷3에 실린 왕복 편지는 거의가 大山과 『中庸』에 대해 問答한 내용들이다.

24) 『晩谷集』 卷5 頁8-15, 〈與鄭士仰〉 참조.

25) 『正祖實錄』 12년 11월 26일조, 11월 27일조, 12월 3일조 참조.

지금과 같은 세상에서는 功名을 이루려 해도 실로 착수할 곳이 없다. 다만, 文字로 보금자리를 삼고, 마땅히 행해야 할 바를 행하고, 마땅히 해야 할 일을 하다 보면, 세월이 쌓이는 동안 이 工夫가 점차 이루어질 것이니, 이것이 어찌 '人生의 一大 懽喜事'가 아니겠는가? 예로부터 聖賢들은 富貴를 구할 수 있는 것으로 여기지도 않았고, 貧賤을 싫어해야 할 것으로 여기지도 않았다. 어떤 사람은 대나무 그릇에 밥을 먹으면서도 즐거워했고, 어떤 사람은 장사하고 노래를 부르면서도 근심하지 않았다.26)

만곡이 "지금과 같은 세상에서는 功名을 이루려 해도 실로 착수할 곳이 없다."라고 한 것은 당시의 정황에서 자신들에게는 出仕의 길이 근원적으로 막혀 있음을 상기시킨 것이다. 만곡은 조카에게 '工夫를 이루는 것' 자체에서 기쁨을 찾으라고 권한 것이요, 부귀나 빈천에 연연하지 말 것을 충고한 것이다. 사실 이러한 마음가짐은 심재의 가까운 선조 모두에게 공통된 것으로서, 심재는 이러한 가르침을 가슴에 새기고 있었다. 예컨대 심재는 先親의 행적을 회상하는 글에서 다음과 같이 말한다.

府君께서는 안으로는 뜻을 굳게 하셨고, 밖으로는 부드럽게 말씀하셨다. 한가하게 계실 때, 부모를 섬김에 대해서는 반드시 '孝'를 말씀하셨고, 몸가짐에 대해서는 반드시 '謹'을 말씀하셨으며, 집안을 다스림에 대해서는 '쓰임새를 절약할 것'으로 경계하셨고, 아이들을 가르칠 때에는 '學業에 힘쓸 것'으로 경계하셨다. 사람들이 추위와 굶주림으로 고생하면 도와주었고, 過失이 있으면 가르쳐주었다. 집안에서는 恩義가 整肅하였

26) 『晩谷集』 卷7 頁33, 〈答星復〉, "居今之世, 功名實無可下手處. 以文字作爲窠窟, 行其所當行, 爲其所當爲, 積日積歲, 漸落此工夫, 則豈非人生一大懽喜事? 從古聖人賢人, 不以富貴爲可求, 不以貧賤爲可厭. 或有以簞食爲可樂, 或有以商歌爲不憂者."

고, 宗族과 鄕黨에서는 交際가 넉넉하였다. 이미 자신을 규율하고 또 자손들에게 가르친 내용은 "財貨로써 자손들에게 물려주려 하지 마라. 다만 '心德' 두 글자로 물려주면 될 것이다. 너희는 명심할지어다."라는 것이었다. 그 말씀은 아직도 귀에 생생하여, 오늘에 이르기까지 마음에서 잊지 못한다.27)

府君께서 일찍이 말씀하시길, "세상 사람들 가운데 교만한 마음을 지닌 자를 보면, 재앙이 그 自身에 그치는 것이 아니요, 그 後孫들도 결국 잘 되는 경우가 드물다."라 하셨고, "우리 儒學의 眞面目은 다만 守拙에 있다."라고도 하셨다. 항상 孟子의 "사람들이 착하지 못하게 굴면, 後患을 당했을 때 어찌하려는 것인가?"라는 가르침을 외우시면서 무릎을 치며 감탄하셨다. 이것은 반드시 父兄의 가르침으로부터 깨달았을 것이요, 子姪들이 번성한 것은 어찌 兩世의 心德을 보여주는 증표가 아니겠는가?28)

심재는 先親의 평소 가르침을 '心德'과 '守拙'이라는 말로 요약했다. '心德'은 恩義를 널리 베풂으로써 드러나며, '守拙'은 富貴功名을 초탈함으로써 가능한 것인데, 양자가 모두 '마음을 다스리는 공부'에서 비롯됨은 물론일 것이다.

심재는 先祖의 心德에 대해서뿐만 아니라 學問(文學과 經學)에 대해서도 특별한 자부심을 지니고 있었다. 심재는 자신의 5代祖(趙德

---

27) 『心齋遺稿』 卷11 頁55-56, 〈先考處士府君行略〉, "府君, 內懷剛介之志, 外出柔遜之言. 燕閒之間, 語事親則必曰孝, 語操身則必曰謹, 治家也戒之以節用, 課兒也戒之以攻業. 人有飢寒則恤之, 人有過失則敎之. 閨梱之內, 恩義斬斬, 宗黨之間, 交際洽洽. 旣以自敕, 而又以垂訓於後世子孫者, 勿以貨財傳家, 只以心德二字傳家, 可也, 汝念之哉. 言猶在耳, 至今不忘于心也."

28) 『心齋遺稿』 卷11 頁56-57, 〈先考處士府君行略〉, "府君嘗曰, 觀世人有驕矜心者, 不但害止其身, 終鮮有後. 又曰, 吾儒眞面, 只在守拙. 每誦鄒夫子言, 人之不善, 當如後患何之訓, 而擊節歎賞. 此必有得於父兄之敎, 而子姪之所以詵衍者, 豈非兩世心德之符驗也耶?"

純)에 대해서는 "文學으로 士林의 重望을 얻었다."라고 칭송했으며,[29] 그 아우(趙德鄰)에 대해서는 "經學과 文章으로 一世의 重望을 얻었다."라고 칭송했다.[30] 또 族曾祖 晩谷에 대해서는 "言行이 떳떳하여, 嶺南의 儒林이 儒宗으로 칭송했다."라고 했으며,[31] 또 다른 族曾祖 魯澗處士(趙存道)에 대해서는 "文章과 經學으로 當世의 儒宗이 되었다."라고 칭송했다.[32] 심재의 이러한 칭송을 단순히 '선조에 대한 과장된 칭송'이라고만 볼 수는 없다. 그 까닭은, 심재가 막상 자신의 高祖考·曾祖考·祖考·先考 등에 대해서는 '儒宗'이나 '士林重望' 등의 표현을 쓰지 않고 있기 때문이다.

이렇게 볼 때, 심재는 자신의 家學淵源을 매우 자랑스럽게 생각하고, 그 속에서 특히 經學과 文學 그리고 心學(治心之學)의 전통을 자각하고, 그것을 계승하고자 노력했던 것이다.

2) 大山 李象靖과 理主氣資

大山 李象靖(1711~1781)은 退溪學派 중 虎派(鶴峯 金誠一 계통)의 학맥을 이었으나, 영남 유림 사이에서 '퇴계의 嫡傳'으로 두루 신망을 얻었던 인물이다. 심재의 스승 晩谷은 일찍이 大山의 門人이 되었거니와,[33] 따라서 심재의 학문은 晩谷을 통해서 大山에게 접맥되

29) 『心齋遺稿』 卷11 頁44, 〈曾祖考處士府君行略〉, "祖諱德純, 號壺峰, 官持平, 以文學望重士林."

30) 『心齋遺稿』 卷11 頁22, 〈先師晩谷先生遺事〉, "祖諱德鄰, 官三司右副承旨, 經學文章, 望重一世, 號玉川先生."

31) 『心齋遺稿』 卷11 頁34, 〈先師晩谷先生遺事〉, "凡其言行動止, 仰不愧俯不怍, 而嶠南人士, 以儒宗稱之者, 豈無以哉?"

32) 『心齋遺稿』 卷11 頁38, 〈魯澗處士漢陽趙公行略〉, "夫以先生之文章經學, 爲當世儒宗, 而唱酬及輓歌, 其傾向如此, 則亦足以徵信於後來矣."

33) 晩谷은 37세 때(1765년) 大山의 門人이 되었는데, 大山은 晩谷을 '畏友'로 대했

는 것이다.

흔히 지적하듯이, 대산의 철학적 입장은 '理主氣資'로 대변된다.[34] 대산의 宗旨는 "理는 氣를 외면하고 홀로 존립할 수 없으며, 氣는 理를 외면하고 스스로 운행할 수 없다. 天地의 造化나 吾心의 性·情이 진실로 모두 이와 같다."[35]라는 것이다. 즉 理와 氣는 반드시 서로 의지해서 존립한다는 것인데, 대산은 양자의 의존적 관계를 '理主氣資'로 설명한 것이다. 理는 氣의 動·靜을 주재하는 '主宰者'이고, 氣는 理의 실현을 뒷받침하는 '바탕(材具)'이라는 것이다. 대산은 다음과 같이 말한다.

> 天地 사이에는 다만 理·氣의 動·靜이 있을 뿐이다. 理는 '動靜의 主가 되는 妙'이고, 氣는 '動靜의 바탕이 되는 材具'이다. 그러므로 그 '主가 되는 妙'에 근거해서 말하면, 그 '능히 動·靜할 수 있는 까닭' 및 '動·靜이 그 질서를 잃지 않는 까닭'은 모두 理의 '本然之妙'인 것이다. 그 '바탕이 되는 형세'에 근거해서 말하면, 動은 陽의 열림이요, 靜은 陰의 닫힘으로써, 動·靜이 모두 形而下者이다. 理는 다만 그 위에 타고서 그 發揮와 運用을 주재하는 妙인 것이다. 대개 '動·靜' 두 글자는 다만 (임의로) 使用하는 글자이니, 그러므로 지칭하는 바에 따라서 (理에도 氣에도) 모두 通用할 수 있다. 그러나 그 뭁을 궁구한다면, 진실로 '氣' 一邊에 속하는 것

다고 한다. 만곡이 대산께 문안을 드리러 가면, 대산은 제자들에게 "오늘 견문이 많고 학식이 넓은 선비가 왔다. 여러분들은 모름지기 공부하던 것을 멈추고 견문을 넓혀라"고 당부했다고 한다. 한편, 주실의 '月麓書堂'은 만곡의 형제들이 주도해 세운 것으로, 주실 가학의 産室이었는데, 이상정은 〈月麓書堂記〉를 지은 바 있다(안동대학교 안동문화연구소, 『영양 주실 마을』, 85-95쪽 참조). 이로써 대산과 만곡의 밀접한 交遊를 짐작할 수 있겠다.

34) 本考의 '大山의 理主氣資論'에 대한 논의는 이상익의 〈大山 李象靖의 理主氣資論 : 退·栗 性理說과 대비하여〉(『東方學志』 제142집, 연세대학교 국학연구원, 2008, 353-389쪽)를 많이 참고하고 인용하였음을 밝혀둔다.

35) 『大山集』 卷6 頁20, 〈答權淸臺〉, "理不可外氣而獨立, 氣不能外理而自行. 天地之造化, 吾心之性情, 固皆如此."

> 이다. 그런데 氣가 動·靜하는 까닭은 사실 이 理가 주재하는 것이니, 또한 '理에 動·靜이 있다'고 말해도 방해되지 않는 것이다. 대개 理는 본래 氣를 타고 있으므로, '動·靜이 있다'고 말해도 그 '本體의 無爲'는 변함이 없는 것이다. 또한 실로 氣를 주재하므로, '動·靜이 없다'고 말해도 그 '지극히 신비한 妙用'은 또한 일찍이 손상되지 않는 것이다.[36]

대산에 의하면, '理가 氣를 주재한다'라는 것은 두 가지를 의미한다. 하나는 理는 '氣가 능히 動·靜할 수 있는 까닭'이 된다는 것이요, 하나는 理는 '氣의 動·靜이 그 질서를 잃지 않는 까닭'이 된다는 것이다. 한편, '動·靜이 모두 形而下者'라는 말은 현상적으로 動·靜하는 주체는 氣라는 말이다. 대산에 의하면, 氣의 운동을 통해서 理가 실현되는 것이다. 이러한 맥락에서, 대산은 氣를 '理를 실현하는 바탕(材具)'이라고 규정했다.

'動·靜'에 대한 대산의 지론은, 動·靜 자체는 氣에 속하지만, 氣의 動·靜은 理의 主宰에 따른다는 것이다. 다시 말해, 현상적으로 動·靜하는 주체는 氣이지만, 氣로 하여금 動·靜하게 하는 근원적 주체는 理라는 것이다. 따라서 '動·靜의 주체'는 관점에 따라 氣라고 말할 수도 있고, 理라고 말할 수도 있다는 것이다. 대산은 그러면서도 '理의 動·靜'을 '理가 현상적으로(실제로) 動·靜한다'고 이해하는 것을 경계했다. 현상적으로(실제로) 動·靜하는 것은 氣일 따름인데, 다만

36) 『大山集』 卷39 頁8-9, 〈理氣動靜說〉, "天地之間, 只有理氣之動靜. 理也者, 所主以動靜之妙也 ; 氣也者, 所資以動靜之具也. 故據其所主之妙而言, 則其所以能動而能靜, 與動靜之不失其序者, 皆此理本然之妙也 ; 以其所資之勢而言, 則其動者卽陽之闢, 靜者卽陰之闔, 二者皆形而下者, 而理特乘載其上, 以主其發揮運用之妙耳. 蓋動靜二字, 只是使用底字, 故隨其所指, 皆可通用. 然究其分, 則固屬乎氣之一邊, 而氣之所以動靜者, 實此理之所宰, 則亦不害爲理之有動靜也. 蓋理, 本搭於氣, 故謂之有動靜也, 而其本體之無爲者, 自若 ; 實主於氣, 故謂之無動靜也, 而其至神之妙用, 又未嘗或損也."

그 氣가 動·靜하는 까닭은 理의 주재에 의한 것이므로 '理에 動·靜이 있다'라고도 말한다는 것이다. 대산은 위와 같은 관점에서 '氣의 운동은 氣의 자연적 속성에서 기인한다'라는 '機自爾'說이나 '理 자체가 氣처럼 운동한다'라는 '理動'說을 모두 비판한다. 機自爾說은 '理를 死物로 誤認하는 것'이며, 理 자체가 동정한다는 주장은 '無位眞人이 東에 번쩍, 西에 번쩍하면서 自由自在로 萬事를 주재한다'라는 주장처럼 허황되다는 것이다.[37]

대산의 이러한 주장은 栗谷說을 비판하는 것일 뿐만 아니라, 退溪說에 대해서도 일정 부분 제한을 가하는 것이다.[38] '氣의 운동'을 '機自爾'로 설명하는 율곡은 '理의 주재'를 '理가 氣의 운동의 標準으로서, 氣가 如此如彼하게 운동할 수 있게 해주는 까닭'으로 설명했다.[39] 반면에 대산은 '理의 주재'를 '氣가 능히 動·靜할 수 있는 까닭이 됨'과 '氣의 動·靜이 그 질서를 잃지 않는 까닭이 됨'이라는 두 맥락을 동시에 의미하는 것으로 설명했다. 이것으로 볼 때, 後者에는 대산과 율곡이 合致되지만, 前者에는 대산과 율곡이 相反되는 것이다. 한편, 대산이 '理의 動·靜'을 '本體의 無爲'와 '至神의 妙用'으로 설명하는 것은 퇴계설을 그대로 수용한 것처럼 보이지만, 사실은 퇴계설에 대해서도 일정 부분 제한을 가하는 것이다. 퇴계는 "情意와 造

---

37) 『大山集』 卷39 頁9, 〈理氣動靜說〉 : 彼見道體之無爲 而謂動靜闔闢機自爾也者 固陷於認理爲死物之科 而或病其爲此 而偏主理有動靜之說 則又恐近於無位眞人閃爍自在之失 ('無位眞人'은 '形而上的인 主宰者'를 뜻하며, '閃爍自在'는 '東에 번쩍, 西에 번쩍하면서 自由自在로 萬事를 主宰함'을 뜻한다.)

38) 大山의 理主氣資說에 대해 안유경은 "이상정은 퇴계학파 내에서의 극단적으로 분별만을 주장하여 통일시키지 못하는 폐단과 기호학파의 不相離에만 치우쳐 분별하지 못하는 것은 모두 한쪽에 치우쳐 집착하는 것으로, 이것에서 탈피하여 양자를 포괄하는 종합적 논리를 제시"한 것이라고 설명한 바 있다(안유경, 「조선후기 퇴계학파의 '理發說'에 대한 해석」, 『東洋哲學』 제25집, 한국동양철학회, 2006, 13쪽).

39) 이에 대한 자세한 논의는 이상익, 『畿湖性理學論考』, 심산, 2005, 169-175쪽 참조.

作이 없는 것은 理의 本然之體이고, 경우에 따라 발현하여 이르지 않음이 없는 것은 理의 至神之用이다."[40]라고 했다. 즉 퇴계는 '理의 至神之用'을 '理의 能發·能生·能到'로 설명한 것이다. 그러나 대산은 '理의 至神之用'을 인정하면서도, 그것을 '能發·能生·能到'처럼 '理가 스스로 發用하는 것'으로 설명함은 반대하는 것이다.[41] 대산은 다만 '理가 氣를 주재함' 자체를 '理의 至神之用'으로 규정했다.

대산은 '理主氣資'의 논리를 四端七情論에도 그대로 적용시키고 있다. 대산은 다음과 같이 말한다.

> 理가 氣 가운데 墮在함으로써 '性'이라는 이름이 생긴 것이요, 理의 動·靜은 또한 氣를 타고서 流行하는 것이니, 진실로 일찍이 서로 떠날 수 없는 것이다. 그러나 理는 公하고 氣는 私하며, 理는 形迹이 없고 氣는 形迹이 있으며, 理는 不善이 없고 氣는 쉽게 惡으로 흐른다. 그러므로 그 느끼는 바에 正·私가 있음을 보고 그 발하는 바에 賓·主가 있음을 탐구해 보면, 또한 (理發과 氣發이라는) 分別이 없을 수 없다.[42]

대산이 "理의 動·靜은 또한 氣를 타고서 流行하는 것이니, 진실로 일찍이 서로 떠날 수 없는 것이다."라고 한 것은 '理主氣資'를 설명한 것으로, 이러한 설명 자체는 율곡의 '氣發理乘一途'와 궤를 같이한다. 그런데 대산은 '서로 떠날 수 없는' 가운데도 내용상으로는 理發

---

40) 『退溪全書』 卷18 頁31, 〈答奇明彦 別紙〉, "無情意造作者, 此理本然之體也 ; 其隨寓發見而無不到者, 此理至神之用也."

41) 『大山集』 卷6 頁19, 〈答權淸臺〉, "近世爲理氣之說者, 其主於不相離, 則殆認理爲枯槁死物. 凡動靜闔闢, 皆氣機之自爾, 固失之遠矣. 而病其爲此, 則又若以理爲與氣相對而各自發用, 恐是矯枉過直, 是亦枉而已矣."

42) 『大山集』 卷39 頁24-25, 〈四端七情說〉, "理墮在氣中, 而有性之名. 其動靜, 又乘氣而流行, 則固未嘗相離也. 然理公而氣私, 理無形而氣有迹, 理無不善而氣易流於惡, 故觀其所感之有正私, 而究其所發之有賓主, 則亦不能無分耳."

과 氣發이라는 '分別'이 없을 수 없다고 보는 것이다. 대산은 다음과 같이 말한다.

> 대개 惻隱·羞惡·辭讓·是非의 四端은 仁·義·禮·智의 性에서 발현된다. 그 발현하는 바탕은 氣이나, 主로 삼는 바는 理에 있다. 喜·怒·哀·懼·愛·惡·欲의 七情은 形氣의 私에서 발현된다. 그 타고 있는 것은 理이나, 主로 삼는 바는 氣에 있다.[43]

대산에 의하면, 理主氣資로서 理와 氣가 함께 작용하는 것은 四端과 七情이 같지만, 내용적으로는 四端은 理가 主가 되는 것이요 七情은 氣가 主가 된다는 것이다. 즉 四端은 '도덕적 本性'에서 유래하며, 七情은 '形氣의 사사로운 欲望'에서 유래한다는 것이다. 따라서 四端과 七情이 '理主氣資의 방식으로 발현함은 동일하다'는 관점에서는 양자를 '統合'해 볼 수 있지만, '내용적으로 主가 되는 것은 다르다'는 점에서는 양자를 '分別'해 보아야 한다는 것이다. 대산은 '統合과 分別'에 대해서 다음과 같이 설명한다.

> 무릇 사람에게는 '하나의 마음(一心)'이 있고, 마음은 '하나의 본성(一性)'을 지니고 있다. 性이 발한 것이 情이니, 情 또한 하나일 뿐이다. 이제 情을 갈라서 둘로 여김은 '二歧의 病'에 가깝지 않은가? 또한, 이미 둘로 여긴다면, 다시는 '渾淪한 것'이라 말할 수 없는 것인가? 그렇지 않다. 性이 마음 안에 있을 때에는 진실로 氣를 인해서 바탕으로 삼고, 움직여서 情이 될 때에도 또한 氣를 끼고서 바탕으로 삼는다. 그러므로 통합해서 未發者를 大本으로 삼고 已發者를 大用으로 삼을 때에는 七情을 말하면

43) 『大山集』 卷39 頁25, 〈四端七情說〉, "蓋惻隱羞惡辭讓是非之端, 發於仁義禮智之性, 其所資而發者 氣也, 然所主則在乎理 ; 喜怒哀懼愛惡欲之情, 發於形氣之私, 其所乘而行者, 理也, 然所主則在乎氣."

四端이 그 가운데 있는 것이다. 그 통합된 것에 나아가 분석해 말하면, 하나의 情 가운데, 性命의 바름에 근원 한 것은 粹然하여 不善이 없고, 形氣의 대상에서 근원 한 것은 사사로워 간혹 不善하다. 그 私·正의 구분은 根本으로부터 이미 그러한 것이니, 비록 渾淪하게 섞고자 해도 그럴 수 없는 것이다. 그러나 四端을 따르는 것은 곧 七情의 氣요, 七情을 타는 것은 곧 四端의 理로서, 妙合混融하여 원래 서로 분리되지 않으니, 또한 彼·此의 간격이 있겠는가? 다름에 나아가 같음이 있음을 보기 때문에 渾淪하게 말하는 경우도 있고, 같음에 나아가 다름이 있음을 보기 때문에 分別해서 말해도 되는 것이다. 이른바 '一而二, 二而一'이라는 것이 그것이다. 이 두 情이 발함은 머리를 나란히 함께 움직이고 고삐를 나란히 함께 나옴도 아니요, 또한 각각 一邊을 차지하고 스스로 動·靜하는 것도 아니다. 사물에 따라서 감응함에 서로 바탕이 되고 타는 것이다(互相資乘). 다만, 그 가운데 主理와 主氣의 구분이 있음을 보는 것이니, 또한 어찌 '두 갈래(二歧)'라는 의심을 하겠는가?[44]

위에서 "性이 마음 안에 있을 때에는 진실로 氣를 인해서 바탕으로 삼고, 움직여서 情이 될 때에도 또한 氣를 끼고서 바탕으로 삼는다."라고 한 것은 '理主氣資'를 설명한 것이다. 대산은 理主氣資라는 점에서는 四端과 七情이 동일하므로, 양자를 통합해 볼 수 있다고 하였고, 이러한 맥락에서는 '七情이 四端을 포함한다'라고 보았다.

---

44) 『大山集』 卷39 頁25-26, 〈四端七情說〉, "夫人有一心, 心具一性, 性之發爲情, 則亦一而已矣. 今判而二之, 不幾於二歧乎? 且既二之矣, 則亦不可以復渾言歟? 曰非然也. 性之在中也, 固因氣以爲地, 而其動而爲情也, 又挾氣以爲資, 故統以未發者爲大本, 已發者爲大用, 則言七而四在其中 ; 卽其合而析言之, 則一情之中, 其原乎性命之正者, 粹然而無不善, 其緣乎形氣之境者, 私而或不善. 其私正之分, 自根本而已然, 雖欲渾而雜之, 而不可得也. 雖然四端之所隨, 卽七情之氣, 而七情之所乘, 卽四端之理也. 妙合混融, 元不相離, 則又豈有彼此之間隔哉? 就異而見其有同, 故渾淪言之者有之 ; 就同而見其有異, 故分別言之而無不可. 所謂一而二二而一者也. 此二情之發, 非齊頭俱動, 竝轡偕出, 又非各占一邊, 而自爲動靜也. 隨事而感, 互相資乘, 而但於其中, 見其有主理主氣之分耳, 亦何有二歧之疑哉?"

그러나 四端은 '性命의 바름에 근원 한 것'으로 粹然하여 不善이 없고, 七情은 '形氣의 욕망에 근원 한 것'으로 사사로워 간혹 不善하다는 것이다. 이렇게 볼 때, 대산이 理發(主理)과 氣發(主氣)을 구분함은, 理와 氣가 각각 發動한다는 것이 아니라, 각각의 所從來를 구분함일 뿐이라는 것이 분명해진다. 대산은 四端이나 七情이 모두 '사물에 따라서 감응함에 서로 바탕이 되고 타는 것(互相資乘)'이라는 입장에서, 四端과 七情을 二元的으로 규정하는 것을 명백히 반대한 것이다. 대산의 이러한 입장은 "이 두 情이 발함은 머리를 나란히 함께 움직이고 고삐를 나란히 함께 나옴도 아니요, 또한 각각 一邊을 차지하고 스스로 動·靜하는 것도 아니다."라는 말에서 분명하게 확인된다. 대산은 다만 所從來가 달라 '四端과 七情'은 '主理와 主氣'로 구분된다고 보는 것이었다.

四端과 七情의 관계는 일면적으로 규정할 수 없고, 반드시 두 측면을 동시에 보아야 한다는 것이 대산의 지론이었다. 대산은 그 두 측면을 '統合의 관점'과 '分別의 관점'으로 설명했다. 統合論이란 '理主氣資'를 두고 말하는 것으로, 理主氣資라는 관점에서는 四端과 七情이 같다는 것이다. 대산은 특히 통합론의 관점에서는 '七情을 말하면 四端이 그 가운데 있는 것'이라고까지 말했다. 이것은 율곡이 '氣發理乘一途'를 말하고 '七情이 四端을 포함한다'라고 한 것과 궤를 같이한다. 그러나 四端과 七情은 그 所從來가 다르므로, 主理와 主氣로 分別하지 않을 수 없다는 것이다. 이러한 생각을 종합한 것이 위의 "다름에 나아가 같음이 있음을 보기 때문에 渾淪하게 말하는 경우도 있고, 같음에 나아가 다름이 있음을 보기 때문에 分別해서 말해도 되는 것이다. 이른바 '一而二, 二而一'이라는 것이 그것이다." 라는 말이다.

대산에 의하면, 四端과 七情은 '統合'해서 보면 '하나'이고, '分析'해서 보면 '둘'인 것이다. 그런데 기존의 先儒들은 대개 두 측면을 동시에 고려하지 않고, 어느 한 쪽으로 치우치고 있었다는 것이다. 단적으로 말해, 율곡학파는 '理·氣의 不離'만을 보고 '四端 역시 氣發이다'라고 했으니, 이는 '하나만 알고 둘은 모르는 것'으로서 '분별이 없는 폐단'에 빠지는 것이다. 퇴계학파는 '理·氣의 分開'만을 주장해서 四端과 七情을 統一시켜 보지 못하고 '七情은 性이 發한 것이라 말할 수 없다'고까지 했으니, 이는 '다름만을 알고 같음은 모르는 것'으로서 '실정에 맞지 않는 폐단'에 빠지는 것이다.[45] 대산은 특히 율곡에 대해서는 다음과 같이 더욱 상세하게 立論하였다.

> 理와 氣는 서로를 따라서 분리할 수 없다(相循不離). 氣는 (理의) 材具가 되고 理는 (氣의) 主宰가 된다. 그 動靜하는 기틀의 妙는 본래 두 갈래가 없으나, 그 나아가는 바에 따라서 主로 삼는 바가 다른 것이다. 예컨대 갓난아이나 宗廟의 일을 느끼면 仁이나 禮의 理가 발현되는데, 氣가 진실로 그 材料가 되지만 主로 삼는 바는 理에 있는 것이다. 그러므로 '理發'이라 하는 것이다. 聲色과 臭味의 사사로움을 느끼면 形氣의 欲望이 발동하는데, 理가 진실로 거기에 타고 있지만 主로 삼는 바는 氣에 있는 것이다. 그러므로 '氣發'이라 하는 것이다. 대개 기틀의 妙는 비록 하나이지만, 저절로 理發과 氣發의 구분이 있는 것이다. 그러나 또한 理發과 氣發로 구분된다고 하여 마침내 기틀도 다를 것으로 의심하는 것은 잘못이다.[46]

---

45) 『大山集』 卷39 頁26-27, 〈四端七情說〉, "彼見理氣之不離, 而謂四端亦氣發者, 固見一而不知二, 其弊也, 鶻圇無別 ; 而其或專主分開, 不相統一, 至謂七情不可謂性發, 則又見異而不知同, 其弊也, 闊疎不情."

46) 『大山集』 卷40 頁17, 〈讀聖學輯要〉, "理氣相循不離, 氣爲之材具, 而理爲之主宰. 其動靜機緘之妙, 本無二致, 然隨其所就, 而所主不同. 如赤子宗廟之事感, 則仁禮之理發焉, 氣固爲之材料, 然所主者在於理, 故曰理發 ; 聲色臭味之私感, 則形氣之欲動焉, 理固爲之乘載, 然所主者在於氣, 故曰氣發. 蓋機緘之妙

'理와 氣는 서로를 따른다(相循)'는 것은 '理와 氣는 서로를 필요로 한다(相須)'는 것으로, 그 까닭은 '氣는 (理의) 材具이고, 理는 (氣의) 主宰者이기 때문'이다. 이처럼 理와 氣는 본래 '不相離'의 관계이기 때문에, '그 動·靜하는 기틀의 妙는 본래 두 갈래가 없다'고 하는 것이다. 이상의 내용은 본래 율곡의 입장이기도 했다. 따라서 이러한 점들에는 대산이 율곡과 견해를 같이하는 것이다. 대산이 율곡을 비판하는 점은, 이처럼 '理와 氣가 不相離로서, 動·靜하는 기틀은 하나일 뿐'이라 하더라도, 四端과 七情은 또한 所主가 다르다는 점이다. 다시 말해, 四端이나 七情이나 '감정이 발현되는 방식' 자체는 같다는 것이요, 이 점에서는 대산도 율곡의 '氣發理乘一途'를 인정하는 것이다. 그러나 四端과 七情은 감정의 내용상 '主가 되는 것'이 다르다는 것이 대산의 지론이다. 四端은 어린아이를 보호하고 宗廟의 禮를 행하는 등 '도덕적인 것'이 主가 되고, 七情은 聲色과 臭味의 '육체적 욕망'이 主가 된다는 것이다. 이처럼 四端과 七情은 所主가 다르므로, 이러한 맥락에서 '理發'과 '氣發'로 구분하지 않을 수 없다는 것이다. 요컨대, 대산은 '理·氣의 不離'를 전제로 所主에 따라 理發과 氣發을 나누는 것이다.

대산은 율곡에 대해 "理發과 氣發로 구분된다고 하여 마침내 기틀도 다를 것이라고 의심하는 것은 잘못이다."라고 했다. 이는 퇴계의 互發說(理發과 氣發을 구분한 것)을 두고 '그것은 四端과 七情은 발하는 기틀이 다르다는 주장이다'라고 이해하는 것은 잘못이라는 뜻이다. 그런데 사실 이러한 논리는 대산이 퇴계설을 '제한적으로' 수용하는 방식이기도 하였다.[47]

雖一, 而自有互發之分; 又不可以互發之分, 而遂疑其機緘之或異也."

47) 퇴계는 분명 '理의 能發'을 인정했다. 따라서 퇴계의 주장을 '四端과 七情은 발하는 기틀이 다르지 않다'라는 것으로 단정할 수 없는 것이다. 이러한 맥락에서,

이상에서 고찰한 바와 같이, 대산의 철학사상이 지니는 의의는 둘로 요약할 수 있다. 첫째는 理와 氣의 관계를 '理主氣資'로 해명하여 兩者의 '相須相資'를 강조했다는 점이며, 둘째는 理主氣資를 바탕으로 삼아 氣發理乘一途說과 互發說을 지양시키고자 했다는 점이다. 심재는 이러한 대산의 철학적 입장을 충실히 계승하고 있다. 심재 역시 "七情은 四端을 포함한다."라고 말하면서, 동시에 "四端은 理發이고, 七情은 氣發이다."라고 주장하는 것이다.[48] 그러나 심재의 『庸學辨疑』가 모든 점에서 대산의 입장과 일치하는 것은 아니다. 그 몇 가지를 소개하면 다음과 같다. 첫째, 대산은 '戒懼와 謹獨을 未發(靜) 공부와 已發(動) 공부로 구분하는 것'을 반대했는데,[49] 심재는 戒懼와 謹獨을 각각 未發 공부와 已發 공부로 구분하고 있다.[50] 둘째, 대산은 '『大學』의 八條目은 先·後의 차례대로 실천해야 한다'라고 주장하는데,[51] 심재는 『大學』의 八條目을 '一時에 竝進해야 할 것'으로 설명한다.[52] 셋째, 대산은 '未發時에도 보고 듣는 것이 전혀 없는 것은 아니다'라고 주장하는데,[53] 심재는 未發時에는 '들을 수 있는 理'

대산이 '理·氣의 不離'를 전제로 所主에 따라 理發과 氣發을 나누는 것은 '퇴계설에 대한 제한적 수용(비판)'요, 동시에 '율곡설에 대한 제한적 수용(비판)'에 해당한다고 볼 수 있다.

48) 이에 대해서는 다음 節에서 자세히 고찰하기로 한다.

49) 『大山集』 卷40 頁27, 〈中庸大學疑義辨〉, "戒懼是兼動靜貫幽明工夫；愼獨是全體工夫中, 略更開眼處. 或者徒見戒懼謹獨之對待立說, 遂分作動靜工夫, 則是日用之間, 只就不睹聞莫顯見處, 揀取做工夫, 應事接物處, 都掉了莫管矣. 聖賢學問, 豈如是偏枯哉?"

50) 『譯註 庸學辨疑』, 55쪽, "戒懼是存養之事, 而靜時工夫；謹獨是省察之事, 而動時工夫."

51) 『大山集』 卷40 頁31, 〈中庸大學疑義辨〉, "誠正以下七件事, 各有等級, 各有次第. 先了得一事, 後方治得一事."

52) 『譯註 庸學辨疑』, 266쪽, "格致誠正, 修齊治平, 雖有先後之序, 而一時竝進, 齊頭做去, 則豈可謂了一節而後, 做一節耶?"

53) 『大山集』 卷40 頁3, 〈中庸戒愼不睹恐懼不聞疑義〉, "夫未發之時, 此心湛然, 虛明洞徹, 凡聲色之入耳過目者, 益精明而不亂. 豈有全無睹聞之時哉?"

는 있으나, '듣는 일'은 없다고 주장한다.[54] 이러한 점들은 뒤에서 더 자세히 논의하기로 하자.

3) 立齋 鄭宗魯와 治心之學

立齋 鄭宗魯(1738~1816)는 愚伏 鄭經世의 6代孫으로서, 심재의 外叔이다. 입재는 가학연원으로는 退溪學派 중 屛派(西厓 柳成龍의 학맥)에 속했으나, 虎派의 중추적 인물이었던 大山 李象靖의 門人이 됨으로써, 虎·屛 양파의 학자들과 폭넓게 교유하게 되었다.[55] 입재의 학문은 대산의 '理主氣資'를 근본으로 하면서도, '主'인 理의 위상을 더욱 강화하고 동시에 '資'인 氣의 현실적 주도권을 부각시켰다는 점에 특징이 있다.

먼저 입재의 기본입장을 살펴보자.[56] 입재는 당시의 학자들이 흔히 범하는 오류를 다음과 같이 둘로 분류하여 논한다.

> 요즘 사람들은, 或者는 치우치게 不雜만을 주장하여 '이른바 太極이란 다만 動·靜의 本然之妙임'을 모르고, 理가 참으로 능히 스스로 動·靜하는 것으로 여긴다. 이것은 '無位眞人이 그 속에 앉아 있다'는 것과 같으니, 虛蕩한 데 빠져 실정과 이치에 맞지 않는다. 或者는 치우치게 不離만을 주장하여 '이른바 動·靜의 기틀이란 다만 太極이 그렇게 시키는 것임'을 모르고, 氣가 스스로 능히 그렇게 動·靜하는 것이요 理는 다만 그 위에 타고 있는 것이라고 여긴다. 이것은 '하나의 죽은 사람이 말 등에 실려 있다'라는 것과 같으니, 치우치고 막힌 데 빠져 活絡이 없다. 이 두 폐단

54) 『譯註 庸學辨疑』, 63쪽, "旣曰未發之謂中, 則當中之時, 有見聞之理, 無見聞之事."

55) 최영성, 『韓國儒學思想史』 Ⅳ, 293쪽 참조.

56) 本考의 '立齋의 性理說'에 대한 논의는 이상익의 〈立齋 鄭宗魯의 理强氣弱論과 公七情理發論〉을 많이 참고하고 인용하였음을 밝혀둔다.

이 모두 심각하다.[57]

입재가 말하는 두 오류 가운데, 前者는 영남학파 가운데 '理가 실제로 운동한다'라고 주장하는 부류를 지목한 것이요, 後者는 '氣의 운동은 機自爾일 뿐'이라고 신봉하는 기호학파를 지목한 것이다. 입재는 前者에 대해서는 理를 '無位眞人'처럼 神格化하는 것으로서 이것은 실정과 이치에 맞지 않는다고 비판하며, 後者에 대해서는 理를 '하나의 죽은 사람'처럼 格下하는 것으로서 이것은 理의 活潑潑함을 모르는 것이라고 비판한다.

위의 인용문에 나타난 입재의 기본 입장은 理가 氣처럼 실제로 운동하는 것은 아니지만, 氣의 운동은 理가 그렇게 하도록 主宰하는 것이라고 보는 것이다. 理가 氣처럼 실제로 운동하는 것이 아니라면, 理의 실현은 氣의 운동에 의지하지 않을 수 없다. 朱子의 말로 표현하면, 氣는 理가 타야 하는 기틀인 것이다(動靜者 所乘之機). 그런데 氣의 운동이 이러저러하게 전개되는 것은 理가 그렇게 주재하기 때문이다. 다시 말해, 氣의 운동의 本然한 모습은 理가 제공하는 것이다. 주자의 말로 표현하자면, 理는 氣의 운동의 本然의 모습인 것이다(太極者 本然之妙). 대산은 '動靜者 所乘之機'를 '氣資'라고 설명하고, '太極者 本然之妙'를 '理主'라고 설명했는데, 이러한 생각은 입재의 경우에도 그대로 관철되고 있다.

다만 입재는 대산보다 더욱 '理의 위상'을 강화하고자 한 것으로 보인다. 性理學에서 '理의 위상'이란 '理는 氣의 主宰者'라는 것이었

---

57) 『立齋集』 卷24 頁7, 〈太極動靜說〉, "今人, 或偏主不雜者, 不知所謂太極只是動靜本然之妙, 而以爲理眞能自動靜, 有若無位眞人坐在裏許者然, 此則失之虛蕩而無情理 ; 其偏主不離者, 不知所謂動靜只是太極使然之機, 而以爲氣自能乃爾, 理但乘載於其上, 有若一箇死人馱在馬背者然, 此則失之偏滯而無活絡. 二者之流弊, 俱爲不淺."

다. 앞에서 고찰한 바와 같이, 대산은 '理의 주재'를 '氣가 능히 動·靜할 수 있는 까닭이 됨'으로 설명했다. 그런데 입재는 한 걸음 더 나아가 '氣의 動·靜은 理가 그렇게 시킨 것'이라고 주장한다.[58] 氣의 動靜은 모두 理가 그렇게 시킨 것이라면, 氣는 主人(理)의 명령을 받드는 從僕인 셈이다. 이러한 맥락에서, 입재는 종래의 '理弱氣强說'을 뒤집어 '理强氣弱說'을 제창하였다.[59] 이러한 주장들은 '理의 위상'을 극도로 격상시킨 것이라 하겠다.

그런데, 입재는 '理의 위상'을 강화시키는 것 못지않게 또한 '氣의 현실적 우선성'을 매우 강조하고 있다. 입재의 다음과 같은 말을 살펴보자.

> 대개 一原으로부터 말하면, 天下의 理는 모두 먼저 理가 있고 난 다음에 氣가 있는 것이다. 이제 '사람이 있기 전에 먼저 사람이 되는 理가 있다'라고 말하는 것은 可하나, 이것은 또한 다만 '懸空說'일 뿐이다. 만물을 낳음에 이르러서는, 반드시 氣가 모인 것을 바탕으로 삼은 다음에야 氣의 理가 바야흐로 부여될 수 있다. 그러므로 朱子는 이미 "오직 사람은 태어날 때에 바르고 통한 氣를 얻었다. 그러므로 그 性이 가장 貴한 것이 된다."라고 하였고, 또 이어서 "方寸의 사이가 虛明洞澈하여 萬理를 모두 갖추고 있다."라고 하였다. 주자가 반드시 먼저 '바르고 통한 氣'를 말한 다음에야 바야흐로 '그 性이 가장 貴한 것이 됨'을 말하고, 먼저 '虛明洞澈'을 말한 다음에야 바야흐로 '萬理를 모두 갖추고 있음'을 말한 것이 과

---

58) 『立齋集』 卷24 頁5-6, 〈太極動靜說〉, "陽之動, 固太極使之動. (…) 陰之靜, 固太極使之靜."

59) 『立齋集』 卷24 頁20, 〈理强氣弱說〉, "世之論者, 每謂理弱而氣强, 氣能勝理, 而理不能勝氣. 然愚則以爲莫强於理, 而莫弱於氣. 氣之勝理也, 暫焉而已 ; 理之勝氣也, 亘乎萬世而有必然之勢. 胡不觀於天地之理氣乎? 夫天於穆而運於上, 夫地隤然而處於下, 其元氣爲何如? 然惟其有太極主之, 使其如彼. 故一闔一開, 一終一始者, 不知其幾千萬變, 而終是天爲天地爲地, 未嘗有地爲天天爲地之時. 理之莫强, 於此已可見矣."

연 아무런 까닭 없이 그런 것이겠는가?[60]

입재는 이른바 '理先氣後'에 대해, 그것은 다만 '一原'이라는 관점에서 성립하는 '懸空說'일 뿐이라고 단정하였다. '懸空說'이란 분명히 '원리적, 추상적 차원의 논리로서, 구체적 현실과는 동떨어진 주장'이라는 의미일 것이다. 즉 입재는 '理가 먼저 존재하고 氣는 그 다음에 존재한다'라는 주장을 원리적 차원에 한정해서만 타당하다고 승인한 것이다. 위의 인용문의 핵심 내용은 "만물을 낳음에 이르러서는, 반드시 氣가 모인 것을 바탕으로 삼은 다음에야 氣의 理가 바야흐로 부여될 수 있다."라는 것이다. "만물을 낳음에 이르러서는"이라는 말은 '만물의 生生이 이루어지는 現實의 세계에서는'이라는 뜻이다. 또 "반드시 氣가 모인 것을 바탕으로 삼은 다음에야 氣의 理가 바야흐로 부여될 수 있다."라는 말은 '먼저 氣가 갖추어져 있어야만 理가 부여될 수 있다'라는 말이다. 요컨대 현실의 세계에서 理가 실현될 수 있는 바탕은 氣이므로, 理를 실현하기 위해서는 먼저 氣를 갖추어야 한다는 말이다. 입재는 주자가 반드시 먼저 '바르고 통한 氣'를 말한 다음에야 바야흐로 '그 性이 가장 貴한 것이 됨'을 말하고, 먼저 '虛明洞澈'을 말한 다음에야 바야흐로 '萬理를 모두 갖추고 있음'을 말한 것은 '반드시 까닭이 있을 것'이라는 말로 자신의 주장을 뒷받침하였다.

원리적으로는 理가 우선하지만, 현실적(실천적)으로는 氣가 우선

60) 『立齋集』 卷25 頁14, 〈理氣心性說〉, "蓋自一原而言之, 天下之理, 莫不先有理而後有氣. 今謂未有人之前, 先有爲人之理, 則可, 然亦只是懸空說而已. 及其生物, 則必因是氣之聚而後, 是氣之理, 方得以賦焉. 故朱子旣曰, 惟人之生, 得其氣之正且通者, 故其性爲最貴. 而又係之曰, 方寸之間, 虛明洞澈, 萬理咸備. 其必先言正且通者而後, 方言其性爲最貴, 先言虛明洞澈而後, 方言萬理咸備者, 果無所以而然乎哉?"

한다는 것은 주자학의 지론이었다. 입재의 주장도 물론 이러한 지론을 벗어나는 것은 아니다. 그런데 '원리적으로는 理가 우선한다'라는 주장에 대해서 입재가 특별히 '懸空說'이라고 확언한 점이 중요하다. 즉, 위의 인용문에서 입재가 강조하고자 했던 것은 '현실에는 氣가 뒷받침되어야 理가 갖추어지고 실현될 수 있다'라는 내용이었다. 이러한 주장은 '氣는 理를 실현하는 바탕(氣資)'임을 확인함과 동시에, 현실적으로는 '氣가 理에 우선함'을 확인하는 것이었다.

입재는 '마음(心)'을 이해함에서도 영남유학의 일반적 경향과는 약간 다른 면모를 보여준다. 영남유학의 지론은 '마음은 理와 氣가 합쳐진 것(心合理氣)'이라는 것이었다. 그런데 입재는 心을 논함에서 '心合理氣'를 전제로 하면서도 '心은 본래 氣(氣之精爽)임'을 역설하고 있다. 우선 입재의 다음과 같은 말을 살펴보자.

> 程子는 "心은 穀種(곡식의 씨앗)과 같으니, 生長의 性이 바로 仁이다."[61]라고 하였다. (…) 穀種으로 말하자면, 껍질 속에 있으면서 단단하게 여문 것이 모두 生氣이다. 그러므로 根莖花葉의 理가 실로 모두 그 가운데 갖춰진 것이니, 이것이 바로 生長의 性이다. 만약 저 生氣가 아니라면, 이 理가 또 어디에 갖춰지겠는가? 程子가 이것을 취해 마음을 비유한 것은 또한 대개 '마음의 氣'를 가리켜 말한 것이다. 오직 이른바 氣란 穀種과는 크게 다르니, 方寸에 가득 찬 '氣의 精爽'은 虛明洞澈한 것이다. 그러므로 父子에는 溫和慈愛의 理가 발하여 저절로 '親'하지 않을 수 없는 것이요, 君臣에는 斷制裁割의 理가 발하여 저절로 '義'하지 않을 수 없는 것이며, 夫婦에는 分別是非의 理가 발하여 저절로 '別'하지 않을 수 없는 것이요, 長幼에는 恭敬撙節의 理가 발하여 저절로 '序'하지 않을 수 없는 것이며, 朋友에는 네 가지가 합쳐진 誠實의 理가 발하여 '信'하지 않을 수 없는 것이다. 만약 이 理가 氣에 갖추어져 있지 않고, 氣의 精爽이 이

61) 『程氏遺書』 卷18 (伊川先生語4, 劉元承手編), "心譬如穀種, 生之性便是仁也."

와 같지 않다면, 비록 五倫이 있더라도 또한 冥然하여 알지 못하고 頑然하여 깨닫지 못할 것이니, 禽獸草木과 어떻게 다르겠는가?[62]

입재는 程子의 "心은 穀種(곡식의 씨앗)과 같으니, 生長의 性이 바로 仁이다."라는 말을 '마음은 씨앗과 같은 것으로서, 씨앗 속에 生理(生長의 性)가 갖추어져 있다'라는 뜻으로 이해했다. 그리고 씨앗을 '生氣'로 규정하고, 이 生氣 속에 '生理'가 갖춰진 것이요, 生氣가 있어 生理가 발현될 수 있는 것이라고 보았다. 입재는 이러한 설명을 '마음과 본성'에 적용시켜, "마음은 '氣의 精爽'으로서, 그 안에 '理(性)'를 갖추고 있다."라는 논리와 "마음은 氣의 精爽이기 때문에 그 안에 갖추어진 理(性)를 발현시킬 수 있다."라는 논리를 전개했다. 마음은 '氣의 精爽'이기 때문에 虛明洞澈하고, 虛明洞澈하기 때문에 '溫和慈愛의 理'·'斷制裁割의 理' 등을 발현시켜 '親'과 '義' 등으로 구현할 수 있다는 것이다. 따라서 입재가 '心合理氣'를 수용한다 하더라도, 그것은 '마음' 자체가 '合理氣'라는 것이 아니라 '氣인 마음' 속에 '理인 본성'이 갖추어져 있다는 뜻이 된다.

주자는『大學』의 '明德'에 대해 "虛靈不昧하여 衆理를 갖추고 萬事에 응하는 것(虛靈不昧 以具衆理而應萬事者)"이라고 설명한 바 있다. 그런데 '主理的' 입장에서 心을 이해하는 사람들은 '虛靈不昧 以

62) 『立齋集』 卷25 頁12-14, 〈理氣心性說〉, "程子曰, 心如穀種, 生之性乃是仁也. (…) 以穀種言之, 彼其在於皮殼之內, 而穎栗堅實者, 全是生氣. 故根莖花葉之理, 實具於其中, 是則所謂生之性. 而若非這生氣, 則此理又何從而具乎? 程子之取此以譬於心, 蓋亦指心之氣而言也. 惟其所謂氣者, 與彼絶異. 精爽之盈於方寸間者, 虛明而洞澈. 故於父子, 則溫和慈愛之理發而自不能不親 ; 於君臣, 則斷制裁割之理發而自不能不義 ; 於夫婦, 則分別是非之理發而自不能不別 ; 於長幼, 則恭敬撙節之理發而自不能不序 ; 於朋友, 則合四者誠實之理發而自不能不信. 向若此理之不具於氣, 而氣之精爽不如是, 雖有五倫, 亦冥然不知, 頑然莫覺, 而與禽獸草木, 又何以異哉?"

具衆理'를 종종 '明德은 衆理를 갖추고 있기 때문에 虛靈하다'라고 풀이했는데,[63] 입재는 이에 대해서도 명백히 반대한다. 입재는 다음과 같이 말한다.

> 지난해에 道院[64]에서 듣자하니, 여러 院生에게 '明德'을 물었는데, '衆理를 갖추고 있기 때문에 虛靈不昧하다(具衆理 故虛靈不昧)'는 답변을 매우 옳게 여겼다고 한다. 그 見解가 倒置된 것임은 논하지 않더라도, 그것은 『大學章句』 本文의 가르침과도 매우 심하게 어긋난다. 살피건대, 이와 같다면, 朱子는 왜 "衆理를 갖추고 있기 때문에 虛靈不昧하다(具衆理 故虛靈不昧)."라고 말하지 않고, 반드시 "虛靈不昧하여 衆理를 갖추고 있다(虛靈不昧 以具衆理)."라고 말했겠는가?[65]

입재는 '衆理를 갖추고 있기 때문에 虛靈不昧하다'라는 해석은 '거꾸로 된 해석'으로서 '주자의 本文과도 어긋난다'고 단언했다. 明德이 '虛靈不昧'하다는 것은 대전제이다. 그런데 明德이 '그 자체로 虛靈不昧한 것'인지, 아니면 '衆理를 갖추고 있기 때문에 虛靈不昧한 것'인지가 문젯거리가 되는 것이다. 主理的 입장에서 心을 이해하는 사람들은 흔히 '衆理를 갖추고 있기 때문에 虛靈不昧한 것'이라고 주장하거니와, 이것은 虛靈不昧의 근거를 理로 설정하는 것이다. 心(明德)

---

63) 기호학파에서도 '明德主理'를 주장하는 重菴 金平默 등은 '明德은 衆理를 갖추고 있기 때문에 虛靈하다'고 풀이했다(『重菴集』 卷37 頁21, "心之虛靈, (…) 若此理不具, 則是不虛不靈者也."). 이에 대한 자세한 논의는 이상익, 『畿湖性理學論考』, 405-406쪽 참조.

64) '道院'은 立齋의 故鄕 尙州에 있는 '道南書院'을 지칭하는 것 같다. 道南書院에는 圃隱 鄭夢周, 寒暄堂 金宏弼, 一蠹 鄭汝昌, 晦齋 李彦迪, 退溪 李滉, 西厓 柳成龍 등을 奉享했었다고 한다.

65) 『立齋集』 卷25 頁14, 〈理氣心性說〉, "向年聞自道院, 問明德於諸生, 而以具衆理故虛靈不昧之對爲甚是云. 未論見解之倒置, 其不合於章句本文之指, 亦甚矣. 審如是, 朱子何以不曰, 具衆理故虛靈不昧, 而必曰, 虛靈不昧以具衆理云云耶?"

이 虛靈不昧하다는 것은 대전제라고 했거니와, 理를 虛靈不昧의 근거로 설정한다면, 理는 心을 구성하는 데 있어서 필수적 요소가 된다. 主理的 입장에서 心을 이해하는 사람들은 이러한 뜻으로 '心合理氣'를 주장하는 것이다. 그러나 입재는 心은 본래 '氣의 精爽'이라고 전제하고, 氣의 精爽이기 때문에 虛靈不昧한 것이요, 虛靈不昧하기 때문에 理를 갖출 수 있고 萬事에 응할 수 있는 것이라고 설명하였다. 이것은 역시 '마음' 자체가 '合理氣'인 것이 아니라 '氣인 마음' 속에 '理인 본성'이 갖추어져 있다는 설명과 맥락을 같이 한다. 마침내 입재는 다음과 같이 말한다.

> 무릇 사람의 마음은 '理·氣가 합쳐져서 이루어진 것'이니, 진실로 理를 버리고 오로지 氣만으로 말하는 것은 不可하다. 또한, 이미 마음이 이루어진 다음에는 더욱 마땅히 理를 主로 하여 말해야 하니, '氣' 字로 마음의 主를 삼는 것은 不可하다. 그러나 사람의 마음이 사물들과 달리 性을 지니고 있다는 점과 性이 사람에게만 특별히 마음에 갖추어져 있는 까닭을 논하자면,[66] 실로 나의 말과 같을 것이요, 이것은 또한 나의 말이 아니라 바로 朱子의 말이다. 하물며 ('마음은 氣이다'라는) 朱子의 말은 '氣의 精爽'이라는 한 구절만 있는 것이 아님에랴. 주자는 또한 일찍이 "心은 陰陽과 같고, 性은 太極과 같다."라고 했으며, "心은 理에 견주면 약간 자취가 있고, 氣에 견주면 또한 自然히 靈妙하다."라고 하였다. 마음을 '陰陽과 같다'고 한 것은 이미 '氣로써 말한 것'이니, 그러므로 '理에 견주면 약간 자취가 있다'고 말한 것이다. 마음이 '氣에 견주면 또한 自然히 靈妙하다'고 한 것은 또한 마음이 (단순한 氣가 아니라) '氣의 精爽'임을

66) 이 부분은 주의해서 이해해야 한다. 여기서 말하는 性은 물론 五常을 지칭하거니와, 입재는 사람의 五常은 '仁義禮智'이지만, 사물의 五常은 '生長收藏'일 따름이라고 보았다(더 구체적으로 말하면, 禽獸의 五常은 '蠢動休息'이고, 草木의 五常은 '萌達悴斂'이다). 따라서 사물의 五常은 인간의 五常과 다르다는 것이다(『立齋集』 卷24 頁7-8, 〈五常說〉; 『立齋集』 卷25 頁10, 〈理氣心性說〉 참조). 이러한 맥락에서, 입재가 여기에서 말하는 '性'은 '仁義禮智의 五常'을 뜻하는 것이다.

말한 것이니, 이것은 바로 鬼神은 氣이되 만약 그 靈妙한 측면을 말하려면 반드시 '氣의 良能'이라고 말하는 것과 일반이다.[67]

입재가 "무릇 사람의 마음은 '理·氣가 합쳐져서 이루어진 것'이니, 진실로 理를 버리고 오로지 氣만으로 말하는 것은 不可하다."라고 한 것은 主理的 입장에서 心을 이해하는 사람들의 일반론을 승인하는 것이다. 그런데 앞에서 논한 것처럼 '心合理氣'란 두 맥락에서 해석될 수 있는바, 입재의 입장은 '마음 자체가 理와 氣로 구성된다'라는 것이 아니라 '氣(氣의 精爽)인 마음에는 理인 본성이 갖추어져 있다'라는 것이었다. 입재는 위의 말에 이어서 "또한 이미 마음이 이루어진 다음에는 더욱 마땅히 理를 主로 하여 말해야 하니, '氣' 字로 마음의 主를 삼는 것은 不可하다."라고 했는데, 이것은 '當爲的 實踐의 차원'에서 하는 말이다. 즉 마음 자체는 氣라 하여도 실천의 차원에서는 本性(理)을 主로 삼아야 한다는 것이요, 마음(氣) 자체가 '自用(제멋대로 작용함)'하게 해서는 안 된다는 뜻이다.

입재가 마음 자체는 氣(氣의 精爽)로 규정하고 있다는 것은 "그러나 사람의 마음이 사물들과 달리 性을 지니고 있다는 점과 性이 사람에게만 특별히 마음에 갖추어져 있는 까닭을 논하자면, 실로 나의 말과 같을 것"이라 한 것에서 분명해진다. 여기에서 '나의 말'이란 '心은 氣의 精爽'이라는 말을 지칭한다. 입재에 의하면, 心은 氣의 精爽

67) 『立齋集』 卷25 頁15, 〈理氣心性說〉, "夫人之心, 合理氣而成, 固不可舍理而專言氣. 且旣成心之後, 則又當主理而言, 不可以氣字爲心之主. 然若其心之所以異於物而具夫性, 及性之所以特於人而具於心之故, 則實是如愚之說, 而抑非愚之說也, 乃朱子之說也. 又況朱子之說, 非獨氣之精爽一句而已. 亦嘗以心謂猶陰陽, 而以性謂猶太極, 又曰, 心比理則微有跡, 比氣又自然靈. 其謂之猶陰陽者, 已是以氣焉, 故有此比理微有跡之語. 而比氣則又自然靈云者, 又以其爲精爽而言也. 正如鬼神是氣, 而若言其靈處, 則須以良能言一般."

이기 때문에 仁義禮智의 本性을 갖추고 발현시킬 수 있다. 입재는 心은 '氣의 精爽'이라는 말은 자신의 말이기 전에 朱子의 말이라고 상기시켰고, 또 주자가 心을 氣로 설명한 것은 非一非再함을 상기시켰다. 이러한 내용들로 볼 때, 입재는 마음 자체는 氣(氣의 精爽)로 설명하고, 마음(氣) 가운데 본성(理)이 갖추어져 있다고 보고 있음이 분명할 것이다. 따라서 입재의 입장에서는 '心合理氣'라는 명제도 '마음 자체가 理와 氣로 구성된다'는 것이 아니라 '마음 자체는 氣이되, 그 안에 理가 들어 있다'(氣인 마음은 理인 本性을 담고 있다)는 뜻이 되는 것이다.[68]

이제 입재의 '治心之學'을 살펴보자. 주자학 일반론처럼 입재 역시 마음을 해치는 요소를 '氣稟의 구애'와 '物欲의 가림'으로 설명하고, 부단한 存養省察을 통해 마음의 本來面目을 회복하라고 주장한다.[69] '마음을 다스리는 공부'에 있어서 입재의 특징은 〈心出入說〉에 잘 나타나 있다. 『孟子』에는 "잡으면 보존되고 놓으면 잃어버려, 나가고 들어옴이 일정한 때가 없어서 그 있는 곳을 알 수 없다는 것은 오직 마음을 일컬은 것이다."[70]라는 말이 보이거니와, 입재는 '마음의 出·入'을 다음과 같이 독특하게 해석한다.

---

68) 앞에서 소개한 晩谷의 "대개 心이란 (…) 바로 陰陽五行의 氣가 합쳐진 것으로서, 사람에게 있어서 이 理를 갖추고 있는 곳이다.(『晩谷集』 卷8 頁13, 〈心不可以專言氣〉, "蓋心者, (…) 乃合陰陽五行之氣, 而具此理於人者也.)"라는 말을 상기해 보는 것도 좋겠다. 한편, 최영성은 大山에 대해 "理氣 관계에 대한 그의 說은 餘他의 영남학파 학인들에 비해 상당히 합리성이 강하다. 따라서 기호학파 학인들과 하나로 만날 수 있는 가능성이 적지 않다"고 논평한 바 있다(최영성, 『韓國儒學思想史』 Ⅳ, 293쪽 참조). 이러한 논평은 晩谷이나 立齋에게도 적용될 수 있을 것이다.

69) 『立齋集』 卷25 頁18, 〈南君漢濯字說〉, "吾存養省察之工, 貫終始無間斷, 然後方始復吾之初, 而氣稟物欲, 一毫不得以爲累."

70) 『孟子』 告子上 8, "孔子曰, 操則存, 舍則亡, 出入無時, 莫知其鄕, 惟心之謂與."

'마음의 出·入'은 '몸(軀殼)의 內·外'로 말하는 것이 진실로 옳으나, 오히려 십분 精微한 곳에는 이르지 못한 것 같다. 대개 '出'이란 '理의 밖으로 나감'을 말하고, '入'이란 '理의 안으로 들어옴'을 말한다. 사람의 마음에는 動·靜이 있거니와, 마땅히 움직여야 할 때 움직이고 마땅히 고요해야 할 때 고요한 것은 모두 '理의 自然'이다. 이미 움직인 다음에는 마땅히 여기에 있어야 함에 여기에 있고, 마땅히 저기에 있어야 함에 저기에 있는 것 또한 '理의 自然'이다. 그러므로 사람의 마음은 다만 마땅히 '自然의 理'를 따를 뿐이다. 그 고요할 때를 당해서는 반드시 寂然不動한 것이 바로 이 理를 따르는 것이다. 왜냐하면, 이때의 理는 마땅히 이와 같기 때문이다. 움직일 때를 당해서는 반드시 感應하는 바에 따라서, 마땅히 여기에 있어야 함에 여기에 있고, 마땅히 저기에 있어야 함에 저기에 있는 것이 바로 이 理를 따르는 것이다. 왜냐하면, 이때의 理가 또한 마땅히 이와 같기 때문이다. 理가 마땅히 이러함에 마음 또한 이러하면, 이것이 '마음이 理 안에 있는 것'으로서 '入'이라 말할 수 있다. 理는 마땅히 이러한데 마음은 이러하지 않다면, 이것이 '마음이 理 밖에 있는 것'으로서 '出'이라 말할 수 있다. 이제 또 '움직이는 곳'으로 말해보자. 생각이 일고 있는데, 만약 理로 보아 마땅히 생각해야 할 것이라면, 비록 하늘의 높음과 땅의 넓음이라도 스스로 '理 안에 있는 것'인바, 마음이 여기에 있는 것은 여전히 '入'인 것이다. 만약 理로 보아 마땅히 생각해서는 안 되는 것이라면, 비록 나의 五臟六腑를 생각하여 결코 몸 밖으로 나가지 않았다 하더라도 도리어 '理의 밖'이 되는 것이니, 마음이 여기에 있는 것은 이미 '出'인 것이다. 이것으로 보면, 마음을 수렴하여 '몸'으로 들여옴은 진실로 어렵거니와, 마음을 수렴하여 '理 안'으로 들여옴은 더욱 어렵다. 진실로 理를 살핌이 지극히 정밀하고 마음을 씀이 지극히 상세한 사람이 아니라면, 어찌 족히 여기에 참여할 수 있겠는가? 老先生께서는 顔子가 '석 달 뒤에는 仁을 어기지 않을 수 없었음'을 들어 "다만 어기지 않을 수 없다면 이미 '달아남(放)'이다."라고 하셨다. 여기에서의 '달아남'이란 어찌 '몸 밖으로 달아남'을 뜻하겠는가? 다만 '잠깐 理에서 어긋남'을 뜻하는 것이다. 또한, 책을 읽을 경우, 上句를 본 다음에 바야흐로 下句를 보는 것이 '當然한 理'이다. 그런데 혹 먼저 下句를 본다면 이미 理에 어긋난 것으로서, '理 밖으로 나간 것'이다. 理 밖으로 나갔다면 바로 '달아남'인 것이다. 이러한 곳은 매우 精微한 곳으로서, 오직 顔子만이 스스로 알 수 있다. 그런데 老先生께서 간파하시고 말씀해주신 것이다.71)

입재는 '마음의 出入'을 '마음이 몸 밖으로 나가고, 몸 안으로 들어옴'으로 해석하는 것은 정밀하지 못하다고 보았다. '마음이 理에 어긋난 것'을 '出'이라 하고, '마음이 理에 합당한 것'을 '入'이라 해석하는 것이 타당하다는 것이다. 그렇다면 입재에게 있어서 '操心' 또는 '存心'이란 바로 '마음이 항상 理를 따르게 하는 것'이다. 이러한 맥락에서 보자면, '人欲을 막고 天理를 보존함(遏人欲 存天理)'이 바로 마음을 다스리는 요점이 될 것이다.

이제 이상의 논의를 정리해 보자. 입재는 大山의 '理主氣資'를 충실히 계승했다. 다만 '理의 주재'를 '理가 氣를 부림'으로 해석하여 '理의 위상'을 한층 고양했고, 그러면서도 '현실의 세계에서는 氣가 우선으로 중요함'을 역설하였다. 마음을 설명하면서는 '마음은 氣의

---

71) 『立齋集』 卷24 頁15-16, 〈心出入說〉, "心之出入, 以軀殼內外言之, 固是, 然猶似未說到十分精微處. 蓋出者, 出於理之外也 ; 入者, 入於理之內也. 人心有動有靜. 當動而動, 當靜而靜, 皆理之自然. 旣動之後, 當在此而在此, 當在彼而在彼, 亦理之自然. 故人心, 只當順其自然之理. 當其靜也, 必須寂然不動, 方是順此理底. 何者? 此時之理, 合如此故也. 及其動也, 必須隨感而應, 當在此而在此, 當在彼而在彼, 方是順此理底. 何者? 此時之理, 亦合如此故也. 理合如此而心亦如此, 則是爲心在理內, 而可謂之入 ; 理合如此而心不如此, 則是爲心在理外, 而可謂之出. 今且以動處言之, 當其有思之時, 若是理所當思, 則雖天之高地之遠, 自在理內, 而心之在此, 依舊是入者也. 若是理所不當思, 則雖令思吾之五臟六腑, 其不出於軀殼之外, 有如是焉, 却爲理外, 而心之在此, 已是其出者也. 以此觀之, 收心入軀殼, 固難, 而收心入理內, 爲尤難. 苟非見理極精, 用心極細者, 曷足以與於此哉? 老先生, 以顔子不能無違於三月之後, 謂只不能無違已是放. 此放字, 豈放於軀殼外之放乎? 只是乍違於理. 且如讀書, 看上句後, 方看下句, 是當然之理, 而或先看下句, 則已是違於理, 而爲出於理外也. 纔出理外, 便是放. 此等處極精微, 惟顔子乃自知之, 而老先生看得破說得到耳."

精爽임'을 재확인하면서도, 당위적으로는 '마음은 理를 주로 삼아야 한다'라는 것을 강조하였다. 입재는 이러한 맥락에서 '마음을 다스린다는 것'은 '氣인 마음으로 하여금 理를 따르게 하는 것'이라고 주장한 것이다.

심재는 『立齋集』의 교정을 主導했다고 하거니와, 심재는 이러한 立齋의 宗旨를 익숙히 이해하고 있었을 것이다.[72] 또 심재에게 '心齋'라는 號를 지어주고 治心之學을 독려한 사람도 立齋였다.[73] 심재의 治心之學은 '守拙'로 귀결되거니와, 守拙이란 '불필요한 욕망을 줄임으로써 天理를 따름'일 것이다. 이렇게 본다면, 입재의 학풍 역시 심재의 학문 형성에 지대한 영향을 끼친 것이다.

2. 心齋의 學風

심재의 行狀에서는 "一生의 用工은 오로지 '治心之學'에 있었으니, 얻음과 잃음에 마음이 흔들리지 않았고, 世間의 誹謗이나 稱譽에 개의치 않았으며, 오직 자신의 本分上에 마땅히 행해야 할 것에만 힘썼다. 마침내 用工이 더욱 두터워지고 心目이 더욱 정밀해짐에, 저술한 論說들이 모두 經典의 本旨를 發明하기에 충분하였다."[74]라고 하였다. 심재의 학문적 본령은 經學과 治心之學에 있었다는 말이다.

---

72) 『西坡先生文集』 卷23 頁9, 〈外曾祖考成均生員心齋趙公行狀〉, "看書極詳密, 於校勘尤精. 立齋集重校, 公訂正最多, 內弟石破公, 以書謝曰, 親炙之深, 精博之見, 尤驗於今日矣."

73) 『西坡先生文集』 卷23 頁6, 〈外曾祖考成均生員心齋趙公行狀〉 참조.

74) 『西坡先生文集』 卷23 頁10, 〈外曾祖考成均生員心齋趙公行狀〉, "一生用工, 專在於治心之學, 得喪不動於中, 毀譽不關於心, 惟吾本分上當行是務, 而及其用工益篤, 心目愈精, 則著爲成說, 皆足以發明經旨."

또 行狀에 의하면, 심재가 평소에 주로 공부한 내용은 程·朱의 諸書, 『朱子語類』와 『心經』·『近思錄』 등이었다. 심재는 특히 『退溪集』 가운데 '四七論辨'에 관한 부분은 직접 손으로 베껴가면서 침잠해서 연구하였고, 그에 대해 남들이 물으면 자기 말처럼 외워가면서 설명해 주었다고 한다.[75] 이것으로 볼 때, 심재는 性理學의 理氣心性論에 대한 이론적인 탐색에도 많은 노력을 기울인 것 같다.

이제 經學과 治心之學, 理氣心性論에 대한 천착 등을 중심으로 심재의 학풍을 살펴보기로 하자.

1) 經學과 '述而不作'

'經學'은 經典에 대한 註釋을 통해 經典의 本旨를 탐구하는 학문이다. 경학은 전통시대 모든 학문의 기초가 되었으며, 또 모든 학문의 중심이기도 하였다. 주지하듯이, 유교의 경학은 시대에 따라 그 경향을 달리했는데, 그것은 크게 漢學과 宋學으로 나뉜다.

'漢學'이란 漢代의 訓詁學을 지칭하는 것으로, 文字의 원래 뜻을 訓詁하고, 當時의 역사적 사실을 考證함으로써 經典의 本旨에 접근하고자 하는 것을 말한다. 淸代의 考證學 역시 이러한 학문 정신을 계승한 것이다. 이들은 '증거가 없으면 믿지 않는다(無徵不信)'라는 입장에서 객관성과 엄밀성을 추구하였다. 그러나 이들은 지엽적인 名物度數에 매달려 경전의 전체적인 취지를 밝히는 데는 한계를 보여주기도 했다.[76] 반면에 '宋學'이란 程朱學 또는 朱子學으로 대표되

---

75) 『西坡先生文集』 卷23 頁6, 〈外曾祖考成均生員心齋趙公行狀〉, "取洛建諸書, 及退陶集中四七辨, 手自抄寫, 反復潛究, 人有質問, 如誦己言. 於語類心近, 用工尤多."

76) 조선 후기의 저명한 經學者 淵泉 洪奭周는 "나는 考證을 미워하는 것이 아니다.

는 宋代의 經學을 지칭하는 것이다. 정주학 관점에서는 經典의 本旨는 道學을 밝히는 데 있다고 규정하고, 理·氣와 性·命을 밝히고 道德과 義理를 천명하여 道學에 접근하고자 하였다. 이들은 특히 경전을 하나의 전체적인 체계로 이해하고, 그를 관통하는 철학 정신을 규명하고자 하였다. 그러나 宋學은 형이상학적인 천착에 집중함으로써, 高遠하거나 空疎한 데 빠지기도 했다.

심재의 시대는 특히 걸출한 경학자들이 많이 배출되었으니, 硏經齋 成海應(1760~1839), 石泉 申綽(1760~1828), 茶山 丁若鏞(1762~1836), 淵泉 洪奭周(1774~1842), 臺山 金邁淳(1776~1840), 秋史 金正喜(1786~1856) 등이 그들이다. 이들은 대개 '漢學과 宋學을 절충한다'(漢宋折衷)는 태도를 보여주면서도, 訓詁를 바탕으로 義理에 도달한다는 태도를 취하였다.[77] 예컨대 秋史 金正喜는 '漢學과 宋學'의

考證을 앞세우고 義理를 뒤로 하는 것을 미워하며, 考證學者들이 大體를 버리고 자잘한 末端을 앞세우는 것을 미워하는 것이다."(『淵泉全書』 卷2 頁14, "余非惡攷證也 惡夫先攷證而後義理者也 惡夫攷證者之捨大體而先瑣末者也.")라고 說破한 바 있다.

77) 다만 石泉 申綽의 경우는 義理보다 考證을 중시했다고 한다(최영성, 『한국유학사상사』 Ⅳ, 221쪽 참조). 또한 洙泗學을 표방한 茶山 丁若鏞의 경우는 좀 특수하다고 하겠다. 그러나 茶山도 역시 "오늘날의 學者들이 漢注를 考證하여 訓詁를 탐구하고, 朱子註를 공부하여 義理를 탐구하며, 그 是非得失에 대해서는 經傳에서 판결한다면, 서로 바탕이 되어 六經과 四書의 原義와 本旨를 밝힐 수 있을 것이다. 처음에는 애매해도 마침내는 분명해지며, 처음에는 彷徨하다가도 마침내는 直達하게 될 것이니, 그런 다음에 몸소 실행하고 실행을 통해 증험한다면, 아래로는 修身·齊家를 통해 天下·國家를 위할 수 있을 것이요, 위로는 天德에 통달하여 天命에 돌아갈 수 있을 것이다. 이것을 학문이라 한다."(『與猶堂全書』 第1集 第11卷 頁20, 〈五學論2〉, "今之學者, 考漢注以求其詁訓, 執朱傳以求其義理, 而其是非得失, 又必決之於經傳, 則六經四書, 其原義本旨, 有可以相因相發者. 始於疑似而終於眞的, 始於彷徨而終於直達. 夫然後, 體而行之, 行而驗之, 下之可以修身齊家爲天下國家, 上之可以達天德而反天命, 斯之謂學也.")라고 한 바 있다. 즉 茶山은 당시의 漢學者나 宋學者에 대해서는 비판적 태도를 견지했어도 漢學과 宋學의 근본 의의는 십분 긍정한 것이며, 또 양자를 겸비해야 한다고 보았던 것이다.

관계를 '門逕과 堂室'에 비유하고, 門逕을 통해 堂室로 들어가는 것처럼 考證을 통해 義理에 도달해야 한다고 보았다. 추사는 특히 訓詁에만 매달리고 義理를 탐구하지 않는 것은 堂室에 들어가지 않고 門逕에서 배회하는 奴僕과 마찬가지라고 비판했다.[78] 이런 맥락에서 본다면, 訓詁는 '경학의 긴요한 방법론'이요, 義理는 '경학의 궁극적 목표'라고 하겠다.

심재의 경학은 朱子學을 깊이 尊信하고 '述而不作'의 태도를 견지했다는 데에 그 특징이 있다. 이러한 태도는 심재뿐만 아니라 조선시대 대부분의 경학자, 특히 '주자학적인 경학자'들에게 일반적인 경향이었다. 주자학적 경학자들은 주자의 경전해석에 특별한 권위를 부여했거니와, 臺山 金邁淳은 그 까닭을 다음과 같이 해명한 바 있다.

> 주자는 漢儒에 대하여 항상 존경하고 斗護하였다. 그는 經書註釋에서 禮樂·名物·文字의 聲形에 관계되는 것이면 모두 그들의 訓詁를 엄격히 따르고, 아주 부득이한 경우에만 비로소 자기의 학설로 바꾸었으며, 그들의 학설을 따르거나 어김, 취하거나 버림에서도 반드시 전전긍긍 삼가서, 이치가 좋고 뜻이 밝아지게 할 따름이요, 감히 경솔하게 前代 사람들을 비난하여 글이나 말이 내 마음에 유쾌하게 하지 않았다. 그의 재주가 저와 같이 높으면서도 그 마음씀은 이처럼 공정하므로, 그 말을 단정하여 믿을 수 있는 것이 다른 사람들의 미칠 수 있는 바 아니다.[79]

---

78) 『阮堂全集』 卷1 頁26, 〈實事求是說〉, "聖賢之道, 譬若甲第大宅. 主者所居, 恒在堂室, 堂室非門逕不能入也. 訓詁者, 門逕也. 一生奔走于門逕之間, 不求升堂入室, 是厮僕矣. 故爲學必精求訓詁者, 爲其不誤于堂室, 非謂訓詁畢乃事也."

79) 『臺山集』 卷6 頁6, 〈答丁承旨〉, "朱子於漢儒, 未嘗不拳拳尊護. 所注羣經, 凡係禮樂名物文字聲形, 輒皆恪遵其訓, 至甚不得已然後, 始乃易以己說, 而從違取舍之際, 又必兢兢致愼, 要令理勝而義明而已, 未敢輕呵前人, 取快筆舌. 其才如彼其高, 而其心如此其公, 所以其言之端的可信, 非餘人所及也."

위의 인용문에 의하면, 주자는 義理를 중심으로 경전을 해석했다고 하더라도, 이미 訓詁學을 그 바탕으로 삼고 있었다는 것이다. 秋史의 설명방식을 빌리자면, 門逕을 통해 堂室에 들어가듯이, 주자는 訓詁를 통해 義理에 도달한 것이라는 설명이다. 또한 주자의 경전해석은 가장 신중하고 공정하게 이루어진 것이기 때문에, 諸家의 경전해석과는 달리 주자의 해석은 전적으로 신뢰할 수 있다고 주장하였다. 오늘날까지도 주자의 경전해석은 독보적인 위상을 인정받고 있는데, 臺山 金邁淳의 이러한 평가는 그 까닭을 잘 해명한 것이라 하겠다.

주자학적 경학자들이 '述而不作'을 중시한 것은, 그것이 孔子의 가르침이었기 때문이기도 할 것이요,[80] 또 주자의 경전해석을 독보적인 것으로 尊信했기 때문이기도 할 것이다. 그러나 더 근본적으로는 '先聖賢의 權威'와 함께 '眞理의 不變性'을 믿는다는 전제로 '述而不作'의 논리가 성립하는 것이다. 경전은 인간의 도리를 밝힌 책이요, 인간의 도리는 고금을 통해 변함이 없으며, 그 변함없는 도리를 옛 聖賢께서 이미 다 밝혀놓았으니, 後學들은 그것을 곡진하게 繼述하면 될 뿐이요, 자기의 독창적인 견해를 제시하려고 시도하는 것은 무익하다는 것이 '述而不作'의 논리이다. 이러한 맥락에서, 秋史 金正喜는 다음과 같이 말한 바 있다.

> 설령 古人과 암합하는 바가 있다 하더라도, 스스로 '자기의 見解'를 세우고 스스로 '자기의 學說'을 창작하는 것은 經典을 해설하는 데 있어서

80) 『論語』 述而 1, "子曰, 述而不作, 信而好古, 竊比於我老彭." ('述而不作'에 대해, 朱子는 "'述'은 '옛것을 傳承하는 것'일 뿐이요, '作'은 '새롭게 만들어내는 것'이다. 그러므로 '作'은 聖人이 아니면 不可能하나, '述'은 賢者면 할 수 있는 것이다."라고 주석하였다. '述而不作'이란 '옛 聖人이 지어 놓으신 것을 계승해서 발전시키는 것이요, 없었던 것을 새롭게 創作하지는 않는 것'이다.)

감히 할 수 없는 일이다. 이는 다만 갈등을 키워 後人의 眼目을 가리고 어지럽히는 데 기여할 뿐이요, 經學에는 도움이 되지 않을 것이다.81)

위의 인용문은 秋史가 茶山에게 보낸 편지의 일부이다. 다산은 특히 주자의 경전해석을 辨破하면서 '자기의 견해'·'자기의 학설'을 創造的으로 제시하는 데 주력했거니와, 추사는 다산에게 그러한 태도의 위험성을 지적한 것이다. 臺山 金邁淳이나 秋史 金正喜의 위와 같은 입론을 음미해 본다면, 朱子學을 깊이 尊信하고 '述而不作'의 태도를 견지한 심재의 경학에 대해서도 그 취지를 충분히 이해할 수 있을 것이다.

이제 심재의 경학이 지닌 특징들을 보다 구체적으로 살펴보자. 심재의 行狀에서는 다음과 같이 말하고 있다.

『小學』과 四書에 나아가 要義를 뽑아 講錄을 만들었다. 『中庸』과 『大學』에 대해서는 더욱 자세하여, 章마다 分析을 가하고 각각 攷證하여, 『庸學辨疑』라고 이름 지었다. 海隱公(姜必孝)은 이 책에 대해 "後世에 전할 만한 것임을 의심치 않는다."라고 하였다. 그 밖의 著述들도 平易하고 簡潔하면서도 深奧하며, 문장을 꾸밈에 힘쓰지 않았다. (…) 天·人과 性·命의 근원, 動·靜과 體·用의 구분에 대해 (先儒의) 학설을 미루어나가 곡진하게 통달했으니, 겨우 章句를 찾아내는 사람들과는 비교되지 않았다. 삼가 (先儒의) 訓詁를 지켜서 새로운 의견을 끼워 넣지 않았으며, 諸說을 널리 고증하여 한쪽에 치우치지 않았다.82)

---

81) 『阮堂全集』 卷4 頁2, 〈與丁茶山〉, "設有暗合古人, 自立己見, 自創己說, 說經之所不敢也. 適足以轉添葛藤, 瞀亂後人眼目而已, 於經無補矣."

82) 『西坡先生文集』 卷23 頁10, 〈外曾祖考成均生員心齋趙公行狀〉, "就小學及四書, 拈出要義爲講錄, 於庸學尤詳, 逐章分析, 各有攷證, 命曰庸學辨疑, 海隱公謂可傳無疑. 凡他著述, 平易簡深, 不務雕飾. (…) 天人性命之原, 動靜體用之分, 推說曲暢, 非摘句尋章者比也. 謹守訓詁, 而不入新見, 博考諸說, 而不偏一隅."

위의 인용문을 바탕으로, 심재 경학의 특징을 설명하면 다음과 같다.

첫째, 심재는 『小學』과 四書에 치중하고, 四書 중에서도 특히 『中庸』과 『大學』에 더욱 치중했다고 한다. 주자학은 본래 四書 중심의 학문체계요, 四書 중에서도 특히 『大學』과 『中庸』을 골간으로 삼는다. 『小學』 역시 주자가 소년 교육을 위해서 특별히 편집한 것이었다. 이렇게 본다면, 심재가 『小學』과 四書에 치중하고, 四書 중에서도 특히 『中庸』과 『大學』에 더욱 치중했다는 것은 그가 '주자학적인 학문체계'에 충실했다는 뜻이다.[83]

둘째, 심재는 "天·人과 性·命의 근원, 動·靜과 體·用의 구분에 대해 (先儒의) 학설을 미루어나가 곡진하게 통달했으니, 겨우 章句를 찾아내는 사람들과는 비교되지 않았다."라고 했다. 이는 두 가지 점을 시사한다. 먼저, '天·人과 性·命의 근원, 動·靜과 體·用의 구분' 등을 중시했다는 것은 심재의 경학이 宋學的인 義理學을 추구했다는 뜻이다.[84] 다음, "(先儒의) 학설을 미루어나가 곡진하게 통달했으니, 겨우 章句를 찾아내는 사람들과는 비교되지 않았다."라는 것은 경전의 전체적인 체계를 중시하여 유기적인 이해를 도모했다는 뜻이다. 경전 전체의 유기적인 이해를 도모하는 것 역시 宋學的인 義

83) 심재는 『小學』과 四書에 나아가 要義를 뽑아 講錄을 만들었고, 『中庸』과 『大學』에 대해서는 『庸學辨疑』를 저술했다고 했는데, 『小學』과 四書에 대한 講錄은 전해지지 않고 있으며, 현재는 다만 『庸學辨疑』만 전해진다. 이하의 논의는 『庸學辨疑』를 중심으로 전개되는 것이다.

84) '義'는 유학의 '4대 덕목(仁·義·禮·智)' 가운데 하나이거니와, 이처럼 넓은 의미에서는 유학 자체가 '義理學'에 해당된다고 말할 수 있다. 그러나 本考에서 말하는 義理學은 經典의 字句를 천착하는 訓詁學의 상대개념으로서, 하나하나의 字句보다는 經典의 전반적인 趣旨를 해명하고자 하는 經學的 입장을 지칭하는 것이다. 한편 易學도 일반적으로 義理學과 象數學으로 대별하거니와, 여기서의 '義理學' 역시 象數學과 대비되는 '좁은 의미의 義理學'인 것이다.

理學의 특징이었다.

셋째, "(先儒의) 訓詁를 지켜서 새로운 의견을 끼워 넣지 않았다." 라는 것은 '述而不作'의 태도로 經學에 임했다는 뜻이다. 심재의 『庸學辨疑』는 經典의 本文과 朱子註를 해설하는 데 주안점이 있었다. 심재는 朱子說을 지극히 尊信하였고, 간혹 『朱子語類』 등에서 인용된 小註에 자신의 견해와 맞지 않는 것이 있으면 그것은 '記錄의 오류'일 것이라고 겸손하게 표현하였다.[85)]

넷째, "諸說을 널리 고증하여 한쪽에 치우치지 않았다."라는 것은 先儒의 諸說을 취사선택하여 온건 타당한 견해를 정립했다는 뜻이다. 『庸學辨疑』에서 심재는 諸家說에 대해 解說하기도 하고 補完하기도 했으며, 간혹 批判하기도 하였다.

이상에서 심재의 경학이 지닌 여러 특징들을 소개하였거니와, 그 구체적인 내용은 앞으로 제3장과 제4장에서 고찰하기로 하자.

2) 治心之學과 '守拙의 삶'

심재의 行狀에서는 심재의 평생 학문을 '마음을 다스리는 학문(治心之學)'이라고 규정했거니와, 이제 심재의 '治心之學'을 살펴보기로 하자. 심재의 외숙 立齋 鄭宗魯가 심재에게 '心學'으로 許與했다는 것을 보면, 심재는 일찍부터 '마음공부'에 힘을 쏟았던 것 같다. 입재는 마침내 심재에게 '心齋'라는 堂號를 내려주었는데,[86)] 심재는 '心齋'라는 堂號를 자신의 座右銘으로 삼고, 그에 걸맞게 살려고 노력했던 것 같다.

85) 『譯註 庸學辨疑』, 262쪽, 306쪽, 311쪽 등 참조.

86) 『西坡先生文集』 卷23 頁6, 〈外曾祖考成均生員心齋趙公行狀〉, "立翁許以心學, 命以心齋扁號, 盖取呂藍田詩意也."

심재의 '마음공부'는 그의 〈心齋記〉와 〈揭示心齋名義〉, 그리고 그 밖의 詩篇들을 통해서 살필 수 있다. 〈心齋記〉는 심재 스스로 자신의 雅號에 대해 해설한 것으로, 그 全文은 다음과 같다.

> 일찍이 요즘 사람들이 글을 하는 것을 보니, 대부분 訓詁와 詞章에 빠져, 외우는 숫자를 힘쓰고 글을 얽어내는 것을 자랑으로 삼으니, 이것은 '口耳之學'을 면하지 못하는 것이다. 봄꽃처럼 비록 화려하게 빛나지만, '마음에 얻은 것이 있다'라고는 말할 수 없다. 옛날의 學者는 오직 그 本性을 涵養하는 데 힘썼고, 그 밖의 것에 대해서는 배우지 않았다. 대개 君子의 學問은 마음(心)에 근본 하니, 마음은 몸의 主宰者이다. 그 虛靈洞澈함은 티끌이 없는 밝은 거울과 같으며, 물결이 일지 않은 고요한 물과 같다. 보이지 않고 들리지 않을 때 삼가고 두려워하면, 다만 事物이 아직 이루어지지 않았을 때 항상 敬을 간직하여, 사람들로 하여금 어둡지 않게 하는 것이다. 그러므로 편안하고 한가하여 일이 없을 때에 재계하고 깨끗이 하여 그 안을 한결같이 하고, 재계하고 공손하게 하여 그 안을 기르되, 근심하고 두려워하기를 머리 위에는 神祇가 임해 계신 듯이 하고 발밑에는 깊은 연못과 얇은 얼음이 놓인 듯이 하면, 빈방은 밝음을 낳듯이(虛室生白)[87] 고요한 가운데의 工夫가 지킴이 견고해질 것이다. 呂藍田의 詩에 이르기를 "孔子 門下에 우뚝 서 한 가지도 일삼음이 없음이여. 顔子만이 깨우쳐 '心齋'를 터득했네."라고 하였다. 이 詩는 글을 짓고 학문을 하는 累가 顔子처럼 마음을 재계하여 일삼음이 없는 것만 못함을 말한 것이다. 이러한 뜻은 孔子와 顔子의 問答 가운데 자세히 드러나 있으니, 潛心하여 玩索한다면 心齋에 처하는 道를 알 수 있을 것이다. 그러나 내가 '心'으로써 '齋'의 이름을 삼은 것은 어찌 顔子의 일을 나 또한 배울 수 있다는 뜻이겠는가? 돌이켜보니, 文藝의 小技로써 반평생을 科擧工夫의 구덩이에 매몰되어, 學問이 모두 顚倒되었던 것이다. 그리하여 몸과 마음으로 하여금 멀리 날아올라 전혀 收拾할 곳이 없게 하였으

87) '빈 방은 밝음을 낳는다(虛實生白)'는 말은 '사람의 마음도 妄想이 없어지면 道를 깨달을 수 있다'는 뜻으로서, 『莊子』 〈人間世〉에 보이는 내용이다.

> 며, 어느새 老境에 이르러서는 志慮가 衰耗하여, 方寸의 사이 神明의 집에 티끌과 때가 날로 쌓여도 씻어내고 털어낼 줄 모르게 되었다. 그러한 즉, 마침내 君子들로부터 버림을 받아 小人으로 귀착될 것임이 또한 분명하다. 오직 道는 '빈 곳'에 모이니, '비움'이 '心齋'이다. 오직 그 天賦의 本然之心은 오히려 一段의 虛明한 곳이다. 그러므로 진실로 능히 이 마음을 떨쳐 일으켜 嚴肅하게 整齊하고, 本原을 함양하여 齋莊하게 整齊하면, 그 '心齋'라는 이름의 뜻을 돌이켜 봄에 거의 可 할 것이다.[88]

위의 인용문에 보이듯이, 治心之學의 대전제는 "君子의 學問은 마음(心)에 근본 하니, 마음은 몸의 主宰者이다."라는 것이다. 학문의 목표는 君子가 되는 것이요, 君子의 學問은 마음(心)에 근본 한다면, '마음공부'는 모든 공부의 출발점이 되는 것이다. 심재는 또 呂藍田의 詩句에 보이는 대로 '學問의 궁극적 경지'를 '心齋'로 보았다. 그렇다면 '마음공부'는 모든 공부의 출발점이자 궁극적 목표이다.

위의 인용문에 보이듯이, '心齋'라는 말은 본래 藍田 呂大臨의 詩句에 보이고, 이 詩句는 또한 『莊子』에 보이는 '孔子와 顔子의 問答'에 근거한 것이다. 따라서 '心齋'의 본래 의미를 이해하려면, 이 두

---

88) 『心齋遺稿』 卷9 頁31-33, "嘗觀今人爲文, 率多泥於訓詁詞章, 誦數是力, 纂組是誇, 此未免口耳之學, 春華雖燁燁, 而謂有得於心則未也. 古之學者, 惟務養其性, 其他則不學. 蓋君子之學, 本於心, 心者, 身之主也. 虛靈洞澈, 如明鏡之無塵, 止水之無波, 不睹不聞, 而戒謹恐懼, 則只是事物未形之時, 常常持敬, 令人不昏昧而已. 是故, 燕閒無事之時, 齊明以一其內, 齊遬以養其中, 惕然悚然, 若神祇之臨其上, 淵氷之處其下, 則虛室生白, (靜裡工夫) 守得牢固矣. 呂藍田詩云 '獨立孔門無一事, 只輸顔氏得心齋.' 此詩言爲文爲學之累, 不如顔氏之心齋無事, 其義詳見於孔顔問答中, 而潛心而玩索之, 則知所以處心齋之道矣. 然吾之以心名齋者, 豈以爲顔氏之事, 我亦可學哉? 顧以文藝小技, 半生乾沒於科臼中, 學都倒了. 使一箇身心, 飛揚悠遠, 全無收拾處, 而輥到桑楡之境, 志慮衰耗, 至於方寸之間, 神明之舍, 塵垢日積, 而不知所以滌濯振拂, 則終爲君子之棄, 而小人之歸也, 亦明矣. 唯道集虛, 虛者, 心齋也. 唯其天賦本然之心, 猶有一段虛明之處, 故苟能提撕此心, 而嚴肅整齊, 涵養本原, 而齋莊整齊, 則其於顧名思義, 亦庶乎其可也."

가지를 먼저 살펴보아야 할 것이다. 藍田의 詩 全篇은 다음과 같다.

學如元凱方成癖	학문이 元凱 같아도 바야흐로 癖이 되고,
文到相如始類俳	문장이 相如 같아도 俳優의 무리 될 뿐.
獨立孔門無一事	孔門에 우뚝 서 하나도 일삼음이 없음이여.
只輸顔子得心齋	顔子만이 깨우쳐 心齋를 터득했네.

'元凱와 相如'[89]는 본래 학문과 문장으로 이름이 높았던 사람이다. 그런데 藍田은 '元凱와 相如의 학문'을 무의미한 것으로 규정하였다. 궁극적으로 '마음공부'를 지향하는 것이 아니라면, 객관적 사실에 대한 정밀한 탐구는 '자신의 性癖'을 만족하게 함에 불과하고, 화려한 문장은 '배우의 연기'에 불과하다는 것이다. 『宋元學案』에 의하면, 藍田 자신도 본래는 群書를 博覽하고 文章에 능했었으나, 二程에게 受學하면서 학문의 방향을 전환하고 위와 같은 詩를 남기게 된 것이다. 위의 詩에 대하여 程伊川은 "옛날의 君子는 오직 性情을 기르는 데 힘쓰고 그 밖의 것들은 공부하지 않았다. 지금의 文章을 한다는 사람들은 오직 章句에 힘써서 남의 耳目을 즐겁게 하니, 俳優가 아니고 무엇인가? 이 詩는 根本을 얻었다고 할 만하다."라고 칭송했다고 한다.[90] 정이천은 藍田의 '心齋'를 '자신의 性情을 기르는 공부'로

---

89) '元凱'는 晉나라 杜預의 字. 『春秋左傳』에 빠져 깊이 연구하고, 스스로 자신은 '左傳癖'이 있다고 일컬었다 함. '相如'는 漢代의 문장가 司馬相如를 말함. 본래의 이름은 '犬子'였는데, 전국시대 趙나라의 藺相如(인상여)를 흠모하여 이름을 '相如'로 고쳤다고 함.

90) 『宋元學案』 卷31, 「呂范諸儒學案」, 〈正字呂藍田先生大臨〉, "呂大臨, 字與叔, 和叔之弟. (…) 初學于橫渠, 橫渠卒, 乃東見二程先生, 故深淳近道, 而以防檢窮索爲學. 明道語之以識仁, 且以 '不須防檢, 不須窮索'開之. 先生默識心契, 豁如也, 作'克己銘'以見意. 始, 先生于群書博極, 能文章, 至是涵養益粹, 言如不出口. 粥粥若無能者. 賦詩曰 '學如元凱方成癖, 文到相如始類俳. 獨立孔門無一事. 只輸顔子得心齋.' 伊川贊之曰 '古之學者, 唯務養性情, 其他則不學. 今爲文

서 '根本을 얻은 것'으로 승인한 것이다. 같은 맥락에서, 심재 역시 '心齋'가 뒷받침되지 않는 한 '文藝의 小技'와 같은 學問이란 결국 志慮를 소모하고 方寸을 더럽힐 뿐이라고 인식하게 된 것이다.

한편, '孔子와 顏子의 問答'이란 『莊子』 〈人間世〉에 보이는 '心齋'에 관한 문답으로서, 그 관련 부분을 인용하면 다음과 같다.

> 顏回가 말하기를, "저는 더 나아갈 수가 없습니다. 감히 그 방법을 묻습니다." 仲尼가 말하기를, "齋戒하라. 내 장차 네게 말하겠노라. 私心을 지니고 齋戒하려고 하면, 그것이 쉽겠는가? 쉽다고 여기는 자는 하늘이 마땅하게 여기지 않을 것이다." 顏回가 말하기를, "저의 집은 가난하여, 술을 마시지 않고 매운 채소를 먹지 않은 지가 몇 달이 되었습니다. 이와 같으면 齋戒했다고 말할 수 있겠습니까?" 仲尼가 말하기를, "이것은 '祭祀 지낼 때의 齋戒'이지, '마음의 齋戒(心齋)'가 아니다." 顏回가 말하기를, "감히 묻자 온대, '心齋'란 무엇입니까?" 仲尼가 말하기를, "너는 뜻을 한결같이 하라. 듣기를 귀로 하지 말고 마음으로 들으며, 듣기를 마음으로 하지 말고 氣로 들어라. 귀는 듣는 데 그치고, 마음은 知覺하는 데 그친다. 氣란 (마음을) 비워 사물을 기다리는 것이다. 오직 道는 빈 곳에 모이니, '비움(虛)'이 '마음의 齋戒'이다." 顏回가 말하기를, "제가 아직 마음을 齋戒하지 않았을 때에는 참으로 스스로 顏回였습니다만, 마음을 齋戒하고 나니 처음부터 顏回가 있지 않습니다. 이것을 '비움'이라 할 수 있습니까?" 孔子가 말하기를, "충분하다. 내가 네게 말하리라. 네가 그 울타리 안에 들어가 논다고 하더라도, 그 이름을 느낌이 없게 하라. 들어오면 울고, 들어오지 않으면 그친다. 門도 없고 담도 없는 한 집에서 不得已 하게 살면, 거의 될 것이다. 자취를 끊기는 쉬워도 땅을 걷지 않기는 어려우며, 사람의 부림을 당하면 거짓을 행하기 쉬우나 하늘의 부림을 당하면 거짓을 행하기 어렵다. 날개가 있는 것이 난다는 말은 들었으나, 날개가 없는 것이 난다는 말은 듣지 못했으며, 앎이 있으므로 안다는 말은 들

者, 專務章句, 悅人耳目, 非俳優而何! 此詩可謂得本矣.'"

> 었으나, 앎이 없으므로 안다는 말은 듣지 못했다. 저 빈 곳을 보건대, 빈 방은 밝음을 낳으며(虛室生白), 吉祥은 빈 곳에 머문다. (마음이) 아직 고요하게 비어 있지 않음을 일컬어 '坐馳'라 한다. 귀와 눈이 안으로 통함에 따라서 마음의 앎을 쓰지 않으면, 鬼神도 장차 와서 머무르려 하거늘, 하물며 사람이랴? 이것이 바로 萬物의 變化에 順應하는 것으로서, 禹·舜이 樞紐로 삼은 바요, 伏羲와 几蘧(궤거)가 종신토록 행한 바이니, 하물며 평범한 보통 사람들이랴?"[91]

顔子의 "제가 아직 마음을 齋戒하지 않았을 때에는 참으로 스스로 顔回였습니다만, 마음을 齋戒하고 나니 처음부터 顔回가 있지 않습니다. 이것을 '비움'이라 할 수 있습니까?"라는 질문에, 孔子는 "충분하다. 내가 네게 말하리라. 네가 그 울타리 안에 들어가 논다고 하더라도, 그 이름을 느낌이 없게 하라. 들어오면 울고, 들어오지 않으면 그친다. 門도 없고 담도 없는 한 집에서 不得已 하게 살면, 거의 될 것이다."라고 답하였다. 즉 顔子는 '마음의 재계'를 '마음을 비움'으로 이해하고, 그것을 다시 '自意識을 비움'으로 증험한 것이다. 이에 대해 孔子는 '마음을 비움'을 '自意識을 비움'과 '私欲을 비움'이라는 두 측면으로 설명했다. 즉 '들어오면 울고, 들어오지 않으면 그친다'는 것은 일체의 自意識을 버리고 대상의 변화에 따라 순응하라는 것이

---

91) 『莊子』〈人間世〉, "顔回曰 '吾無以進矣, 敢問其方.' 仲尼曰 '齋, 吾將語若. 有心而爲之, 其易邪? 易之者, 皥天不宜.' 顔回曰 '回之家貧, 唯不飮酒, 不茹葷者, 數月矣. 如此則可以爲齋乎?' 曰 '是祭祀之齋, 非心齋也.' 回曰 '敢問心齋.' 仲尼曰 '若一志, 無聽之以耳而聽之以心, 無聽之以心而聽之以氣! 聽止於耳, 心止於符. 氣也者, 虛而待物者也. 唯道集虛. 虛者, 心齋也.' 顔回曰 '回之未始得使, 實自回也 ; 得使之也, 未始有回也 ; 可謂虛乎?' 夫子曰 '盡矣. 吾語若! 若能入遊其樊而無感其名, 入則鳴, 不入則止. 無門無毒, 一宅而寓於不得已, 則幾矣. 絶跡易, 無行地難. 爲人使易以僞, 爲天使難以僞. 聞以有翼飛者矣, 未聞以無翼飛者也 ; 聞以有知知者矣, 未聞以無知知者也. 瞻彼闋者, 虛室生白, 吉祥止止. 夫且不止, 是之謂坐馳. 夫徇耳目內通而外於心知, 鬼神將來舍, 而況人乎? 是萬物之化也, 禹舜之所紐也, 伏羲几蘧之所行終, 而況散焉者乎?"

며(物來順應), '門도 없고 담도 없는 한 집에서 不得已 하게 살라'는 것은 일체의 私欲을 버리고 최소한의 필요만 충족시키면서 살라는 것이다. 이렇게 자의식과 사욕을 비우면, 知覺이 밝아지고(虛室生白) 吉祥이 이르며, 만물의 변화에 順應할 수 있다. 반면에 마음을 비우지 못하면 '坐馳'에 빠진다고 했는바, '坐馳'란 '몸은 이곳에 고요히 앉아 있으나, 정신은 物欲에 이끌려 먼 곳으로 달아난 상태'를 말한다.

이렇게 볼 때, 『莊子』에 표현된 孔子의 '心齋'는 '마음을 비운다'라는 것으로, 구체적으로는 '自意識을 비움'과 '私欲을 비움'이라는 두 측면으로 이해된다. 자의식은 흔히 사욕으로 드러나고, 사욕은 근원적으로 자의식에 근거한다는 점에서는 양자는 본질적으로 궤를 같이하는 점이 있다. 이러한 맥락에서 '道家的 사유'에서는 양자를 동일시하고, 양자를 모두 버리라고 말하는 것이다. 그런데 '儒家的 사유'는 이와는 조금 다르다고 하겠다. 즉 유가에서는 자의식에 대하여 두 측면에서 접근하는 것이다. 단적으로 말해, 인간의 자의식은 '人心'으로 드러날 수도 있고 '道心'으로 드러날 수도 있는데, 유가에서는 '道心의 통제 아래 人心을 발휘하라'라는 논리를 제시하는 것이다. 『論語』를 보아도, 孔子 역시 顔子에게 '自己를 이기고 禮로 돌아갈 것(克己復禮)'을 말함과 동시에 '仁을 실천함은 自己로부터 말미암는다(爲仁由己)'라고 설명했던 것이다.[92] 요컨대, 자의식은 사욕의 근원이기도 하지만 도덕적 실천의 가능근거이기도 하며, 개별적 특수성의 근거이기도 하지만 그 속에는 인간의 보편적 도덕성이 존재하기도 한다.[93] 이러한 맥락에서, 유교에서는 '일체의 자의식을 버리

92) 『論語』 顔淵 1, "顔淵問仁. 子曰, 克己復禮爲仁, 一日克己復禮, 天下歸仁焉. 爲仁由己, 而由人乎哉?"

93) 주자는 〈中庸章句序〉에서 '마음의 두 측면'인 '人心과 道心'을 '形氣之私와 性命

라'라고 말하지 않고, '자의식을 純化시키라'라고 말하는 것이다.[94]

'자의식을 純化시킨다'라는 것은 자의식을 '道心과 人心' 또는 '天理와 人欲' 등으로 구분하여 자의식이 天理나 道心에 純一하게 하는 것이다. 정이천은 藍田의 '心齋'를 '자신의 性情을 기르는 공부'라고 풀이했는데, 이는 바로 '자의식을 순화시킨다'라는 맥락에 입각한 것이다. 자의식을 순화시키는 공부는 주자학에서 涵養省察論이나 誠敬論으로 대변되었다. 심재 역시 이러한 맥락에서 '心齋'를 이해했다. 〈心齋記〉의 결론부에서 "오직 道는 '빈 곳'에 모이니, '비움'이 '心齋'이다. 오직 그 天賦의 本然之心은 오히려 一段의 虛明한 곳이다. 그러므로 진실로 능히 이 마음을 떨쳐 일으켜 嚴肅하게 整齊하고, 本原을 함양하여 齋莊하게 整齊하면, 그 '心齋'라는 이름의 뜻을 돌이켜 봄에 거의 可할 것이다."라고 한 것이 그것이다. 즉 심재는 "오직 道는 '빈 곳'에 모이니, '비움'이 '心齋'이다."라고 하여 『莊子』에 보이는 '心齋'를 수용하면서도, 내용적으로는 '涵養省察'과 '整齊嚴肅'을 통해 '虛明한 天賦의 本然之心'을 잘 보존하는 것으로 설명한 것이다. 이와 아울러 심재의 '誠·敬'에 관한 두 편의 詩를 소개하기로 하겠다.

〈誠〉(『心齋遺稿』卷1 頁54)

實理實心固有底　　實理와 實心 모두 固有한 것이니,

之正'으로 대비하기도 했고, '人欲之私와 天理之公'으로 대비하기도 했다. 形氣之私와 人欲之私는 자의식 안에는 '개별적 특수성'의 요소인 私欲이 존재함을 밝힌 것이요, 性命之正과 天理之公은 자의식 안에는 또한 '보편적 도덕성'의 요소인 性命이나 天理도 존재함을 밝힌 것이다.

94) 심재는 〈夜氣說〉(『心齋遺稿』卷9 頁1-2)에서, 夜氣를 잘 보존하면 '人欲이 깨끗이 消盡되고 天理가 流行한다(人欲淨盡 天理流行)'고 했는데, 이는 '자의식이 순화된 상태'를 뜻할 것이다.

天人物我一原中　　天·人과 物·我가 一原 중의 존재일세.
久而無息通微顯　　오래도록 쉼 없으면 顯·微에 통달하고,
學者不欺貫始終　　學者가 저를 속이지 않으면 始終을 관통하네.
四序五行皆此道　　四季節과 五行은 모두 이 道이며,
九經三達見眞功　　九經과 三達德은 참된 노력 보여주네.
許多事上爲樞紐　　허다한 일에 있어 樞紐가 되니,
所以成之只在躬　　그것들을 이루는 까닭 다만 내게 달려있네.[95]

〈敬〉(『心齋遺稿』 卷1 頁55)
相傳聖學徹頭尾　　서로 전한 聖學은 首尾를 관철하니,
把竪工夫最喚醒　　工夫하는 방법은 '불러 깨움' 으뜸일세.
抵敵千邪持戰戰　　온갖 邪와 맞서려면 戰戰兢兢해야 하니,
消磨百慮自惺惺　　잡된 생각 털어내고 스스로 惺惺하라.
操存直內神明凜　　操存하여 안을 곧게 하면 神明이 凜凜하고,
涵泳在中警覺靈　　涵泳하여 안에 있으면 警覺이 神靈하네.
勿貳勿參常主一　　둘·셋으로 흩어지지 않도록 항상 主一하여
在茲念念在茲銘　　이곳에서 생각하고, 이곳에 새길지어다.[96]

위의 두 편의 詩는 '자의식의 순화'라는 관점에서는 같은 것으로 이해할 수 있다. 그럼에도 양자의 특징을 구별하자면 다음과 같이 설명할 수 있다. 주자학에서 '誠'은 '實理'와 '實心'을 모두 포괄하는 것으로 설명되는바,[97] 인간의 경우 實理는 本然之性을 뜻하고, 實心은 本然之心을 뜻한다고 말할 수 있다. 實理로써 말하자면, 實理는 '天·人'과 '物·我'를 관통하는 것으로 인식된다. 그런데 私欲이 개입

95) 『譯註 庸學辨疑』, 부록, 408쪽 참조.
96) 『譯註 庸學辨疑』, 부록, 409쪽 참조.
97) 『朱子語類』 卷64(中華書局本, 1580쪽), "'誠者, 物之終始', 指實理而言 ; '君子誠之爲貴', 指實心而言."

함으로써 '天·人'과 '物·我' 사이에 틈이 생기는 것이다. 實心이란 本然之心을 뜻하는 동시에 '본래의 實理로 돌아가려는 노력'을 뜻하기도 한다. 그것을 『大學』에서는 '스스로를 속이지 않음(毋自欺)'이라 하였다.[98] 인간은 본래 實理와 實心이 부여되어 있는바, 그것을 속이지 말라는 것이다. 심재는 〈誠〉에서 '毋自欺'를 '허다한 일의 樞紐'라고 규정하였다. '誠'이 '天·人'과 '物·我'를 관통하는 것이라면, '敬'은 '聖學의 始終을 관통하는 것'으로 인식되었다. 또 주자학에서 '敬'은 主一無適·整齊嚴肅·常惺惺法·畏敬 등으로 설명되어 왔는바, 심재도 〈敬〉에서 이러한 설명을 그대로 수용하여 '자아의 覺醒과 集中'을 추구한 것이다.

이상과 같은 맥락에서, 자의식을 순화하는 방법으로서 '誠과 敬'을 대별해 본다면, '誠'은 '본래의 自我를 회복함'에 초점이 있는 반면, '敬'은 '본래적 自我의 상실이나 잡다한 物欲의 개입을 막음'에 초점이 있다. 한편, 心齋는 〈揭示心齋名義〉[99]라는 詩를 남기기도 했는데, 그 全文은 다음과 같다.

無中含有以心名	無 가운데 有를 머금어, '心'이라 이름하니,
静裏斯齋不自輕	고요한 가운데 이 齋는 스스로 가볍지 않도다.
道集虛靈當室白	道는 虛靈한 곳에 모여, 비운 마음 밝아지고,
志由眞一本原明	뜻은 참된 하나에 말미암아, 本原이 밝도다.
且看義理窮新得	또한 義理를 살펴, 새로운 뜻을 터득하고,
須向工夫踐古程	모름지기 工夫를 향해 옛 工程을 밟아가네.
獨立孔門顏氏訣	孔門에 우뚝 선 顏子의 旨訣이여.
昭昭千載日星呈	천년 동안 밝게 빛난 해와 별이 드러나네.[100]

98) 『大學章句』 傳6章, "所謂誠其意者, 毋自欺也."
99) 『心齋遺稿』 卷2 頁51.
100) 『譯註 庸學辨疑』, 부록, 412쪽 참조.

〈揭示心齋名義〉는 앞에서 살펴본 〈心齋記〉와 궤를 같이하는 것으로서, 이 두 편은 실로 心齋 자신의 '마음공부'를 응축해서 표현한 기록이다. 그리하여 心齋의 行狀에서는 心齋의 평생 학문을 '마음을 다스리는 학문(治心之學)'으로 규정한 것이다.

心齋에게 있어서 이러한 '마음공부'는 무엇보다도 '守拙의 삶'으로 표현되었다. '守拙'이란 자신의 재주를 과시하며 華麗하게 살지 않고, 마음을 비워 '조촐하고 순박한 삶'을 지킨다는 것, 즉 자기의 分數를 편안히 여기고 만족할 줄 아는 '安分知足의 삶'을 뜻한다. 그런데 心齋는 絶命詩에서 자신의 삶을 '守拙'이라는 두 글자로 요약하였다. 심재의 絶命詩 全文은 다음과 같다.

平生守拙爲身規	평생토록 守拙을 내 원칙으로 삼고서,
不錯人間有是非	세상의 是非에 얽혀들지 않았도다.
點撿心身多過失	心身을 점검하니, 過失이 많았구려.
到今垂死恨難追	이제 죽음 드리우니, 고칠 수 없음 한스럽네.
生無可樂死無悲	살아서 즐거움 없었으니, 죽음도 슬프지 않네.
符到臨期我自知	符節이 이름에 임박한 기한, 스스로 알겠노라.
莫借刀圭扶護力	刀圭(醫術) 빌려 내 목숨을 扶護하지 말지어다.
樂復天命復奚疑	즐거이 天命에 돌아가는데, 다시 무엇 의심하랴![101]

위의 詩에 보이는바 '田園에서의 소박한 삶'과 '즐거이 天命을 수용함'이 곧 心齋의 일생이었다.[102] 本考의 서론부에서 언급한 바 있

101) 『譯註 庸學辨疑』, 解題, 18-19쪽 참조.

102) 심재의 絶命詩에 대해, 이상익은 "다분히 陶淵明의 詩風과 같은 분위기를 함축하고 있다."고 해명한 바 있다. 陶淵明의 〈歸田園居(田園에 돌아가 살리라)〉에서는 "守拙歸田園(素朴한 삶 찾아 田園으로 돌아가리라)"이라 했는데 心齋는 "平生守拙爲身規"라 하였고, 또 陶淵明의 〈歸去來辭〉에서는 "悟已往之不諫, 知來者之可追.(지나간 일은 고칠 수 없음을 깨달았으니, 다가올 일은 고칠 수

듯이, 정치적인 핍박에서 벗어날 수 없었던 심재에게 '守拙의 삶'이란 상황적으로 불가피한 점이 없지 않았다. 그러나 심재는 그러한 '不遇한 상황'을 '鬱憤'으로 표출하지 않고 '守拙의 삶'으로 승화시켰다. 위의 詩에 나타나듯이, 心齋는 평온한 마음으로 자신의 삶을 마감했다. 심재가 소박하게 天壽를 누리고, 즐거이 天命에 되돌아갈 수 있었던 것은 평생 마음을 다스린 결과였을 것이다.[103)]

3) 理氣心性論에 대한 천착

심재의 행장에서는 심재가 "『退溪集』 가운데 '四七論辨'에 관한 부분은 직접 손으로 베껴가면서 沈潛해서 연구하였고, 그에 대해 남들이 물으면 자기 말처럼 외워가면서 설명해 주었다."[104)]라고 한 것으로 볼 때, 心齋는 性理學의 理氣心性論에 대한 이론적인 탐색에도 많은 노력을 기울인 것 같다. 그런데 현존하는 『心齋遺稿』[105)]에는 이기심성론에 대한 논설이 〈夜氣說〉·〈心統性情說〉·〈人心道心說〉·〈浩氣說〉 등만 보일 뿐이며, 또 이기심성론을 논변한 書札들도 찾아

있음을 알았노라.)"라 했는데 심재는 "點撿心身多過失, 到今垂死恨難追."라 했으며, 〈歸去來辭〉에서는 "富貴非吾願, 帝鄕不可期.(富貴는 내 소원이 아니요, 神仙 나라는 기약할 수 없다네.)"라고 했는데 心齋는 "生無可樂死無悲"라 하였고, 〈歸去來辭〉에서는 "聊乘化以歸盡, 樂夫天命復奚疑.(애오라지 造化에 맡겨 목숨 다하는 데로 돌아가리니, 天命을 즐길 뿐 다시 무엇 의심하랴!)"라고 했는데 心齋는 "莫借刀圭扶護力, 樂復天命復奚疑."라고 한 점이 주목된다는 것이다(『譯註 庸學辨疑』, 〈解題〉, 19쪽 참조).

103) 『譯註 庸學辨疑』, 解題, 18-19쪽 참조.

104) 『西坡先生文集』 卷23 頁6, 〈外曾祖考成均生員心齋趙公行狀〉, "及退陶集中四七辨, 手自抄寫, 反復潛究, 人有質問, 如誦己言."

105) 앞에서 언급한 바와 같이, 『心齋遺稿』는 총 11권으로 편집되었으나, 그 가운데 제6권과 제7권이 失傳되었었다. 그 가운데 한 권인 『庸學辨疑』를 근래에 발견하였으니, 지금은 한 권이 失傳된 것이다.

보기 어렵다. 그러나 심재의 『庸學辨疑』에는 理氣心性論이 곳곳에 보이고 있어서, 그것을 바탕으로 심재의 형이상학적 입장을 추론해 볼 수 있다. 또한 심재는 성리학 주요 개념들을 수십 편의 '詩'로 읊기도 하였고, 학문과 수양의 방법을 역시 수십 편의 '箴'이나 '銘'으로 남기기도 했다. 본고에서는 이것들을 바탕으로 심재의 이기심성론을 槪觀해 보기로 하겠다.

먼저 심재의 詩篇들을 통해 심재가 理·氣와 心·性·情 등을 어떻게 설명하고 있는지를 살펴보자. 심재는 〈理〉에서 다음과 같이 말한다.

〈理〉(『心齋遺稿』 卷1 頁51)

一箇原頭掛搭處	하나의 原頭가 걸려 있는 곳에,
已包太極兩儀先	이미 太極을 포함하니, 陰陽보다 앞서네.
寓於至有涵無有	至有에 붙어 있으나 無有를 머금고 있으니,
所以能然且必然	능히 그러하고 또 반드시 그러한 까닭일세.
體用顯微都是具	體·用과 顯·微를 모두 갖추고 있으며,
精粗表裏本來全	精·粗와 表·裏는 본래 완전하네.
何嘗愚智星淵別	어찌 智·愚와 星·淵의 구별 있겠는가?
窮古亘今自眇綿	예로부터 지금까지 스스로 빠짐없이 이어진다네.[106]

심재는 '理'를 만물의 '原頭'로 규정했다. 朱子는 '理·氣의 不相離'를 설명할 때 종종 '氣'를 '理가 걸려 있는 곳(掛搭處)'이라 설명했는데, 위에서 말한 '原頭가 걸려 있는 곳'이란 '氣'를 가리킨다. 앞의 두 구절은 理를 原頭로, 氣를 掛塔處로 규정하고, 氣에는 이미 太極(理)이 내재하는바, 原頭處로부터 말한다면 理(太極)가 氣(陰陽)보다 (논리적으로) 우선한다는 뜻을 말한 것이다. 다음, '至有'란 '지극한 있

106) 『譯註 庸學辨疑』, 부록, 392쪽.

음'으로서 감각적으로 경험할 수 있는 '氣'를 뜻하고, '無有'란 '有가 없음'으로서 감각적으로 경험할 수 없는 '理'를 뜻한다. 셋째 구절은 理는 形而下者인 氣에 붙어 있으나 理 자체는 形而上者임을 말한 것이다. 넷째 구절은 理는 氣가 '능히 그러하고(能然)' 또 '반드시 그러하게(必然)' 운동할 수 있도록 뒷받침하는 所以然이라는 뜻이다. 이것은 '理의 主宰'를 설명하는 것이다. 앞에서 고찰했듯이, 大山 李象靖은 '理의 주재'를 '氣가 능히 動·靜할 수 있는 까닭이 됨'과 '氣의 動·靜이 그 질서를 잃지 않는 까닭이 됨'이라는 두 맥락을 동시에 의미하는 것으로 설명했다. 심재의 '능히 그러한(能然) 까닭'은 대산의 '氣가 능히 動·靜할 수 있는 까닭'과 상응하고,107) 심재의 '반드시 그러한(必然) 까닭'은 대산의 '氣의 動·靜이 그 질서를 잃지 않는 까닭'과 상응한다.

'體·用'은 '본체와 작용'을 뜻하고, '顯·微'는 '드러난 작용과 은미한 본체를' 뜻하며, '精'은 '裏'와 같은 맥락으로 '속의 정밀한 理'를 뜻하고, '粗'는 '表'와 같은 맥락으로 '밖으로 드러난 거친 理'를 뜻한다. 程伊川은 〈易傳序〉에서 "본체와 작용은 하나의 근원이요, 드러남과 은미함은 간격이 없다."라고 했는데, 심재는 이를 계승하여 "體·用과 顯·微를 모두 갖추고 있으며, 精·粗와 表·裏는 본래 완전하네."라고 말한 것이다. '智·愚'는 지혜로운 사람과 어리석은 사람을 말하고, '星·淵'은 하늘의 별과 땅의 연못을 말하니, "어찌 智·愚와 星·淵의 구별 있겠는가?"라는 말은 聖·凡과 天地萬物을 막론하고 '森羅萬象의 理는 모두 같음'을 뜻한다. 마지막 구절 "예로부터 지금까지 스스로 빠짐없이 이어진다네."라는 말은 理는 形而上者로서 '生滅이 없이

---

107) 대산의 '理는 氣가 능히 動·靜할 수 있는 까닭'이라는 설명은 율곡의 '機自爾'를 비판하는 것이라 했는데, '理는 氣가 능히 그러한(能然) 까닭'이라고 보는 심재의 경우도 마찬가지로 '機自爾'를 부정하는 것이라 하겠다.

영원한 것임'을 뜻한다.

요컨대 위의 詩는 程·朱의 持論을 충실히 계승하여 理·氣의 不離·不雜, 先後 관계, 理의 主宰의 의미, 體用一源과 顯微無間, 형이상자인 理의 普遍性과 永遠性 등을 노래한 것이라 하겠다. 심재는 〈氣〉에서는 다음과 같이 말한다.

〈氣〉(『心齋遺稿』 卷1 頁51)

有形以下屬乎器	形體가 있는 것 以下는 器에 속하니,
粹駁不齊稟賦餘	粹駁이 고르지 못함은 稟賦의 나머지일세.
噓若塊風聲各異	塊風[108] 일면 각각 부딪치는 소리가 다르며,
明如鏡水影非虛	明鏡止水처럼 밝아도 그림자는 비지 않네.
一元四序流行際	一元과 四時가 流行하는 즈음과
五性七情感動初	五性과 七情이 느끼어 움직이는 처음에
交錯陰陽相對待	陰陽이 交錯하여 서로 짝을 이루어(對待)
自然化化生生歟	自然스레 生生變化 이루어지네.[109]

위의 첫 구절은 氣는 形而下者로서 器에 해당함을 말한 것이다. '稟賦의 나머지 일'이란 氣는 본래 參差不齊하므로 만물이 氣를 稟受하면 그 자연스러운 결과로 각자 淸濁粹駁이 고르지 못하게 된다는 뜻이니, 둘째 구절은 사물마다 氣의 偏正通塞과 淸濁粹駁이 다른 까닭을 말한 것이다. 셋째 구절 "땅에서 바람이 일면 각각 부딪치는 소리가 다르다."라는 것은 萬物의 理는 본래 동일한 것과는 달리, 萬物의 氣는 본래 參差不齊하여 제각각 다르므로 삼라만상이 다양하게

108) 『莊子』〈齊物論〉에서는 "무릇 땅이 기운을 내뿜는데, 그 이름을 '바람'이라 한다.(夫大塊噫氣, 其名爲風.)"고 하였는바, '大塊'란 '땅덩어리(地球)'를 뜻하고, '塊風'이란 '땅에서 이는 바람'을 뜻한다.

109) 『譯註 庸學辨疑』, 부록, 392쪽.

전개됨을 비유한 것이다. 넷째 구절 "明鏡止水처럼 밝아도 그림자는 비지 않는다."라는 것은 아무리 清粹한 氣라도 그 찌꺼기가 남는다는 뜻이다. 다섯째 구절 이하는 천지자연의 生生變化와 인간 마음의 知覺感情 작용은 모두 陰·陽 두 기운의 '對待와 錯綜'[110]을 통해 이루어지는 것임을 설명한 것이다.

요컨대 위의 詩에서 氣는 형이하자로서 본래 참치부제하기 때문에 삼라만상의 다양성이 연출된다는 것과 아무리 清粹해도 찌꺼기가 남는다는 것, 그리고 천지 만물의 생생변화와 인간 마음의 지각 감정 작용은 모두 陰·陽의 對待와 錯綜을 통해 이루어진다는 점을 밝힌 것이다. 물론 이러한 내용들도 모두 주자학의 持論을 충실히 계승하는 것이다. 심재는 〈心〉에서는 다음과 같이 말한다.

〈心〉(『心齋遺稿』 卷1 頁51)

要存腔子本然具	가슴 속에 본래 갖춰진 것을 보존해야 하니,
理與氣交有是名	理와 氣가 交合하여 '心'이란 이름 생겼네.
寂感會時該動靜	寂과 感이 모인 때에 動·靜을 포괄하니,
虛靈妙處見神明	虛靈의 妙한 곳에서 神明을 볼 수 있네.
從令百體由誠敬	百體가 명령에 따름은 誠·敬에서 연유하니,
主宰一身統性情	一身을 主宰하고 性·情을 統攝하네.
萬變發揮人極立	온갖 변화에 발휘하여 人極을 세우니,
盍於方寸得其平	어찌 方寸에 平靜을 얻지 못하겠는가?[111]

'가슴 속에 본래 갖춰진 것'이란 '본연한 상태의 마음' 즉 '순수한

---

110) 陰과 陽이 서로 짝을 이루어 交感(感應)하는 것을 對待라 하고, 반면에 '밤과 낮' 또는 '春夏秋冬'이 순환하는 것 등은 '流行(錯綜·迭運)'이라 한다. 易學에서는 陰陽의 '對待'를 통하여 '流行'이 이루어진다고 설명한다(이상익, 『歷史哲學과 易學思想』, 성균관대출판부, 1996, 130-145쪽 참조).

111) 『譯註 庸學辨疑』, 부록, 394-395쪽.

마음'을 뜻하니, 위의 첫째 구절은 순수한 마음을 보존해야 함을 말한 것이다. 둘째 구절에 보이듯이, 심재는 마음을 '理와 氣가 합쳐진 것'으로 이해한다. '寂'은 '寂然不動'을, '感'은 '感而遂通'을 뜻하고, '動·靜'은 已發(感而遂通)과 未發(寂然不動)을 뜻하니, 셋째 구절에서는 마음은 '未發의 性과 已發의 情을 모두 포괄함'을 밝힌 것이다. 넷째 구절의 '虛靈'과 '神明'은 모두 마음을 形容하는 말로서, '虛靈'은 마음이 텅 비었으나 靈妙한 작용(특히 知覺作用)을 함을 뜻하고, '神明'은 마음의 知覺作用이 신비하고 밝음을 뜻한다.

다섯째 구절에서는 마음은 몸을 命令하는 존재라는 것, 그런데 몸이 마음의 명령에 따르게 하려면 먼저 誠·敬으로 마음을 다스려야 한다는 것을 밝혔다. 다음 구절의 '一身을 主宰한다'는 것은 앞 구절의 '百體를 命令한다'라는 것과 같은 말이다. 또한 '마음이 性·情을 統攝한다'라는 것은 마음이 性·情을 포함하고 있으면서(包含該載), 性을 情으로 발현시키는 작용(敷施發用)을 한다는 뜻이다. 셋째 구절에서 '마음은 未發과 已發을 모두 포괄한다'라고 한 것도 心統性情을 밝힌 것이다. 일곱째 구절의 '人極'이란 '인간의 標準' 또는 '인간의 道理'를 뜻하는바, 온갖 변화에 마음이 제대로 대응함으로써 '인간의 도리'가 확립된다는 말이다. 마지막 구절에서는 마음이 主宰力을 발휘하여 萬事에 제대로 대응하면, 方寸이 平靜해진다는 것을 말했다.

요컨대 위의 詩는 마음을 '理·氣의 合'으로 규정하고, 그 기능을 '心統性情'으로 규정한 다음, 誠·敬으로 마음을 다스려서 萬事를 제대로 주재하면 方寸이 平靜해진다는 것을 말한 것이다. 이러한 내용 역시 주자학의 持論을 충실히 계승하고 있는 것이다. 다만, 마음을 '理·氣의 合'으로 규정한 것에 대해서는 주자학자 사이에 異見이 있는 것으로서, 마음은 본래 氣인데 理(性)를 담고 있으므로 '理·氣의 合'이라 하는 것인지 아니면 마음 자체를 '理·氣의 合'으로 규정하는 것인지가 문제 되는 것이다. 이에 대해서는 뒤에서 다시 논의하기로 하자.[112] 심재는 〈性〉에서는 다음과 같이 말한다.

〈性〉(『心齋遺稿』 卷1 頁52)

形而上者此之謂	形而上者란 이것을 말하는 것이니,
至善厥初本我衷	至善한 그 처음은 본래 내 마음속 本性일세.
天賦何嘗粹駁別	하늘이 부여할 때 어찌 粹·駁 구별하랴?
人生均得聖愚同	태어날 때 고르게 얻어, 聖·愚가 같다네.
五常健順非由外	五常과 健順은 밖에서 유래하는 것 아니요,
一理渾淪只在中	一理의 渾淪함이 다만 그 가운데 있다네.
公共元來惟分內	公共은 원래 내 本分 안에 있는 것,
莫言養處更加工	기르는 곳에서 다시 노력한다고 말하지 말라.[113]

위의 첫째 구절에서는 性은 본래 형이상자임을 말했고, 둘째 구절에서는 性은 본래 純粹至善함을 말했다. 셋째 구절에서는 하늘이 本性을 부여할 때 本性에는 '粹·駁의 차이가 없음'을 말했고, 넷째 구절에서는 모든 사람이 純粹至善한 本性을 똑같이 얻었다는 점에서는 聖·愚의 차이가 없음을 밝혔다. 性理學에서는 聖·愚의 차이는 本性에서 유래하는 것이 아니요, 本性을 담고 있으면서 발현시키는 마음(心, 氣)의 차이에서 유래하는 것이라고 설명하는바, 심재도 이러한 논리를 그대로 수용하는 것이다.

'五常'은 '仁義禮智信'으로서 '五行의 理(德)'를 말하고, '健·順'은 각

112) 심재의 다른 논설들을 참고해 볼 때, 심재는 마음 자체를 '理·氣의 合'으로 규정하는 것 같다. 이에 대해서는 本考의 제5장 2절에서 다시 논의하기로 하자.

113) 『譯註 庸學辨疑』, 부록, 395-396쪽.

각 '乾의 德'과 '坤의 德'을 말한다. 다섯째 구절에서는 이러한 다양한 理(德)들이 본래 나의 本性 속에 모두 갖추어져 있음을 말한 것이다. 이는 맹자의 "仁義禮智의 本性은 밖으로부터 나를 녹여서 들어오는 것이 아니요, 나에게 본래부터 고유한 것이다."[114]라는 말을 계승하는 것이기도 하다. 여섯째 구절의 '一理의 渾淪함'이란 '五常과 健順을 포괄하는 하나의 理'를 말한다. '一理의 渾淪함이 그 가운데 있다'라는 것은 '理一分殊'를 밝힌 것이다. 모든 理는 '生命(生生)의 愛好(愛護)'로 귀결된다는 점에서는 본래 통일적이면서도, 동시에 각각의 경우에 알맞게 '健順'과 '五常'으로 드러난다는 점에서는 다르다는 것이다. 일곱째 구절의 '公共'은 '公共性을 추구하는 德'을 말한다. 性理學에서는 '本然之性'을 '공공성을 추구하는 德'으로 설명하는바, 그것은 본래 나에게 갖추어져 있다는 뜻이다. 또 본래 내가 지니고 있는 本然之性(本性)은 形而上者이기 때문에 毁滅되지 않을 뿐만 아니라 길러지지도 않는 것이다. 이러한 맥락에서, 마지막 구절에서는 '本性을 기른다'라는 식의 주장을 전개하지 말라고 하였다.[115]

요컨대 위의 詩에서는 형이상자로서의 本性의 純粹至善함 및 普遍性과 永遠性을 밝히고, 이일분수로써 본성의 통일성과 다양성을 설명한 것이다. 그리고 본성은 形而上者이기 때문에 毁滅되지 않을 뿐만 아니라 길러지지도 않는다는 점을 강조한 것이다. 이는 修養의 대상은 '본성'이 아니라 '마음'임을 확인시켜 주는 것이다. 이러한 논리들 역시 주자학의 一般論에 충실한 것이다. 심재는 〈情〉에서는 다음과 같이 말한다.

---

114) 『孟子』 告子上 6, "仁義禮智, 非由外鑠我也, 我固有之也."

115) 孟子는 '存心養性'을 언급한 바 있는데(『孟子』 盡心上 1), 朱子는 '養性'이란 별도로 性을 기르는 것이 아니요, '마음을 보존함이 곧 性을 기르는 것'이라고 설명하였다(이에 대한 자세한 논의는 이상익, 『畿湖性理學論考』, 62-63쪽 참조).

〈情〉(『心齋遺稿』 卷1 頁52)

其端有四又兼七	그 端緖는 四가 있고 또 七을 겸하니,
一氣從來一理隨	하나는 氣를 따르고, 하나는 理를 따르네.
外物觸形隨所遇	外物이 形氣와 感觸하여 만난 바를 따르며,
中心應用各當爲	속마음의 應用은 각각 마땅하게 하네.
如臨陣伍軍能進	戰列에 임한 듯 軍隊는 전진할 수 있고,
若在舟車勢自推	舟車를 탄 듯 形勢는 저절로 미루어지네.
腔裏藹然分析出	마음속의 藹然한 것 분석되어 나오니,
人於發處擴充之	사람들은 발하는 곳에서 擴充할지어다.[116]

위의 첫째 구절은 '情'에는 四端과 七情이 있음을 말한 것이요, 둘째 구절은 四端과 七情을 '理에서 發한 것(理發)'과 '氣에서 發한 것(氣發)'으로 구분한 것이다. 셋째 구절은 '七情이 발하는 經路'를 설명한 것으로서, 七情은 '外物이 形氣와 感觸하여 만난 바를 따른 것'이기 때문에 '氣發'이라 한다는 것이다. 넷째 구절은 '四端이 발하는 經路'를 설명한 것으로서, 四端은 '속마음으로부터 마땅하게 應用된 것'이기 때문에 '理發'이라 한다는 것이다.

그다음 두 구절은 孟子의 "불이 처음 타는 것과 같고, 샘이 처음 뚫리는 것 같다."라는 비유에 상응하는 비유이다. 불이 처음 타기 시작할 때에는 형세가 미약하나 곧이어 훨훨 타오르게 되며, 샘을 처음 뚫을 때에는 물이 솟아나는 힘이 약하나 완전히 뚫으면 콸콸 솟아나게 된다. 맹자는 四端을 확충시켜 나갈 때의 形勢를 이렇게 비유한 것이다. 심재의 "戰列에 임한 듯 軍隊는 능히 전진하고, 舟車를 탄 듯 形勢는 저절로 미루어지네."라는 말도 역시 四端을 일단 확충시킬 수만 있다면 그 형세는 아무도 막을 수 없다는 것을 강조한 것

116) 『譯註 庸學辨疑』, 부록, 397쪽.

이다. '藹然(애연)'은 '우거진 모양'을 형용한 것으로서 '四端이 마음속에 가득 차 있음'을 뜻하고, '分析되어 나온다'라는 것은 四端이 각각의 경우에 알맞게 나뉘어 발함을 뜻한다. 즉 일곱째 구절은 四端이 마음속에 가득 차 있으면서 경우에 따라 알맞게 惻隱之心·羞惡之心·辭讓之心·是非之心으로 나뉘어 발한다는 것을 밝힌 것이다. 마지막 구절은 孟子의 "四端을 擴充할 줄 알면 四海를 보존하기에 충분하나, 擴充시킬 수 없으면 父母를 섬기기에도 부족하다."117)라는 말을 다시 일깨운 것이다.

요컨대 위의 詩는 사람의 감정을 四端과 七情으로 나누고, 四端은 理發이요 七情은 氣發이라고 설명한 다음, 四端을 확충시킬 것을 강조한 것이다. 조선시대 성리학자의 四端·七情에 대한 논의는 退溪의 理氣互發論과 율곡의 氣發理乘一途論으로 大別되거니와, 위의 내용은 퇴계의 理氣互發論과 같은 맥락인 것으로 보인다. 그러나 심재의 四端七情論은 大山 李象靖의 논리를 따르는 것으로, 사실 퇴계와도 다르고 율곡과도 다른 것이다. 이에 대해서는 잠시 뒤에 다시 논의하기로 하자.

이제까지 詩篇들을 통해 심재의 理·氣·心·性·情에 대한 기본적인 인식을 살펴보았다. 이제 『庸學辨疑』에 보이는 내용을 소재로, 심재가 '理·氣의 관계'와 '四端·七情의 관계'를 어떻게 이해하고 있는지를 좀 더 구체적으로 살펴보기로 하자.

주자는 『中庸章句』의 제1장의 '天命之謂性'을 주석하면서 "하늘이 陰陽五行으로 萬物을 化生함에, 氣로써 形體를 이루고 理 또한 부여했다."라고 설명했다. 이에 대해 심재는 『庸學辨疑』에서 다음과 같

---

117) 『孟子』 公孫丑上 6, "凡有四端於我者, 知皆擴而充之矣, 若火之始然, 泉之始達, 苟能充之, 足以保四海, 苟不充之, 不足以事父母."

이 말한다.

> (朱子는) "하늘이 陰陽五行으로 萬物을 化生함에, 氣로써 形體를 이루고 理 또한 부여했다."라고 하였다. '天命의 性'은 오로지 理로 말하는 것이다. 이제 "하늘이 陰陽五行으로" 云云한 것은 도리어 '氣를 섞어서 말한 것' 같은데, 무슨 까닭인가? 性은 곧 理이다. 그런데 人·物이 태어나는 처음에는 氣가 不得不 그 사이에 관여하는 것이다. 이른바 '理'란 '허공에 떠 있는 물건'이 아니니, 사물에 부여하여 性이 되는 즈음은 氣가 아니면 또한 凝聚하여 形體를 이루어 (理를) 부여하는 바탕이 되게 할 수 없다. 그러므로 장차 '天命의 性'을 풀이하려 함에 流行·造化하는 실상의 까닭을 미루어 나간 것이니, 그러한즉슨 저절로 이른바 '陰陽五行'을 이끌어다 말하지 않을 수 없었던 것이다. 그러나 시작할 때도 '天'으로 중심을 삼고, 마칠 때에도 '理'로써 맺었으니, 그러한즉슨 '오로지 理로 말함'을 여기에서 볼 수 있다. 어찌 陰陽五行을 이끌어다 말했다는 까닭으로 문득 '氣를 섞어서 말한 것'이라 할 수 있겠는가?[118)]

위의 인용문은 주자가 '天命'을 주석하면서 '陰陽五行'을 함께 거론한 까닭을 설명한 것이다. 심재는 그 까닭을 두 가지로 설명했다. 첫째는 '理·氣의 不相離'라는 맥락이다. 性은 理인바, 理는 실제로는 '虛空에 떠 있는 물건'이 아니므로, 萬物에 품부한 性을 논할 때에는 氣를 함께 논하지 않을 수 없다는 것이다. 둘째는 '理主氣資'의 맥락이다. 氣는 凝聚하여 形體를 이루는 존재이거니와, 理가 사물에 性

118) 『譯註 庸學辨疑』, 48-49쪽, "'天以陰陽五行, 化生萬物, 氣以成形, 而理亦賦焉.' 天命之性, 專以理言者也. 今曰 '天以陰陽五行' 云云者, 却似雜氣而言者, 何也? 性卽理也, 而人物稟生之初, 氣不得不與於其間也. 所謂理者, 不是懸空底物事, 而其於賦物爲性之際, 非氣則亦不能使之凝聚成形, 而爲所賦與之地, 故將釋天命之性, 而推其所以流行造化之實, 則夫所謂陰陽五行者, 自不得不提說. 然始焉以天而主之, 終焉以理而結之, 則其謂專以理言之者, 於此可見, 而豈可以提說二五之故, 便謂其雜氣而言耶?"

으로 부여되는 즈음에 氣가 아니면 理를 부여할 수 있는 바탕을 제공할 수 없다는 것이다. 이러한 맥락에서 심재는 "그러므로 (주자는) 장차 '天命의 性'을 풀이하려 함에 流行·造化하는 실상의 까닭을 미루어 나간 것이니, 그러한즉슨 저절로 이른바 '陰陽五行'을 이끌어다 말하지 않을 수 없었던 것이다."라고 하였다. '流行·造化하는 실상'에 있어서 氣는 理가 실현되는 바탕이 되므로, 氣를 함께 말하지 않을 수 없다는 것이다. 심재는 앞의 〈理〉라는 詩에서는 氣를 '理의 掛塔處'로 규정했는데, '氣는 理의 掛塔處'라는 규정 자체가 '理·氣의 不相離'와 '理主氣資'를 함축하고 있는 것이다. 심재는 위의 인용문에 이어서 다음과 같이 말한다.

> "하늘이 陰陽五行으로 萬物을 化生한다."라는 말은 먼저 理를 말하고 뒤에 氣를 말한 것이요, "氣로써 形體를 이루고 理 또한 부여했다."라는 말은 먼저 氣를 말하고 뒤에 理를 말한 것이니, 무슨 까닭인가? 만약 本原을 논한다면 곧 理가 존재한 다음에 氣가 존재하나, 만약 稟賦를 논한다면 이 氣가 존재한 다음에 理가 따라서 갖추어지는 것이다. 그러므로 "하늘이 陰陽五行으로 萬物을 化生한다."라는 조목에서 '먼저 理를 말하고 뒤에 氣를 말한 것'은 本原을 논하면 理가 존재한 다음에 氣가 존재하기 때문이다. '하늘'은 곧 '理'이고, '陰陽五行'은 '氣'이다. "氣로써 形體를 이루고 理 또한 부여하였다."라는 조목에서 '먼저 氣를 말하고 뒤에 理를 말한 것'은 稟賦를 논하면 이 氣가 존재한 다음에 理가 따라서 갖추어지기 때문이다. '氣'는 '陰陽五行'이고, '理'는 곧 '하늘이 부여한 것'이다.[119]

119) 『譯註 庸學辨疑』, 49-50쪽, "'天以陰陽五行, 化生萬物', 則先言理而後言氣也 ; '氣以成形, 理亦賦焉', 則先言氣而後言理也, 何也? 若論本原, 則卽有理然後有氣 ; 若論稟賦, 則有是氣而後, 理隨以具. 故天以陰陽五行一條, 先言理而後言氣者, 以其論本原, 則有理而後有氣者也. 天卽理, 而陰陽五行氣也 ; 氣以成形一條, 先言氣而後言理者, 以其論稟賦, 則有是氣而後, 理隨而具者也. 氣則陰陽五行, 而理卽天之所賦也."

위의 인용문을 통해서는 심재의 '理·氣의 先後 관계'에 대한 견해를 살펴볼 수 있다. 심재의 지론은 "만약 本原을 논한다면 곧 理가 존재한 다음에 氣가 존재하나, 만약 稟賦를 논한다면 이 氣가 존재한 다음에 理가 따라서 갖추어진다."라는 것이다. 이러한 지론 역시 주자학의 일반론에 충실한 것이다. 이제 심재의 四端·七情에 대한 이해를 살펴보자. 『庸學辨疑』에서는 다음과 같이 말한다.

> "喜怒哀樂이 發하여 모두 節度에 맞는 것을 和라 한다."라고 했는데, 子思가 여기에서 惻隱·羞惡 등 四端이 情이 됨은 말하지 않고 특별히 그 喜怒哀樂이 情이 된다는 것만 말씀한 것은 무슨 까닭인가? (…) 子思의 論說은 性이 發해서 情이 됨을 설명한 것이다. 惻隱·羞惡 등 四端은 말하지 않고 반드시 喜怒哀樂 넷만을 말한 것은 喜怒哀樂이 이미 四端을 포함하기에 충분하며 또한 '天地를 자리 잡게 하고 萬物을 자라나게 하는 功效'에 더욱 절실함을 밝히기 위함이었다.[120]

심재는 『中庸』에서 四端을 말하지 않고 七情만을 언급한 하나의 까닭은 '七情이 四端을 포함하기 때문'이라고 설명하였다. 그런데 『庸學辨疑』에서는 다음과 같이 말하기도 한다.

> 이 章(『中庸章句』 제1장)의 七情은 '愛·惡'로 말하고, 孟子의 四端은 '羞惡'로 말했는데, 두 개의 '惡' 字는 약간 다름이 있다. 대개 四端은 '理가 발한 것'이요, 七情은 '氣가 발한 것'이니, '愛·惡'는 '形氣'로써 말하는 것이요, '羞惡'는 '天理'로써 말하는 것이다.[121]

---

120) 『譯註 庸學辨疑』, 64-65쪽, "'喜怒哀樂之發而皆中節, 謂之和.' 子思於此, 不言惻隱羞惡等四者之爲情, 而特言其喜怒哀樂之爲情者, 何也? (…) 子思之論, 性發而爲情也. 不言惻隱等四者, 而必言喜怒等四者, 以明夫喜怒哀樂之旣足以該四端, 而又切於位天地育萬物之功也."

121) 『譯註 庸學辨疑』, 66-67쪽, " 此章七情, 以愛惡言之 ; 孟子四端, 以羞惡言之.

위의 인용문에서는 四端은 '理가 발한 것'이요, 七情은 '氣가 발한 것'이라고 구분하였다. 위의 두 인용문에 보이듯이, 심재는 '七情包四端'과 '四端 理發, 七情 氣發'을 동시에 인정하는 것이다. 그런데 연원적으로 본다면, '七情包四端'은 '氣發理乘一途'를 주장하는 율곡의 논리였고, '四端 理發, 七情 氣發'은 '理氣互發'을 주장하는 퇴계의 논리였다. 그러므로 심재가 '七情包四端'과 '四端 理發, 七情 氣發'을 동시에 인정하는 것은 일견 자못 이해하기 어려운 것이다.

심재의 위와 같은 입장은 大山 李象靖의 四端七情論을 전제해야만 비로소 이해할 수 있다. 앞에서 고찰한 바 있는 대산의 설명을 다시 인용해 보기로 하자.

> 理와 氣는 서로 분리할 수 없다(相循不離). 氣는 (理의) 材具가 되고 理는 (氣의) 主宰가 된다. 그 動靜하는 기틀의 妙는 본래 두 갈래가 없으나, 그 나아가는 바에 따라서 主로 삼는 바가 다른 것이다. 예컨대 갓난아이나 宗廟의 일을 느끼면 仁이나 禮의 理가 발현되는데, 氣가 진실로 그 材料가 되지만 主로 삼는 바는 理에 있는 것이다. 그러므로 '理發'이라 하는 것이다. 聲色과 臭味의 사사로움을 느끼면 形氣의 欲望이 발동하는데, 理가 진실로 거기에 타고 있지만 主로 삼는 바는 氣에 있는 것이다. 그러므로 '氣發'이라 하는 것이다. 대개 기틀의 妙는 비록 하나이지만, 저절로 理發과 氣發의 구분이 있는 것이다. 그러나 또한 理發과 氣發로 구분된다고 하여 마침내 기틀도 다를 것으로 의심하는 것은 잘못이다.[122]

兩箇惡字, 微有不同. 盖四端, 理之發也 ; 七情, 氣之發也. 則愛惡以形氣而言之, 羞惡以天理而言之耳."

122) 『大山集』 卷40 頁17, 〈讀聖學輯要〉, "理氣相循不離, 氣爲之材具, 而理爲之主宰. 其動靜機緘之妙, 本無二致, 然隨其所就, 而所主不同. 如赤子宗廟之事感, 則仁禮之理發焉, 氣固爲之材料, 然所主者在於理, 故曰理發 ; 聲色臭味之私感, 則形氣之欲動焉, 理固爲之乘載, 然所主者在於氣, 故曰氣發. 蓋機緘之妙雖一, 而自有互發之分 ; 又不可以互發之分, 而遂疑其機緘之或異也."

대산은 '理와 氣'는 '主와 資'의 관계로서 본래 '不相離'의 관계이기 때문에, '그 動·靜하는 기틀의 妙는 본래 두 갈래가 없다'라고 하였다. 그러나 이처럼 '理와 氣가 不相離로서 動·靜하는 기틀은 하나일 뿐'이라 하더라도, 四端과 七情은 또한 所主가 다르다는 점이다. 다시 말해, 四端이나 七情은 '감정이 발현되는 방식' 자체는 같으나, 四端은 어린아이를 보호하고 宗廟의 禮를 행하는 등 '도덕적인 것'이 主가 되고, 七情은 聲色과 臭味의 '육체적 욕망'이 主가 된다는 것이다. 이처럼 四端과 七情은 所主가 다르므로, 이러한 맥락에서 '理發'과 '氣發'로 구분하지 않을 수 없다는 것이다. 요컨대, 대산은 '理·氣의 不離'를 전제로 所主에 따라 理發과 氣發을 나누는 것이다.

심재의 사단칠정론도 대산과 같은 맥락에서 성립하는 것이다. 심재의 '七情包四端'이란 理主氣資라는 점에서 '모든 감정이 발현되는 방식은 같다'라는 것을 전제로 성립하는 말이요, '四端 理發, 七情 氣發'은 四端은 '天理'가 主가 되고 七情은 '形氣'가 主가 된다는 것을 뜻한다.

이제까지 고찰한 내용으로 볼 때, 심재의 理氣論과 四七論은 무엇보다도 大山 李象靖의 논리를 충실히 계승하는 것임을 알 수 있겠다. 대산이나 심재의 四端七情論은 퇴계와도 다르고, 율곡과도 다른 것이다. '모든 감정이 발현되는 방식은 같다'라는 맥락에서는 율곡의 氣發理乘一途論과 같다. 그러나 所主에 따라 理發과 氣發을 구분한다는 점에서는 율곡과 다르다. 또 所主에 따라 理發과 氣發을 구분한다는 점에서는 퇴계의 互發論과 유사하나, 퇴계의 互發論은 '감정이 발현되는 方式까지도 理發과 氣發로 구분하는 것'이라는 점에서는 같지 않은 것이다.[123)]

---

123) 대산의 '理主氣資'를 중심으로 말하자면, 대산은 '理主論'에서는 율곡과 다르고,

4) 心齋의 四書觀

이제 마지막으로 심재의 四書觀을 살펴보자. 심재는 마침 四書에 대한 자신의 견해를 詩로 읊은 바 있는데, 먼저 이것들을 살펴보기로 하자. 심재는 〈大學〉에서 다음과 같이 말한다.

〈大學〉(『心齋遺稿』 卷5 頁85)

大學于今不是糟　　『大學』은 이제 보니 지게미가 아니요,
入頭這敬德門高　　저 敬에 들어가니 德의 門이 높도다.
一經十傳皆關鍵　　一章의 經과 十章의 傳이 모두 關鍵이며,
三領八條盡縷毫　　三綱領 八條目이 세밀함을 다했도다.
間架詳明深淺在　　짜임새는 자세하고 밝아 深淺이 있으며,
規模廣大始終綢　　規模는 廣大하여 始終을 감싸도다.
半年方得古人看　　半年 만에 바야흐로 古人의 깨달음을 얻으니,
銖寸工夫似用篙　　자잘한 工夫에 상앗대[124]를 쓰는 격이로다.[125]

첫째 구절에서는, 이제까지는 『大學』을 經典 가운데의 '지게미'로 인식해 왔었는데, 『大學』을 공부하고 보니 전혀 그렇지 않음을 알게

'氣資論'에서는 퇴계와 다른 것이다. 율곡은 '理主'를 다만 '理가 氣의 운동의 표준이 됨'으로만 이해하고, 氣의 운동 자체는 '氣의 자연적 속성에 의한 것'(機自爾)로 설명했다. 그러나 대산의 理主論은 '理가 氣의 운동의 표준이 된다'는 뜻과 '理가 氣로 하여금 운동할 수 있게 한다'는 뜻을 동시에 포함하는 것이다. 대산의 '理가 氣로 하여금 운동할 수 있게 한다'는 주장은 율곡의 '機自爾'를 비판하는 것이다. 퇴계의 '四端 理發'은 '理의 能動性'을 전제로 하는 것이요, 따라서 '氣資'가 불필요한 것이다. 이 점에서 대산과 퇴계가 구분되는 것이다.

124) '銖'란 '1냥의 24분의 1'이 되는 무게를 뜻하고, '寸'은 '1尺의 10분의 1'이 되는 길이를 뜻하며, '상앗대'란 배(舟)를 젓는 데 櫓처럼 쓰는 '긴 대나무'를 말함. 즉 자신의 공부는 보잘 것 없는데, 수준 높은 『大學』을 활용한다는 말로서, 겸손한 표현이라 하겠다.

125) 『譯註 庸學辨疑』, 부록, 388쪽.

되었다고 말했다. '지게미'란 술을 거르고 남은 찌꺼기를 말한다. 심재가 처음에는 『대학』을 '지게미'로 인식했었던 것은, 『대학』이 다른 경전들과는 달리 분량도 아주 적고, 또 유교의 여러 경전에서 이 구절 저 구절 따다가 대충 얽어 놓은 책에 불과한 것으로 보았기 때문일 것이다. 그러나 다시 『대학』을 공부해 보니, 결코 '지게미'가 아니요, 매우 체계적이고 수준 높은 경전임을 알게 되었다는 것이다.

둘째 구절에서는 『대학』의 체계는 '敬'으로 관통되는바, 이는 '初學들이 德에 들어가는 관문'이라는 것을 말했다. 셋째 구절은 『대학』의 經一章과 傳十章 가운데 어느 것 하나도 소홀히 할 수 없음을 말한 것이요, 넷째 구절은 『대학』이 三綱領 八條目이라는 치밀한 체계로 구성되었음을 말한 것이다. 다섯째 구절에서는 『대학』의 짜임새가 정밀함을, 여섯째 구절에서는 『대학』의 규모가 광대함을 말했다. 마지막 두 구절에서는 『대학』의 규모를 깨닫고 보니, 자신의 공부가 너무 보잘것없다는 것을 고백한 것이다.

요컨대 심재는 『대학』을 '정밀한 짜임새와 광대한 규모를 지닌 체계적인 경전'으로서, '初學들이 德에 들어가는 관문'이 되는 것으로 인식한 것이다. 심재는 〈論語〉에서는 다음과 같이 말한다.

〈論語〉(『心齋遺稿』 卷5 頁85-86)

尋溫大旨博而敦	大旨를 익히고 보니 넓고도 두터워서,
二十篇皆切要言	20篇이 모두 切要한 말씀이도다.
着眼看來方有得	눈을 붙여 살펴보니 바야흐로 얻음 있어,
皮膚說去復何論	피부에 와 닿는 말씀 다시 논할 필요 없네.
操而存後須涵養	잡아서 보존한 뒤엔 반드시 涵養해야 하니,
學者知先入道門	學者의 急先務를 아는 것이 入道의 門이라네.
爲聖爲賢都在此	聖人이 되고 賢人이 됨이 모두 여기에 있으니,

讀之可使立其根　　이 책을 읽음에 근본을 세울 수 있도다.126)

"눈을 붙여 살펴보니 바야흐로 얻음 있어, 피부에 와 닿는 말씀 다시 논할 필요 없네."라는 구절은 『논어』가 '이해하기 쉬운 말'과 '피부에 와 닿는 절실한 내용'으로 이루어져 있음을 말한 것이다. 심재는 『논어』의 특징을 '大旨는 넓고 두터우나, 이해하기 쉬운 말과 절실한 내용으로 이루어져 있다'라고 설명한 것이다. '잡아서 보존한다'라는 것은 '마음'을 잡아서 보존함을 뜻한다. 『논어』의 이해하기 쉬운 말과 절실한 내용들은 모두 '마음을 잡아서 보존하라'라는 것으로 귀결된다는 것이다. 심재는 이것을 '학자의 급선무'로 규정하고, 이러한 급선무에 힘쓰는 것이 '道에 들어가는 관문'이라고 규정했다. 道에 들어가면 마침내 聖人도 될 수 있고 賢人도 될 수 있거니와, 『논어』를 통해서 聖賢이 되기 위한 근본을 세울 수 있다는 것이다.

요컨대 심재는 『논어』를 '大旨는 넓고 두터우나, 이해하기 쉬운 말과 절실한 내용으로 이루어진 경전'으로 규정하고, 우리는 이를 통해 '마음을 잡아서 보존함'으로써 聖賢이 되는 '근본을 세울 수 있다'라고 설명한 것이다. 심재는 〈孟子〉에서는 다음과 같이 말한다.

〈孟子〉(『心齋遺稿』 卷5 頁86)

鄒聖七篇義利關　　鄒나라 聖人의 7篇은 義·利와 관계되니,
義能拔本利能刪　　義는 능히 근본을 캐고 利는 깎아내네.
齊梁歷聘挽三代　　齊·梁을 두루 찾아가 三代를 꾀했으며,
堯舜必稱性一般　　반드시 堯·舜 일컬어 性善이 一般임을 밝혔네.
大大踢拳秋殺幷　　크게 물리침은 가을의 殺氣와 함께 하고,127)

126) 『譯註 庸學辨疑』, 부록, 389쪽.
127) 踢拳(척권)은 '발로 차고 주먹으로 치는 것'인바, '大大踢拳'이란 '크게 覇道를

岩岩氣象泰山環　　우뚝한 氣象은 泰山을 둘러싸네.
不徒好辯露圭角　　한갓 好辯으로 圭角[128]을 보인 것 아니니,
且看廣充體驗間　　또한 擴充하고 體驗하는 사이에 살펴보라.[129]

'『孟子』 7篇은 義·利와 관계된다'라는 것은 『孟子』의 핵심은 '仁義와 功利'의 구별, 즉 '王道와 霸道'의 구별에 있다는 뜻이다. 심재는 『맹자』의 근본정신을 무엇보다도 '仁義와 王道를 숭상하고 功利主義와 霸道를 배격함'에서 찾았다. "齊·梁을 두루 찾아가 三代를 꾀했다."라는 것은 맹자가 직접 王道政治를 실행하려고 노력했음을 말한다. 심재는 또한 맹자가 堯·舜을 예로 들어 '모든 사람의 本性은 善함'을 밝혔다는 것을 부각했다. 심재는 또 맹자가 異端邪說을 물리친 것은 독선적인 好辯을 위한 것이 아니라 義(가을의 殺氣)를 위한 것이었다고 옹호했다. 그리고 마지막으로는 맹자의 정신은 四端을 확충하고 체험하는 데서 살필 수 있다고 설명했다.

요컨대 심재는 '仁義와 王道를 숭상하고 功利主義와 霸道를 배격한 것, 性善을 밝힌 것, 四端의 확충을 강조한 것'을 『맹자』의 핵심으로 이해한 것이다. 심재는 〈中庸〉에서는 다음과 같이 말한다.

〈中庸〉(『心齋遺稿』 卷5 頁86)

次第三書旣貫通　　『大學』·『論語』·『孟子』를 차례대로 貫通하여,
無疑然後及中庸　　의심 없는 다음에야 『中庸』을 읽는다네.
九經三德方方列　　九經과 三達德을 方正하게 열거하고,
一本萬殊井井同　　一本과 萬殊가 整然하여 같도다.

물리침'을 지칭하며, '가을의 殺氣'란 '義'를 뜻함.

128) '圭角'이란 '홀의 모서리'로서, 보통 '言行이 모가 나서 남들과 서로 맞지 않음'을 뜻함.

129) 『譯註 庸學辨疑』, 부록, 390쪽.

揭日傳心千聖旨　　해에 걸어 전한 心法, 千聖의 趣旨요,
撑篙用力十分功　　상앗대로 받친 노력, 十分의 功力일세.
古人微妙須求得　　古人의 微妙한 心法, 모름지기 탐구할 것,
篇內誠樞徹始終　　篇內의 誠은 始終을 꿰뚫는 樞紐일세.130)

심재에 의하면, 『中庸』은 '古人의 微妙한 心法'을 밝힌 경전으로서, 『大學』·『論語』·『孟子』보다 훨씬 심오한 경전이므로, 이 세 경전에 통달한 다음에야 『中庸』을 공부해야 한다는 것이다. 『중용』의 내용적 특징에 대해서는, 九經과 三達德 등이 체계적으로 배열되어 있고, 一本과 萬殊가 首尾一貫 서로 照應하는 점에 있다고 설명했다. 마지막으로 『중용』을 관통하는 핵심개념은 '誠'이라고 강조했다.

한편 심재는 『庸學辨疑』에서 다음과 같이 말하고 있다.

> (程子는) "(古人들이 공부한 차례는) 오직 이 篇(『大學』)이 있음에 힘입었고, 『論語』와 『孟子』가 그다음이었다."라고 하였다. 程子가 다만 『大學』과 『論語』·『孟子』를 언급하고 『中庸』은 언급하지 않은 까닭은 무엇인가? 『大學』의 規模와 節目의 상세함, 『論語』의 操存과 涵養의 實際, 『孟子』의 體驗하고 擴充하는 端緖 등은 모두 學者의 日用工夫에 절실하지 않음이 없다. 그런데 子思께서 전한 『中庸』 한 권은 바로 聖門에서 傳授한 내용의 極致를 담고 있는 것이다. 萬殊의 歸宿處는 隱微하여 볼 수가 없고, 一理의 退藏處는 隱微하여 알 수가 없으니, 진실로 後學들이 쉽게 얻어들을 수가 없는 것이다. 그러므로 程子의 가르침은 서둘러 (『中庸』을) 언급하지 않은 것이니, 어찌 세 권의 책을 이미 통달한 다음에 『中庸』에서 그 極致를 이해하라는 뜻이 아니겠는가?131)

---

130) 『譯註 庸學辨疑』, 부록, 391쪽.

131) 『譯註 庸學辨疑』, 238-239쪽, "'獨賴此篇之存, 而論孟次之.' 程子之說, 只及大學論孟, 而不及中庸者, 何也? 大學規模節目之詳, 論語操存涵養之實, 孟子體驗充廣之端, 無非切於學者日用工夫, 而至於一部思傳, 乃聖門傳授極致之言也. 萬殊之歸宿處, 隱而莫之見, 一理之退藏處, 微而不可知, 則固非後學之所

위의 인용문에서는 四書에 대한 심재의 보다 압축적인 인식을 살필 수 있다. 『大學』의 특징은 '規模와 節目의 상세함'에 있고, 『論語』의 특징은 '操存과 涵養의 實際를 보여줌'에 있으며, 『孟子』의 특징은 '四端을 體驗하고 擴充해 나감'에 있다는 것이다. 또 이 세 경전은 모두 學者의 절실한 日用工夫에 해당한다. 그런데 『中庸』은 이와 달리 '萬殊의 歸宿處'와 '一理의 退藏處' 등 매우 심오한 이치들을 논하고 있기 때문에, 後學들이 쉽게 접근할 수 없다는 것이다. 심재는 따라서 먼저 앞의 세 경전을 통달한 다음에 『中庸』을 공부해야 한다고 설명했다.132)

이제까지의 내용을 토대로 심재의 四書에 대한 견해를 정리하면 다음과 같다. 『大學』은 規模와 節目이 체계적이라는 점이 특징이다. 初學들은 먼저 『大學』을 공부함으로써 '학문의 大綱'을 세울 수 있다. 『論語』는 大旨는 넓고 두터우나, 말이 이해하기 쉽고 내용이 절실하다는 점이 특징이다. 우리는 『論語』를 통해 '마음을 잡아서 보존함'으로써 聖賢이 되는 근본을 세울 수 있다. 『孟子』는 '性善說을 바탕으로 四端의 확충을 강조한 것'에 특징이 있다. 아울러 『孟子』를 통해서는 '仁義와 王道를 숭상하고 功利主義와 覇道를 배격한다'라는 가치관의 대원칙을 엿볼 수 있다. 『中庸』은 '절실한 日用工夫'보다는 '심오한 형이상학적 이치들'을 제시하고 있다는 점이 특징이다. 따라서 『中庸』은 『大學』과 『論語』·『孟子』를 충분히 통달한 다음에 공부해야 한다는 것이다.

易得而聞之. 故程子之教, 未遽處之, 豈不以三書旣通, 然後會其極於中庸乎?"

132) 심재는 『大學』은 '初學者가 德에 들어가는 門'이나, 『中庸』은 '聖人이 德을 이룬 책'이라고 대비한 바 있다(『譯註 庸學辨疑』, 58쪽, "中庸是聖人成德之書 (…) 大學是初學入德之門.").

제3장 「中庸辨疑」의 해석체계와 방법론

이제 「中庸辨疑」를 중심으로 심재의 『中庸』에 대한 해석을 살펴보기로 하자. 논의의 순서는 다음과 같다. 먼저 제1절에서는 심재가 '『中庸』의 체계'를 어떻게 이해하고 있는가를 고찰할 것이다. 주자학은 '四書 중심'의 학문체계라고 말한다. 그런데 『論語』나 『孟子』와는 달리, 『中庸』과 『大學』은 매우 체계적인 경전으로 인식되어 왔다. 이에 심재는 『中庸』의 체계를 어떻게 이해하고 있는지를 먼저 살펴보고자 한다. 제2절에서는 '「中庸辨疑」의 주요 방법론'을 해명할 것이다. 사실 諸家들의 경전해석학은 몇 가지의 유형과 방법론으로 그 특징을 규명할 수 있는데, 심재의 경우는 어떠한 특징을 지니고 있는지 규명하려는 것이다. 제3절에서는 『중용』의 주요 구절들에 대한 심재의 해석을 살펴보고, 그것을 주요 유학자들의 해석과 비교해 보고자 한다.

1. 『中庸』의 체계에 대한 이해

1) '費而隱'의 체계

위에서 언급한 바와 같이, '四書' 가운데 『중용』은 『대학』과 함께 매우 체계적인 경전으로 인식됐다. 그런데『대학』의 체계는 '三綱領·八條目'처럼 표면적으로 매우 뚜렷이 드러나나,『중용』의 체계는 표면적으로는 잘 드러나지 않는다. 그러므로『중용』의 체계를 한마디로 규정하기에는 다소 어려움이 있는 것이다. 그런데 심재는『중용』이라는 경전에 대해 무엇보다도 '費而隱'의 체계라는 관점에서 이해하고 있다.『중용장구』 제12장에서는 "君子의 道는 費하고 隱하다."[1]라고 했는데,[2] 이 '費와 隱'이『중용』 전체를 관통하는 핵심적 개념이라는 것이다. 먼저 이에 대해서 살펴보기로 하자.

주자는『中庸章句』의 冒頭에서『中庸』의 篇題를 설명하면서 다음과 같이 말한 바 있다.

> 이 책은 처음에는 하나의 理를 말하고, 중간에는 天下의 萬事로 擴散시켰다가, 끝에서는 다시 하나의 理로 종합하고 있다. 풀어놓으면 天地四方에 가득 차고, 말아서 거두면 隱密한 곳으로 물러가 숨는다.[3]

주자는 위와 같이 말하고, '처음엔 하나의 理를 말한다'라는 것은『중용장구』 제1장의 '天命之謂性'을 가리키며, '끝에서는 다시 하나

---

1)『中庸章句』 제12장, "君子之道, 費而隱."

2) '費而隱'에 대하여, 퇴계는「中庸釋義」에서 "費하고 隱하니라" 또는 "費호대 隱하니라"로 懸吐하였고(『增補 退溪全書』, 성균관대학교 대동문화연구원 영인본, 1985, 제3권, 194쪽), 율곡은「中庸諺解」에서 "費코 隱하니라"로 懸吐하였다(『四書栗谷諺解』, 成均館大學校 養賢齋 영인본, 1974, 424쪽). 이에 대해 柳承國 교수는 "退溪가 費와 隱을 二元的으로 보는 경향이 있는데 대하여 栗谷은 費와 隱의 一元性을 주장하는 철학적 배경을 엿볼 수 있다"고 설명한 바 있다(柳承國,「四書栗谷諺解 解題」,『四書栗谷諺解』, 成均館大學校 養賢齋 영인본, 1974, 11쪽). 心齋의 경우는 '費而隱'에 대하여 吐를 달아두지 않았기 때문에, 심재의 입장을 정확히 판단하기는 어렵다. 論者는 다만 심재가 퇴계의 학맥에 속한다는 점을 고려하여, 이곳에서 퇴계의 "費하고 隱하니라"라는 懸吐를 취하였다.

3)『中庸章句』, 篇題解說註, "其書, 始言一理, 中散爲萬事, 末復合爲一理. 放之則彌六合 ; 卷之則退藏於密."

의 理로 종합한다'라는 것은 『중용장구』 마지막 章(제33장)의 '上天之載'를 가리킨다고 설명했다.[4] 주자는 또 '중간에는 天下의 萬事로 擴散시킨다'라는 것에 대해서는 "知·仁·勇과 같은 학문의 허다한 道理, 천하국가를 다스리는 '九經'과 祭祀 및 鬼神 등 허다한 일들을 설명하고 있어서, 중간에 조그만 틈도 없음을 말한다."[5]라고 설명했다. 즉 주자의 설명에 의하면, 『중용』은 처음에는 '天命之謂性'의 理를 말하고, 중간에서는 그 理를 知·仁·勇 三達德, 中庸九經, 祭祀와 鬼神 등 천하만사로 확산시켰다가, 끝에서는 다시 '上天之載'라는 하나의 理로 수렴하는 것이다. 그러므로 『중용』의 理는 "풀어놓으면 天地四方에 가득 차고, 말아서 거두면 은밀한 곳으로 물러가 숨는다."라는 것이다. 그런데 심재는 주자의 이러한 설명에 대하여 다음과 같이 해설한다.

> (이 『中庸』이라는 책은) "풀어놓으면 天地四方에 가득 차고, 말아서 거두면 隱密한 곳으로 물러가 숨는다."라고 했는데, 대개 '費·隱' 두 글자가 이러한 뜻을 모두 포함하고 있다. '費'는 '用이 넓음'을 말하고, '隱'은 '體가 은미함'을 말한다. 그 큼을 말하면 天下에 실을 수 있는 것이 없고, 그 작음을 말하면 天下에 깨뜨릴 수 있는 것이 없다. 예컨대 '솔개와 물고기가 活潑潑한 것'과 '萬物이 發育함'은 道가 지극하게 커서 밖이 없음을 말한 것이니, 이른바 '풀어놓으면 天地四方에 가득 찬다'라는 것이다. '鬼神이 보이지 않음'과 '禮儀가 삼백 가지나 됨'은 道가 지극히 작은 것에 들어가서 틈이 없음을 말한 것이니, 이른바 '말아서 거두면 隱密한 곳으로 물러가 숨는다'라는 것이다. 그밖에 '溥博如天'의 가르침이나 '戒懼謹獨'의 공부는 모두 '顯微無間'의 妙를 더듬어 형용한 것이다.[6]

4) 『中庸章句』, 篇題解說小註, "朱子曰, 始言一理, 指天命謂性 ; 末復合爲一理, 指上天之載."

5) 『中庸章句』, 篇題解說小註, "中散爲萬事, 便是中庸所說許多事. 如知仁勇, 許多爲學底道理 ; 如爲天下國家有九經, 及祭祀鬼神許多事, 中間無些子虛隙."

위의 인용문에 보이듯이, 심재는 우선 주자의 "풀어놓으면 天地四方에 가득 차고, 말아서 거두면 隱密한 곳으로 물러가 숨는다."라는 설명에 대해 "'費·隱' 두 글자가 이러한 뜻을 모두 포함하고 있다."라고 단언하였다. 『중용장구』 제12장의 "君子의 道는 費하고 隱하다."에 대하여, 주자는 '費'는 '道의 用(쓰임새)이 넓음'을 말하고 '隱'은 '道의 體(본체)가 은미함'을 말한다고 주석한 바 있다.[7] 심재는 주자의 이러한 주석을 바탕으로, '費·隱'이 『중용』의 체계 全般을 관통하는 개념이라고 설명했다.

『중용장구』 제12장에서는 "그 큼을 말하면 天下에 실을 수 있는 것이 없고, 그 작음을 말하면 天下에 깨뜨릴 수 있는 것이 없다."[8]라고 했다. 심재에 의하면, '君子의 道'는 그 쓰임새가 넓어서 '그 큼을 말하면 天下에 실을 수 있는 것이 없는 것'이요, '君子의 道'는 그 본체가 은미하기 때문에 '그 작음을 말하면 天下에 깨뜨릴 수 있는 것이 없는 것'이다. 이어서, 심재는 『중용장구』 제12장의 '솔개와 물고기가 活潑潑한 것'[9], 제27장의 '萬物이 發育함'[10], 제16장의 '鬼神이 보이지 않음'[11], 제27장의 '禮儀가 삼백 가지나 됨'[12] 등이 모두 '費·

---

6) 『譯註 庸學辨疑』, 46-47쪽, "'放之則彌六合 ; 卷之則退藏於密.' 盖費隱二字, 包盡乎其義也. 費是用之廣也 ; 隱是體之微也. 語其大, 則天下莫能載焉 ; 語其小, 則天下莫能破焉. 如鳶魚之活潑, 萬物之發育, 言道之極於至大而無外也, 所謂放之則彌六合也. 鬼神之不見, 禮儀之三百, 言道之入於至小而無間也. 所謂卷之則退藏於密也. 其他溥博如天之訓, 戒懼謹獨之工, 皆所以摸狀乎顯微無間之妙,"

7) 『中庸章句』 제12장, 朱子註 "費, 用之廣也 ; 隱, 體之微也."

8) 『中庸章句』 제12장, "夫婦之愚, 可以與知焉, 及其至也, 雖聖人, 亦有所不知焉 ; 夫婦之不肖, 可以能行焉, 及其至也, 雖聖人, 亦有所不能焉. 天地之大也, 人猶有所憾, 故君子語大, 天下莫能載焉 ; 語小, 天下莫能破焉."

9) 『中庸章句』 제12장, "詩云, 鳶飛戾天, 魚躍于淵, 言其上下察也."

10) 『中庸章句』 제27장, "大哉! 聖人之道. 洋洋乎發育萬物, 峻極于天."

11) 『中庸章句』 제16장, "子曰 鬼神之爲德, 其盛矣乎! 視之而弗見, 聽之而弗聞, 體物而不可遺."

12) 『中庸章句』 제27장, "優優大哉! 禮儀三百, 威儀三千."

隱의 道'를 해명한 것이라고 설명했다. 심재는 제31장의 '溥博如天'[13], 제1장의 '戒懼謹獨'[14]에 대해서는 특히 '顯微無間의 妙를 형용한 것'이라 했는데, '顯'은 '쓰임새의 넓음'에 해당하고, '微'는 '본체의 은미함'에 해당한다. 위의 인용문에 이어서 심재는 다음과 같이 말한다.

> '풀어놓으면 天地四方에 가득 찬다'라는 것은 '體로부터 用으로 통달하는 것'이요, '말아서 거두면 隱密한 곳으로 물러가 숨는다'라는 것은 '用으로부터 體로 돌아오는 것'이다. 이 道는 흩어지면 萬事가 되고, 합쳐지면 一理가 되며, 바야흐로 이미 발했을 때에는 天地 또한 다하지 못하는 것이 되고, 그 아직 발하지 않았을 때에는 秋毫의 간격도 없다. "풀어놓으면 天地四方에 가득 차고, 말아서 거두면 隱密한 곳으로 물러가 숨는다." 라는 것은 한마디로 표현하자면 '費而隱'일 따름이다.[15]

우선, "'풀어놓으면 天地四方에 가득 찬다'라는 것은 '體로부터 用으로 통달하는 것'이요, '말아서 거두면 隱密한 곳으로 물러가 숨는다'라는 것은 '用으로부터 體로 돌아오는 것'이다."라는 설명에서, '體로부터 用으로 통달함'이나 '用으로부터 體로 돌아옴'은 모두 '體와 用이 하나의 근원'이라고 전제해야만 가능한 것이다. 이로써 심재는 '費而隱'을 '體用一源'과 같은 맥락에서 이해하고 있음을 알 수 있다. 다음, "이 道는 흩어지면 萬事가 되고, 합쳐지면 一理가 된다."라는 것은 말 그대로 '理一分殊'를 밝힌 것이다. '흩어지면 萬事가 됨'은

13) 『中庸章句』 제31장, "溥博淵泉, 而時出之. 溥博如天, 淵泉如淵."

14) 『中庸章句』 제1장, "道也者, 不可須臾離也 可離, 非道也. 是故, 君子, 戒愼乎其所不睹, 恐懼乎其所不聞. 莫見乎隱, 莫顯乎微, 故君子, 愼其獨也."

15) 『譯註 庸學辨疑』, 46-47쪽, "放彌六處, 由體而達於用 ; 退藏密處, 由用而歸於體. 是道也, 散之爲萬事, 合之爲一理, 方其已發, 天地亦做不盡也 ; 及其未發, 絲毫亦無間隔也. 放彌六退藏密者, 一言以盡之, 費而隱而已."

'分殊'를 말하는 것이나, 본래 '理一'에 근거하는 것이기 때문에 다시 '합쳐지면 一理가 되는 것'이다. 이로써 심재는 '費而隱'을 또한 '理一分殊'의 맥락에서 이해하고 있음도 알 수 있다. 다음, "바야흐로 이미 발했을 때에는 天地 또한 다하지 못하는 것이 되고, 그 아직 발하지 않았을 때에는 秋毫의 간격도 없는 것이다."라는 말은 '未發과 已發'의 관점에서 접근한 것이다. 未發은 本體로서, 本體는 隱微하기 때문에 '秋毫의 간격도 없는 것'이며, 已發은 쓰임새로서, 쓰임새는 廣大하기 때문에 '天地도 또한 다하지 못하는 것'이다. 이로써 심재는 '未發과 已發' 역시 '費而隱'의 관점에서 이해하고 있음을 알 수 있다.

이상에서 살핀 것과 같이, 심재는『중용』의 체계 전반을 '費而隱'이라는 개념으로 관통시키고 있다. 주자는『중용』에서 말하는 '道'는 "풀어놓으면 天地四方에 가득 차고, 말아서 거두면 隱密한 곳으로 물러가 숨는다."라고 설명했는데, 심재는 "그것은 한마디로 표현하자면 '費而隱'일 따름"이라고 요약한 것이다. 또한, 심재에 의하면, '費而隱'은 '顯微無間'·'體用一源'·'理一分殊'·'未發과 已發' 등을 모두 포괄하는 개념이다.16) 심재의 이러한 설명은 다음과 같은 두 의미를 지닌다. 첫째, '費而隱'으로『중용』의 체계 전반을 관철하는 것에 대해 그 타당성을 확인시켜 준다는 점이다. '費而隱'이 과연 '顯微無間'·'體用一源'·'理一分殊'·'未發과 已發' 등을 모두 포괄하는 개념이라고 한다면,『중용』의 체계 전반을 '費而隱'으로 관철하는 것을 누구나

16) 심재는 '費·隱'은 '體·用'의 관계로서, 결코 '形而上·形而下'의 관계는 아니라고 설명하였다. 즉 '費·隱'은 '性(理)과 氣' 또는 '道와 器'의 관계와는 다르다는 것이다(『譯註 庸學辨疑』, 95쪽, "旣曰 '君子之道, 費而隱', 則費隱之道, 亦可以形而上下者, 分而二之乎? 大凡以性與氣言之, 則形而上者謂之性 ; 形而下者謂之氣. 以道與器言之, 則形而上者謂之道 ; 形而下者謂之器. 而至於費隱, 不然. 夫所謂費者, 隱之用也 ; 隱者, 費之體也. 一體一用, 互爲其根, 而元不相離, 則其不可以費隱, 分作形上形下也.")

쉽게 이해할 수 있을 것이다. 둘째, 『중용』이 주자학에서 핵심적인 경전으로 인식되는 까닭을 해명해 준다는 점이다. '顯微無間'·'體用一源'·'理一分殊'·'未發과 已發' 등은 주자의 형이상학에서 핵심적인 명제들이기도 하다. 『중용』의 '費而隱'이 과연 이러한 명제들을 모두 포괄하는 개념이라고 한다면, 『중용』은 주자의 형이상학을 확실하게 뒷받침하는 경전인 셈이다. 그렇다면 『중용』은 주자학에서 핵심적인 경전으로 인식될 수밖에 없는데, 이는 실제로도 그러했던 것이다.

2) 知行論(知・仁・勇 三達德)의 체계

『中庸』은 물론 '中庸'을 추구하는 경전일 것이다. 그리고 『중용장구』 제20장에서는 君臣·父子·夫婦·昆弟·朋友의 '五達道'와 함께 知·仁·勇의 '三達德'을 제시하였다. 그런데 심재는 이 三達德이야말로 『중용』의 체계 全般을 관통하는 또 하나의 핵심 개념이라고 보았다. 심재는 다음과 같이 말한다.

> 이 篇의 大旨는 '知·仁·勇' 三達德을 '道에 들어가는 門'으로 삼는 것이요, 그 요점은 '知·仁·勇을 말미암아서 中庸에 부합함'에 불과하다. '知'는 '이 中庸을 아는 것'이요, '仁'은 '이 中庸을 체현하는 것'이며, '勇'은 '이 中庸에 힘쓰는 것'이다. 知·仁·勇 三達德은 한마디로 표현하자면 '中庸'일 뿐이다.[17]

17) 『譯註 庸學辨疑』, 94쪽, "此篇大旨, 以知仁勇三達德, 爲入道之門, 而其要, 則不過曰由知仁勇, 以合乎中耳. 知者, 所以知此中也 ; 仁者, 所以體此中也 ; 勇者, 所以强此中也. 知仁勇三達德, 一言以蔽之, 曰中而已."

무엇이 중용인지를 알고, 그 중용을 체현하고, 그 중용에 힘쓰면, 중용은 마침내 실현될 수 있을 것이다. 심재는 "知·仁·勇 三達德은 한마디로 표현하자면 '中庸'일 뿐"이라고 했는데, 이 말과 "이 篇의 大旨는 '知·仁·勇' 三達德을 '道에 들어가는 門'으로 삼는 것이다."라는 말을 종합하면, 바로 "知·仁·勇 三達德은 『중용』의 체계 전반을 관통하는 핵심개념이다."라는 뜻이 된다. 심재는 이러한 맥락에서, 『중용』 全般을 知·仁·勇의 관점에서 이해한다.

예컨대, 『중용장구』 제9장에서는 "天下·國家도 고르게 할 수 있고, 爵祿도 사양할 수 있으며, 흰 칼날도 밟을 수 있으나, 中庸은 不可能하다."[18]라고 했는데, 심재는 이와 관련하여 다음과 같이 말한다.

> 6章에서는 '舜의 知'를 말했고, 8章에서는 '顔子의 仁'을 말했으니, 이 章에서는 마땅히 '勇에 능하지 못함'으로 '子路의 勇'을 말해야 할 것 같은데, 반드시 "中庸은 不可能하다."라고 말한 까닭은 무엇인가? '勇'이란 다만 '知·行에 용감함'을 말하니, 知·行의 바깥에 있는 것이 아니다. 知·行에 過·不及이 있어서 中庸에 능하지 못한 까닭은 勇에 過·不及이 있기 때문이다. 5章에서는 '行하지 못함'으로 (6章의) '舜의 知'를 일으켰고, 7章에서는 '밝지 못함'으로 (8章의) '顔子의 仁'을 일으켰으니, 이 章에서는 '勇에 능하지 못함'으로 (10章의) '子路의 勇'을 일으켜야 마땅할 것 같은데, "中庸은 不可能하다."라고 말했다. 대개 '天下를 고르게 할 수 있음'은 '知의 勇'이요, '爵祿을 사양할 수 있음'은 '仁의 勇'이며, '흰 칼날을 밟을 수 있음'은 '勇의 勇'이다. 勇은 不可能하지 않다. 勇에도 또한 過·不及이 있어서 知·行이 中庸에 부합하기가 어려운 것이다. 그러므로 "勇에 不能하다."라고 말하지 않고, "中庸은 不可能하다."라고 하여, 下章의 '子路의 勇'을 일으킨 것이다.[19]

---

18) 『中庸章句』 제9장, "子曰 天下國家, 可均也 ; 爵祿, 可辭也 ; 白刃, 可蹈也 ; 中庸, 不可能也."

19) 『譯註 庸學辨疑』, 86-87쪽, "六章言舜之知 ; 八章言顔之仁, 則此章當以不能勇,

위의 인용문은 『중용장구』 제9장에서 "勇은 불가능하다."라고 말하지 않고 "中庸은 불가능하다."라고 말한 까닭을 해명하는 데 초점이 있다. 그런데 우리는 이를 통해서 『중용장구』 제5장부터 제10장까지는 모두 知·仁·勇을 논한 것임도 엿볼 수 있다. 즉, 심재에 의하면 제5장·제6장은 '知'를 논한 것이요, 제7장·제8장은 '仁'을 논한 것이며, 제9장·제10장은 '勇'을 논한 것이다. 위의 인용문에서는 "勇이란 다만 '知·行에 용감함'을 말한다."라고 한 것도 유념해 두자.

또한 『중용장구』 제20장에서는 "널리 배우고(博學之), 살펴서 묻고(審問之), 신중히 생각하고(愼思之), 밝게 분변하고(明辨之), 독실하게 실천하라(篤行之)."[20]라고 했는데, 이에 대해 심재는 '博學·審問·愼思·明辨'은 '知'에 속하고, '篤行'은 '行'에 속한다고 설명했다.[21] 또한 『중용장구』 제26장에서는 "博厚는 만물을 실어주는 所以요, 高明은 만물을 덮어주는 까닭이며, 悠久는 만물을 이루어주는 까닭이다."[22]라고 했는데, 이에 대해 심재는 다음과 같이 설명한다.

> 博厚는 '仁'인데, 仁이 만물을 실어주기에 충분한 것이요, 高明은 '知'인데, 知가 만물을 덮어주기에 충분한 것이며, 悠久는 勇인데, 勇이 만물을 이루어주기에 충분한 것이다. 예컨대 "두터운 德으로 만물을 실어준다."[23]

言子路之勇, 而必曰 '中庸不可能'者, 何也? 勇只是勇於知行, 而不在知行之外也. 知行之有過不及, 而不能中庸者, 以勇之有過不及也. 五章以不行, 起舜之知；七章以不明, 起顔之仁, 則此章似當以不能勇, 起子路之勇, 而曰 '中庸不可能'者, 盖天下可均, 知之勇也；爵祿可辭, 仁之勇也；白刃可蹈, 勇之勇也. 勇非不可能. 勇亦有過不及, 而知行之合於中庸爲難, 故不曰 '不能勇', 而曰 '中庸不可能', 以起下章子路之勇也."

20) 『中庸章句』 제20장, "博學之, 審問之, 愼思之, 明辨之, 篤行之."

21) 『譯註 庸學辨疑』, 156쪽, "學問思辨, 屬知；篤行, 屬行."

22) 『中庸章句』 제26장, "博厚, 所以載物也；高明, 所以覆物也；悠久, 所以成物也."

23) 『周易』 坤卦 象辭, "地勢坤, 君子以, 厚德載物."

라고 함은 德이 民心에 흡족한 것이니, 博厚가 만물을 실어줌이요, "그 앎이 神과 같다."[24]라고 함은 그에 나아감이 해와 같은 것이니, 高明이 만물을 덮어주는 것이다. 博厚의 '끝맺음이 있음(有終)'과 高明의 '한계가 없음(無疆)' 또한 모두 悠久로부터 이루어지는 것이다. 天下의 백성들로 하여금 친한 사람을 친하게 여기고, 어진 사람을 어질게 여기며, 즐거움을 즐거움으로 삼고, 이로움을 이로움으로 삼아서, 각각 자기의 자리를 얻게 하고,[25] 天下의 事物로 하여금 각각 性命을 바르게 하여 太和를 保合하게 하니,[26] 이것이 '悠久'가 만물을 이루어주는 所以이다.[27]

위의 인용문은 博厚가 만물을 실어줄 수 있는 까닭, 高明이 만물을 덮어줄 수 있는 까닭, 悠久가 만물을 이루어줄 수 있는 까닭을 설명한 것이다. 그런데 위의 인용문을 통해서 심재가 博厚·高明·悠久를 각각 知·仁·勇으로 인식하고 있음도 엿볼 수 있다. 또한 『중용장구』 제31장에서는 "寬裕溫柔는 (他人을) 용납하기에 충분하고, 發强剛毅는 (善을) 굳게 잡기에 충분하며, 齊莊中正은 敬을 간직하기에 충분하고, 文理密察은 (萬物을) 구별하기에 충분하다."[28]라고 했는데, 이에 대해서도 심재는 '寬裕溫柔'는 仁이요, '文理密察'은 知이며, '發强剛毅'는 勇이라고 설명하고 있다.[29]

---

24) 『中庸章句』 제24장, "禍福將至, 善, 必先知之, 不善, 必先知之, 故至誠如神."

25) 『大學章句』 傳3章, "君子, 賢其賢而親其親 ; 小人, 樂其樂而利其利."

26) 『周易』 乾卦 彖辭, "乾道變化, 各正性命, 保合太和, 乃利貞."

27) 『譯註 庸學辨疑』, 179-180쪽, "博厚仁也, 而仁足以載此物也 ; 高明知也, 而知足以覆此物也 ; 悠久勇也, 而勇足以成此物也. 如曰厚德載物, 德洽民心, 則博厚之載物也 ; 如曰其知如神, 就之如日, 則高明之覆物也. 與夫博厚之有終, 高明之無疆, 皆自悠久上做得來也. 而使天下之民, 親賢樂利, 各得其所, 天下之物, 各正性命, 保合太和, 則悠久之所以成物也."

28) 『中庸章句』 제31장, "唯天下至聖, 爲能聰明睿知, 足以有臨也. 寬裕溫柔, 足以有容也 ; 發强剛毅, 足以有執也 ; 齊莊中正, 足以有敬也 ; 文理密察, 足以有別也."

29) 『譯註 庸學辨疑』, 182쪽, "如寬裕溫柔之仁, 便是博厚也 ; 文理密察之知, 便是高明也 ; 發强剛毅之勇, 便是悠久無疆也."

이상에서 살핀 바와 같이, 심재는 『중용』 전반을 '知·仁·勇의 체계'라는 관점에서 해명한다. 그런데 심재에 의하면 '知·仁·勇의 체계'란 바로 '知行論의 체계'이기도 하다. 앞에서 언급한대로, 『중용장구』 제5장부터 제10장까지를 知·仁·勇을 논한 것이라 할 때, 그러한 논의의 단서는 사실 제4장에서 제공하는 것이었다. 『중용장구』 제4장에서는 다음과 같이 말한다.

> 道가 행해지지 않는 까닭을 나는 알겠도다. 知者는 지나치고, 愚者는 미치지 못하는 것이다. 道가 밝혀지지 않는 까닭을 나는 알겠도다. 賢者는 지나치고, 不肖者는 미치지 못하는 것이다.[30]

'道가 행해지지 않음'은 '行'의 차원에 속하는 문제이고, '道가 밝혀지지 않음'은 '知'의 차원에 속하는 문제이다. 또 知者와 愚者는 知의 차원에서 구분되는 것이요, 賢者와 不肖者는 行의 차원에서 구분되는 것이다. 이렇게 본다면 제4장은 바로 '知·行'의 문제를 제기한 것인데, 심재 역시 제4장을 '知·行'의 관점에서 이해하고 있다.[31] 이렇게 볼 때, 『중용장구』 제4장에서는 道를 알고 실천하는 '知·行'의 문제를 제기한 다음, 제5장부터 제10장까지는 '知·行'의 문제를 다시 '知·仁·勇'으로 분석해서 논의하는 것이다. 또한 『중용장구』 제20장에서는 知·仁·勇 三達德을 제시하고, 이어서 다음과 같이 말한다.

> 或者는 나면서부터 알고(生而知之), 或者는 배워서 알며(學而知之), 或者는 각고의 노력을 통해서 아니(困而知之), 그 앎에 이르러서는 하나이

30) 『中庸章句』 제4장, "子曰 道之不行也, 我知之矣. 知者過之, 愚者不及也 ; 道之不明也, 我知之矣. 賢者過之, 不肖者不及也."

31) 『譯註 庸學辨疑』, 75쪽, "'道之不行也, 我知之矣. 知者過之,' 云云. 知愚屬知, 賢不肖屬行."

다.[32)]

或者는 편안하게 여겨서 실행하고(安而行之), 或者는 이롭게 여겨 실행하며(利而行之), 或者는 부지런히 힘써서 실행하니(勉强而行之), 그 成功에 이르러서는 하나이다.[33)]

배우기를 좋아함(好學)은 知에 가깝고, 힘써 행함(力行)은 仁에 가까우며, 부끄러움을 앎(知恥)은 勇에 가깝다.[34)]

위의 첫째 인용문은 '知'를 논한 것이요, 둘째 인용문은 '行'을 논한 것이며, 셋째 인용문은 '知·行'의 문제가 '知·仁·勇' 三達德과 어떻게 접맥되는 것인지를 논한 것이다. 위의 세 인용문은 『중용』에서 知·仁·勇 三達德과 知·行의 문제가 어떻게 착종되는 것인지를 잘 보여준다. 즉 『중용』에서는 知·仁·勇 三達德을 말하고 곧이어 다시 知·行의 문제를 거론했으며, 知·行의 문제를 거론한 다음 곧이어 다시 知·仁·勇을 거론하는 것이다. 이것으로 볼 때, 우선 『중용』에서는 '知·行'의 문제를 知·仁·勇의 문제로 접근하고 있음을 알 수 있겠다.

그런데 知行論은 '知와 行'이라는 '두 축'으로 논의가 전개되고, 三達德은 '知·仁·勇'이라는 '세 축'으로 논의가 전개되므로, 양자를 같은 차원에서 접맥시키는 것이 곤란해 보인다. 예컨대, 분명히 '好學'은 '知'의 차원일 것이요 '力行'은 '行'의 차원일 것인데, 위의 셋째 인용문에서는 '好學'을 '知'에 접맥시키고 '力行'을 '仁'에 접맥시켰다. 이렇게 본다면, 三達德의 '知와 仁'은 각각 知行論의 '知와 行'에 상응하는 것이 된다. 문제는 勇이다. 위의 셋째 인용문에서는 '勇'을 '知恥'

32) 『中庸章句』 제20장, "或生而知之, 或學而知之, 或困而知之, 及其知之, 一也."
33) 『中庸章句』 제20장, "或安而行之, 或利而行之, 或勉强而行之, 及其成功, 一也."
34) 『中庸章句』 제20장, "好學, 近乎知 ; 力行, 近乎仁 ; 知恥, 近乎勇."

로 설명했는데, 三達德의 '勇'은 知行論과 어떻게 접맥되느냐가 문제이다. 이에 대해 심재는 다음과 같이 설명한다.

> '부끄러움을 아는(知恥) 勇'은 별로 긴요한 聯關이 없는데, '好學의 知'·'力行의 仁'과 아울러 열거하고 있는 까닭은 무엇인가? 힘을 붙여 노력하는 것이 바로 '勇'이다. 그런데 '勇과 知·仁의 관계'는 '土와 四行의 관계' 또는 '信과 四端(四德)의 관계'와 같아서, 勇이 관계되지 않은 곳이 없다. 그러한즉슨, 勇이란 '知·仁에 용감함'을 말한다.[35]

심재는 '勇과 知·仁의 관계'는 '土와 四行의 관계' 또는 '信과 四端(四德)의 관계'와 같다고 해명했다. '土와 四行의 관계'란 '金·木·水·火' 四行은 각각 四方이나 四時에 상응하는 고유한 위상이 있으나, '土'는 특정한 곳에 배속됨이 없이 四方이나 四時 또는 四行 자체의 모든 곳에 골고루 관여하면서 그것들을 뒷받침한다는 것을 말한다.[36] 유학에서는 '仁·義·禮·智'의 四德 역시 각각 四方이나 四時에 상응하는 고유한 위상이 있으나, '信'은 특정한 곳에 배속됨이 없이 四方이나 四時 또는 四德 자체의 모든 곳에 골고루 관여하면서 그것들을 뒷받침한다고 보았다. 심재는 '勇과 知·仁의 관계' 역시 이렇게 보아, 勇은 知·仁을 뒷받침하는 관계라고 설명한 것이다. 요컨대, 심재에 의하면 三達德의 '勇'은 '知'나 '仁'처럼 고유한 위상을 지니는 것이 아니다. 勇이란 다만 '知·仁에 용감함' 또는 '知·行에 용감함'[37]을

---

35) 『譯註 庸學辨疑』, 147-148쪽, "知恥之勇, 無甚緊關, 而竝列於好學之知, 力行之仁者, 何也? 着力做去, 便是勇也. 而勇之於知仁, 猶土之於四行, 信之於四端, 而無所不在, 則勇是勇於知仁之謂也."

36) 이것은 五行을 四季節(또는 四方)에 정합적으로 배속시키기 위하여 고안된 논리로, '土는 四季節에 골고루 관여한다'는 논리를 특히 '四季分王'이라 한다. 이에 대한 자세한 논의는 이상익, 『歷史哲學과 易學思想』, 140쪽 참조.

37) 『譯註 庸學辨疑』, 86쪽, "勇只是勇於知行, 而不在知行之外也."

말한다. 심재의 이러한 설명은 주자의 주석과 궤를 같이하면서도, 『중용』에서의 '勇'의 위상을 더욱 분명히 해명한 것이다. 즉 주자는 『중용장구』 제20장에서

> 或者는 나면서부터 알고(生而知之), 或者는 배워서 알며(學而知之), 或者는 각고의 노력을 통해서 아니(困而知之), 그 앎에 이르러서는 동일하다. 或者는 편안하게 여겨서 실행하고(安而行之), 或者는 이롭게 여겨 실행하며(利而行之), 或者는 부지런히 힘써서 실행하니(勉强而行之), 그 成功에 이르러서는 동일하다.

라고 한 것에 대해, 다음과 같이 주석한 바 있다.

> 아는 까닭은 知이고, 행하는 까닭은 仁이며, 앎과 成功에 이르러 ('生而知之'나 '安而行之'와) 동일하게 되는 까닭은 勇이다.[38)]

위의 인용문을 통해서, 우선 주자 역시 '知行論의 知'를 '三達德의 知'로, '知行論의 行'을 '三達德의 仁'으로 풀이하고 있음을 알 수 있다. 문제는 역시 '三達德의 勇'이거니와, 주자는 '勇'을 '앎과 成功에 이르러 (生而知之나 安而行之와) 동일하게 되는 까닭'으로 풀이했다. 『중용』의 本文과 주자의 주석으로 볼 때, 여기서 말하는 '앎'이란 '知가 완수된 것'을 뜻하고, '成功'이란 '行이 완수된 것'을 뜻할 것이다. 즉 주자 역시 '勇'을 내용적으로는 '知와 行의 완수'라는 맥락에서 풀이한 것이다. 이렇게 본다면, 심재의 해석은 주자의 해석과 궤를 같이함이 분명하다. 심재는 다만 '勇'을 '知·仁에 용감함' 또는 '知·行에

---

38) 『中庸章句』 제20장, 朱子註, "所以知者, 知也 ; 所以行者, 仁也 ; 所以至於知之成功而一者, 勇也."

용감함'이라 하여, 더욱 분명히 '勇'을 '知·仁'이나 '知·行'에 귀속시킨 것이다.

이상에서 살핀 바와 같이, 심재는 『중용』의 체계 전반을 관통하는 또 하나의 관념은 '知行論' 또는 '知·仁·勇' 三達德이라고 보았다. 또 심재는 知·仁·勇 三達德도 知行論과 맥락을 같이 한다고 보았다. 즉 三達德의 '知'는 知行論의 '知'에 해당하고, 三達德의 '仁'은 知行論의 '行'에 해당하며, 三達德의 '勇'은 '知·仁에 용감함' 또는 '知·行에 용감함'에 해당한다는 것이다. 앞에서 살펴본 바와 같이, 『중용장구』 제4장과 제5~10장, 그리고 제20장의 내용 배열을 본다면, 『중용』에서는 '知·行'의 문제와 '知·仁·勇' 三達德이 서로 긴밀하게 접맥되는 것임을 알 수 있다. 다만, 知行論은 '두 축'의 논리이고 三達德은 '세 축'의 논리이기 때문에, 일견 양자를 같은 차원에서 접맥시키는 것이 곤란해 보인다. 이에 대해, 심재는 勇이란 다만 '知·仁에 용감함' 또는 '知·行에 용감함'이라 하여, 三達德을 '知와 仁'을 중심으로 해석함으로써 이 문제를 해명한 것이었다.

심재의 이러한 설명은 다음과 같은 두 가지 의의를 지닌다. 첫째는 『중용』 全般을 知行論의 체계로 규명한다는 점이다. 더 정확히 표현하자면, 심재는 『중용』을 '知行相須論'의 체계로 규명한 것이다.[39] 둘째는 '知·仁·勇' 三達德 가운데 '勇'의 위상을 '知·仁'에 비해 상대적으로 제한시킨다는 점이다. 심재에 의하면, 『중용』에서 말하는 '勇'은 '독자적 위상'을 지니는 것이 아니라 '知·仁에 용감함' 또는 '知·行에 용감함'이라는 '제한적 위상'을 지니는 것이다. 사실 유가에서는 '勇'을 높이 평가하면서도, 항상 '勇'에 대해서는 일정한 제한을

39) '知行相須'는 本考의 주요한 논점 가운데 하나인바, 이에 대해서는 本考의 제5장에서 詳論하기로 하겠다.

가했다.[40] 따라서, 심재의 이러한 입장은 유가의 근본 입장과도 상통하는 것이다.

3) 誠의 체계

이제까지 심재가 『중용』의 체계를 이해하는 핵심 개념으로 '費而隱'과 '知行論'을 고찰하였거니와, 심재가 『중용』을 이해하는 또 하나의 핵심 개념은 '誠'이다. 『중용장구』 제20장에서는 "참됨(誠)은 하늘의 道요, 참되려고 노력함(誠之)은 사람의 道이다."[41]라고 했다. 또한 『중용장구』 제20장에서는 五達道와 三達德을 말하고, "이것들을 행하는 바는 하나이다."라고 했는데,[42] 주자는 "그 하나는 誠일 뿐"이라고 주석한 바 있다.[43] 이러한 말들에서 알 수 있듯이, '誠'은 『중용』에서 핵심적 위상을 차지한다. 그런데 『중용』에서 '誠'이라는 글

---

40) 예컨대 『논어』에서는 "어진 사람은 반드시 용기가 있다. 그러나 용기 있는 사람이 반드시 어진 것은 아니다."(『論語』 憲問 5, "仁者, 必有勇 ; 勇者, 不必有仁.") 라고 하여, 勇은 반드시 仁을 전제로 추구되어야 함을 강조하였다. 또한 子路가 "君子는 勇을 숭상합니까?"라고 묻자, 孔子는 "군자는 義를 숭상한다. 군자가 勇이 있으면서 義가 없다면 亂을 일으키게 되고, 小人이 勇이 있으면서 義가 없다면 도둑질을 하게 된다."고 답하였다(『論語』 陽貨 23, "子路曰, 君子尙勇乎? 子曰, 君子義以爲上. 君子有勇而無義爲亂 ; 小人有勇而無義爲盜."). 『논어』에서는 또 "勇을 좋아하며 배움을 좋아하지 않는다면 그 문제점은 亂을 일으키게 된다."(『論語』 陽貨 7, "好勇不好學, 其蔽也亂.")고도 하였고, "勇이 있으면서 禮가 없다면 亂을 일으키게 된다."(『論語』 泰伯 2, "勇而無禮則亂.")고도 하였다. 仁者의 勇은 殺身成仁으로 드러나는 반면, 不仁者의 勇은 亂이나 盜로 드러난다. 이처럼 勇은 '두 얼굴'을 지닌 것이어서, 항상 '義·學·禮' 등으로 다듬어져야 한다고 본 것이다(이상익, 『儒家社會哲學硏究』, 심산, 2001, 191쪽 참조).

41) 『中庸章句』 제20장, "誠者, 天之道也 ; 誠之者, 人之道也."

42) 『中庸章句』 제20장, "天下之達道五, 所以行之者三. 曰君臣也, 父子也, 夫婦也, 昆弟也, 朋友之交也, 五者, 天下之達道也 ; 知仁勇三者, 天下之達德也. 所以行之者, 一也."

43) 『中庸章句』 제20장, 朱子註, "一則誠而已矣."

자는 『중용장구』 제16장(鬼神章)에 처음 보인다. 이에 대해 심재는 다음과 같이 말한다.

> '誠'이라는 한 글자는 (그 해당함이) 없는 곳이 없는데, 〈鬼神章〉에서 처음 보이는 까닭은 무엇인가? 이 章에서는 '天地造化의 功用의 위대함'을 거론하는 까닭에, '誠' 字를 말하여 '天地의 造化는 모두 하나의 實理의 所爲임'을 밝힌 것이다. 하물며 '誠'은 이 篇의 樞紐가 되니, '門의 돌쩌귀'나 '옷의 인끈'처럼 가운데 있으면서 '四方을 통솔하는 것'이다. 그러한즉슨, '誠' 字가 〈鬼神章〉에서 처음 보이는 까닭은 鬼神의 理는 곳곳마다 해당하지 않는 바가 없어서 上·下와 終·始를 관철하는 것이기 때문이다.[44]

위의 인용문은 『중용』에서 '誠'이라는 글자가 〈鬼神章〉에 처음 보이는 까닭을 설명한 것이나, 이를 통해서 심재의 '誠'에 대한 인식을 살필 수 있다. '誠'이 『중용』 全般을 관통하는 핵심 개념이라면 '誠' 字는 『중용』의 冒頭부터 제시되어야 마땅할 것 같다. 그런데 '誠' 字는 〈鬼神章〉에 처음 등장하거니와, 위의 인용문은 그 까닭을 설명한 것이다. 심재에 의하면, "鬼神의 理는 곳곳마다 해당하지 않는 바가 없어서 上·下와 終·始를 관철하는 것"인바, 〈鬼神章〉에서 '誠'을 처음 말한 까닭은 '誠' 역시 '鬼神의 理'와 마찬가지로 '上·下와 終·始를 관철하는 것'임을 보여주기 위한 것이었다. 요컨대 '誠'은 『중용』의 樞紐로서, 『중용』 전반은 모두 '誠'과 관련되고, '誠'은 『중용』 전반을 통솔하는 개념이라는 것이다. 심재는 다음과 같이 말하기도 한다.

---

44) 『譯註 庸學辨疑』, 118-119쪽, "誠之一字, 無所不在, 而始見於鬼神章, 何也? 此章言天地造化功用之大, 故言誠字, 以明天地之化, 莫非一箇實理之所爲, 而況誠爲此篇之樞紐, 則如戶之樞衣之紐, 居中而絜四外也. 然則誠之所以始見於鬼神章者, 以其鬼神之理, 在在處處, 無所不該, 而徹上下貫終始也."

이 篇의 大旨는 (5개의) 達道와 (3개의) 達德에서 벗어나지 않는다. 그러므로 第1章부터 第20章까지 모두 達道와 達德을 發明하기 위한 것인데, 중간에 '鬼神'을 끼워 넣은 까닭은 무엇인가? 達道와 達德은 다만 '誠'일 뿐이요, 鬼神의 德 또한 '誠'일 뿐이다. 그러한즉슨, 중간에 鬼神을 끼워 넣은 까닭은 達道와 達德을 관통하는 것은 '誠'에 불과하기 때문이다.[45)]

위의 인용문은 五達道와 三達德의 체계인 『중용』에서 굳이 鬼神을 언급하는 까닭을 해명한 것인바, 위의 인용문을 통해서 심재가 '誠'을 『중용』 전반을 관통하는 핵심 개념으로 인식하고 있음도 아울러 살필 수 있다. 심재는 『중용』의 大旨는 五達道와 三達德에서 벗어나지 않는다고 전제하고, 다시 五達道와 三達德을 관통하는 것은 '誠'이라고 규정했다. 요컨대 심재에 의하면, '五達道와 三達德'도 '誠'으로 수렴되고, 만물의 줄기가 되어 빠뜨릴 수 없는 '鬼神의 德'[46)]도 '誠'으로 수렴된다.

위의 두 인용문을 통해서, 심재가 '誠'을 『중용』 전반을 관통하는 핵심 개념으로 인식하고 있음을 충분히 알 수 있다. 그런데 『중용』의 '誠'은 程·朱 이래로 '實理'와 '實心(誠慤)'이라는 두 맥락에서 이해되어 왔다.[47)] 이는 심재의 경우도 마찬가지이다. 심재는 『중용장구』 제20장에서 "참됨(誠)은 하늘의 道요, 참되려고 노력함(誠之)은 사람

---

45) 『譯註 庸學辨疑』, 119쪽, "此篇大旨, 不出乎達道達德, 故自首章至二十章, 無非所以發明達道達德, 而中間挿入鬼神, 何也? 達道達德, 只是誠也 ; 鬼神之德, 亦是誠也, 則中間之挿入鬼神, 以其貫乎達道達德者, 不過曰誠而已."

46) 『中庸章句』 제16장, "子曰, 鬼神之爲德, 其盛矣乎. 視之而不見, 聽之而不聞, 體物而不可遺."

47) 『朱子語類』 卷6(中華書局本, 102쪽), "誠, 實理也, 亦誠慤也. 由漢以來, 專以誠慤言誠. 至程子乃以實理言, 後學皆棄誠慤之說不觀. 中庸亦有言實理爲誠處, 亦有言誠慤爲誠處."

의 道이다."[48]라고 한 것에 대해 다음과 같이 설명한다.

> '誠'은 이 『中庸』 一篇의 樞紐가 되니, 天道와 人道의 誠은 '鬼神의 誠'과 '誠身의 誠'을 곧장 계승한 것이다. 대개 (제16장에서) "鬼神의 誠은 가릴 수 없다."[49]라고 한 것은 '天道'로 誠을 말한 것으로, 이 誠은 '眞實한 理'이다. 이 章에서 "自身을 참되게 함에는 방도가 있다(誠身有道)"라고 한 것은 '人道'로 誠을 말한 것으로, 이 誠은 '眞實한 마음'이다. 여기에서는 두 가지를 총괄해서 "참됨(誠)은 하늘의 道요, 참되려고 노력함(誠之)은 사람의 道이다."라고 말한 것이니, '天道의 誠'은 '鬼神의 誠'을 총괄하는 것이요, '人道의 誠'은 '誠身의 誠'을 포괄하는 것이다.[50]

위의 인용문에서는 "誠은 『중용』 一篇의 樞紐"라고 전제한 다음, 다시 '誠'을 '天道의 誠'과 '人道의 誠'으로 구분하였다. '天道의 誠'은 제16장의 '鬼神의 誠'과 같은 맥락으로 '진실한 理'·'참됨'에 해당하고, '人道의 誠'은 제20장의 '自身을 참되게 하는 誠'과 같은 맥락으로 '진실한 마음'·'참되려고 노력함'에 해당한다는 것이다.

주자는 『중용장구』 제20장의 '誠과 誠之'에 대해 "'誠'은 '진실하여 망령됨이 없음(眞實無妄)'을 말하니, 天理의 本然이다. '誠之'는 아직 眞實無妄하지 못해서 眞實無妄하려고 노력함을 말하니, 人事의 當然이다."[51]라고 구분한 바 있다. 심재 역시 이러한 맥락에서 '天道의

---

48) 『中庸章句』 제20장, "誠者, 天之道也 ; 誠之者, 人之道也."

49) 『中庸章句』 제16장의 "詩曰 '神之格思, 不可度思, 矧可射思?' 夫微之顯, 誠之不可揜, 如此夫!"를 말하는 것임.

50) 『譯註 庸學辨疑』, 156쪽, "誠爲一篇之樞紐, 則天道人道之誠, 直承乎鬼神之誠, 誠身之誠也. 盖鬼神之誠不可揜, 是以天道言誠, 而誠是眞實之理也. 此章之誠身有道, 是以人道言誠, 而誠是眞實之心也. 所以於此總兩者, 而言之曰 '誠者, 天之道 ; 誠之者, 人之道', 則天道之誠, 總管乎鬼神之誠也 ; 人道之誠, 包括乎誠身之誠也."

51) 『中庸章句』 제20장, 朱子註, "誠者, 眞實無妄之謂, 天理之本然也 ; 誠之者, 未

誠'과 '人道의 誠'을 '深·淺'의 차원으로 구분했다.[52] 이러한 맥락에서는 '人道의 誠'이 깊어지면 '天道의 誠'이 되는 것이다. 다시 말해, '人道의 誠'을 '참되려고 노력함'으로 규정하고 '天道의 誠'을 '참됨 자체'로 규정할 때, '참되려는 노력'이 깊어지면 '참됨 자체'에 도달하는 것이다. 이렇게 본다면, 天道와 人道는 本質이 다른 것이 아니라 다만 程度의 차이가 있는 것이요, 그것은 '誠之'를 매개로 합일될 수 있다.[53] 이러한 맥락에서, 『중용』은 바로 '天道의 本然'을 '誠(참됨 자체)'으로 규정하고 '人道의 當爲'를 '誠之(참되려고 노력함)'로 규정함과 아울러, '誠之'의 구체적 方法論을 제시하는 경전이다.

이제까지 '費而隱'·'知行論'·'誠'을 중심으로 심재가 『중용』의 체계를 이해하는 관점을 고찰했다. 그렇다면 이 三者의 관계는 어떠한 것인가? 이제 마지막으로 이 점을 살펴보기로 하자.

위에서 『중용』의 '誠'은 '참됨 자체(誠, 實理)'와 '참되려고 노력함(誠之, 實心)'을 아우르는 것이라 했다. 그런데 '費而隱'은 '實理의 양상'을 설명하는 개념이며, '知行論'은 '實心의 방법'을 설명하는 개념이다. 심재는 '費而隱'을 '顯微無間'·'體用一源'·'理一分殊'·'未發과 已發' 등을 모두 포괄하는 개념이라고 설명했는데, 이것들은 모두 '참됨 자체'인 '實理의 여러 양상'을 설명하는 개념들이다. 반면에 '知行論'은 '博學·審問·愼思·明辨·篤行'이나 '擇善固執' 등으로 설명되었는데, 이것들은 實理의 여러 양상을 알아내고 그것들을 실천에 옮기라는 것이다. 따라서 '知行論'은 '참되려고 노력함'인 '實心의 여러 방

能眞實無妄, 而欲其眞實無妄之謂, 人事之當然也."

52) 『譯註 庸學辨疑』, 155쪽, "蓋誠字之分天人, 則有以淺深言也."

53) 같은 맥락에서, '天人合一'을 인간의 당위적 과제라고 할 때, 그것은 다만 '인간의 노력에 달린 것'으로 귀착되는 것이다.

법'을 설명하는 개념이다. 요컨대 『중용』은 '費而隱'으로 '實理의 여러 양상'을 설명하고, '知行論'으로 '實心의 여러 방법'을 제시하며, '誠'으로 '實理'와 '實心'을 매개시키는 경전이라 하겠거니와, 이것이 심재가 『중용』의 전반적 체계를 이해하는 관점이었다.

2. 「中庸辨疑」의 방법론

1) 經文 상호 간의 照應과 辨別

「중용변의」의 방법론은 몇 가지의 유형으로 분류할 수 있다.54) 첫째로는 '經文 상호 간의 照應과 辨別'을 꼽을 수 있다. 이는 『중용』 經文에 보이는 '동일한 글자'나 '유사한 文句들'을 서로 대조하여 논의하면서 그 同異를 辨別하거나, 또는 經文 상호 간의 논리적 일관성을 해명함을 말한다. 이러한 방법론은 經文 상호 간의 미세한 차이들을 심도 있게 이해하는 데 도움이 될 뿐만 아니라, 『중용』이라는 經典 자체를 유기적으로 이해하는 데도 도움이 된다. '經文 상호 간의 照應과 辨別'은 「중용변의」에서 가장 많이 동원된 방법론이다. 그 예들을 살펴보기로 하자.

우선, '동일한 글자들' 간의 '서로 다른 의미'를 辨別한 경우를 살펴보자. 『중용장구』의 제11장에서는 '索隱行怪'를 비판하고, 제12장에서는 '費而隱'을 거론했는바, 여기에서는 동일한 '隱' 字가 서로 다른 의미로 쓰이고 있음을 짐작할 수 있다. 심재는 두 '隱' 字의 차이를

54) 『庸學辨疑』에는 단순히 經文의 字句를 해설한 경우도 간간이 보인다. '經文의 字句를 해설하는 것'은 모든 주석서의 가장 기초적인 방법론으로서 특별히 방법론적인 의미를 부여할 것은 못되는바, 따라서 이곳에서는 論外로 하겠다.

다음과 같이 설명한다.

> '索隱의 隱'은 '費隱의 隱'과 다르다. 대개 '隱' 字는 '怪' 字와 相對하면 '常道의 밖'에 있는 것으로 '세상을 속이고 명예를 훔치는 학문'이 된다. 그러나 '隱' 字가 '費' 字와 相對하면 '常道의 안'에 있는 것으로 '用으로부터 말미암아 體로 미루어나가는 학문'이 된다. 그러한즉슨, '索隱의 隱'은 '隱僻의 隱'이며, '費隱의 隱'은 '隱微의 隱'이다.[55]

『중용장구』 제19장에서는 宗廟의 禮에서 '爵位의 순서를 따름'은 '貴賤을 분별하기 위함(辨貴賤)'이요, '여럿이 酬酌함에 아랫사람이 윗사람에게 잔을 올림'은 '천한 사람에게까지 미치도록 함(逮賤)'이라고 하였다.[56] 심재는 '辨貴賤'에서의 '賤'과 '逮賤'에서의 '賤'은 서로 뜻이 다르다고 보고, 다음과 같이 구별한다.

> '貴賤의 賤' 字는 '逮賤의 賤' 字와는 다르다. 대개 '貴賤의 賤' 字는 公·侯·卿·大夫 가운데의 지위가 낮은 자를 가리켜 말하는 것이요, '逮賤의 賤' 字는 賓의 弟子나 主人 兄弟의 子를 가리키는 것이다.[57]

위의 두 예문은 『중용』의 經文에서 동일한 '隱' 字나 '賤' 字가 실제로는 서로 다른 뜻으로 쓰이고 있음을 변별한 것이다. 이와 같은 예들은 비교적 단순한 경우로서, 이해하기에도 어렵지 않다.

---

55) 『譯註 庸學辨疑』, 90쪽, "索隱之隱, 與費隱之隱, 不同. 盖隱字, 與怪字相對, 則是常道之外者, 而欺世盜名之學也 ; 隱字, 與費字相對, 則是常道之中者, 而由用推體之學也, 則索隱之隱, 是隱僻之隱也 ; 費隱之隱, 是隱微之隱也."

56) 『中庸章句』 제19장, "宗廟之禮, 所以序昭穆也 ; 序爵, 所以辨貴賤也 ; 序事, 所以辨賢也 ; 旅酬, 下爲上, 所以逮賤也 ; 燕毛, 所以序齒也."

57) 『譯註 庸學辨疑』, 134쪽, "貴賤之賤字, 與逮賤之賤字, 不同. 盖貴賤之賤字, 指公侯卿大夫中之位在下者言也 ; 逮賤之賤字, 指賓之弟子, 主人兄弟之子也."

이와 달리, 동일한 글자가 동일한 의미로 쓰이면서도 논의의 맥락이 다른 경우가 있는데, 이런 것들을 변별하는 것은 매우 주의를 요하는 작업이다. 예컨대 『중용』에서는 '仁'이라는 글자가 여러 군데서 반복되는데, 심재는 그것들을 '專言의 仁(오로지 말한 仁)'과 '偏言의 仁(치우치게 말한 仁)'이라는 두 부류로 구별한다.[58] 즉 『중용장구』 제20장에서는 "道를 닦기를 仁으로써 한다(修道以仁)."라고 하고, 또 "仁이란 사람다움을 말한다(仁者, 人也.)."라고 했는데, 심재는 두 '仁' 字를 다음과 같이 구분한다.

> '仁'이라는 한 글자는 '오로지 말한 곳(專言處)'도 있고, '치우치게 말한 곳(偏言處)'도 있다. "道를 닦기를 仁으로써 한다(修道以仁)."라고 할 때의 '仁' 字는 '오로지 말하는 仁'이며, "仁이란 사람다움을 말한다(仁者, 人也.)."라고 할 때의 '仁' 字는 '치우치게 말한 仁'이다. 두 개의 '仁' 字는 또한 지칭하는 바가 다름이 있다.[59]

위의 인용문에서 "두 개의 '仁' 字는 또한 지칭하는 바가 다름이 있다."라고 한 것은 두 '仁' 字가 '논의의 맥락이 다름'을 지적한 것이다. 『중용장구』 제20장에서는 또 '知·仁·勇'을 말하기도 하는데, 심재는

58) '仁'을 '專言'과 '偏言'으로 구별함은 程子로부터 비롯된 것으로서, '專言'이란 仁을 '義·禮·智를 포괄하는 統體'로서 말하는 것이며, '偏言'이란 仁을 '義·禮·智와 대비되는 一物'로서 말하는 것이다. 유교 특히 程朱學의 지론에 의하면, 仁·義·禮·智는 각각 '다른 德들'이면서 또한 仁이라는 '하나의 德'으로 통합되는 것이다. 이렇게 이해한다면, 仁 하나만 말했다고 하여 적은 것이 아니고, 仁·義·禮·智를 모두 말했다고 하여 많은 것이 아니다. 공자가 仁만 말한 것은 '仁·義·禮·智를 통합시킨 하나의 덕으로서의 仁'을 말한 것으로 '專言'에 해당되고, 맹자가 仁·義·禮·智를 말한 것은 '하나의 덕인 仁을 넷으로 분별해서 말한 것'으로 '偏言'에 해당된다(『朱子大全』 卷74 頁24-25, 〈玉山講義〉 참조).

59) 『譯註 庸學辨疑』, 139-140쪽, "仁之一字, 有專言處, 有偏言處. 修道以仁, 則此仁字, 是專言之仁 ; 仁者人也, 則此仁字, 是偏言之仁. 兩箇仁字, 亦不無所指之不同耳."

'知仁勇에서의 仁'과 '修道以仁에서의 仁'을 다음과 같이 구분한다.

> '知仁勇의 仁'은 '修道以仁의 仁'과 비록 '愛'와 '無私'의 구분이 있지만, 그 마음은 하나일 뿐이다. 대개 '修道以仁의 仁'은 '사랑(愛)'으로 말하는 것이요, '知仁勇의 仁'은 '사사로움이 없음(無私)'으로 말하는 것이다. '無私'는 仁의 體요, '愛'는 仁의 用이다. 五達道에 절실한 점으로부터 말한다면 '愛'라 하나, 躬行에 절실한 점으로부터 말한다면 '無私'라 한다. 요컨대, '無私'이면 '愛'를 겸할 수 있다. 그런데 '愛'라고 말하는 것은 '치우치게 말하는 仁(偏言之仁)'이요, '無私'라고 말하는 것은 '오로지 말하는 仁(專言之仁)'이다. 그러므로 자세하고 간략한 것은 다르나, 그 仁이 됨에는 어찌 同·異를 말할 수 있겠는가?[60]

위의 인용문에서 "그 마음은 하나일 뿐이다."라거나 "그 仁이 됨에는 어찌 同·異를 말할 수 있겠는가?"라고 한 것은 두 '仁' 字가 모두 '仁'이라는 점에서는 차이가 없다는 것이요, "자세하고 간략한 것은 다르다."라고 한 것은 두 '仁' 字가 논의의 맥락에서 있어서는 偏言과 專言의 차이가 있다는 것이다. 위의 두 예문은 '仁' 字가 동일한 의미로 쓰이면서도 논의의 맥락이 다름을 변별한 것이다. 『중용』에는 '誠' 字도 여러 군데 보이거니와, 심재는 '誠' 字에 대해서도 '實理의 誠'과 '實心의 誠'이라는 두 맥락으로 구분하였다.[61]

『중용장구』 제1장에서는 "本性을 따르는 것을 道라 하고(率性之謂

---

60) 『譯註 庸學辨疑』, 144-145쪽, "知仁勇之仁, 與修道以仁之仁, 雖有愛與無私之分, 而其心則一也. 盖修道以仁之仁, 以愛言也 ; 知仁勇之仁, 以無私言也. 而無私者, 仁之體也 ; 愛者, 仁之用也. 自其切於五達道而言之, 則曰愛也 ; 自其切於躬行而言之, 則曰無私也. 要之, 無私則可以兼乎愛矣, 而曰愛者, 偏言之仁也 ; 曰無私者, 專言之仁也. 詳略之不同也, 而其爲仁, 則亦豈有同異之可言者乎?"

61) 『譯註 庸學辨疑』, 189쪽, "以上之各章誠字, 或以天之實理言, 或以人之實心言 ; 或言其功用, 或言其功效."

道), 道를 닦는 것을 敎라 한다(修道之謂敎).”라고 했는데, 심재는 두 ‘道’ 字에 대해서 다음과 같이 분별한다.

‘率性의 道’와 ‘修道의 敎’에서 두 ‘道’ 字는 약간 다름이 있다. 위의 ‘道’ 字는 人·物을 겸한 것으로서 輕·重을 말할 수 없고, 아래의 ‘道’ 字는 人·物을 겸해서 말하는 가운데 人事 쪽으로 비교적 重點을 옮긴 것이다. 대개 ‘率性의 道’는 人·物이 함께 얻은 理를 말하는 것으로서, 사람은 사람의 道를 따르고, 만물은 만물의 道를 따르는 것이다. ‘修道의 道’는 그 人·物의 가지런하지 못한 氣를 말하는 것으로서, 그들로 하여금 닦아서 品節[62]하게 하는 것이 바로 ‘聖人의 가르침’이다.[63]

『중용장구』 제21장에서는 “참되면 밝게 되고(誠則明), 밝으면 참되게 된다(明則誠).”라고 했는데, 심재는 여기에서의 두 ‘誠’ 字와 ‘明’ 字에 대해서 다음과 같이 분별한다.

‘誠’에는 ‘지극한 참됨(至誠)’과 ‘참되려고 생각함(思誠)’의 구분이 있다. “참되면 밝게 된다(誠明).”라고 할 때의 ‘誠’은 ‘至誠’이며, “밝으면 참되게 된다(明誠).”라고 할 때의 ‘誠’은 ‘思誠’이다. ‘明’에는 ‘밝고 깊음(明睿)’과 ‘밝게 분변함(明辨)’의 구별이 있다. “참되면 밝게 된다(誠明).”라고 할 때의 ‘明’은 ‘明睿’이며, “밝으면 참되게 된다(明誠).”라고 할 때의 ‘明’은 ‘明

62) 주자는 ‘修道之謂敎’의 ‘修’ 字를 ‘品節함’으로 풀이하고 “性과 道는 비록 같으나 氣稟은 간혹 다르므로 지나침과 모자람의 차이가 없을 수 없으니, 聖人께서 人·物이 마땅히 행해야 할 것을 바탕으로 品節하시어 天下에 法이 되게 하셨다. 禮·樂이나 刑·政과 같은 무리가 이것이다.”라고 설명하였다. 이것으로 볼 때, ‘修道’란 ‘각자에게 합당한 행동양식’(道)을 ‘각자에게 알맞게 品節하여 제시하다’(修)는 뜻이다.

63) 『譯註 庸學辨疑』, 52쪽, “率性之道, 修道之敎, 兩道字, 微有不同. 上道字兼人物, 無輕重之可言 ; 而下道字, 於兼言之中, 轉移人事上較重矣. 盖率性之道, 言其人物同得之理, 而人率人之道, 物率物之道也. 修道之道, 言其人物不齊之氣, 而使之修之而品節之者, 乃聖人之敎也.”

辨'이다. 두 '誠' 字와 두 '明' 字는 동일한 뜻으로 볼 수 없다.[64]

『중용장구』 제25장에서는 "誠은 스스로 이루어지는 것이요, 道는 스스로 행해야만 하는 것이다. (誠者, 自成也 ; 而道, 自道也.) "라고 했는바, 심재는 여기에서의 두 '自' 字와 '道' 字에 대해서 다음과 같이 분별한다.

> 대개 '誠'이란 '저절로 성취됨(自然成就)'을 말하고, '道'란 '자기가 노력해 나감(自己做去)'을 말한다. 章句를 보면, 하나(誠)에 대해서는 '所以自'라 하였고, 하나(道)에 대해서는 '所當自'라 하였으니,[65] 두 개의 '自' 字가 '自然'과 '自己'로 분속되는 점이 약간 있음을 알 수 있다. '而道'라고 할 때의 '道' 字는 天地間에 '본래 존재하는 理(本有底理)'이고, '自道'라고 할 때의 '道' 字는 日用間에 '마땅히 행해야 할 일(當行底事)'이다. 그러한즉은, '而道'의 '道'는 '率性之謂道'의 '道'와 같고, '自道'의 '道'는 '修道之謂敎'의 '道'와 같으니, 두 개의 '道' 字의 다름도 또한 알 수 있다.[66]

위의 세 예문도 經文에 중복해서 보이는 '誠' 字와 '明' 字, '自' 字와 '道' 字 등이 의미상으로는 본질적인 차이가 없으면서도 논의의 맥락이 다름을 변별한 것이다.

세계의 모든 言語·文字가 마찬가지겠지만, 漢字는 '동일한 글자'가

64) 『譯註 庸學辨疑』, 160-161쪽, "誠有至誠思誠之分焉. 誠明, 則誠是至誠 ; 而明誠, 則誠是思誠也. 明有明睿明辨之別焉. 誠明, 則明是明睿 ; 而明誠, 則明是明辨也. 兩誠字兩明字, 不可作一樣看矣."

65) "誠者, 自成也 ; 而道, 自道也."에 대해서 朱子는 "誠者, 物之所以自成 ; 而道者, 人之所當自行也."라고 주석하였다.

66) 『譯註 庸學辨疑』, 167-168쪽, "盖誠者, 自然成就之謂也 ; 道者, 自己做去之謂也. 觀於章句, 一則曰 '所以自' ; 一則曰 '所當自'者, 可知其兩自字, 微有自然自己之分屬耳. 而道則這道字, 是天地間本有底理也 ; 自道則這道字, 是日用間當行底事也. 然則而道之道, 如性道之道 ; 自道之道, 如修道之道, 則兩道字之不同, 亦可見矣."

'여러 다른 의미'를 지니고 있다. 따라서 하나의 經典에서 동일한 글자가 서로 다른 의미로 쓰이는 때, 그것을 변별해야만 경전을 정확히 이해할 수 있고, 이에 대해서는 異見의 여지가 없을 것이다. 문제는 동일한 글자가 동일한 의미로 쓰이면서도 논의의 맥락이 다르다고 구분하는 경우이다. 이는 고도의 理論的 작업으로서, 경전에 대한 이해가 심화할 때 비로소 구분의 필요성이 제기되고 해결이 모색되는 작업이다. '仁'을 '偏言의 仁'과 '專言의 仁'으로 구분하는 것, '誠'을 '實理의 誠'과 '實心의 誠'으로 구분하는 것은 모두 程·朱로부터 비롯된 것이다. 程·朱 역시 경전을 더욱 정확히 이해하기 위해 주요 개념들을 분석적으로 논의하는 이론을 정립했을 것이요, 이것이야말로 주자학적 註釋의 한 典型이다.[67] 심재는 程·朱의 이러한 구분을 수용하고, 주요 개념들에 대해 각각의 맥락을 구분하는 설명을 가한 것인바, 이러한 점에서 심재 역시 전형적인 '주자학적 註釋家'였던 것이다.

이제 '유사한 文句들'을 서로 대조하면서 각각의 의미를 辨別한 경우를 살펴보자. 『중용장구』의 제11장에서는 "隱僻한 것을 찾고 괴상한 짓을 하는 것을 後世에 記述하는 사람이 있으나, 나는 그렇게 하지 않는다(索隱行怪, 後世有述焉, 吾不爲之矣.)."라고 말하고, 이어서 "君子는 道를 따라 실행하다가 중간에 그만두나니, 나는 그만둘 수 없노라(君子, 遵道而行, 半塗而廢, 吾不能已矣.)."라고 말했는데, 심재는 여기서의 '吾不爲之矣'와 '吾不能已矣'의 차이를 다음과 같이 설명한다.

67) '동일한 글자가 동일한 의미로 쓰이면서도 논의의 맥락이 다름을 변별하는 것'을 '주자학적 경전해석'의 한 전형이라고 한다면, 이에 비하여 '동일한 글자가 서로 다른 의미로 쓰이는 것을 변별함'은 '훈고학적 주석'에 가까울 것이다.

위에서는 "나는 그렇게 하지 않는다.(吾不爲之矣)"라고 하였고, 아래에서는 "나는 그만둘 수 없다.(吾不能已矣)"라고 하였다. 대개 '隱僻한 것을 찾고 괴상한 짓을 하는 것'은 '마땅히 힘써서는 안 되는 것인데 힘쓰는 것'이요, '道를 따라 실행하다가 중간에 그만두는 것'은 '마땅히 힘써야 할 것인데 힘쓰지 않는 것'이다. 그러한즉슨 聖人이 '하지 않는다(不爲)'·'그만둘 수 없다(不已)'라고 하신 말씀에서 그 '마땅히 힘써서는 안 되는 것'과 '마땅히 힘써야 할 것'을 마땅히 살펴야 할 것이다.[68]

『중용장구』 제13장에서는 먼저 '道는 사람에게서 멀지 않다(道不遠人)'라고 말하고, 그 아래에서는 '忠恕는 道에서 어긋남이 멀지 않다(忠恕違道不遠)'라고 했는데, 이 둘의 차이를 심재는 다음과 같이 설명한다.

위에서는 '道는 사람에게서 멀지 않다(道不遠人)'는 것을 말하고, 아래에서는 '忠恕는 道에서 어긋남이 멀지 않다(忠恕違道不遠)'는 것을 말했다. 대개 '道不遠人'이란 天理로서 人事를 갖추어 말하는 것이요, '忠恕違道不遠'이란 人事로서 天理에 이르는 것이다. 위에서는 '天理와 人事가 저절로 간격이 없음'을 말한 것이고, 아래에서는 '天理와 人事의 極盡한 功夫'를 말한 것이다.[69]

『중용장구』 제1장에서는 "은미한 것보다 더 잘 드러나는 것은 없다(莫顯乎微)."라고 했고, 제16장에서는 "은미한 것의 드러남(夫微之顯)"을 말했으며, 마지막 章에서는 "은미한 것이 드러남을 안다(知微

68) 『譯註 庸學辨疑』, 91-92쪽, "上言'吾不爲之矣'; 下言'吾不能已矣'. 盖索隱行怪, 不當强而强也; 遵行廢半, 當强而不强也, 則聖人所以不爲不已者, 當看其不當强所當强耳."

69) 『譯註 庸學辨疑』, 104쪽, "上言'道不遠人'; 下言'忠恕違道不遠'. 盖道不遠人者, 以天理而具人事也; 忠恕違道不遠, 以人事而至天理也. 上言天理人事之自然無間也; 下言天理人事之極盡功夫也."

之顯).”라고 했는바, 심재는 각각의 차이를 다음과 같이 설명한다.

> 첫째 章에서는 “은미한 것보다 더 잘 드러나는 것은 없다(莫顯乎微).” 라고 하였고, 마지막 章에서는 “은미한 것이 드러남을 안다(知微之顯).” 라고 하였으며, 이 章에서는 “무릇 은미한 것의 드러남(夫微之顯)”이라 하였으니, 그 趣旨가 같은 것인가, 다른 것인가? 이른바 (각각의) ‘微·顯’은 다른 점이 있는 것 같다. 대개 形迹은 드러나지 않았지만 기미가 이미 움직였으면, 善·惡의 생각이 이 마음의 靈驗함에서 도망갈 수가 없으니, 이것이 곧 ‘莫顯乎微’이다. 안에 있으면 밖으로 드러나니, 爲己之學은 마땅히 마음을 세우는 초기에 더욱 삼가야 하는바, 이것이 곧 ‘知微之顯’이다. 지나간 것은 굽혀지고 오는 것은 펴지니, ‘情狀의 妙함’은 ‘實理의 드러남’보다 더 가리기가 어려운바, 이것이 곧 ‘夫微之顯’이다. 그러한즉슨, ‘莫顯乎微’와 ‘知微之顯’은 오로지 ‘心’으로 말하는 것이나, 이른바 ‘夫微之顯’은 ‘理’로 말하는 것이다.70)

위의 세 예문은 ‘유사한 文句들’에 대해 그 미묘한 차이들을 변별한 것이다. 심재는 ‘유사한 글자들’에 대해서도 그 차이를 변별하고 있다. 예컨대 『중용장구』 제19장에서는 “죽은 사람을 섬기기를 산 사람 섬기듯이 하고, 없는 사람을 섬기기를 있는 사람 섬기듯이 한다(事死如事生, 事亡如事存.).”라고 했는데, 심재는 ‘死’ 字와 ‘亡’ 字를 다음과 같이 구별한다.

> “죽은 사람을 섬기기를 산 사람 섬기듯이 하고, 없는 사람을 섬기기를

---

70) 『譯註 庸學辨疑』, 118쪽, “首章曰 ‘莫顯乎微’ ; 卒章曰 ‘知微之顯’ ; 此章曰 ‘夫微之顯’, 其旨, 同乎異乎? 所謂微顯, 似有不同. 盖迹未形而幾已動, 則善惡之念, 莫逃於此心之靈, 卽莫顯乎微也 ; 有諸內而形諸外, 則爲己之學, 當謹於立心之初, 卽知微之顯也 ; 往者屈而來者伸, 則情狀之妙, 難掩於實理之著, 卽夫微之顯也. 然則莫顯乎微, 知微之顯者, 專以心言 ; 而所謂夫微之顯, 以理言也.”

있는 사람 섬기듯이 한다(事死如事生, 事亡如事存.).”라고 했는데, ‘死·亡’ 두 글자는 중첩되는 것이 아닌가? ‘死’ 字는 ‘生’ 字와 相對되어, ‘存’ 字와 상대될 수 없으니, ‘死’는 初終71)을 말한다. ‘亡’ 字는 ‘存’ 字와 相對되어, ‘生’ 字와 상대될 수 없으니, ‘亡’은 이미 葬禮를 마친 경우를 말한다. 그러한즉슨, ‘死’ 字와 ‘亡’ 字는 같지 않으니, ‘死’는 ‘죽은 직후(始死)’를 말하고, ‘亡’은 ‘이미 없어진 경우(旣亡)’를 말한다. 이로써 ‘死·亡’ 두 글자가 중첩되지 않는다는 것을 알 수 있다.72)

『중용장구』 제28장에서는 “내가 夏禮를 말하나 杞가 입증하기에 부족하다. 내가 殷禮를 배우니 宋이 남아 있다. 내가 周禮를 배우니, 지금 그것을 쓰고 있도다. 나는 周禮를 따르리라.”73)라고 했는데, 여기서 공자가 ‘三代의 禮’를 거론하면서 ‘學(배우다)’ 字와 ‘說(말하다)’ 字를 구분한 이유를 심재는 다음과 같이 설명한다.

殷·周의 禮에 대해서는 모두 ‘배우다(學)’라고 말할 수 있었으면서도, 오직 夏禮에 대해서는 ‘말하다(說)’라고 한 까닭은 무엇인가? 孔子는 殷의 후예로서 周나라 사람이었다. 殷은 비록 이미 망했지만 天乙이 制作한 禮法은 오히려 『詩經』 商頌의 〈那(猗那)〉篇이나 『大戴禮』의 여러 篇에 보존되어 있고, 周는 비록 이미 衰했으나 蒼姬가 損益한 禮法은 당시에 바야흐로 글은 文字가 같으며 수레는 軌度가 같았던 天下에 쓰이고 있었다. 그러한즉슨, 가까워서 依據할 수 있고 볼 수 있어서 詳考할 수 있는 것에 대해서는 ‘學’ 字를 붙일 수 있었던 것이다. 그런데 夏禮에 이르러서

71) 初喪이 난 뒤로부터 卒哭 때까지를 ‘初終’이라 함.

72) 『譯註 庸學辨疑』, 134-135쪽, “‘事死如事生, 事亡如事存.’ 死亡二字, 無乃重疊乎? 死字與生字相對, 而不可以對存字, 則死是初終之謂也 ; 亡字與存字相對, 而不可以對生字, 則亡是旣葬之謂也. 然則死字與亡字, 不同. 死以始死言 ; 亡以旣亡言, 則死亡之不爲重疊, 從可知矣.”

73) 『中庸章句』 제28장, “吾說夏禮, 杞不足徵也 ; 吾學殷禮, 有宋存焉 ; 吾學周禮, 今用之. 吾從周.”

는 時代가 이미 멀어졌으니, 비록 夏의 後孫이라 하더라도 오히려 徵驗할 수 없다는 한탄이 있었던 것이다. 그러한즉슨, 聖人은 이에 대해서 다만 마땅히 '내가 아는 것을 말한다'라고 할 뿐이니, 어디에서 고증해서 殷禮를 배우고 周禮를 배우는 것처럼 하겠다고 할 수 있겠는가?[74]

위의 두 예문은 유사한 글자들을 변별하고, 각각의 글자들이 경문에서 정확하게 활용되고 있음을 밝혀준 것이다. 이상의 예문들에서 알 수 있듯이, 심재는 경문의 '유사한 문구들'이나 '유사한 글자들'에 대해서 각각 크고 작은 차이들을 정밀하게 해명하고 있다. 이렇게 해명하고 보면, 경문의 한 구절 한 글자가 모두 치밀한 고려를 통해 기술된 것임을 인정하지 않을 수 없게 된다. 요컨대 심재의 위와 같은 해명은 다음과 같은 두 의미가 있다고 하겠다. 첫째는 경문의 내용에 대한 정확한 이해를 돕는다는 점이다. 이는 모든 주석 작업의 공통된 목적이요 의의일 것이다. 둘째는 경문의 각 구절 각 글자마다 그 내용적 타당성을 확인시켜줌으로써, 『중용』이라는 경전의 권위를 높여준다는 점이다.

심재는 經文 상호 간의 논리적 일관성을 해명하기도 하였다. 예컨대 『중용장구』 제28장에서는 "天子가 아니면 禮를 의논하지 않는다."라고 하고, 또 "나는 周禮를 따르리라"라고 했는데, 양자는 일견 서로 모순되는 내용처럼 보인다. 이에 대해 심재는 다음과 같이 설명한다.

---

74) 『譯註 庸學辨疑』, 198쪽, "殷周之禮, 皆可謂之學, 而夏禮獨謂之說者, 何也? 夫子殷之裔, 而周之人也. 殷雖已亡, 而天乙制作之禮, 猶有存於猗那詩大戴禮之諸篇 ; 周雖已衰, 而蒼姬損益之禮, 時方用於書同文車同軌之天下, 則其所以近而可據, 見而可詳者, 斯可以着得學字. 而至於夏之禮, 時世遠矣. 雖以夏后之孫, 而猶有莫徵之歎, 則聖人於此, 但當說吾之所知而已, 從何處考證, 而亦如學殷學周之爲也?"

"天子가 아니면 禮를 의논하지 않는다."라고 하고, 또 "나는 周(周禮)를 따르리라"라고 했다. 孔子가 "周禮를 따르리라"라고 한 것은 홀로 '禮를 의논한 것'이 아닌가? 周의 禮는 時王의 法制로서, 당시에 쓰이고 있던 것이다. 孔子는 '하늘이 내신 聖人'[75]인데도 이미 地位를 얻지 못했으니, 周禮를 따를 수밖에 없었던 것이다. 따라서 孔子가 周禮를 따름은 '當世의 法'을 따르는 것에 불과한 것이요, 일찍이 (禮를) '制作하는 일'은 없었던 것이다. 그러한즉슨, 그것을 '禮를 의논함'이라고 말하는 것이 옳겠는가? 孔子의 이른바 '述而不作'이 바로 이것이다.[76]

『중용장구』 제12장에서는 "天地의 큼에도 사람은 오히려 遺憾으로 여기는 바가 있다."라고 했다. 그런데 제26장에서는 '天地의 道'를 '至誠無息'으로 설명하고, 제20장에서는 '天道'를 '眞實無妄(誠)'으로 설명했거니와, 이러한 설명은 제12장의 내용과는 맞지 않는 것 같다. 이에 대해 심재는 다음과 같이 설명한다.

"天地의 큼에도 사람은 오히려 遺憾으로 여기는 바가 있다."라고 했으니, 天地의 큼에도 또한 道를 극진히 하지 못함이 있는 것이다. 그런데 제26장에서는 곧 '이 道의 지극히 참되어 쉼이 없음(至誠無息)'을 오로지 天地에 귀속시켜서 '天地의 道'라 하고, 제20장에서는 또 '이 道의 진실하여 망령됨이 없음(眞實無妄)'을 오로지 天에 귀속시켜 '天의 道'라 한 까닭은 무엇인가? '道'로부터 말하면, 天地 또한 萬物 가운데의 한 물건이다. 그런데, '萬物'로부터 말하면 그 가운데 '道를 많이 얻어서 至誠無息한 것'은 '聖人'을 제외하면 '天地'만한 것이 없다. 그러므로 무릇 '至誠無息'

---

75) 子貢은 孔子를 '진실로 하늘이 내신 聖人(固天縱之將聖)'이라 칭송한 바 있다(『論語』 子罕 제6장 참조).

76) 『譯註 庸學辨疑』, 197쪽, "'非天子, 不議禮.' 而又曰 '吾從周.' 夫子之從周, 獨非議禮者乎? 周之禮, 時王之法制也, 今日之所用也, 而聖如天縱, 旣不得位, 則不得不從周, 而其從之也, 此不過循當世之法, 而未嘗有制作之事, 則謂之議禮, 可乎? 夫子所謂述而不作, 是也."

을 말할 때에는 반드시 '天地의 道'라 하는 것이다. '天地'로부터 말하면 그 가운데 '道를 많이 얻어서 眞實無妄한 것'은 '하나의 地'를 제외하면 '天'만한 것이 없다. 그러므로 무릇 '眞實無妄'을 말할 때에는 반드시 '天의 道'를 말하는 것이다. 하물며, 天地는 이 道에 있어서 비록 극진히 하지 못하는 바가 있다고 하더라도, 이것은 또한 그 지극한 경지를 말해서 이 道의 지극히 큼을 보여주려는 것임에랴![77]

위의 두 예문은 일견 서로 맞지 않는 것으로 보이는 經文들에 대해 각각의 本旨를 곡진하게 설명함으로써, 經文들이 사실은 논리적 일관성을 잃지 않고 있음을 보여준 것이다. 심재의 이러한 설명들에 대해서도 역시 두 가지 의미를 부여할 수 있겠다. 첫째는 경문의 내용에 대한 정확한 이해를 돕는다는 점이요, 둘째는 경문의 논리적 일관성을 확인시켜줌으로써 『중용』이라는 경전의 권위를 높여준다는 점이다.

2) 諸經과의 有機的 해석

「중용변의」의 방법론 가운데 둘째로 꼽을 수 있는 것은 '諸經과의 有機的 해석'이다. 이는 『중용』의 經文을 해석하면서 다른 經典들의 유사한 내용이나 참고가 될 수 있는 내용을 인용하여 논의함으로써, 그 同異를 辨別하기도 하고, 상호 연관성을 해명하기도 함을 말한

77) 『譯註 庸學辨疑』, 97-98쪽, "'天地之大也, 人猶有所憾.' 則天地之大, 亦不能盡道. 而第二十六章, 乃以此道之至誠無息, 專歸於天地, 而曰 '天地之道' ; 第二十章, 又以此道之眞實無妄, 專歸於天, 而曰 '天之道'者, 何也? 自道而言之, 則天地亦萬物中一物. 而自萬物言之, 則其中得道之多, 而至誠無息者, 除了聖人, 則莫如天地. 故凡言至誠無息者, 必曰天地之道也 ; 自天地言之, 則其中得道之多, 而眞實無妄者, 除了一地, 則莫如天, 故凡言眞實無妄者, 必曰天之道也. 況天地之於此道, 雖有所不能盡, 而此亦極其至而言之, 以見此道之至大耳."

다. 이러한 방법론은 『중용』에 대한 이해를 심화시킬 수 있을 뿐만 아니라, 유교의 여러 經典을 유기적으로 이해하는 데도 도움이 되고, 諸經의 미세한 차이들을 심도 있게 이해하는 데도 도움이 될 것이다.

우선 『중용』의 文句를 다른 경전의 유사한 文句와 비교하면서 논의한 예들을 살펴보자. 『중용장구』 제9장에서는 "天下·國家를 고르게 할 수 있다."라고 했는데, 심재는 이것을 『대학』의 '平天下'와 대비하여 다음과 같이 설명한다.

> '天下·國家를 고르게 할 수 있음'은 『大學』의 '平天下'와는 다른 점이 있다. 대개 '國家를 고르게 함'은 資質이 近似한 사람은 능히 노력으로 할 수 있으니, 반드시 '中庸의 道'에 부합하는 것은 아니다. 그런데 『大學』의 '平天下'는 '修己治人의 방법'과 '재물을 다스리고 賢者를 등용하는 일'에 각각 '꼭 알맞고 좋은 道理'가 있으니, 참으로 '中庸을 극진히 한다'라고 말할 수 있는 것으로서, 다만 '고르게 할 수 있음'에 그칠 뿐이 아닌 것이다.[78]

심재에 의하면, 『중용』의 '可均'은 다만 '고르게 다스림'에 불과한 것이나, 『대학』의 '平天下'는 모든 政事를 각각의 '꼭 알맞고 좋은 도리'에 맞게 실현하는 것이다. 그러므로 『대학』의 '平天下'는 『중용』의 '可均'보다 훨씬 높은 차원이라는 것이다. 사실, 『대학』의 '平天下'는 八條目의 마지막 조목으로서, 三綱領의 '止於至善'에 해당하는 것이다. 따라서 『대학』의 '平天下'는 각각의 '꼭 알맞고 좋은 도리'를 구현

78) 『譯註 庸學辨疑』, 87쪽, "天下國家之可均, 與大學之平天下, 有所不同. 盖國家可均, 資之近似者, 能以力爲之也. 未必合中庸之道, 而大學之平天下, 則修己治人之術, 理財用賢之事, 各有恰好底道理, 則眞可謂盡中庸矣, 不但止於可均而已."

하는 것으로서, '財物을 고르게 다스림'보다 훨씬 높은 차원임을 알 수 있다.

『중용장구』 제11장에서는 '半途而廢'를 거론했는데, 심재는 이것을 『논어』의 '中道而廢'[79]와 대비하여 다음과 같이 설명한다.

> '半途而廢'는 『論語』의 '中道而廢'와는 다르다. 대개 사람은 하나로 통틀어 논할 수 없으니, 저 '氣가 消盡한 사람'도 있고, 저 '성품이 게으른 사람'도 있다. 이른바 '氣가 소진한 사람'은 많은 짐을 짊어지고 스스로 道에 나아가는 사람이요, 이른바 '성품이 게으른 사람'은 기존의 평범한 것을 편안하게 여겨 道에 나아가지 않는 사람이다. 그러한즉슨, '中道而廢'란 '나아가고자 하나 그럴 수 없는 것'이요, '半途而廢'란 '마땅히 힘써야 하나 힘쓰지 않는 것'이니, '中道而廢'가 '半途而廢'보다는 좀 나은 것이다.[80]

'추구하던 일을 완수하지 못함'이라는 점에서는 '中道而廢'와 '半途而廢'가 같은 것이다. 그런데 심재는 '일을 완수하지 못하는 까닭'을 '能力의 부족'과 '意志의 부족'이라는 두 맥락에서 해명하였다. 심재에 의하면 『논어』의 '中道而廢'는 '氣가 消盡하여' 능력이 부족한 경우에 해당되고, 『중용』의 '半途而廢'는 '성품이 게을러' 의지가 부족한 경우에 해당되는바, '半途而廢'가 더욱 나쁘다는 것이다. 『논어』에서는 "힘이 부족한 자는 중도에 그만둔다(力不足者, 中道而廢)."라고 했으니, '中道而廢'는 '능력이 부족한 경우'라 하겠다. 반면에 『중

79) 『論語』 雍也 10, "冉求曰 '非不說子之道, 力不足也.' 子曰 '力不足者, 中道而廢, 今女畫.'"

80) 『譯註 庸學辨疑』, 91쪽, "半塗而廢, 與論語中道而廢者, 不同. 盖人, 不可以一槪論也. 有這般氣匱底人 ; 有這般性懶底人. 所謂氣匱者, 擔擔負荷, 而自住於道也 ; 所謂性懶者, 安於故常, 而不進於道也, 則中道而廢者, 欲進而不能也 ; 半塗而廢者, 當强而不强也. 中道而廢, 猶賢乎半塗而廢也."

용』에서는 "君子들이 道를 따라 행하다가 반쯤 가서 그만두니, 나는 그만두지 못하겠다."라고 한 것으로 보면, '半塗而廢'는 '의지가 부족한 경우'라 하겠다.[81] 이렇게 보면, 심재의 '中道而廢'와 '半塗而廢'에 대한 구분은 각 구절의 本旨를 정확히 파악한 것이라 하겠다.

『중용장구』 제11장에서는 "세상을 피해 숨어서, 알아주는 사람을 보지 못해도 후회하지 않는다."라고 했는데, 심재는 이것을 『논어』의 '남들이 알아주지 않아도 성내지 않음'[82]과 대비하여 다음과 같이 설명한다.

> '세상에서 숨어서 후회하지 않음'은 『論語』의 '남들이 알아주지 않아도 성내지 않음'과는 다르다. 대개 '성냄(慍)'은 '자기를 옳게 여기고 남을 그르게 여기는 것'이요, '후회함(悔)'은 '남을 따르고 자기를 잊는 것'이니, 이로써 '남들이 알아주지 않아도 성내지 않음'은 '자기를 반성함'의 극치이나 '후회하지 않음'은 '자기를 믿음'의 극치라는 것을 알 수 있다. 그러한즉슨, '성내지 않음'과 '후회하지 않음'에도 어찌 다르게 분별 되는 요소가 없겠는가?[83]

심재는 '성냄(慍)'은 '자기를 옳게 여기고 남을 그르게 여기는 것'이

---

81) 孔子가 '남들의 半塗而廢'를 거론한 다음 '자신은 半塗而廢를 하지 않겠다'고 한 것으로 보면, '半塗而廢'는 '의지가 부족한 경우'에 해당되는 것이다. 한편, 주자는 '半塗而廢'에 대해서 '힘이 부족한 것'이라고도 주석하고, '마땅히 힘써야 하는데 힘쓰지 않는 것(當强而不强)'이라고도 주석했다(『中庸章句』 제11장, 朱子註, "半塗而廢, 則力之不足也 (…) 當强而不强者也."). '힘이 부족함'은 '能力의 부족'에 해당되고, '마땅히 힘써야 하는데 힘쓰지 않음'은 '意志의 부족'에 해당될 것이다.

82) 『論語』 學而 1, "子曰 學而時習之, 不亦說乎? 有朋自遠方來, 不亦樂乎? 人不知而不慍, 不亦君子乎?"

83) 『譯註 庸學辨疑』, 93-94쪽, "遯世不悔, 與論語人不知而不慍者, 不同. 盖慍者, 是己而非人也 ; 悔者, 徇人而忘己也. 是知不知不慍者, 自反之至也 ; 不悔云者, 自信之至也, 則不慍也, 不悔也, 亦豈無差殊之分也耶?"

요, '후회함(悔)'은 '남을 따르고 자기를 잊는 것'이라는 관점에서, 『논어』의 '남들이 알아주지 않아도 성내지 않음'은 '자기를 반성함'의 극치이나 『중용』의 '세상을 피해 숨어서 후회하지 않음'은 '자기를 믿음'의 극치라고 구별했다. '성냄(慍)'이라는 말과 '후회함(悔)'이라는 말의 뜻을 고려할 때, 심재의 설명이 타당함을 그 자체로 알 수 있다.

『중용장구』 제13장에서는 '道는 사람에게서 멀지 않다(道不遠人)'라고 했는데, 심재는 이것을 『논어』의 '사람이 능히 道를 넓힐 수 있다(人能弘道)'[84]라는 말과 대비하여 다음과 같이 설명한다.

> "道는 사람에게서 멀지 않다."라는 말은 "사람이 능히 道를 넓힐 수 있다."라는 말과 뜻이 다르다. 대개 이것은 '道'를 중심으로 말하는 것이요, 저것은 '사람'을 중심으로 말하는 것이다. '道'를 중심으로 말하면 '本性을 따르는 것(率性)'이며, '사람'을 중심으로 말하면 '本性을 다 발휘하는 것(盡性)'이다. 그러한즉슨, 사람은 이 道를 함께 하고, 道는 본래 하나의 理이나, "道는 사람에게서 멀지 않다."라는 말은 "本性을 따르는 것을 道라 한다."라는 말이요, "사람이 능히 道를 넓힐 수 있다."라는 말은 "本性을 다 발휘하는 것을 사람답다고 한다."라는 말이다. 그러한즉슨, 하나는 '率性'에 나아가 말하는 것이며, 하나는 '盡性'에 나아가 말하는 것이다.[85]

심재에 의하면, '道不遠人'은 입론의 초점이 '道'에 있는 것으로서 '本性을 따를 것(率性)'을 강조하는 말이며, '人能弘道'는 입론의 초점이 '사람'에 있는 것으로서 '本性을 다 발휘할 것(盡性)'을 강조하는

84) 『論語』 衛靈公 28, "子曰 人能弘道, 非道弘人."

85) 『譯註 庸學辨疑』, 103쪽, "道不遠人, 與人能弘道之意, 不同. 盖此以主道而言之 ; 彼以主人而言之. 主道而言之, 則率性也 ; 主人而言之, 則盡性也. 然則人同是道, 道本一理, 而道不遠人者, 率性之謂道也 ; 人能弘道者, 盡性之謂人也, 則一以就率性上說 ; 一以就盡性上說."

말이다. 『논어』의 "人能弘道, 非道弘人."에 대해 주자는 "사람의 마음은 知覺이 있으나 道의 본체는 作爲가 없다. 그러므로 사람은 道를 넓힐 수 있으나 道는 사람을 넓힐 수 없다."라고 주석한 바 있다.[86] 한편, 張橫渠는 "마음은 본성을 모두 발휘할 수 있으니 사람이 道를 넓힐 수 있는 것이요, 본성은 마음을 검속할 수 없으니 道가 사람을 넓힐 수는 없다."라고 말한 바 있다.[87] 이러한 맥락에서, 심재가 '人能弘道'를 '盡性'으로 해석하는 것은 뚜렷한 논거가 있는 것이다. 특히 심재는 "本性을 따르는 것을 道라 한다(率性之謂道)."라는 말에 상응하도록 "本性을 다 발휘하는 것을 사람답다고 한다(盡性之謂人)."라고 立言했거니와, 이것도 주목할 만한 표현이라 하겠다.

『중용장구』 제20장에서는 "仁이란 사람다움이다(仁者, 人也.)."라고 했는데, 『孟子』에서도 또한 "仁이란 사람다움이다(仁也者, 人也.)."라고 한 바 있다. 그런데 심재는 이 두 '仁' 字는 맥락이 다른 것이라고 보고, 다음과 같이 구별한다.

> 여기에서는 "仁者, 人也."라 하고, 孟子는 "仁也者, 人也."라고 했는데, 두 곳에서 말하는 '仁'은 偏·全의 구분이 있다. 대개 여기에서 말한 것은 '치우치게 말하는 仁'이요, 저기에서 말한 것은 '오로지 말하는 仁'이다.[88]

『중용』의 "仁者, 人也."는 "義者, 宜也."와 짝을 이루는 것이니,[89] 여기에서 仁은 '치우치게 말하는 仁'인 것이다. 반면에, 『孟子』에서

---

86) 『論語』 衛靈公 28, 朱子註, "人心有覺, 道體無爲. 故人能大其道, 道不能大其人也."

87) 『正蒙』 誠明篇第6, "心能盡性, 人能弘道也 ; 性不知檢其心, 非道弘人也."

88) 『譯註 庸學辨疑』, 142쪽, "此言 '仁者, 人也', 而孟子曰 '仁也者, 人也'. 所言之仁, 不無偏全之分. 盖此是偏言底仁 ; 彼是專言底仁."

89) 『中庸章句』 제20장, "仁者, 人也, 親親, 爲大 ; 義者, 宜也, 尊賢, 爲大."

는 "仁이란 사람다움이니, 합해서 말하면 道이다."[90] 라고만 말했으니, 여기에서의 仁은 '오로지 말하는 仁'인 것이다.[91] 이처럼 일견 동일한 文句처럼 보이는 것에 대해서도 심재는 그 立論의 맥락이 다름을 변별하고 있다.

이제 다른 경전을 원용해 『중용』 이해의 보조 자료로 삼은 경우를 살펴보자. 『중용장구』 제21장에서는 "참됨으로부터 밝게 됨을 性이라 한다(自誠明, 謂之性.)."라고 하였고, 제22장에서는 "오직 천하의 至誠이어야만 능히 자기의 本性을 다 발휘할 수 있다(唯天下至誠, 能盡其性.)."고 하였다. 심재는 '誠明之性'과 '盡性之性'의 차이를 『맹자』의 '性之'와 '性善'을 원용하여 다음과 같이 설명한다.

> '참됨으로부터 밝게 됨을 性이라 한다'라고 할 때의 性(誠明之性)과 '本性을 다 발휘한다'라고 할 때의 性(盡性之性)은 다르다. '誠明之性'은 '功用으로서의 性'이니, 이른바 '본성대로 발휘함(性之)의 性'이다. '盡性之性'은 '全體로서의 性'이니, 이른바 '본성은 선하다(性善)의 性'이다.[92]

맹자는 "堯·舜은 '본성대로 하신 것(性之)'이요, 湯·武는 '몸을 닦아 실천하신 것(身之)'이며, 五霸는 '가장한 것(假之)'이다."[93] 라고 한 바 있으며, "堯·舜은 '본성대로 하신 것(性者)'이요, 湯·武는 '(본성으로) 돌이킨 것(反之)'이다."[94] 라고 한 바도 있다. '性之'란 '본성의 자연스

---

90) 『孟子』 盡心下 16, "孟子曰, 仁也者, 人也, 合而言之, 道也."

91) 앞에서 이미 논했듯이, '치우치게 말하는 仁'이란 '義·禮·智 등과 상대시켜서 말하는 仁'이며, '오로지 말하는 仁'이란 '義·禮·智를 포괄하는 차원에서 말하는 仁'이다.

92) 『譯註 庸學辨疑』, 161쪽, "誠明之性, 與盡性之性, 不同. 誠明之性, 是箇功用之性也, 所謂性之之性也 ; 盡性之性, 是箇全體之性也, 所謂性善之性也."

93) 『孟子』 盡心上 30, "堯舜, 性之 ; 湯武, 身之 ; 五霸, 假之也."

94) 『孟子』 盡心下 33, "堯舜, 性者也 ; 湯武, 反之也."

러운 발로'로서 '인위적인 꾸밈이 없음'을 말한다. 위의 인용문의 초점은 '功用으로서의 性'과 '全體로서의 性'을 구분하는 데 있다. '功用으로서의 性'이란 '性을 발휘함'을 뜻하고, '全體로서의 性'이란 '性 자체'를 뜻한다. 즉 심재는 '盡性之性'과 '誠明之性'을 '體와 用'으로 구분하고, 각각을 『맹자』의 '性善의 性'과 '性之의 性'에 결부시킴으로써, 우리의 이해를 돕고자 한 것이다.

『중용장구』 제19장에서는 武王과 周公을 '達孝'로 칭송하면서, "무릇 孝란 부모의 뜻을 잘 계승하고, 부모의 사업을 잘 발전시키는 것."[95]이라고 하였다. 이에 대해 심재는 『서경』을 인용하여 '武王의 繼志述事'를 다음과 같이 설명한다.

> '(아버지의 뜻과 사업을) 잘 繼述함'은 '武王의 孝'이다. 武王의 孝는 『書經』「周書」의 〈立政〉篇을 보면 알 수 있다. 거기에서 말하기를 "또 武王께서는 (文王께서) 천하를 편안하게 하신 功을 계승하여 그 義德이 있는 사람들을 감히 바꾸지 않았으며, (文王께서 세우신) 계책을 계승하여 그 容德이 있는 사람들을 따르셨으니, 이로써 그 크고 큰 基業을 함께 받으신 것입니다."라고 하였다.[96] 대개 이 義德이 있는 사람들을 등용하여 백성의 危急함을 구제한 것은 文王이 天下를 편안하게 하신 功인데, 그 功을 따라서 감히 바꾸지 않은 것은 武王의 孝이다. 이 容德이 있는 선비들을 임용하여 원대한 계획을 수립한 것은 文王이 後嗣를 위해 남기신 계책인데, 그 계책을 따라서 감히 어기지 않은 것은 武王의 孝이다. 文王의 義德이 있는 사람들을 등용하여 이 큰 基業을 받으시고, 文王의 容德이 있는 선비들을 임용하여 이 큰 基業을 계승하셨으니, 이른바 "그분이 높이던 사람을 존경하고, 그분이 친하게 여기던 사람을 사랑한다."[97]라

95) 『中庸章句』 제19장, "夫孝者, 善繼人之志, 善述人之事者也."

96) 蔡沈은 "'義德이 있는 사람'이란 '亂世를 다스려 올바른 데로 돌이킨 재능이 있는 사람'이요, '容德이 있는 사람'이란 '아름다운 마음씨로 善을 즐거워하는 德量이 있는 사람'이다."라고 주석하였다(『書傳大全』 卷9 頁32 참조).

는 말이 '繼述의 큰 것'이 아니겠는가?[98]

武王의 繼志述事는 그 아버지 文王의 政策을 계승하고, 文王이 기용한 賢臣들을 계속 신임하여, 아버지의 뜻을 계승하여 사업을 완수한 점에 있다는 것이다. 이렇듯 『서경』의 관계된 기록들을 원용하고 보면, 『중용』에서 언급되는 武王과 周公의 '達孝'는 뚜렷한 역사적 사실에 근거한 논의들임을 알 수 있게 된다.

『중용장구』 제26장에서는 "至誠은 쉼이 없다(至誠無息). 쉼이 없으면 오래가고, 오래가면 징험이 나타나고, 징험이 나타나면 멀리 미친다(徵則悠遠)."라고 했는데, 심재는 『서경』에 보이는 여러 사례들을 인용하여 『중용』의 '悠遠'을 설명하였다.

"징험이 나타나면 멀리 미친다(徵則悠遠)."라고 했는데, '멀다(悠)'라는 글자의 뜻은 마땅히 어디에서 考驗해야 하는가? 聖人의 道는 從容하여 迫切하지 않다. 『書經』에서는 "너그럽게 하라(在寬)."라고 했고,[99] 또 "능히 너그럽게 하셨다(克寬)."라고 했다.[100] 이른바 '在寬'이나 '克寬'이란 모

---

97) "그분이 높이던 사람을 존경하고, 그분이 친하게 여기던 사람을 사랑한다.(敬其所尊, 愛其所親.)"라는 말은 『中庸章句』 제19장에 보이는 내용으로서, 朱子는 '그분(其)'이란 '先王'을 가리킨다고 주석하였으나, 일반적으로 말하자면 '先親'이라고 풀이할 수 있을 것이다.

98) 『譯註 庸學辨疑』, 129-131쪽, "善繼善述, 此武王之孝也, 而武王之孝, 觀於書之立政篇, 可知矣. 其言曰 '亦越武王, 率惟敉功, 不敢替厥義德 ; 率惟謀, 從容德, 以并受此丕丕基.' 盖用此義德之人, 而拯民危急者, 文王所以安天下之功, 而循其功而不敢替者, 武王之孝也 ; 任此容德之士, 而貽謀宏遠者, 文王所以遺後嗣之謀, 而循其謀而不敢違者, 武王之孝也. 用文王義德之人, 而受此丕基 ; 任文王容德之士, 而纘其丕緖, 則所謂'敬其所尊, 愛其所親'者, 非繼述之大者耶?"

99) 『書經』「虞書」〈舜典〉의 "舜임금이 말씀하시길, '契(설)이여. 백성이 서로 친하지 않으며, 五倫을 따르지 않고 있소. 그대를 司徒에 임명하노니, 공경하여 五倫의 가르침을 베풀되, 너그럽게 하시오.'"(帝曰 '契. 百姓不親, 五品不遜, 汝作司徒, 敬敷五敎, 在寬.')라는 내용을 가리킨다.

100) 『書經』「商書」〈仲虺之誥〉의 "오직 湯임금께서는 노래와 여자를 가까이하지

두 '悠' 字의 뜻이다. 舜임금에게 있어서는 하늘 아래를 두루 비추시어 바다 모퉁이 끝 백성에게까지 이르렀으며,[101] 湯임금에게 있어서는 萬邦이 (湯임금을 따라서) 다스림을 받고자 하였으니,[102] 어느 것인들 '從容하여 迫切하지 않은 道'가 아니겠는가?[103]

심재는 『중용』의 '悠遠'은 '聖人의 從容하여 迫切하지 않음'을 말한다고 풀이하고, 『서경』에서 그 사례들을 두루 원용하여 제시했다. 이렇듯 『서경』의 관계된 기록들을 원용하고 보면, 『중용』에서 논의되는 悠遠의 경지는 '실제 聖王들의 寬厚한 행적'에 바탕을 둔 것이요, 결코 '高遠한 理想'에 불과한 것이 아님을 알 수 있게 된다.

위의 세 예문은 유교의 다른 경전들을 『중용』 해석의 보조 자료로

않으시고, 재물과 이익을 불리지 않으셨으며, 德이 많은 사람에게는 힘써 벼슬을 주셨고, 功이 많은 사람에게는 힘써 賞을 주셨으며, 사람을 등용할 때는 자신과 같이 대우하시고, 허물을 고칠 때에는 인색하지 않으셨으며, 능히 너그러우시고 능히 사랑하시어, 많은 백성이 밝게 믿게 되었습니다."(惟王, 不邇聲色, 不殖貨利, 德懋懋官, 功懋懋賞, 用人惟己, 改過不吝, 克寬克仁, 彰信兆民.)라는 내용을 가리킨다.

101) 『書經』「虞書」〈益稷〉에서는 "禹가 말하기를, '그렇습니다. 舜임금님! 하늘 아래를 두루 비추시어 바다 모퉁이 끝 백성에게까지 이르도록 하시면, 나라의 여러 어진 사람들이 모두 임금님의 臣下가 되려 할 것입니다.'"(禹曰 "兪哉. 帝! 光天之下, 至于海隅蒼生, 萬邦黎獻 共惟帝臣.")라고 하였다.

102) 『書經』「商書」〈仲虺之誥〉에서는 "葛땅의 제후가 밥을 나르던 아이와 원수가 되니, 湯임금이 葛땅부터 정벌을 시작하셨다. 동쪽을 정벌하면 서쪽 오랑캐들이 원망하고, 남쪽을 정벌하면 북쪽 오랑캐들이 원망하여 '어찌하여 우리를 뒤로 미루시는가?'라고 한탄하였다. 湯임금이 가시는 곳의 백성은 온 집안이 서로 경축하며, '우리 임금님을 기다리고 있었는데, 이제야 오셔서 우리를 다시 살려주셨다'고 말하였다. 백성이 商나라를 떠받든 것은 오래된 일이다."라고 하였다. 즉 萬邦의 백성이 각자 虐政에 시달린 나머지, '너그러운(克寬)' 湯의 통치를 받고자 원하고 있었다는 말이다.

103) 『譯註 庸學辨疑』, 177-178쪽, "'徵則悠遠.' 悠字之義, 當於何考驗歟? 聖人之道, 從容不迫, 而書曰 '在寬', 又曰 '克寬'. 所謂在寬也, 克寬也, 皆是悠字之義, 而於舜則光天之下至于海隅蒼生, 於湯則萬邦從欲以治, 何莫非從容不迫之道乎?"

원용한 것이다. 이렇듯 諸經을 원용하는 것은 물론 『중용』을 폭넓고 깊이 있게 이해하기 위한 방법론이었다. 그런데 이러한 방법론은 또한 『중용』의 내용적(논리적, 사실적) 타당성을 검증해 줌으로써 『중용』의 권위를 높여주기도 하고, 또 한편으로는 유교의 여러 經典들을 유기적으로 이해하는 데 기여하기도 한다.

3) 朱子註에 대한 해설

「중용변의」의 방법론 가운데 셋째로 꼽을 수 있는 것은 '朱子註에 대한 해설'이다. 심재는 「중용변의」에서 諸家說에 대해서는 때때로 비판적인 의견을 제시했으나, 朱子註에 대해서는 절대적으로 신뢰하였다. 심재는 다만 주자의 해설이 간결하여 이해하기 어려운 곳에 대해서는 친절하게 해명하기도 하였고, 朱子註 상호 간의 내용적 연관성을 해명하기도 하였으며, 朱子註 상호 간의 미세한 차이들에 대해 변별하기도 하였다. 이제 그 예들을 살펴보기로 하자.

宋學(朱子學)의 성립에 지대하게 공헌한 사람들은 周濂溪·邵康節·張橫渠·程明道·程伊川 등 '北宋五子'였고, 특히 周濂溪는 〈太極圖說〉과 「通書」를 저술하여 宋學 태동의 단서를 제공하였다. 그런데 주자는 〈中庸章句序〉와 〈大學章句序〉에서 道統을 논하면서 北宋五子 가운데 程明道와 程伊川을 언급할 뿐 周濂溪를 언급하지는 않았다. 이에 대해 심재는 다음과 같이 설명한다.

> 〈大學章句序〉에서는 "河南程氏 兩夫子께서 나오셔서, 孟子의 傳함에 접속하게 되었다." 云云하였고, 이 〈中庸章句序〉에서는 "程夫子 兄弟께서 나오셔서, 고증할 바를 얻어서 천 년 동안 전해지지 않던 端緖를 이으셨다." 云云하였다. 程子보다 앞서 周子는 『通書』와 〈太極圖說〉 등의 글

을 지으셔서 비로소 천 년 동안 전해지지 않던 端緖를 전하셨다. 그러한즉슨, 〈中庸章句序〉와 〈大學章句序〉에서 다만 두 程子를 언급하고 周子를 언급하지 않은 것은 또한 무슨 뜻인가? 대개 河南의 두 程夫子께서는 『禮記』의 〈玉藻〉 등 여러 篇 가운데서 능히 『中庸』과 『大學』 두 部를 골라내셨으니, 表章하신 功이 『中庸』과 『大學』에 있어서 더욱 컸던 것이다. 이것이 다만 兩程을 언급하고 周子를 언급하지 않은 까닭이다.[104]

『性理大全』이나 『近思錄』 또는 퇴계의 「聖學十圖」 등이 모두 주렴계의 〈太極圖說〉로 첫머리를 장식하듯이, 주자학에서 주렴계의 위상은 확고한 것이다. 그럼에도 주자가 〈대학장구서〉나 〈중용장구서〉에서 道統을 논하면서 二程만 언급하고 周濂溪를 언급하지 않은 것에 대해, 심재는 그 까닭을 二程이 『대학』과 『중용』을 표장하였기 때문이라고 설명했다. 즉 〈대학장구서〉와 〈중용장구서〉는 『대학』과 『중용』의 서문이기 때문에 이 책들을 표장한 二程만 언급한 것이요, 周濂溪를 二程보다 낮게 평가했기 때문에 언급하지 않은 것은 결코 아니라는 말이다.

『중용장구』 제1장에서는 '戒愼恐懼'와 '愼獨'을 말했는데, 주자는 이를 각각 '天理를 보존함(存天理)'과 '人欲을 막음(遏人欲)'으로 구분하여 설명했다.[105] 이에 대해 심재는 다음과 같이 설명한다.

---

104) 『譯註 庸學辨疑』, 42-43쪽, "大學序言 '河南程氏兩夫子出, 而有以接乎孟氏之傳' 云云. 此序言 '程夫子兄弟者出, 得有所考, 以續夫千載不傳之緖' 云云. 程子之前, 周子作通書圖說等書, 始傳千載之緖, 則庸學序只言兩程, 而不言周子者, 抑何義? 盖河南夫子, 爲能拈出庸學二部於戴記玉藻等諸篇之中, 表章之功, 於庸學又有大焉. 所以只言兩程而不言周子也."

105) 주자는 '戒愼恐懼'에 대해서는 "君子之心, 常存敬畏(敬謂戒愼, 畏謂恐懼.), 雖不見聞, 亦不敢忽, 所以存天理之本然."이라 설명하였고, '愼獨'에 대해서는 "君子, 旣常戒懼, 而於此尤加謹焉, 所以遏人欲於將萌."이라고 설명하였다(『中庸章句』 제1장, 朱子註 참조).

"보지 않는 곳에서 戒愼하고, 듣지 않는 곳에서 恐懼함"106)은 곧 '홀로 있을 때에 삼감(謹獨)'의 뜻이 되는데, 朱夫子께서는 戒懼와 謹獨을 두 가지의 일로 나눈 까닭은 무엇인가? 戒懼는 存養에 해당하는 일로서 靜時의 工夫요, 謹獨은 省察에 해당하는 일로서 動時의 工夫이다. 그러한즉슨, 朱子가 두 가지 일로 나눈 것은 각각 靜을 주로 하고 動을 주로 하기 때문이다. 하물며 '보지 않고 듣지 않음'은 '나의 보지 않고 듣지 않음'이요, '홀로 있음'은 '남들이 보지 않고 듣지 않음'이니, 그 뜻이 둘로 구분되지 않을 수 없다.107)

심재는 주자가 戒愼恐懼와 愼獨(謹獨)을 둘로 나눈 까닭을 두 가지로 설명하였다. 첫째는 戒愼恐懼는 未發時의 存養 공부에 해당하

106) 經文의 "戒愼乎其所不睹 恐懼乎其所不聞"에서 '所不睹'와 '所不聞'을 우리말로 어떻게 해석할 것인가도 문제된다. 이것은 '내가 보지 않고 내가 듣지 않는 곳'으로 해석할 수도 있고, '내게 보이지 않고 내게 들리지 않는 것'으로 해석할 수도 있으며, '내가 보이지 않고 내가 들리지 않는 곳'으로 해석할 수도 있다. 『중용장구』의 朱子註만으로는 주자가 어떠한 입장을 따르는 것인지 분명하지 않다. 그런데 주자의 『中庸或問』에서는 "君子, 戒愼乎其目之所不及見, 恐懼乎其耳之所不及聞."이라 하였는바, 이는 '내가 (아직) 보지 않고 내가 (아직) 듣지 않는 곳'이라는 맥락이다. 율곡의 『中庸諺解』에서는 "그 보디 아닌 바의 戒愼하며 그 듣디 아닌 바의 恐懼하나니라"(그 보지 않는 바에 戒愼하며, 그 듣지 않는 바에 恐懼한다)라고 했는바, 이는 '내가 보지 않고 내가 듣지 않는 곳'의 맥락이다. 丁茶山은 「中庸自箴」에서 "所不睹者, 何也? 天之體也 ; 所不聞者, 何也? 天之聲也."라 하고, '보이지 않고 들리지 않는 上帝를 戒愼恐懼함'을 말한 것이라 하였는바(『與猶堂全書』 第2集 第3卷 頁4-5), 이는 '내게 보이지 않고 내게 들리지 않는 것'의 맥락이다. 한편, '戒愼恐懼'를 '愼獨'과 같은 맥락으로 보면 '내가 보이지 않고 내가 들리지 않는 곳에서 戒愼恐懼함'으로 해석할 수도 있다. 심재는 戒愼恐懼와 愼獨을 '未發時 存養'과 '已發時 省察'로 구분하고 또 보고 들음의 주체를 '나와 남'으로 구분하는 바, 이는 '내가 보지 않고 내가 듣지 않는 곳'의 맥락이다. 그리하여 本考에서는 "戒愼乎其所不睹 恐懼乎其所不聞"을 "보지 않는 곳에서 戒愼하고, 듣지 않는 곳에서 恐懼함"으로 해석하였다.

107) 『譯註 庸學辨疑』, 56-57쪽, "'戒愼不睹, 恐懼不聞.' 卽爲謹獨之意, 而朱夫子, 以戒懼謹獨, 分爲兩事者, 何也? 戒懼是存養之事, 而靜時工夫 ; 謹獨是省察之事, 而動時工夫, 則朱子分爲兩事者, 以其主乎靜, 主乎動也. 況不睹不聞者, 己之不睹不聞也, 獨者, 人之不睹不聞也. 其義不容不二耳."

고, 愼獨(謹獨)은 已發時의 省察 공부에 해당하기 때문이라는 것이다. 둘째는 戒愼恐懼는 '내가' 보지 않고 듣지 않을 때의 공부이며, 愼獨은 '남이' 보지 않고 듣지 않을 때의 공부로서 그 맥락이 다르기 때문이라는 것이다. 이렇게 구분해 놓고 보면, 戒愼恐懼와 愼獨의 차이를 명확히 알 수 있게 된다.

주자는 『중용』의 篇題를 설명할 때에는 '中'을 '치우치지도 않고 기대지도 않아서 지나침과 모자람이 없는 것'의 이름이라고 설명하고, 『중용장구』 제1장의 '喜怒哀樂之未發謂之中'에서의 '中'을 설명할 때에는 "치우침과 기댐이 없으므로 '中'이라 한다."라고 하였다. 이에 대해 심재는 다음과 같이 설명한다.

> (朱子는) "치우침과 기댐이 없으므로 '中'이라 한다."라고 하였다. '中'은 '치우치지도 않고 기대지도 않아서 지나침과 모자람이 없는 것'의 이름인데, 여기에서는 다만 '치우침과 기댐이 없음'만을 말하고 '지나침과 모자람이 없음'은 생략한 것은 무슨 까닭인가? '中'에는 '未發의 中'도 있고, '時中의 中'도 있는데, 여기에서는 '未發의 中'을 풀이한 것이다. 그러므로 '치우침과 기댐이 없음(無所偏倚)'이라는 네 글자만 홀로 거론한 것인데, 喜怒哀樂이 渾然히 그 안에 있으면서 '치우침과 기댐, 지나침과 모자람'의 差誤가 없는 것이다. 그러한즉슨, 다만 '치우침과 기댐이 없음'만을 말해도 '지나침과 모자람이 없음'이 스스로 그 안에 있는 것이다. 그 아래에서는 또 "어긋난 바가 없으므로 '和'라 한다."라고 하였으니, 이른바 '어긋난 바가 없다'라는 것이 '지나침과 모자람이 없다'라는 뜻이 아니겠는가?[108]

108) 『譯註 庸學辨疑』, 62-63쪽, "'無所偏倚, 故謂之中.' 中是不偏不倚無過不及之名, 而於此只曰 '無所偏倚', 而闕了無過不及者, 何也? 中有未發之中 ; 中有時中之中. 此乃釋未發之中, 故單擧無所偏倚四字, 而喜怒哀樂渾然在中, 未有偏倚過不及之差, 則纔說無所偏倚, 而無過不及, 自在其中也. 其下又曰 '無所乖戾, 故謂之和', 則所謂無所乖戾者, 非無過不及之義乎?"

심재는 '中'을 '未發의 中'과 '時中의 中'으로 구분하고,[109] '치우치지도 않고 기대지도 않음'은 '未發의 中'이요, '지나침과 모자람이 없음'은 '時中의 中'이라고 이해하였다. 따라서 주자가 '喜怒哀樂之未發謂之中'의 '中'을 '치우치지도 않고 기대지도 않음'으로 주석한 것은 다만 '未發의 中'을 설명한 말이라는 것이다. 한편, 주자는 '發而皆中節謂之和'의 '和'를 '어긋난 바가 없음'으로 설명했는데, '어긋난 바가 없음'은 바로 '지나침과 모자람이 없음'과 같은 뜻으로, 이것이 '已發의 和'요 '時中의 中'이라는 것이다. 심재의 설명에 의하면, 주자가 '치우치지도 않고 기대지도 않아서 지나침과 모자람이 없음'이라고 설명한 것은 '已發의 中'과 '未發의 中'을 모두 포괄해서 설명한 것이요, "치우침과 기댐이 없으므로 '中'이라 한다."라고 한 것은 다만 '未發의 中'만을 설명한 것이다. 그런데 '未發의 中'과 '時中의 中(已發의 和)'은 본래 '體·用의 관계'이므로,[110] 다만 '치우침과 기댐이 없음'만을 말해도 '지나침과 모자람이 없음'이 그 안에 포함되는 것이다. 심재의 이러한 설명을 통하여 우리는 주자의 주석이 매우 체계적이고 정합적임을 알 수 있게 된다.

주자는 '喜怒哀樂之未發謂之中'을 설명하면서 "喜怒哀樂은 '情'이요, 그것이 아직 발하지 않은 것은 '性'이다."라고 주석하였다. 여기서 '中'과 '性'의 관계가 문제 되는데, 이에 대해 심재는 다음과 같이 설명한다.

---

109) '中'을 '未發의 中'과 '時中의 中'으로 구분한 것은 본래 주자의 설명이었다(『中庸章句大全』, 篇題, 朱子小註, "朱子曰, 名篇本是取時中之中, 然所以能時中者, 蓋有那未發之中在.").

110) 『中庸章句大全』, 篇題, 新安陳氏小註, "不偏不倚, 未發之中, 以心論者也, 中之體也 ; 無過不及, 時中之中, 以事論者, 中之用也."

(朱子는) '中' 字를 풀이하면서 "(喜怒哀樂이) 아직 發하지 않은 것은 '性'이다."라고 했다. 그렇다면 '中'은 진실로 '性'이라 말할 수 있는가? '中'은 '性의 體段'을 형용한 말이니, '하늘의 둥긂'·'땅의 모남'과 같다. 그러므로 이것을 일컬어 '하늘은 둥글고 땅은 모나다'라고 하면 옳지만, '모나고 둥근 것이 天地를 다 설명하기에 충분하다'라고 한다면 옳지 못하다. 대개 喜怒哀樂 넷의 未發은 이러한 境界에 해당하니, 곧 '사람이 태어나서 고요함'[111]인 것이다. 그러한즉슨, 朱子는 이것을 가리켜 性이라 하고, 그것이 발하면 情이 된다고 한 것이니, '中'으로 '性'을 삼은 것은 아니다.[112]

심재에 의하면, '性'을 '中'이라고 하는 것은 '하늘'을 '둥글다'라고 함과 같은 맥락으로, '둥긂'이 하늘의 모양을 설명하는 말일 뿐인 것처럼 '中'도 性의 體段을 설명하는 말일 뿐이라는 것이다. 喜怒哀樂이 아직 발하지 않았을 때에는 치우침과 기댐이 없고 고요하기 때문에 '中'으로 '性의 體段'을 형용한 것일 뿐, '中'이 곧 '性'이라는 말은 아니라는 것이다.

『중용장구』 제2장에서는 "仲尼가 말하기를, 君子는 中庸에 맞게 하고, 小人은 중용과 반대로 한다."라고 하였다. 주자는 여기서의 '中庸'을 주석하면서 '精微의 極致'라고 설명하였다. 이에 대해 심재는 다음과 같이 설명한다.

---

111) 『禮記』 〈樂記〉에서는 "사람이 태어나서 고요함은 하늘이 준 本性이요, 사물에 감응하여 움직임은 本性의 欲望이다.(人生而靜, 天之性也 ; 感於物而動, 性之欲也.)"라고 했는데, 朱子學에서는 '사람이 태어나서 고요함'은 未發로서 性에 해당하고, '사물에 감응하여 움직임'은 已發로서 情에 해당한다고 설명한다.

112) 『譯註 庸學辨疑』, 65쪽, "釋中字曰 '其未發則性也.' 然則中固謂之性乎? 中所以狀性之體段, 而猶天之圓地之方, 故此謂天圓地方, 則可也. 謂方圓足以盡天地, 則不可也. 盖喜怒哀樂四者未發, 當此境界, 卽是人生而靜處, 則朱子指此爲性, 而其發則爲情也, 非以中爲性也."

(朱子는) '中庸'을 풀이하면서 "精微의 極致이다."라고 하였다. 대개 '中庸의 道'는 안에 보존하고 있으면 '한쪽으로 치우쳐 倚着하는 근심'이 없고, 밖으로 發하면 '지나침과 모자람의 잘못'이 없으니, 本分에 따라서 일이 모두 平常한 것이다. 예컨대 '天命의 性'과 '率性의 道'와 '修道의 教'가 진실로 그 가운데 있으니, 日用 사이의 허다한 道理가 이로부터 나온다. 그러한즉슨, 이것이 어찌 '精微의 極致'가 아니겠는가?113)

위에서 '안에 보존하고 있으면 한쪽으로 치우쳐 倚着하는 근심이 없다'라는 것은 '未發의 中'을 설명한 것이고, '밖으로 發하면 지나침과 모자람의 잘못이 없다'라는 것은 '已發의 和'를 설명한 것이다. 즉 '中庸'은 '未發의 中'과 '已發의 和'를 포괄하는 것으로, 그 가운데 '天命의 性'과 '率性의 道'와 '修道의 教'를 모두 머금고 있어서, 日常의 허다한 道理가 모두 '中庸'으로부터 도출되기 때문에 '精微의 極致'라고 했다는 것이다.

『중용장구』 제25장에서는 "誠은 스스로 이루어지는 것이요, 道는 스스로 행해야만 하는 것이다."114)라고 하였다. 이에 대해 朱子가 "誠은 心으로 말한 것으로, 本이요, 道는 理로 말한 것으로, 用이다."115)라고 주석한 것을 두고, 심재는 다음과 같이 설명한다.

朱子는 "誠은 心으로 말하는 것이니, 本이며, 道는 理로 말하는 것이니, 用이다."라고 주석했는데, '體'라고 말하지 않고 '本'이라고 말한 것은 무슨 까닭인가? 만약 '體'와 '用'으로 말했으면, 이는 內·外와 動·靜이 서로

113) 『譯註 庸學辨疑』, 69-70쪽, "釋中庸曰 '精微之極致也.' 盖中庸之道, 存諸中, 未有倚着一偏之患 ; 發於外, 未有過與不及之差, 循乎本分, 事皆平常. 如天命之性, 率性之道, 修道之教, 亶在其中, 而日用間許多道理, 從此出焉, 則豈非精微之極致乎?"

114) 『中庸章句』 제25장, "誠者, 自成也 ; 而道, 自道也."

115) 『中庸章句』 제25장, 朱子註, "誠以心言, 本也 ; 道以理言, 用也."

대등하게 대립하여, '誠의 중요함'을 볼 수 없게 된다. 반드시 '本'과 '用'으로 말하면, 이는 內·外와 動·靜이 서로 대립하지 않아, 바야흐로 '誠의 중요함'을 볼 수 있게 된다. 그러한즉슨, '本'이라 말하고 '體'라고 말하지 않은 것은 '誠이 重要함'을 밝히기 위한 것이었다.[116]

어찌하여 '誠'에 대해서는 반드시 '心'과 '本'으로 말하고, '道'에 대해서는 반드시 '理'와 '用'으로 말한 것인가? 誠은 心으로, 本이 되는 까닭은 心이 이 實理를 갖추고 있기 때문이요, 道는 理로, 用이 되는 까닭은 道는 이 實理를 운행하기 때문이다. 대개 사람들은 '자신을 완성함(成己)'을 원하면 반드시 眞實無妄한 마음으로부터 시작하니, 그러므로 "誠은 心으로 말한 것으로, 本이다(誠以心言, 本也.)."라고 말한 것이다. 이 本이 있으면 道를 행할 수 있으니, 그러므로 "道는 理로 말한 것으로, 用이다(道以理言, 用也.)."라고 말한 것이다. 그러한즉슨 '誠은 心으로 말한다'라는 것은 衆理를 管攝하는 곳에 나아가 心을 말한 것이요, '道는 理로 말한다'라는 것은 事物에 흩어져 있는 것에 나아가 理를 말한 것이다. 衆理를 管攝하는 곳에 나아가 心을 말하면 '本'이라 하고, 事物에 흩어져 있는 것에 나아가 理를 말하면 '用'이라 한다.[117]

위의 첫째 인용문은 주자가 '誠과 道'를 '體와 用'으로 대비하지 않고 '本과 用'으로 대비한 까닭을 설명한 것이다. 심재에 의하면 '體와 用'은 서로 대등한 개념인바, 그리하여 주자는 '誠이 道보다 중요함'

116) 『譯註 庸學辨疑』, 169쪽, "朱子曰 '誠以心言, 本也 ; 道以理言, 用也.' 不曰體, 而曰本者, 何也? 若曰體用, 則是內外動靜相敵對, 而不見誠之重處也. 必曰本用, 則是內外動靜不相對, 而方見誠之重處也, 則言本而不言體者, 以明夫誠爲重也."

117) 『譯註 庸學辨疑』, 170-171쪽, "何其於誠, 而必以心與本言之 ; 於道, 而必以理與用言之耶? 誠以心而爲本者, 心具此實理也 ; 道以理而爲用者, 道行此實理也 ; 盖人欲成己, 則必自其眞實無妄之心, 故曰 '誠以心言, 本也.' ; 有是本, 則可以行道, 故曰 '道以理言, 用也.' 則誠以心言之者, 是就管攝衆理處說心也 ; 道以理言之者, 是就散在事物處說理也. 就管攝衆理處說心, 則謂之本也 ; 就散在事物處說理, 則謂之用也."

을 밝히고자 '本과 用'으로 설명했다는 것이다. 둘째 인용문은 주자가 '誠과 道'를 '本과 用'뿐만 아니라 '心과 理'로 대비한 까닭을 논한 것이다. 우선 주자의 '誠은 心으로 말한 것'이라 함은, '誠者 自成'에서의 '誠'은 '實理의 誠'과 '實心의 誠' 가운데 '實心의 誠'을 뜻한다는 것이다. 심재는 心은 實理를 갖추고 管攝하는 것이라 하였는데, 이것은 '心統性情'을 설명한 것이다.[118] 心은 性·情을 갖추고 管攝하는 주체이기 때문에, 心을 眞實無妄하게 하는 것이 萬事를 성공할 수 있는 根本이다. 그리하여 심재는 "자신을 완성함(成己)을 원하면 반드시 眞實無妄한 마음으로부터 시작한다."라고 하였는데, 이러한 맥락에서 誠(實心)은 萬事의 根本(本)이 된다는 것이다. 심재는 주자가 "道는 理로 말한 것으로, 用이다."라고 한 것에 대해서는 "이 本이 있으면 道를 행할 수 있기 때문"이라고 설명하였다. 여기서의 '本'은 물론 '만사를 성공시킬 수 있는 根本'인 '實心'을 말할 것이다.[119] 심재에 의하면 道(理)는 實心에 의해서 운용되는 대상이라는 것이요, 이것이 또한 앞에서 언급한 '心統性情'의 뜻이기도 하였다. 이상의 내용을 요약하자면, 주자가 '誠과 道'를 '心과 理' 및 '本과 用'으로 대비한 것을 심재는 '實心은 道를 成功的으로 運用하는 根本이요, 道는 實心에 의해 運用되는 대상임을 말한 것'이라고 설명한 것이다.

『중용장구』 제26장의 經文에서 "博厚는 사물을 실어주는 것이요,

---

118) '心統性情'에 대해서는 本考의 제5장에서 자세히 논의하기로 하자.

119) 주자학에서의 '本'은 '本具論의 本'과 '本末論의 本'으로 대별된다. 주자는 '理와 氣'를 '本과 具'로 설명한 바 있는데(『朱子大全』 卷58 頁5, 〈答黃道夫〉, "天地之間, 有理有氣. 理也者, 形而上之道也, 生物之本也 ; 氣也者, 形而下之器也, 生物之具也.") 여기에서의 '本'은 '氣(具)의 운동의 표준'이라는 뜻이다. 또 주자는 '修己와 治人'을 '本과 末'로 설명한 바 있는데, 여기에서의 '本'은 '根本'이라는 뜻이다(이에 대한 자세한 논의는 이상익, 『朱子學의 길』, 심산, 2007, 139-141쪽 참조). 주자가 誠(實心)을 '本'이라 한 것은 本末論의 맥락에 해당하는 것이다.

高明은 사물을 덮어주는 것이며, 悠久는 사물을 이루어주는 것이다."[120]라고 한 것에 대해서 朱子는 "이것은 聖人은 天地와 그 쓰임을 같이함을 말한 것(此言聖人與天地同用)"이라 주석하였고, 經文에서 "博厚는 땅과 짝하고, 高明은 하늘과 짝하며, 悠久는 끝이 없다."[121]라고 한 것에 대해서는 朱子는 "이것은 聖人은 天地와 그 본체를 같이함을 말한 것(此言聖人與天地同體)"이라고 주석하였다. 이에 대해 심재는 다음과 같이 변별한다.

> 章句에서는 한번은 "聖人은 天地와 그 쓰임을 같이 한다(聖人與天地同用)."라고 하고, 한번은 "聖人은 天地와 그 본체를 같이 한다(聖人與天地同體)."라고 했는데, 그 뜻을 설명할 수 있겠는가? 그 '쓰임을 같이한다(同用)'라는 것은 덮어주고 실어주고 이루어주는 것이 저절로 萬物에 미침을 말하니, '功'이라 이른다. '본체를 같이한다(同體)'라는 것은 高明·博厚·悠久가 渾然至實함을 말하니, '德'이라 이른다. 덮어주고 실어주고 이루어주는 때에 이미 高明·博厚·悠久의 體가 있고, 高明·博厚·悠久의 때에 이미 덮어주고 실어주고 이루어주는 用이 있으니, 用을 말함에 體가 일찍이 떠난 적이 없으며, 體를 말함에 用이 일찍이 포함되지 않은 적이 없다.[122]

'덮어주고, 실어주고, 이루어줌'은 '用'에 해당한다. 그런데 聖人의 '덮어주고, 실어주고, 이루어줌'은 저절로 '萬物에까지' 미치므로 "聖人은 天地와 그 쓰임을 같이한다."라고 말한다는 것이다. '(땅과) 짝

120) 『中庸章句』 제26장, "博厚, 所以載物也；高明, 所以覆物也；悠久, 所以成物也."

121) 『中庸章句』 제26장, "博厚, 配地；高明, 配天；悠久, 無疆."

122) 『譯註 庸學辨疑』, 182-183쪽, "章句, 一則曰 '聖人與天地同用.'；一則曰 '聖人與天地同體.' 其義亦可言之乎? 同用是說覆載成之自然及物, 而謂之功也；同體是說高厚久之渾然至實, 而謂之德也. 覆載成之時, 已有高厚久之體；高厚久之時, 已有覆載成之用, 則言用而體未嘗相離也, 言體而用未嘗不包也."

하고, (하늘과) 짝하며, (끝이) 없음'은 '體'에 해당한다. 그런데 聖人의 體는 땅과 짝하고, 하늘과 짝하며, 끝이 없을 만큼 '渾然至實'하기 때문에 "聖人은 天地와 그 본체를 같이한다."라고 말한다는 것이다. 심재는 이처럼 '聖人은 天地와 體·用을 함께 함'을 설명하고, 體用一源의 논리로 體·用의 相涵性을 설명하였다.

주자는 『중용장구』 제22장의 주석에서는 "人·物의 本性이 또한 나의 本性이다."[123]라고 했는바, 이는 '人性과 物性은 같다'라는 주장으로 볼 수 있다. 그런데 주자는 『孟子集註』에서는 "仁義禮智를 稟受함이 어찌 萬物이 완전히 얻을 수 있겠는가?"[124]라고 했는바, 이는 '人性과 物性은 다르다'라는 주장으로 볼 수 있다. 이처럼 주자의 견해가 人物性同論으로 해석될 수도 있고, 人物性異論으로 해석될 수도 있는 점에 대해, 심재는 다음과 같이 해명한다.

> 章句에서는 "人·物의 本性이 또한 나의 本性이다."라고 했으니, 이것은 '사람의 본성(人性)'과 '만물의 본성(物性)'이 같음을 말한다. 『孟子集註』에서는 "仁義禮智를 稟受함이 어찌 萬物이 완전히 얻을 수 있겠는가?"라고 했으니, 이것은 '人性'과 '物性'이 다름을 말한다. 이처럼 두 설명이 서로 모순되는 것은 무슨 까닭인가? 性에는 '本然之性'도 있고, '氣質之性'도 있다. '性에는 人·物의 다름이 없다'라고 함은 '本然之性'으로 말하는 것이요, '性에는 偏·全의 구분이 있다'라고 함은 '氣質之性'으로 말하는 것이니, 말에 각각 가리키는 바의 다름이 있는 것이다.[125]

---

123) 『中庸章句』 제22장, 朱子註 "人物之性, 亦我之性."

124) 『孟子集註』 告子上 제3장, 朱子註, "人物之生, 莫不有是性, 亦莫不有是氣. 然以氣言之, 則知覺運動, 人與物若不異也 ; 以理言之, 則仁義禮智之稟, 豈物之所得而全哉? 此人之性, 所以無不善, 而爲萬物之靈也."

125) 『譯註 庸學辨疑』, 162-163쪽, "章句曰 '人物之性, 亦我之性.' 此人物之性所同也 ; 孟子集註曰 '仁義禮智之稟, 豈物之所得而全哉?' 此人物之性不同也. 二說自相牴牾, 何也? 性有本然之性, 有氣質之性, 而性無人物之殊, 則以本然言也 ; 性有偏全之分, 則以氣質言也. 語固各有所指之不同耳."

위에서 '性에는 偏·全의 구분이 있다'라는 말은 '人性은 완전하나, 物性은 한쪽으로 치우쳐 불완전하다'라는 말로서, '人性과 物性이 다르다'라는 말이다. 심재는 『중용장구』의 주석은 '本然之性'을 말한 것이요, 『맹자집주』의 주석은 '氣質之性'을 말한 것으로서, 양자는 서로 가리키는 바가 다르므로 서로 모순되는 것이 아니라고 설명하였다. 本然之性으로 말하자면 人·物이 같고, 氣質之性으로 말하자면 人·物이 다르다는 것은 '人性과 物性의 同·異 문제'에 대한 성리학자들의 일반적 설명 방식이기도 하다.

이상에서 심재가 朱子註를 해설한 예들을 살펴보았거니와, 朱子註에 대한 심재의 해설에 대해 다음과 같은 세 가지 의미를 부여할 수 있다. 첫째는 朱子註를 더욱 자세하고 명료하게 이해할 수 있도록 도와준다는 점이다. 둘째는 朱子註 자체가 본래 매우 精密한 것임을 再認識하게 해준다는 점이다. 셋째는 朱子註의 권위를 높이는 데 크게 이바지한다는 점이다. 우리가 朱子註를 자세하고 정확하게 이해하고, 朱子註 자체가 매우 정밀한 것임을 재인식한다면, 결과적으로 우리는 朱子註에 대해 한층 더 높은 권위를 부여하게 될 것이기 때문이다.

4) 諸家說에 대한 해설과 비판

「중용변의」의 방법론 가운데 넷째로 꼽을 수 있는 것은 '諸家說에 대한 해설과 비판'이다. 심재는 諸家說을 해설함에는, 朱子說에 대해서는 절대적으로 尊信한 것과 달리, 때때로 비판적인 의견을 제시하기도 하였다. 이제 그 例들을 살펴보기로 하자.

程明道는 『중용장구』 제12장의 '솔개는 하늘을 날고, 물고기는 연못에서 뛰논다(鳶飛戾天, 魚躍于淵.)'라는 말을 거론하면서 이것은 『맹자』의 "반드시 일삼음이 있되 期必하지 마라."[126]라는 뜻과 같게 活潑潑하다고 하였다.[127] 이에 대해 심재는 다음과 같이 해설한다.

대개 '솔개가 날고 물고기가 뛰노는 것(鳶飛魚躍)'은 道體의 自然한 妙요, '잊지도 말고 조장하지도 말라(勿忘勿助長)'는 學者가 工夫하는 내용인데, 程子가 둘을 견주어 동일하게 여긴 까닭은 무엇인가? 다만, 뜻을 붙이면(집착하면) 문득 期必하고 助長하는 것이며, 다만 뜻을 붙이지 않으면 문득 잊어버리는 것이다. '기필하지 말고(勿正), 잊지도 말며(勿忘), 조장하지도 말라(勿助長)'는 것은 '뜻을 붙이지 않음(非着意)과 뜻을 붙이지 않는 것이 아님(非不着意)의 사이'에 있는 것이다. 그러한즉슨, '솔개와 물고기의 理'는 어찌 여기에 있지 않겠는가? 무릇 솔개가 날고 물고기가 뛰노는 것은 '天理의 自然'이요, '잊지도 말고 助長하지도 말라'라는 것은 '人事의 自然'이다. 道의 體·用이 流行發見하여 天地에 가득 참이 비록 조그만 틈이나 잠시의 쉼도 없지만, 그것이 사람의 日用의 사이에 있어서는 애초에 이 마음을 벗어나지 않는다. 그러므로 반드시 이 마음이 있은 다음에 바야흐로 그 全體가 드러나고 妙用이 顯行하여 엉기고 막힘이 없는 것을 볼 수 있다. 그러한 즉, 程子가 '同一하게 活潑潑하다'고 여긴 것은 다만 '天理와 人事의 自然으로서, 그 사이에 私意를 용납하지 않음'을 취한 것이다.[128]

---

126) 孟子는 '浩然之氣'를 기르는 방법으로 "반드시 일삼음이 있되, 期必하지 말고, 잊지도 말며, 助長하지도 말라(必有事焉而勿正, 心勿忘, 勿助長.)"고 설명한 바 있다(『孟子』 公孫丑上 제2장 참조).

127) 『程氏遺書』 卷3(謝顯道記憶平日語) 頁1, "'鳶飛戾天, 魚躍于淵, 言其上下察也.' 此一段子思喫緊爲人處, 與必有事焉而勿正心之意, 同活潑潑地. 會得時, 活潑潑地 ; 不會得時, 只是弄精神."

128) 『譯註 庸學辨疑』, 99-100쪽, "程明道擧鳶飛魚躍, 此與必有事焉而勿正心之意, 同一活潑潑. 盖鳶飛魚躍, 道體自然之妙也 ; 勿忘勿助, 學者下工夫處也. 程子比而同之者, 何也? 纔着意, 便是正助 ; 纔不着意, 便是遺忘. 而勿正勿忘勿助, 在於非着意非不着意之間, 則鳶魚之理, 豈不在於是乎? 夫鳶魚之飛躍, 天理之自然也 ; 勿忘勿助長, 人事之自然也. 道之體用, 流行發見, 充塞天地, 雖未

심재는 맹자의 '勿忘勿助長'을 '뜻을 붙이지 않음(非着意)'과 '뜻을 붙이지 않는 것이 아님(非不着意)' 사이의 '中庸'을 추구한 것인바, 이는 '私意를 배제함'으로써 '人事의 自然'을 도모한 것이라고 설명하였다. 한편 '鳶飛魚躍'은 '道體의 自然스러운 流行'을 묘사한 말이라는 것이다. 따라서 '鳶飛魚躍'은 '道體의 流行'을 말한 것이요 '勿忘勿助長'은 '學者의 工夫'를 말한 것이라는 점에서는 구분되지만, '意志的 作爲'를 배제하고 '活潑潑한 自然'을 추구한 점에서는 양자가 같은 맥락이라는 것이요, 그러므로 정자는 '同一하게 活潑潑하다'고 설명했다는 것이다.[129)]

『중용장구』 제29장에서는 "(君子가) 行함에 세상에서 天下의 法度로 삼으며, 말함에 세상에서 天下의 準則으로 삼는다."[130)]라고 했는바, 이에 대해 三山潘氏는 "行은 이루어진 자취가 있기 때문에 法度로 본받을 수 있으나, 말은 다만 그 理가 이와 같음을 말한 것으로서 근거할 수 있는 事迹이 없으므로 사람들은 그것을 準則으로 삼는 것이다."[131)]라고 설명한 바 있다. 이에 대해 심재는 다음과 같이 설명한다.

嘗有一毫之空闕, 一息之間斷, 而其在人之日用之間, 則初不外乎此心, 故必此心之存而後, 方見其全體呈露, 妙用顯行, 無所滯礙, 則程子以爲同一活潑潑者, 只取其天理人事之自然, 而不容私意於其間也."

129) 주자는 '私欲'이란 '天理의 活潑潑한 流行을 방해하는 것'이라고 설명한 바 있다(『論語集註大全』 子罕 16, 朱子小註, "天理流行之際, 如少有私欲而間之, 便如水被些障塞, 不得恁地滔滔流去."). 儒學에서 '私欲'을 비판하는 궁극적 이유는 그것이 '天理의 自然스럽고 活潑潑한 流行'을 방해한다고 인식했기 때문이다. 심재는 맹자의 '勿忘勿助長'을 '私意의 배제'로 이해하고, '私意를 배제하고 活潑潑한 流行을 도모함'이라는 점에서 '勿忘勿助長'은 '鳶飛魚躍'과 맥락을 같이한다고 설명한 것이다.

130) 『中庸章句』 제29장, "行而世爲天下法 ; 言而世爲天下則."

131) 『中庸章句大全』 제29장, 三山潘氏小註, "行有成迹, 故可效法 ; 言只言其理如此, 未有事迹可據, 故人準則之."

대개 말은 행동의 겉이요, 행동은 말의 實質이다. 행동은 '자취'로 말하는 것으로, 근거할 수 있는 일이 있으니, 사람들이 모두 그것을 '法'으로 삼는 것이다. 말은 '理'로 말하는 것으로, 볼 수 있는 자취가 없으니, 사람들은 다만 그것을 '則'으로 삼는 것이다. 그러한 즉, '法'과 '則'을 '行'과 '言'에서 구분한 까닭은, 대개 '行'은 '이미 행한 일(已行之事)'이요 '法'은 '法度'에 나아가 말하는 것이며, '言'은 '이루어지지 않은 일(未成之事)'이요 '則'은 '準則'에 나아가 말하는 것이기 때문이다.132)

심재에 의하면, '행동'은 이미 성취된 자취가 있으므로, 군자의 행동에 대해서는 사람들이 法度로 삼아 본받을 수 있다. 그러나 '말'은 자취는 없고 이치만 있는 것이므로, 군자의 말에 대해서는 사람들이 다만 準則으로 삼게 된다는 설명이다. 위의 설명을 통해 '行'은 '자취'로 말하는 것으로서 '본받음의 대상이 된다'는 것과 '言'은 '이치'로 말하는 것으로서 '準則이 된다'는 것을 구별할 수 있게 된다.

『중용장구』 제27장에서는 "윗자리에 있으면서는 교만하지 않고, 아랫자리에 있으면서는 배반하지 않는다. 나라에 道가 있을 때에는 그 發言이 족히 興起시킬 수 있고, 나라에 도가 없을 때에는 그 沈默이 족히 容納될 수 있다."라고 하고, 이어서 『詩經』을 인용하여 "이미 밝고 또 밝아 그 몸을 보존한다."라고 했다.133) 이에 대해 新安陳氏는 '나라에 道가 없을 때 그 침묵이 사람들에게 족히 용납됨'을 '明哲保身'으로 간주하였는바,134) 이에 대해 심재는 다음과 같이 비판

132) 『譯註 庸學辨疑』, 204쪽, "盖言者, 行之表也 ; 行者, 言之實也. 行以迹言之, 而有事可據, 則人皆法之也 ; 言以理言之, 而無迹可見, 則人只則之也. 然則分法則於行與言者, 盖以行是已行之事, 而法就法度上說 ; 言是未成之事, 而則就準則上說."

133) 『中庸章句』 제27장, "居上不驕, 爲下不倍. 國有道, 其言足以興 ; 國無道, 其默足以容. 詩曰 '旣明且哲, 以保其身.' 其此之謂與!"

134) 『中庸章句大全』 제27장, 新安陳氏小註, "引詩以證無道默容, 子思其亦有感於所逢之時, 而有是言歟!"

한다.

> '밝고 밝아 몸을 보존함(明哲保身)'은 다만 '침묵이 용납됨'에 그치는 것이 아니다. 대개 '(윗자리에 있을 때) 교만하지 않음'과 '(아랫자리에 있을 때) 배반하지 않음' 또한 明哲保身의 道이며, '(나라에 道가 있을 때 그 발언이 사람들을) 족히 興起시킴'과 '(나라에 道가 없을 때 그 침묵이 사람들에게) 족히 용납됨' 또한 明哲保身의 일이다. 그러한 즉, 子思께서 詩를 인용한 까닭은 上文의 '교만하지 않음'·'배반하지 않음'과 '족히 興起시킴'·'족히 용납됨'을 통틀어 증명하고자 한 것이니, 그러므로 "그것은 이것을 말함일 것이다."라고 결론을 맺은 것이다. 따라서 陳氏가 오로지 '(나라에 道가 없을 때) 그 침묵이 사람들에게 족히 용납됨'을 '明哲保身'으로 삼은 것은 道理에 완전하지 못한 것 같다.[135]

심재에 의하면, 新安陳氏가 '나라에 道가 없을 때 그 침묵이 사람들에게 족히 용납됨'만을 '明哲保身'으로 간주한 것은 '明哲保身'에 대한 협애한 해석이라는 것이다. 심재는 '윗자리에 있을 때 교만하지 않음'과 '아랫자리에 있을 때 배반하지 않음' 또한 明哲保身의 道이며, '나라에 道가 있을 때 그 발언이 사람들을 족히 興起시킴' 또한 明哲保身의 道라고 설명하였다. 이는 『中庸』의 經文에서 『詩經』의 "이미 밝고 또 밝아 그 몸을 보존한다."라는 구절을 인용한 다음 "그것은 이것을 말함일 것이다."라고 결론을 맺은 것으로 분명히 알 수 있다는 것이다. "그것은 이것을 말함일 것이다."라는 구절에서, '그것'은 "이미 밝고 또 밝아 그 몸을 보존한다."라는 구절을 지칭하고, '이

135) 『譯註 庸學辨疑』, 193-194쪽, "明哲保身, 不但止於默容而已. 盖不驕不倍, 是亦明哲保身之道也, 足興足容, 是亦明哲保身之事也, 則子思所以引詩者, 是通證上文不驕不倍足興足容, 故結之曰 '其此之謂與', 而陳氏專以默容爲保身, 則於道理, 似不全矣."

것'은 '윗자리에 있을 때 교만하지 않음'과 '아랫자리에 있을 때 배반하지 않음' 및 '나라에 道가 있을 때 그 발언이 사람들을 족히 興起시킴'과 '나라에 道가 없을 때 그 침묵이 사람들에게 족히 용납됨'의 네 구절을 모두 지칭할 것인바, 이렇게 본다면 심재의 설명이 타당함을 알 수 있겠다.

『중용장구』 제30장에서 "仲尼는 堯·舜을 祖述하고, 文·武를 憲章으로 삼았으며, 위로는 天時를 본받고, 아래로는 水土를 바탕으로 삼았다."[136]라고 한 것에 대해, 朱子는 "모두 內·外를 겸하고, 本·末을 포함해 말한 것이다."라고 주석했다. 이에 대해 潛室陳氏는 "세밀한 道理는 本이 되고 內가 되나, 거친 道理는 末이 되고 外가 된다."[137] 라고 풀이했는데, 이에 대해 심재는 다음과 같이 비판한다.

> 대개 세밀한 도리는 비록 本이 되고 內가 된다고 말하나, 어찌 末이 되고 外가 됨이 없겠는가? 거친 道理는 비록 末이 되고 外가 된다고 말하나, 어찌 本이 되고 內가 됨이 없겠는가? 道理의 거침과 세밀함을 막론하고, 모두 內·外를 겸하고 本·末을 포함하여 말하는 것이다.[138]

심재는 주자가 말하는 '內·外와 本·末'은 '세밀함·거침'과는 맥락이 다른 것이라고 본다. 주자는 『중용장구』 제30장의 주석에서 "모두 內·外를 겸하고, 本·末을 포함해 말한 것"이라고만 말했을 뿐 더 이상의 구체적 설명이 없기에, 주자가 말하는 '內·外와 本·末'이 무

136) 『中庸章句』 제30장, "仲尼, 祖述堯舜, 憲章文武, 上律天時, 下襲水土."

137) 『中庸章句』 제30장, 潛室陳氏小註, "細底道理, 爲本爲內 ; 麤底道理, 爲末爲外."

138) 『譯註 庸學辨疑』, 207쪽, "蓋細底道理, 雖曰爲本爲內, 而豈無爲末爲外乎? 麤底道理, 雖曰爲末爲外, 而豈無爲本爲內乎? 無論道理之麤細, 皆兼內外, 該本末而言."

엇을 지칭하는지는 알기 어렵다.[139] 다만 『중용장구』 제25장에서 '成己'와 '成物'을 '誠'으로 종합하고 '誠'을 '合內外之道'라고 한 것을 두고 볼 때,[140] 그리고 『대학』에서 '修己와 治人'을 '本·末'의 관계로 규정하는 것을 두고 볼 때, '內·本'은 '成己·修己'를 지칭하고, '外·末'은 '成物·治人'을 지칭한다고 추론해 볼 수 있겠다. 이와 같은 추론이 타당하다고 전제한다면, '成己'와 '成物' 또는 '修己와 治人'을 '세밀함과 거침'으로 구분하는 논법은 타당하지 않다. '成己와 修己'도 그 '大綱'만을 논한다면 '거친 道理'가 되며, '成物과 治人'도 그 '자세한 條目'을 논한다면 '세밀한 도리'가 되기 때문이다.

3. 『中庸』의 주요 句節에 대한 해석

이상에서 심재의 '『중용』의 체계에 대한 이해'와 '「중용변의」의 방법론'에 대해 살펴보았거니와, 이를 통해 심재의 『중용』에 대한 해석도 거의 그 윤곽이 드러나게 되었다. 이제 마지막으로, 지금까지의 논의에 포함되지 않았던 『중용』의 주요 개념이나 구절에 대한 심재의 해석을 살펴보기로 하자.

1) '未發'과 '中'의 관계

『중용장구』 제1장에서는 '未發'과 '中'을 말했는데, 이를 두고 종종

139) 『朱子語類』의 『中庸章句』 제30장 해설 부분이나 『中庸或問』에도 '內·外와 本·末'에 대한 더 이상의 설명은 보이지 않는다.

140) 『中庸章句』 제25장, "誠者, 非自成己而已也, 所以成物也. 成己, 仁也, 成物, 知也, 性之德也, 合內外之道也, 時措之宜也."

야기된 論題의 하나는 '凡人도 聖人과 마찬가지로 未發의 氣象을 지니는가?'라는 문제였다. 凡人도 聖人과 마찬가지로 未發의 氣象을 지닌다고 한다면, 凡人과 聖人의 차이는 다만 현상(已發)의 차원에 불과한 것이 되니, 未發時 存養工夫의 필요성이 사라진다. 그렇다면 凡人이 과연 存養工夫 없이 已發의 和를 이룰 수 있겠는가? 한편, 凡人은 未發의 氣象이 없다고 한다면, 『중용』에서는 '未發의 中은 天下의 大本'이라고 했는데, 凡人은 大本이 없는가? 이러한 맥락에서, 이 문제는 실로 중요하면서도 곤혹스러운 논제였거니와, 이에 대해 심재는 다음과 같이 설명한다.

> 喜怒哀樂이 아직 발하지 않은 '中'은 聖賢에 있어서는 진실로 그렇겠거니와, 衆人에게 있어서도 또한 '未發의 氣象'이 있는 것인가? "사람은 天地의 中을 받아서 태어났다."라고 하였으니, 聖人과 衆人을 막론하고 저 '未發의 中'을 지니지 않은 사람이 없다. 그러므로 『朱子語類』에서는 "未發의 中은 다만 보편적으로 논하는 것이니, 衆人 또한 聖人과 一般이다." 라고 하였다. 이것을 보면 衆人 또한 '未發의 氣象'이 있는 것이다. 그러나 聖賢에 있어서는 喜怒哀樂의 未發이 진실로 '未發의 中'이 되나, 衆人에게 있어서는 또한 '어둡고 달아나는 잘못'이 없을 수 없으니 '未發'이 될 수 없는 것이다. 그러므로 張南軒은 "衆人은 未發의 때가 없다."라고 말한 것인데, 朱子는 "이 말은 賢·愚의 사이를 분별한 것이 너무 심한 것 같다."라고 말한 것이다. 그런데 이른바 '없다'는 것은 '본래 이 理가 없다'라는 말이 아니요, 다만 '物欲이 서로 끌어당겨, 다시는 맑고 고요한 때가 없다'라는 말이다. 이것으로 미루어 본다면, 衆人이 비록 '未發의 中'이 있다고 하더라도, 어찌 聖人과 一般일 수 있겠는가?141)

141) 『譯註 庸學辨疑』, 61-62쪽, "喜怒哀樂未發之中, 在聖賢則固然, 而在衆人, 亦有未發底氣象乎? 人受天地之中以生, 則無論聖人與衆人, 莫不有這箇未發之中也, 故語類曰 '未發之中, 只是泛論, 衆人亦與聖人都一般.' 觀乎此, 則衆人亦有未發底氣象. 然在聖賢, 則喜怒哀樂未發, 固是爲未發之中, 而在衆人, 則

위의 인용문에서 심재는 朱子와 張南軒의 대립한 견해를 소개하고, 자신의 관점에서 양자를 지양시켰다. 주자는 '凡人도 聖人과 마찬가지로 未發의 氣象을 지닌다'라고 주장했는데, 이는 '凡人에게도 大本이 없을 수 없다'라는 점을 분명히 하기 위함이었다.[142] 반면에 張南軒은 '衆人은 未發의 때가 없다'라고 주장했거니와, 이는 未發時에 이미 '마음이 어둡고 物欲에 이끌리는' 凡人의 현실을 지적한 것이다.

심재는 '聖人이나 凡人이 모두 大本을 함께 한다'라는 입장에서는 '凡人도 未發의 氣象을 지닌다'라고 설명하였고, '聖人과 凡人의 차이를 인정하지 않을 수 없다'라는 입장에서는 '聖人의 미발기상과 凡人의 미발기상 사이에는 質的인 차이가 존재한다'라고 설명했다. 요컨대 聖人이나 凡人이 모두 未發의 氣象을 지니고 있지만, 聖人은 미발시에 마음이 밝고 고요하나, 凡人은 미발시에도 마음이 어둡고 혼란스럽다는 것이다. 그렇다면 凡人의 경우 未發時 存養工夫를 통한 大本의 확립이 긴요한 과제로 설정되는 것이다.[143]

亦不能無昏昧放逸之失, 而不得謂未發矣. 是故, 張南軒以爲衆人無未發之時, 朱子謂此語分別賢愚之間 似太甚. 然所謂無者, 非謂本無此理, 但物欲交引, 無復澄靜之時耳. 以此推之, 則衆人雖有未發之中, 豈與聖人一般也?"

142) 『朱子語類』 卷62(중화서국본 1508쪽) : 喜怒哀樂未發之中, 未是論聖人, 只是泛論衆人亦有此, 與聖人都一般. 或曰 "恐衆人未發, 與聖人異否?" 曰 "未發只做得未發. 不然, 是無大本, 道理絶了."

143) 심재의 이러한 설명은 조선 후기 성리학자들의 일반론과 궤를 같이하는 것이다. 조선 후기의 湖洛論爭에서는 '未發과 中의 문제'가 장황하게 논의되었는데, 湖論이나 洛論이 모두 未發을 두 차원으로 구분하여(中底未發과 不中底未發, 또는 本然之心과 氣質之心), 聖人과 凡人 사이의 同·異를 설명했던 것이다(이상익, 『畿湖性理學硏究』, 한울, 1998, 제6장 참조).

2) '中和'와 '中庸'의 同異

『중용장구』 제1장에서는 '中和'를 말하고, 제2장에서는 '中庸'을 말했거니와, 이 中和와 中庸의 同·異 또한 중요한 논제 가운데 하나였다. 주자는 '中和'와 '中庸'의 차이에 대해, 游氏의 "性情으로 말하면 '中和'라 하고, 德行으로 말하면 '中庸'이라 한다."라는 설명을 소개하고, 그렇지만 "中庸 가운데 中和의 뜻이 포함되어 있다."라고 설명한 바 있다.[144] 한편, 雙峰饒氏는 "'中和를 이룸'은 戒懼愼獨을 통해 性情을 涵養하려는 것이요, '中庸을 실천함'은 擇善固執을 통해 事理에 부합하려는 것이니, 양자는 內·外가 서로 길러주는 방도이다."[145]라고 하여, '中和와 中庸'을 '內·外'로 구분하는 입장을 취하였다. 이에 대해 栗谷은 "무릇 大本과 達道는 性情에 속하고, 大本을 세우고 達道를 행함은 德行에 속한다. 만약 '大本을 세움'을 '안을 기름'이라 하고, '達道를 행함'을 '밖을 기름'이라 한다면 옳다고 하겠다. 그런데 지금 '中和를 이룸'을 '안을 기름'이라고 한다면, 이는 '大本을 세움'과 '達道를 행함'을 모두 '안을 기름'으로 여기는 것이니, 이것 외에 또 어찌 '中庸을 실천함'의 공부가 있겠는가?"[146]라고 하여, 雙峰饒氏의 견해를 부당하다고 비판한 바 있다. 그런데 심재는 雙峰饒氏의 견해를 옹호하면서 다음과 같이 말한다.

---

144) 『中庸章句』 제2장, 章下註, "游氏曰 '以性情言之則曰中和, 以德行言之則曰中庸' 是也. 然中庸之中, 實兼中和之義."

145) 『中庸章句』 제2장, 章下小註, "致中和者, 則欲其戒懼愼獨, 以涵養乎性情 ; 踐中庸者, 則欲其擇善固執, 以求合乎事理. 二者, 內外交相養之道也."

146) 『栗谷全書』 卷9 頁10-11, 〈上退溪先生問目〉, "夫大本達道者, 性情也 ; 立大本行達道者, 德行也. 若以立大本爲養內, 以行達道爲養外, 則可也. 今以致中和爲養內, 則是以立大本行達道, 皆爲養內也, 此外又安有踐中庸功夫耶?"

'中和'와 '中庸'은 각각의 名目이 있으니, '內・外'로 나누어서 말할 수 없는 것인가? '性・情'으로 말하면 '中和'라 하는데, 이미 '性・情'이라 했으니, 안이 아닌가? '德行'으로 말하면 '中庸'이라 하는데, 이미 '德行'이라 했으니, 밖이 아닌가? '中和'란 사람의 마음에 있는 本然의 德으로서, 저 本然處는 곧 안의 工夫이다. '中庸'이란 바로 天下의 當然한 법칙으로서, 저 當然處는 곧 밖의 工夫이다. '中和를 이루는 때'에도 또한 '中庸을 실천하는 일'이 있고, '中庸을 실천하는 때'에도 또한 '中和를 이루는 뜻'이 있어서, 공부가 사실 서로 바탕을 두고 의미가 사실 서로 관통하니, 어찌 이른바 '안과 밖이 서로 길러주는 道'가 아니겠는가?[147)]

위의 인용문의 논점은 둘로 정리할 수 있다. 첫째는 中和는 性情으로 말하는 것이요, 中庸은 德行으로 말하는 것이라 했으니, 양자를 內·外로 구분할 수 있다는 것이다. 둘째는 中和와 中庸은 內·外로 구분된다고 하더라도, 양자는 '서로를 길러주는 관계'라는 것이다. 첫째 논점은 율곡의 견해를 비판하는 것인바, 이 점에서 심재는 율곡과 관점을 달리했다. 즉 율곡은 未發(性, 中, 大本)과 已發(情, 和, 達道)을 內·外로 구분한 것인데, 심재는 '사람의 마음(性情)'과 '사람의 실천(德行)'을 內·外로 구분한 것이다. 이는 內·外를 구분하는 관점의 문제로서, 관점에 따라 두 사람의 견해가 모두 성립할 수 있는 것으로 보인다. 둘째 논점은 심재의 사고방식의 특징을 보여주는 것이다. 심재는 모든 논의에서 항상 '體와 用', '動과 靜', '內와 外', '知와 行' 등을 구별하면서도, 이러한 대립적 요소들을 '相須相資'의

---

147) 『譯註 庸學辨疑』, 70-71쪽, "中和中庸, 各有名目, 則不可以內外, 分而言之乎? 以性情言之, 則曰中和, 而旣曰性情, 非內乎? 以德行言之, 則曰中庸, 而旣曰德行, 非外乎? 中和者, 是人心本然之德也, 而這箇本然處, 卽內工夫也 ; 中庸者, 乃天下當然之則也, 而那箇當然處, 卽外工夫也. 致中和時, 亦有踐中庸底事, 踐中庸時, 亦有致中和底意, 而工實相資, 義實相貫, 則庸非所謂內外交相養之道乎?"

관계로 설명하였다. 이는 성리학의 일반적 특징이기도 하지만, 심재에게는 이러한 특징이 더욱 두드러지게 나타난다.

3) '知者過之 愚者不及 ; 賢者過之 不肖者不及'

『중용장구』 제4장에서는 "道가 행해지지 않는데, 나는 그 까닭을 알겠다. 知者는 지나치고, 愚者는 미치지 못하는 것이다. 道가 밝혀지지 않는데, 나는 그 까닭을 알겠다. 賢者는 지나치고, 不肖者는 미치지 못하는 것이다."[148]라고 했다. 심재는 이에 대해 "知·愚는 '知'에 속하고, 賢·不肖는 '行'에 속한다. 그런데 聖人께서는 '道가 행해지지 않음'을 '知·愚의 지나침과 모자람'에서 말미암는 것이라 하고, '道가 밝혀지지 않음'을 '賢·不肖의 지나침과 모자람'에서 말미암는 것이라 하여, 반드시 서로 바꾸어서 설명하신 것은 무슨 까닭인가?"[149]라는 물음을 제기하고, 다음과 같이 설명한다.

> 知는 行이 없는 知가 없으며, 行도 知가 없는 行이 없다. 知와 行은 하나라도 빼놓을 수가 없으니, 서로 바꾸어서 설명한 것은 '知와 行이 相須하는 뜻'을 보여주기 위한 것이다. 道를 행하는 사람은 반드시 道를 밝히는 것을 우선해야 하니, 知가 밝은데도 行하지 못하는 사람은 있지 않다. 비록 간혹 '知' 字만을 홀로 말한다 하더라도, 일찍이 行이 그 속에 있지 않음이 없다.[150]

---

148) 『中庸章句』 제4장, "道之不行也, 我知之矣. 知者過之 ; 愚者不及也. 道之不明也, 我知之矣. 賢者過之 ; 不肖者不及也."

149) 『譯註 庸學辨疑』, 75-76쪽, "知愚屬知, 賢不肖屬行, 而聖人以道之不行, 爲由於知愚之過不及 ; 以道之不明, 爲由於賢不肖之過不及, 必交互說去者, 何也?"

150) 『譯註 庸學辨疑』, 75-76쪽, "知無無行之知, 行無無知之行, 而曰知曰行, 不可闕一, 則所以互換說去者, 以示夫知行相須之義也. 行道者, 必以明道爲先, 則未有知之明而不能行者也. 其於知字, 雖或單行說去, 而行未嘗不在是也."

'道가 밝혀지지 않음'은 '知'의 차원에 속하는 문제요, '道가 행해지지 않음'은 '行'의 차원에 속하는 문제이다. 또한 심재의 설명대로, '知·愚'는 '知'의 차원에서 구분하는 것이요, '賢·不肖'는 '行'의 차원에서 구분하는 것이다. 그런데 孔子는 '道가 밝혀지지 않음'을 '賢·不肖'의 관점에서 설명하고, '道가 행해지지 않음'을 '知·愚'의 관점에서 설명했던 것이다. 이에 대해, 심재는 그 까닭을 '知와 行이 相須하는 뜻을 보여주기 위함'이라고 설명했다. 이러한 논지에 따르면, 知者는 知만으로 만족하기에 行에 결함이 생기고, 愚者는 知가 부족하기에 行에 결함이 생기며, 賢者는 行만으로 만족하기에 知에 결함이 생기고, 不肖者는 行이 부족하기에 知에 결함이 생기는 것이다. 이러한 맥락에서 심재는 知·行의 相須를 강조하면서도, 知에 우선적 중요성을 부여했다. 行은 知로부터 말미암고, 知가 투철하면 行으로 연결되지 않을 수 없다는 입장을 보여준 것이다. 심재는 『중용장구』 제5장부터 제10장까지를 모두 知行相須의 관점에서 해명하였다. 여기에서 심재의 '대립적 요소들의 相須相資'를 중시하는 사고방식을 거듭 확인할 수 있다.

4) '宗廟之禮'와 '郊禘之禮'

『중용장구』 제19장에서는 宗廟之禮와 郊禘之禮 등을 거론하고 있다. 심재는 이에 대해서도 몇 가지 흥미로운 설명을 제시하였다. 우선 經文에는 "郊·社의 禮와 禘·嘗의 義에 밝으면, 나라를 다스리는 것은 손바닥을 보는 것과 같을 것이다."[151]라는 말이 보이는데, 이에

---

151) 『中庸章句』 제19장, "明乎郊社之禮, 禘嘗之義, 治國, 其如示諸掌乎!"('郊'는 하늘에 지내는 제사이고, '社'는 땅에 지내는 제사이며, '禘'는 天子의 宗廟에서 지내는 큰 제사이고, '嘗'은 가을에 지내는 제사이다.)

대해 심재는 다음과 같이 설명한다.

'郊·社의 禮'와 '禘·嘗의 義'는 '홀을 잡고 옥으로 된 술잔을 올리는 것'에 불과한데, 그것이 治道와 관계가 있다는 것은 무슨 까닭인가? 誠敬과 仁孝를 다하는 것이 郊·社와 禘·嘗의 禮인데, 治國의 道는 誠敬과 仁孝에 근본하지 않는 것이 없다. 그러한 즉, 郊·社와 禘·嘗의 禮를 능히 밝힐 수 있는 사람이 어찌 그 나라를 다스릴 수 없겠는가?[152]

심재는 '郊·社의 禮'와 '禘·嘗의 義'에는 '誠敬과 仁孝를 극진히 한다'라는 취지가 담겨 있다고 보고, 그것이 '治國의 근본'이 된다고 설명한 것이다. 한편, 심재는 '郊·社의 禮'와 '禘·嘗의 義'에는 '名分'의 문제도 포함되어 있다고 보아, 이를 함께 거론하였다. 심재는 다음과 같이 말한다.

魯나라에서 郊祭와 禘祭를 지내는 것은 禮에 어긋나는데, 夫子께서 여기에서 郊·禘를 언급한 것은 무슨 까닭인가? 郊·禘의 禮를 언급한 것은 上·下의 名分을 엄격히 하기 위한 것이다. 대개 郊·社의 禮는 郊가 우선이고 社가 다음인데, 郊는 하늘에 지내는 제사로서 오직 天子만이 지낼 수 있으나, 社는 上·下가 함께 지낼 수 있다. 禘·嘗의 義는 禘가 우선이고 嘗이 다음인데, 禘는 (宗廟에서 지내는) 大祭로서 오직 天子만이 지낼 수 있으나, 嘗은 上·下가 함께 지낼 수 있다. '王이 아니면 禘祭를 지낼 수 없다는 禮法'은 魯나라가 마땅히 꺼려야 하는데, 夫子께서 반드시 郊·禘의 禮를 언급한 것은, 諸侯는 天子에 통할 수 없기 때문이다. (孔子의 말씀에는) 魯나라에서 郊·禘를 지내는 것은 禮에 어긋난다는 뜻은 不足하나, 그 뜻은 隱然中 말하지 않은 표면에 저절로 드러나는 것이다.[153]

---

152) 『譯註 庸學辨疑』, 135쪽, "郊社之禮, 禘嘗之義, 不出乎執圭奠斝, 而其有關於治道者, 何也? 致其誠敬仁孝者, 郊社禘嘗之禮, 而治國之道, 莫不本於誠敬仁孝, 則能明郊社禘嘗之禮者, 豈不能治其國乎?"

"諸侯는 天子에 통할 수 없다."라는 것은 郊祭와 禘祭는 天子만이 지낼 수 있고 諸侯는 지낼 수 없다는 뜻이다. 공자 당시 周나라는 天子國이었고, 魯나라는 諸侯國이었다. 그런데 魯나라가 郊祭와 禘祭를 지내는 것은 '王이 아니면 禘祭를 지낼 수 없다는 禮法'에 어긋나는 것이다. 孔子가 '郊·禘의 禮'를 언급한 것에 대해, 심재는 '魯나라의 非禮를 명시적으로 언급하지 않으면서도 은연중 그것을 비판하는 뜻이 담긴 것'이라고 풀이했다.

본래 周公은 어린 조카 成王의 攝政을 맡아 위대한 업적을 남겼으므로, 成王은 周公의 아들 伯禽을 魯나라에 封하고, 특별히 '天子의 禮樂'을 써서 周公을 제사 지내도록 하였다. 이것이 魯나라에서 天子의 禮法을 쓰게 된 계기라 한다. 『論語』에는 魯나라의 大夫인 季孫氏가 자기 집 뜰에서 天子의 禮樂인 '八佾舞'를 추게 하고, 또 三家(魯나라의 大夫 孟孫·叔孫·季孫의 집안)가 자기 집 제사에 天子의 음악인 '雍'을 연주하며 撤床한 것에 대해 공자가 한탄하는 내용이 보인다.[154] 이에 대해서 程子는 "周公의 功績이 진실로 위대하나, 모두 臣子의 職分으로 마땅히 해야 할 것들이었으니, 魯나라가 어찌 홀로 天子의 禮樂을 쓸 수 있겠는가? 成王이 (天子의 禮樂을 쓸 수 있도록) 下賜한 것이나 伯禽이 그것을 받은 것이나 모두 잘못된 것이다. 그 因襲의 폐단이 마침내 季氏로 하여금 참람하게 '八佾舞'를 쓰도록 하고, 三家로 하여금 참람하게 '雍'을 연주하며 撤床하게 한

---

153) 『譯註 庸學辨疑』, 135-136쪽, "魯之郊禘非禮, 而夫子於此以郊禘言者, 何也? 言其郊禘之禮, 嚴其上下之分也. 盖郊社之禮, 先郊而後社, 郊祭天而惟天子得行之, 而社則上下可通行也 ; 禘嘗之義, 先禘而後嘗, 禘大祭而惟天子得行之, 而嘗則上下可通行也. 不王不禘之法, 魯之所當諱者, 而夫子所以必言郊禘之禮者, 以諸侯之不得通乎天子, 而不足於魯之郊禘非禮之意, 隱然自見於不言之表矣."

154) 『論語』 八佾篇 제1장·제2장 참조.

것이다. 그러므로 孔子가 이것을 譏弄한 것이다."[155]라고 설명한 바 있다. 한편, 『禮記』〈禮運〉에는 孔子의 말로 "아, 슬프다. 내가 周나라의 道를 살펴보니, 幽王과 厲王이 무너뜨렸다. 내가 魯나라를 버리고 어디로 가겠는가? 魯나라에서 郊祭와 禘祭를 지내는 것은 禮가 아니다. 周公의 가르침이 쇠했도다."[156]라고 탄식하는 내용이 보인다. 이렇게 본다면, 공자가 '魯나라에서 郊祭와 禘祭를 지내는 것'은 '名分'에 어긋난다고 인식했던 것은 분명해 보인다. 이러한 맥락에서, 심재는 孔子가 '郊·禘의 禮'를 언급한 것에 대해 '魯나라의 非禮를 은연중 비판한 것'이라고 풀이했다.

『중용장구』 제19장의 4절에서는 '宗廟의 禮'를 '昭穆의 차례를 정함(序昭穆)', '벼슬에 따라 차례를 정함(序爵)', '일의 차례를 정함(序事)' 등으로 설명하고, 6절에서는 "郊社의 禮는 上帝를 섬기기 위한 것이요, 宗廟의 禮는 先王을 제사하기 위한 것"이라 하여 宗廟의 禮와 郊社의 禮를 함께 거론하였다. 이에 대해 심재는 다음과 같이 설명한다.

> 上文에서 '昭穆의 차례를 정함(序昭穆)', '벼슬의 차례를 정함(序爵)', '일의 차례를 정함(序事)' 등은 오로지 '宗廟의 禮'로 말한 것인데, 여기에서는 '郊·禘의 禮'를 겸해서 말한 까닭은 무엇인가? 周公이 제정한 禮法은 上·下의 情을 통하게 함과 동시에 上·下의 名分을 엄격하게 한 것이다. 그러한 즉, '宗廟의 禮'는 上·下의 情을 통하게 한 것이요, '郊·禘의 禮'는 上·下의 名分을 엄격하게 한 것이다.[157]

---

155) 『論語集註』 八佾 2, 朱子註, "周公之功, 固大矣, 皆臣子之分所當爲, 魯安得獨用天子禮樂哉? 成王之賜, 伯禽之受, 皆非也. 其因襲之弊, 遂使季氏, 僭八佾, 三家僭雍徹, 故仲尼譏之."

156) 『禮記』〈禮運〉, "嗚呼哀哉! 我觀周道, 幽厲傷之. 吾舍魯, 何適矣? 魯之郊禘, 非禮也. 周公, 其衰矣."

157) 『譯註 庸學辨疑』, 137쪽, "上文如序昭穆, 序爵, 序事, 專而宗廟之禮言, 而此則

『中庸』에서는 “친한 사람을 친하게 여기되 親·疎에 따라 降殺하고, 어진 사람을 존중하되 等級에 따르는 데서 禮가 생긴다.”158)라고 했고, 朱子는 禮를 ‘天理에 따라 마디 짓고 꾸미는 것’159)이라 했듯이, 禮는 본래 名分에 따라 差等을 두는 것이다. 그런데 ‘上·下의 差等’만을 강조하면 違和感을 조성하기 쉬우므로, 『論語』에서는 또한 “禮의 쓰임새는 和를 귀하게 여긴다.”160)라고 하여, 上·下의 情을 통하게 하는 것이 禮의 또 하나의 취지임을 강조하였다. 이러한 맥락에서, 심재는 禮의 취지를 ‘上·下의 情을 통하게 함’과 ‘上·下의 名分을 엄격하게 함’으로 설명하고, “宗廟의 禮는 上·下의 情을 통하게 하는 것이요, 郊·禘의 禮는 上·下의 名分을 엄격하게 하는 것”이라고 대별한 것이다.

經文에서는 宗廟의 禮를 ‘序昭穆(昭穆에 따라 차례를 정함)’, ‘序爵(관작에 따라 차례를 정함)’, ‘序事(제사를 돕는 일을 차례로 맡김)’, ‘旅酬下爲上(여럿이 술을 권할 때, 아랫사람이 윗사람을 위함)’, ‘燕毛(잔치할 때 모발의 색깔로 차례를 정함)’ 등으로 설명했거니와, 이는 上·下의 序列에 따라 각자의 몫을 발휘하게 함으로써, 한편으로는 名分을 밝히고 한편으로는 서로 情이 통하게 하려는 것이었다. 한편, 郊祭와 禘祭는 天子만이 지낼 수 있는 것이요, 社祭와 嘗祭는 諸侯로부터 庶人에 이르기까지 각자의 신분에 맞게 지낼 수 있는 것이라는 점에서,161) 본래 上·下의 名分을 밝힌다는 취지가 강했던 것이다.

兼言郊禘者, 何也? 周公所制之禮, 通乎上下之情, 而嚴其上下之分, 則宗廟之禮, 通上下之情也 ; 郊禘之禮, 嚴上下之分也.”

158) 『中庸章句』 제20장, “親親之殺, 尊賢之等, 禮所生也.”

159) 『論語集註』 學而 12, 朱子註, “禮者, 天理之節文, 人事之儀則.”

160) 『論語集註』 學而 12, “有子曰 ‘禮之用, 和爲貴, 先王之道斯爲美, 小大由之.’”

161) 『中庸章句大全』 제19장 6절의 雲峰胡氏小註 참조.

앞에서 심재는 '郊·社의 禮'와 '禘·嘗의 義'에는 '誠敬과 仁孝를 극진히 한다'라는 취지가 담겨 있다고 보고, 그것이 '治國의 근본'이 된다고 설명한 바 있다. 그런데 위의 인용문에서는 禮의 취지를 '上·下의 情을 통하게 함'과 '上·下의 名分을 엄격하게 함'으로 설명했다. '上·下의 情을 통하게 함'은 仁孝와 같은 맥락으로 볼 수 있거니와, 그렇다면 誠敬과 仁孝(上·下의 情을 통하게 함) 및 '上·下의 名分을 엄격하게 함'이 '郊·社의 禮'와 '禘·嘗의 義'에 담긴 취지라 하겠다. 마찬가지로 심재에 의하면, 治國의 근본 역시 이 세 요소에서 도출될 수 있는 것이다.

5) '至誠如神'

『중용장구』 제24장에서는 "至誠의 道는 일이 닥치기 전에 미리 알 수 있으니, 국가가 장차 흥성하려면 반드시 상서로운 조짐이 있으며, 국가가 장차 망하려면 반드시 요망한 재앙이 있어, 시초점과 거북점에 나타나며, 四體에 움직인다. 그리하여 禍·福이 장차 이름에 좋은 것과 나쁜 것을 반드시 먼저 안다. 그러므로 至誠은 神과 같은 것이다."[162]라고 하였다. 요컨대 至誠은 神과 같아서, 禍·福이 이름에 그 幾微를 미리 알 수 있다는 것이다. 그러면 至誠(지극히 참된 사람)은 어찌하여 神과 같은 것인가? 심재는 이에 대하여 다음과 같이 설명한다.

'지극히 참된 사람'은 天地와 德을 함께 한다. 天地와 德을 함께 하면,

162) 『中庸章句』 제24장, "至誠之道, 可以前知. 國家將興, 必有禎祥 ; 國家將亡, 必有妖孽. 見乎蓍龜, 動乎四體. 禍福將至, 善必先知之, 不善必先知之, 故至誠如神."

그 氣化의 運行이 天地와 더불어 流行하니, 興亡의 조짐과 禍福의 다가옴이 내 마음에 느껴지고 내 氣를 움직여서, 만약 싹이 트면 미리 알지 못하는 것이 없다. 하물며, 참된 마음의 지극함으로 蓍龜를 통해 탐구하면 蓍龜가 알려주고, 四體에서 살피면 四體가 응한다. 그러한 즉, 至誠은 神明에 통달하여 간격이 없으니, 그러므로 "至誠은 神과 같다."라고 말하는 것이다.[163]

지극히 참된 사람이 神과 같을 수 있는 까닭에 대해, 朱子는 "지극히 참되어 心目의 사이에 조금이라도 사사로움과 거짓을 남겨둠이 없는 자는 이에 능히 그 幾微를 살필 수 있는 것"[164]이라고 풀이한 바 있고, 雙峰饒氏는 "몸이 淸明하여 조금이라도 嗜欲의 가림이 없기에 志氣가 神과 같으니, 바로 '밝은 거울'과 같은 것"[165]이라고 설명한 바 있다. 주자는 '사사로움과 거짓이 없음'을 강조한 것이요, 쌍봉요씨는 '嗜欲이 없어서 밝은 거울처럼 淸明함'을 강조한 것인바, 요컨대 이들은 '마음이 참되고 밝음'에서 그 근거를 찾았던 것이다. 그러나 심재는 이들과 달리 '마음'이 아니라 '德行'에서 그 근거를 찾았다. 심재에 의하면, 지극히 참된 사람은 天地와 德을 함께 하거니와, 天地와 德을 함께 하여 天地와 더불어 流行하면, 興·亡과 禍·福의 幾微를 저절로 느끼고 알 수 있다는 것이다.

지극히 참된 사람은 神과 같다면, 그는 모든 일을 다 미리 알 수

---

163) 『譯註 庸學辨疑』, 165쪽, "至誠, 與天地同德, 而與天地同德, 則其氣化運行, 與天地同流矣. 興亡之兆, 禍福之來, 感於吾心, 動於吾氣, 而如有萌焉, 無不前知. 況乎誠心之至, 求乎蓍龜而蓍龜告, 察乎四體而四體應, 則至誠, 所以達乎神明而無間, 故曰 '至誠如神'也."

164) 『中庸章句』 제24장, 朱子註, "唯誠之至極, 而無一毫私僞, 留於心目之間者, 乃能有以察其幾焉."

165) 『中庸章句大全』 제24장, 雙峰饒氏小註, "聖人淸明在躬, 無一毫嗜欲之蔽, 故志氣如神, 便與明鏡相似."

있는 것인가? 이에 대해 심재는 다음과 같이 설명한다.

成湯께서는 夏臺에 갇힌 바 있었고, 文王은 羑里에 구속된 바 있었으며,[166] 周公은 東山으로 피한 바 있었고, 孔子는 陳나라와 蔡나라 사이에서 위험에 처한 바 있었다. 혹은 君臣의 변고에 처한 것이요, 혹은 兄弟의 변고에 처한 것이며, 혹은 橫逆의 변고에 처한 것이니, 이것들은 진실로 聖人들께 不幸이 심했던 것이요, 理로 보아도 필연적인 것은 아니었으니, 橫厄이 밖으로부터 이른 것이다. 至誠이 미리 아는 것은 理요, 理 밖의 일은 聖人께서 일찍이 그 사이에 私를 용납하지 않으셨다. 그러한즉, 알았든 알지 못했든 '無妄의 재앙'[167]과는 비교하여 따질 바가 아니다. 현재 근심에 처했으면 근심에 처한 대로 행동하고, 어려움을 무릅쓰고 바르게 처신하여, 桀로 하여금 마침내 夏臺의 囚人을 석방하게 하고, 紂로 하여금 마침내 羑里의 拘束을 풀게 했으니, 이것은 모두 湯王과 文王의 至誠이 미리 안 것이다. 憂患과 疑心의 자리를 피하여 끝내 成王이 감동하고 깨달아 郊外로 나와 맞이하게 하고,[168] 하늘이 부여한 德을 自任하여 桓魋가 감히 자신을 해칠 수 없을 것이라는 점을 미리 안 것[169]은 또한 모두 周公과 孔子의 至誠이 미리 안 것이다.[170]

---

166) '夏臺'는 夏나라 때 獄의 이름이며, '羑里(유리)'는 殷나라 紂王이 周나라 文王을 幽閉했던 곳의 地名이다.

167) 『周易』 无妄卦 六三 爻辭에서는 "无妄의 재앙이다. 어떤 사람이 소를 매어 둠에, 지나가는 사람이 끌고 가니, 그 마을에 사는 사람이 재앙을 입는다(无妄之災, 或繫之牛, 行人之得, 邑人之災.)."라고 하였다. 이에 대해 주자는 〈本義〉에서 "까닭 없이 재앙이 생기는 것이다. 예컨대 지나가는 사람이 소를 끌고 가버리니, 그 마을에 사는 사람이 도리어 의심받고 체포되어 곤욕을 치르는 것과 같다."라고 풀이한 바 있다.

168) 武王이 죽고 어린 나이의 成王이 즉위하였을 때, 周公이 攝政하여 도왔다. 그러자 周公의 형제들인 管叔·蔡叔 등이 "周公이 어린 조카(成王)에게 이롭지 않은 짓을 할 것"이라는 流言蜚語를 퍼뜨렸는데, 이에 周公은 嫌疑를 피하고자 관직을 버리고 동쪽 山으로 가서 살았다. 후에 '金縢의 祈禱文'(武王이 病患中이었을 때, 周公이 자신의 목숨을 대신 바치고자 했던 기도문)을 보고 周公의 忠誠心을 깨닫고 감격한 成王은 周公을 復權시키고, 친히 郊外로 나가 周公을 맞이하였다(『書經』 周書 〈金縢〉 참조).

169) 『論語』 述而 22, "子曰 '天生德於予, 桓魋其如予, 何?'"

심재는 '至誠이 미리 아는 것은 理'라고 했다. 이는 聖人이 미리 알 수 있는 것은 '理에 합당한 일'뿐이라는 말이요, '理에 벗어나는 일'에 대해서는 聖人도 미리 알 수 없다는 말이다. 심재는 이어서 "理 밖의 일은 聖人께서 일찍이 그 사이에 私를 용납하지 않으셨다."라고 했거니와, 이는 '理 밖의 일(재앙)'을 당하면 참된 도리로 대처할 뿐이라는 말이다. 成湯이 夏臺에 갇힌 것, 文王이 羑里에 구속된 것, 周公이 혐의를 받아 東山으로 피한 것, 孔子가 陳나라와 蔡나라 사이에서 위험에 처한 것 등은 '理 밖의 일'에 해당할 것이다. 심재는 그들이 이런 재앙을 미리 알았는지 몰랐는지는 단정할 수 없다고 하였다. 그러나 그들은 참된 도리로 대처함으로써 재앙에서 벗어날 수 있었거니와, 이것이야말로 '至誠이 미리 아는 일'에 해당한다는 것이다. 특정한 상황에 봉착했을 때, 凡人들도 자신이 참되게 노력하면 무슨 결과나 생길지 대략 예측할 수 있다. 聖人은 凡人보다 여러모로 탁월한 사람들이니, 그들은 凡人보다 더욱 정확하게 앞날의 결과를 예측할 수 있을 것이다. 이러한 맥락에서, 심재는 '至誠이 미리 아는 일'의 범위를 '至誠이 합리적으로 예측할 수 있는 범위'로 한정했다. 따라서 영문을 모르는 채 생기는 '无妄의 재앙' 같은 것은 미리 알 수 있는 일의 범위에 포함되지 않는다는 것이다.

---

170) 『譯註 庸學辨疑』, 166-167쪽, "成湯囚夏臺；文王拘羑里；周公避東山；孔子危陳蔡. 或處君臣之變；或處兄弟之變；或處橫逆之變, 此固聖人不幸之甚者, 而理之所未必者也, 厄之自外而至者也. 至誠之前知者, 理也, 而理外之事, 聖人未嘗容私於其間, 則知與不知, 非所較計於無妄之災. 而素患行患, 蒙難得正, 使桀而終釋夏臺之囚, 使紂而終脫羑里之拘, 此莫非湯文之至誠前知也. 避憂疑之地, 而末乃致成王之感悟郊迎, 任天生之德, 而先知其桓魋之不敢害己, 則亦莫非周孔之至誠前知也."

6) '反古之道'

『중용장구』 제28장에서는 "어리석으면서도 自用하기를 좋아하고, 비천하면서도 自專하기를 좋아하며, 지금의 세상에 태어나서 옛날의 道를 회복하고자 하면, 이와 같은 자는 재앙이 그 몸에 미친다."171)라고 하였고, 또 이어서 "天子가 아니면 禮를 의논하지 않고, 制度를 만들지 않으며, 文을 상고하지 않는다."172)라고 하였다. 이러한 내용을 두고, 우리는 다음과 같은 의문을 제기할 수 있다.

공자는 顏淵이 나라를 경영하는 방법을 물었을 때 "夏나라의 曆法을 시행하고, 殷나라의 수레를 타며, 周나라의 면류관을 쓰고, 음악은 韶舞를 쓰라."173)라고 일러주었다. 공자는 天子가 아닌데 禮를 의논한 것이요, 더군다나 古道를 회복하려고 한 것이다. 그렇다면 이것도 '재앙을 가져오는 일'에 해당하는 것인가? 이런 의문에 대해, 심재는 "옛날의 道로 돌이키는 것은 灾害가 아니다. 어리석고 卑賤하면서 自用·自專하면, 灾害가 반드시 이르는 것이다."174)라고 설명하였다. 요컨대 經文에서는 '어리석고 卑賤하면서 自用·自專하는 것'을 경계한 것이요, '古道를 회복하는 것' 자체를 경계한 것이 아니라는 말이다.

『중용장구』 제28장의 "어리석으면서도 自用하기를 좋아하고, 비천하면서도 自專하기를 좋아하며, 지금의 세상에 태어나서 옛날의 道

---

171) 『中庸章句』 제28장, "愚而好自用, 賤而好自專, 生乎今之世, 反古之道, 如此者, 災及其身者也." ('自用'과 '自專'은 '남의 의견이나 기존의 法式을 무시하고, 자기 마음대로 함'을 뜻한다)

172) 『中庸章句』 제28장, "非天子, 不議禮, 不制度, 不考文."

173) 『論語』 衛靈公 10, "顏淵問爲邦, 子曰 '行夏之時, 乘殷之輅, 服周之冕, 樂則韶舞, 放鄭聲, 遠佞人. 鄭聲淫, 佞人殆.'"

174) 『譯註 庸學辨疑』, 194-195쪽, "反古之道, 非灾也, 而愚賤而自用自專, 則灾害必至也."

를 회복하고자 하면, 이와 같은 자는 재앙이 그 몸에 미친다."라는 내용 다음에는 공자의 "내가 夏禮를 설명할 수 있으나 杞나라가 입증하기에 부족하고, 내가 殷禮를 배웠는데 宋나라가 있거니와, 내가 周禮를 배우니 지금 쓰이고 있도다. 나는 周禮를 따르겠다."[175]라는 말도 보인다. 이 두 經文을 연결해 본다면, '古道를 회복하고자 하면 재앙이 따르니, 그러므로 周禮를 따르겠다고 한 것'이라는 풀이도 가능하다. 그렇다면 後代의 天子가 古道를 회복하려고 할 경우, 거기에도 재앙이 따른다는 말인가? 이에 대해 심재는 다음과 같이 설명한다.

> (經文에서는) "어리석으면서 自用하기를 좋아하고, 비천하면서 自專하기를 좋아한다."라고 하여, 문득 '好' 字를 붙였으니, 이것은 마침내 사사로운 뜻을 주장함이 비교적 많은 것이다. 그런데 만약 德은 聖人이시고 높음은 天子이신 사람이 '先王께서 이미 이루어 놓으신 法'을 따라서 '萬世토록 항상 행해야 하는 道'를 확립하려고 한다면, 彬彬한 制度와 郁郁한 儀文을 損益함이 當然한 것이요, 또한 古今에 마땅한 일이다. 그러니 또 어찌 '灾異가 자신에게 미치고, 禍患이 아울러 이를까'를 근심하겠는가?[176]

심재는 '自用하기를 좋아하고, 自專하기를 좋아함'을 '어리석고 비천한 자의 사사로운 뜻'으로 규정하고, 재앙은 여기에서 비롯되는 것이라고 풀이했다. 따라서 後代의 聖王이 만세토록 지켜질 道를 확립하고자 '先王의 法度'를 계승함은 '古今의 마땅한 일'로서, 결코 재앙

---

175) 『中庸章句』 제28장, "子曰 '吾說夏禮, 杞不足徵也 ; 吾學殷禮, 有宋存焉 ; 吾學周禮, 今用之. 吾從周.'"

176) 『譯註 庸學辨疑』, 195쪽, "'愚好用, 賤好專', 纔着好字, 終是主張私意分上較多, 而若德爲聖人尊爲天子, 而追先王已成之法, 立萬世常行之道, 則彬彬制度, 郁郁儀文, 損益之當然也, 古今之通誼也. 亦何憂灾異之及身, 而禍患之竝至也?"

을 초래하는 일이 아니라는 것이다. 이렇게 본다면, 공자가 夏禮나 殷禮를 제쳐놓고 '周禮를 따르겠다'라고 한 것은, 古道를 회복하려는 것은 잘못이라고 보았기 때문이 아니라, 周禮 자체가 夏禮와 殷禮를 본받아 損益한 것으로서 '만세토록 지켜질 道'로서 손색이 없었기 때문이다. 本考에서는 『論語』의 다음과 같은 내용을 인용하면서 「中庸辨疑」에 대한 논의를 마치고자 한다.

> 周는 夏와 殷을 본받았으니, 그 문화가 찬란하게 빛나는구나! 나는 周를 따르리라.[177]

> 자장이 묻기를, "10世 뒤의 일을 미리 알 수 있습니까?" 공자가 답하시기를, "殷나라는 夏나라의 禮를 계승했으니 損益한 바를 알 수 있으며, 周나라는 은나라의 禮를 계승했으니 손익한 바를 알 수 있다. 만일 주나라를 계승하는 자가 있다면, 비록 100世 뒤의 일이라도 알 수 있겠다."[178]

177) 『論語』 八佾 14, "子曰 '周監於二代, 郁郁乎文哉! 吾從周.'"
178) 『論語』 爲政 23, "子張問 '十世可知也?' 子曰 '殷因於夏禮, 所損益, 可知也. 周因於殷禮, 所損益, 可知也. 其或繼周者, 雖百世, 可知也.'"

제4장 「大學辨疑」의 해석체계와 방법론

이제 「大學辨疑」를 중심으로 심재의 『大學』에 대한 해석을 살펴보기로 하자. 논의의 순서는 앞의 제3장과 같다. 먼저 제1절에서는 심재가 '『大學』의 체계'를 어떻게 이해하고 있는가를 고찰할 것이다. 四書 가운데 『中庸』과 『大學』은 매우 체계적인 경전으로 인식되어 왔거니와, 그중에서도 『大學』은 '三綱領·八條目'처럼 더욱 뚜렷한 체계를 보여주고 있다. 그런데 심재는 『大學』이 '三綱領·八條目'의 체계일 뿐만 아니라 '先後本末論'의 체계라는 점과 '絜矩之道'의 체계라는 점을 중시하고 있음을 발견할 수 있다. 제2절에서는 '「大學辨疑」의 주요 방법론'을 해명할 것이다. 심재는 「中庸辨疑」의 방법론을 「大學辨疑」에도 그대로 적용하고 있음을 확인할 수 있을 것이다. 제3절에서는 『大學』의 주요 구절들에 대한 심재의 해석을 살펴보고, 그것을 조선시대 주요 유학자들의 해석과 비교해 보고자 한다.

1. 『大學』의 체계에 대한 이해

1) 三綱領·八條目의 체계

朱子는 〈讀大學法〉에서 "『論語』와 『孟子』는 사안에 따라 問答한

것으로서 要領을 파악하기 어렵다. 오직 『大學』은 孔子가 설명했던 古人의 爲學의 큰 방도를 曾子가 傳述한 것을, 曾子의 門人이 또 傳述하여 그 취지를 밝힌 것으로, 前·後가 서로 말미암고, 體統이 모두 갖추어졌다."[1]라고 설명한 바 있다. 요컨대 일정한 체계가 없이 다양한 문답들이 나열된 『논어』나 『맹자』와는 달리, 『대학』은 前·後가 서로 말미암고, 體統이 모두 갖추어진 매우 체계적인 경전이라는 것이다.

주지하듯이, 주자는 『대학』의 체계를 무엇보다도 三綱領과 八條目으로 제시했다. 즉 주자는 『대학』의 첫머리에 보이는 '明明德, 新民(親民), 止於至善'을 '『대학』의 綱領'이라고 규정하고, '格物, 致知, 誠意, 正心, 修身, 齊家, 治國, 平天下'를 '『대학』의 條目'이라고 규정했던 것이다. 실제로 『대학』은 먼저 三綱領과 八條目을 제시하고, 이어서 三綱領과 八條目을 先後本末의 관계로 규정한 다음, 三綱領과 八條目을 서로 관련시키면서 차례대로 해설하는 방식으로 구성되어 있거니와, 이러한 점에서 『大學』은 前·後가 서로 말미암고, 體統이 모두 갖추어진 매우 체계적인 경전이다.

대부분 학자들은 『대학』의 체계를 논할 때 무엇보다도 三綱領·八條目을 거론하는데, 이 점은 心齋도 마찬가지이다. 따라서 『대학』이 三綱領·八條目의 체계라는 점에 대해서는 특별히 재론할 필요가 없겠다. 다만, 三綱領과 八條目의 내면적인 논리구조에 대해서는 더 세심한 관찰이 필요한 것이다. 이러한 맥락에서, 우선 심재의 三綱領에 대한 논의를 살펴보자.

三綱領이란 '明明德·新民·止於至善'을 말하거니와, 우리는 이 셋

1) 『大學章句』, 〈讀大學法〉, "朱子曰, 語孟, 隨事問答, 難見要領. 惟大學, 是曾子述孔子說古人爲學之大方, 而門人又傳述, 以明其旨, 前後相因, 體統都具."

을 단순히 병렬적인 관계로 이해하기 쉽다. 그런데 심재에 의하면 三綱領 상호 간에도 또한 位階가 있어서, 止於至善이 明明德과 新民을 포함하는 관계라는 것이다. 심재는 다음과 같이 말한다.

> '明德을 밝힘' 가운데에도 또한 至善이 있고, '百姓을 새롭게 함' 가운데에도 또한 至善이 있다. 그렇다면 '大學의 道'는 明明德과 新民에 불과할 것인데, 이제 止於至善을 竝列하여 三綱領으로 삼는 까닭은 무엇인가? 土는 四行(金·木·水·火) 가운데 없는 곳이 없으니, 五行이라 일컬을 수 없을 것인데, 함께 五行이라 일컫는다. 勇은 知·仁 가운데 포함되지 않음이 없으니, 三達德이라 말할 수 없을 것인데, 함께 三達德이라 말한다. 대개 四行은 土가 아니면 생겨날 수가 없고, 知·仁은 勇이 아니면 실행될 수가 없다. 이제 明明德과 新民은 견주자면 四行이나 知·仁에 해당하고, 止於至善은 견주자면 土나 勇에 해당한다. 그렇다면 止於至善은 진실로 明明德과 新民 가운데 '충분히 恰好한 곳'이라 하겠다. 그런데도 竝列하여 三綱領으로 삼는 까닭은, 반드시 至善에 머문 다음에야 明德이 이에 밝아지고 百姓이 이에 새롭게 되기 때문이다.[2)]

심재는 '明明德·新民·止於至善'의 관계를 '金·木·水·火·土'나 '知·仁·勇'의 관계에 비추어 해명하였다. 土가 金·木·水·火의 토대가 되고 勇이 知·仁의 토대가 되는 것처럼 止於至善은 明明德과 新民의 토대가 된다는 것이다. 심재는 '止於至善'을 '충분히 恰好한 곳'이라 설명했는데, '충분히 恰好한 곳'이란 말은 유학(朱子學)에서 '당연한 법칙'을 달리 일컫는 말이다.[3)] 요컨대 '至善'이라는 '당연한 법칙'을

---

2) 『譯註 庸學辨疑』, 242-243쪽, "明德中, 也有至善, 新民中, 也有至善, 則大學之道, 不過曰明德新民, 而今以止至善, 竝列爲三綱領者, 何也? 土於四行無不在, 則不可以五行稱之, 而竝稱其五行 ; 勇於知仁無不包, 則不可以三達言之, 而竝言其三達德. 盖四行, 非土則無以生也 ; 知仁, 非勇則無以行也. 今以明新, 比之則四行也, 知仁也 ; 止善, 比之則土也, 勇也. 然則止至善, 固可謂明德新民中十分恰好處, 而竝列爲三綱者, 以其必止於至善, 然後德乃明而民乃新也."

標準으로 삼아야만 明明德과 新民을 제대로 구현할 수 있다는 것이요, 그렇지 않으면 지나치거나 모자라는 폐단을 면할 수 없다는 것이다. 주자는 이를 다음과 같이 설명한 바 있다.

> 明明德과 新民은 사람의 힘이나 사사로운 뜻으로 할 수 있는 것이 아니다. 본래 하나의 '당연한 법칙'이 있는 것이니, 지나쳐서도 안 되고 모자라서도 안 된다. 예컨대 孝는 明德을 밝히는 것인데, 저절로 당연한 법칙이 있으니, 이에 미치지 못하면 진실로 옳지 못하나, 만약 이 법칙에 지나치면 반드시 '넓적다리를 베서 부모께 바치는 일'이 생기게 된다. 반드시 當然之則이 있는 곳에 도달하여 옮기지 말아야만 바야흐로 止於至善인 것이다. 止於至善은 明明德과 新民을 포괄한다.[4]

주자는 明明德과 新民은 사람의 힘이나 사사로운 뜻으로 할 수 있는 것이 아니요, '당연한 법칙'에 따라야 한다고 설명했다. 위에서 예를 든 것처럼, '당연한 법칙'을 표준으로 삼지 않는다면 明明德도 과연 폐단을 면키 어렵다. 이러한 맥락에서 明明德과 新民은 止於至善에 종속되는 관계인 것이다. 이렇게 본다면 심재가 '止於至善'을 '충분히 恰好한 곳'이라 설명하고, 止於至善을 明明德과 新民의 토대로 규정한 것은 주자의 설명과도 정확히 일치하는 것이라 하겠다.

이제 심재의 八條目에 대한 논의를 살펴보자. 주지하듯이 『대학』의 經文에서는 八條目을 두 번 거론하고 있거니와, 그 거론의 순서는 서로 반대된다. 즉 八條目을 거론한 첫째 經文에서는

---

3) '충분히 恰好한 곳'이란 말은 플라톤의 '좋음(善)의 이데아(idea)'와도 비견되는 말이다.

4) 『大學章句大全』 經1章, 朱子小註, "明德新民, 非人力私意所爲. 本有一箇當然之則, 過之不可, 不及亦不可. 如孝是明德, 然自有當然之則, 不及固不是, 若過其則, 必有刲股之事. 須是到當然之則處而不遷, 方是止於至善. 止至善, 包明德新民."

옛날에 천하에 明德을 밝히고자 했던 사람은 먼저 그 나라를 다스렸다. 그 나라를 다스리려 했던 사람은 먼저 그 가정을 가지런히 했으며, 그 가정을 가지런히 하려는 사람은 먼저 그 몸을 닦았고, 그 몸을 닦으려는 사람은 먼저 그 마음을 바루었으며, 그 마음을 바루려는 사람은 먼저 그 뜻을 참되게 했고, 그 뜻을 참되게 하려는 사람은 먼저 그 앎을 이루었는데, 앎을 이룸은 사물에 나아가 궁구함에 달렸다.[5]

라고 하여, 平天下·治國으로부터 致知·格物로 거슬러 올라가는 순서로 되어있다. 그러나 둘째 經文에서는

사물이 이른 다음에 앎이 이르고, 앎이 이른 다음에 뜻이 참되며, 뜻이 참된 다음에 마음이 바르고, 마음이 바른 다음에 몸이 닦이며, 몸이 닦인 다음에 가정이 가지런하고, 가정이 가지런한 다음에 나라가 다스려지며, 나라가 다스려진 다음에 천하가 태평해진다.[6]

라고 하여, 物格·知至로부터 國治·天下平에 이르는 순서로 되어있는 것이다. 이에 대해 심재는 다음과 같이 설명한다.

上文에서는 먼저 '治國'을 말했고, 下文에서는 먼저 '物格'을 말했다. 雙峰饒氏는 "위의 一節은 逆推로서 工夫에 해당하고, 아래의 一節은 順推로서 功效에 해당한다."라고 말하였다. 逆推의 工夫는 어찌하여 앞에 있고, 順推의 效驗은 어찌하여 뒤에 있는가? 대개 用工은 거슬러 올라가는 것으로서 어렵고, 功效는 따라서 나오는 것으로서 쉽다. 學者들은 大本을 알지 않을 수 없으므로, 學者들로 하여금 반드시 大本을 알게 하기 위

5) 『大學章句』 經1章, "古之欲明明德於天下者, 先治其國 ; 欲治其國者, 先齊其家 ; 欲齊其家者, 先修其身 ; 欲修其身者, 先正其心 ; 欲正其心者, 先誠其意 ; 欲誠其意者, 先致其知 ; 致知在格物."

6) 『大學章句』 經1章, "物格而后知至, 知至而后意誠, 意誠而后心正, 心正而后身修, 身修而后家齊, 家齊而后國治, 國治而后天下平."

해서 먼저 '治國'을 말하고 逆推하는 것이다. 이미 大本을 알았다면 또한 그 效驗을 알지 않을 수 없으므로, 먼저 '物格'을 말하고 順推하는 것이다. 逆推이기 때문에 앞에 있고, 順推이기 때문에 뒤에 있는 것이다.[7]

심재는 雙峰饒氏의 설명을 바탕으로 '첫째 經文과 둘째 經文'의 차이를 '工夫와 功效', '逆推와 順推'라는 관점에서 논한 것이다. 심재는 "用工(工夫)은 거슬러 올라가는 것으로서 어렵고, 功效는 따라서 나오는 것으로서 쉽다."라고 하였다. 실제로 우리가 工夫하는 과정을 살펴보면, 우리는 먼저 혼란한 현실에 대해 문제를 제기하고, 그 문제를 제대로 해결하기 위해 점차 더 근원적인 문제로 거슬러 올라가는 것이다. 이러한 맥락에서, 工夫를 논한 '첫째 經文'은 근원으로 거슬러 올라가는 '逆推'의 방식을 취했다는 것이다. 工夫를 통해 근원적인 문제를 발견하고 이 문제부터 차례대로 해결하면, 그에 따라 현실의 문제도 차례대로 해결할 수 있다. 이러한 맥락에서, 功效를 논한 '둘째 經文'은 근원으로부터 차례대로 해결되는 '順推'의 방식을 취했다는 것이다.

심재는 "學者들은 大本을 알지 않을 수 없다."라고 했는데, 여기서 말하는 '大本'은 '工夫의 근원적 출발점'을 뜻한다. 工夫의 근원적 출발점은 물론 '格物'일 것이다. 심재는 다음과 같이 말한다.

八條目은 한결같이 모두 格物·致知를 중심으로 삼으니, '逆推의 工夫'도 모두 格物·致知에 統攝되고, '順推의 功效'도 모두 格物·致知에 管攝

7) 『譯註 庸學辨疑』, 261-262쪽, "上文先言治國 ; 下文先言物格. 雙峰饒氏曰 '上一節, 逆推工夫 ; 下一節, 順推功效.' 逆推之工, 何以在前? 順推之效, 何以在後耶? 蓋用工, 逆而難 ; 功效, 順而易. 學者不可以不知大本, 而使學者, 必知大本, 故先言治國, 而逆而推之 ; 旣知大本, 又不可以不知其效, 故先言物格, 而順而推之. 逆推故在前 ; 順推故在後."

된다. 그러한 즉, 誠意·正心·修身도 모두 格物·致知를 바탕으로 이루어지는 것이요, 齊家·治國·平天下도 모두 格物·致知로부터 流出되는 것이다. 그렇다면 格物·致知는 그 오직 學者들이 가장 먼저 着手해야 할 곳일 것이다.[8]

심재의 위와 같은 설명은 『대학』의 체계를 그대로 해명하는 것일 뿐, 결코 심재의 독특한 견해가 아니다. 심재는 학자들이 가장 먼저 착수해야 할 곳은 '格物·致知'라 하였다. 그렇다면 학자들은 格物·致知를 이룬 다음에 誠意를 공부하고, 誠意를 이룬 다음에 正心을 공부하는 식으로 노력해야 하는가? 이에 대해 심재는 다음과 같이 설명한다.

八條目은 모두 先·後의 차례가 있으니, 한 節目을 마친 뒤에 다음 節目에 착수하는 것인가? 格·致·誠·正과 修·齊·治·平은 비록 先·後의 차례가 있더라도 一時에 竝進하여 머리를 나란히 하면서 이루어 나가는 것이다. 그러한 즉, 어찌 한 節目을 마친 뒤에 다음 節目에 착수하는 것이라고 할 수 있겠는가?[9]

工夫를 논한 '첫째 經文'은 "천하에 明德을 밝히고자 했던 사람은 먼저 그 나라를 다스렸고, 그 나라를 다스리려 했던 사람은 먼저 그 가정을 가지런히 했다."라는 논법으로 전개되고 있거니와, 이를 글자 그대로 받아들인다면, 학자들은 格物·致知를 이룬 다음에 誠意를

8) 『譯註 庸學辨疑』, 269쪽, "八條目, 一是皆以格致爲主. 而逆推工夫, 無不統於格致 ; 順推功效, 無不管於格致. 則曰誠曰正曰修, 皆是格致上做去也 ; 曰齊曰治曰平, 皆自格致中流出也. 則格物致知, 其惟學者之最初下手處乎!"

9) 『譯註 庸學辨疑』, 266쪽, "八條目, 皆有先後次第, 則了一節而後, 做一節耶? 格致誠正, 修齊治平, 雖有先後之序, 而一時竝進, 齊頭做去, 則豈可謂了一節而後, 做一節耶?"

공부하고, 誠意를 이룬 다음에 正心을 공부하는 식으로 노력해야 한다. 이런 논리를 엄격히 적용한다면, 聖人이 아닌 보통 사람의 공부는 평생토록 格物·致知에서 답보할 수밖에 없을 것이다. 이는 실로 많은 주석가들을 곤혹스럽게 했던 문제였다. 이에 대해 심재는 八條目의 순서는 '本·末의 先後' 관계를 밝힌 것일 뿐이요, 실제의 工夫는 八條目을 一時에 竝進하는 것이라고 설명했던 것이다.

2) 先後本末論의 체계

『대학』의 經文 첫머리에서는 三綱領을 거론하고, '知止(머물 곳을 앎)'로부터 '能得(머물 곳을 얻음)'에 이르기까지의 先·後 관계를 논한 다음, "物에는 本·末이 있고 事에는 終·始가 있으니, 먼저 해야 할 것과 뒤에 해야 할 것을 알면 道에 가까울 것"[10]이라 하여, '先·後'와 '本·末'의 문제를 거론하였다. 『대학』의 經文에서는 八條目을 거론한 다음에도 "天子로부터 庶人에 이르기까지 한결같이 모두 修身을 本으로 삼는다. 그 本이 어지러우면서 末이 다스려지는 경우는 없다."[11]라고 하였다. 즉 『대학』에서는 三綱領을 거론한 다음에도 그것을 다시 先後本末의 관점에서 설명하고, 八條目을 거론한 다음에도 그것을 다시 先後本末의 관점에서 설명한 것이다. 이러한 맥락에서, 『대학』은 三綱領·八條目의 체계인 동시에 또한 先後本末論의 체계이다.

『대학』을 논하는 학자들은 누구나 『대학』이 三綱領·八條目의 체계라고 설명한다. 그러나 『대학』은 또한 先後本末論의 체계라는 것

---

10) 『大學章句』 經1章, "物有本末, 事有終始, 知所先後, 則近道矣."
11) 『大學章句』 經1章, "自天子, 以至於庶人, 壹是皆以修身爲本."

에 대해서는 미처 유의하지 못하는 학자들이 종종 있었다. 이에 대해, 심재는 『대학』은 三綱領·八條目의 체계인 동시에 先後本末論의 체계라는 점을 분명히 하였다. 『대학』의 經文에서 '明明德·新民·止於至善'의 三綱領을 말한 다음 '知止而后有定 (…) 慮而后能得' 一節을 둔 까닭에 대해 심재는 다음과 같이 설명한다.

> '明明德·新民·止於至善'의 三綱領은 (學者가 해야 할) 工夫를 모두 순서대로 진열한 것이며, '知止而后有定' 一節은 (學者의) 工夫가 준수해야 할 학습 과정을 제시한 것이다. '知止而后有定' 一節을 말하지 않았다면 공부를 착수할 지점이 없었을 것이다. 그러므로 三綱領 아래에 '知止而后有定' 一節을 배치해 두어, 三綱領의 進步節次를 보여준 것이다.12)

심재는 三綱領은 '學者가 해야 할 工夫를 모두 순서대로 진열한 것'이며, '知止而后有定' 一節은 '學者의 工夫가 준수해야 할 학습 과정을 제시한 것'이라 하였다. 즉 심재에 의하면, 학자들은 자신의 明德을 밝힌 다음 백성을 새롭게 함으로써 至善에 머문다는 목표로 공부해야 하는데, 그 공부의 실제 과정은 '머물 곳을 앎'으로부터 시작된다는 것이다. 三綱領 가운데 明明德과 新民은 각각 修己와 治人에 해당하거니와, 修己는 根本이요 治人은 末端이므로, 修己가 治人보다 앞서게 된다. 그런데 修己의 실제 과정은 또한 '머물 곳' 즉 '至善이 있는 곳'을 아는 것으로부터 시작해야 한다는 것이다. 이러한 맥락에서, 심재는 "'知止而后有定' 一節을 말하지 않았다면 공부를 착수할 지점이 없었을 것"이라 했던 것이다.

---

12) 『譯註 庸學辨疑』, 249쪽, "明新止三者, 是工夫之總臚 ; 知止一節, 是工夫之準程. 而不說知止, 則無下手地頭, 故綱領之下, 拈出知止一節, 以示夫三綱領之進步節次也."

『대학』의 經文에서는 '知止而后有定 (…) 慮而后能得' 一節 다음에는 "物에는 本·末이 있고 事에는 終·始가 있으니, 먼저 해야 할 것과 뒤에 해야 할 것을 알면 道에 가까울 것"이라고 했다. 이에 대해 주자는 "明明德은 本이 되고, 新民은 末이 되며, 知止는 始가 되고 能得은 終이 된다. 本과 始는 먼저 할 바요, 末과 終은 뒤에 할 바이다."[13] 라고 풀이하였다. 이에 대해 심재는 다시 다음과 같이 설명한다.

> 대개 그 學問을 하는 先·後를 말하자면, 자기 한 몸의 물건을 이해한 다음에 天下의 물건을 이해하는 것이므로 明德이 新民의 本이 된다. 그 用工의 차례를 논하자면, 事理의 當然을 안 다음에 天理의 極處를 다하는 것이므로 知止가 能得의 처음이 된다. 그 順序를 어지럽힐 수 없음과 그 用工을 빠뜨릴 수 없음이 이와 같다.[14]

주자와 심재의 설명을 종합하면, '明明德과 新民'은 '本·末'의 관계로서 先·後가 되며, '知止와 能得'은 '始·終'의 관계로서 先·後가 되는 것이다. 이 점을 분명히 이해한다면, 三綱領에서 明明德과 新民이 先·後의 순서로 규정되면서도 다시 知止가 能得의 출발점으로 규정되는 까닭을 이해할 수 있을 것이요, 심재가 "그러므로 三綱領 아래에 '知止而后有定' 一節을 배치해 두어, 三綱領의 進步節次를 보여준 것"이라고 설명했던 까닭도 이해할 수 있을 것이다.

이상에서 三綱領의 先後本末 관계를 살펴보았는데, 先後本末의 관계는 八條目에도 그대로 적용되는 것이다. 이러한 맥락에서 先後

---

13) 『大學章句』 經1章, 朱子註, "明德爲本, 新民爲末. 知止爲始, 能得爲終. 本始所先, 末終所後."

14) 『譯註 庸學辨疑』, 253-254쪽, "盖言其爲學之先後, 則理會一己之物而後, 理會天下之物, 故明德爲新民之本 ; 論其用工之次第, 則知其事理之當然而後, 盡夫天理之極處, 故知止爲能得之始. 其序不可亂, 而功不可闕, 如此."

本末論은 三綱領·八條目의 이면을 관통하는 또 하나의 중요한 체계였다. 주자는 이 점을 투철하게 인식하고 있었다. 그러므로 주자는 '古本 大學'을 새롭게 分章하여 『大學章句』를 편찬하면서 '聽訟章'을 〈傳4章〉으로 독립시키고,[15] '本·末을 풀이한 章'이라고 풀이했던 것이다.[16] 다시 말해, 주자는 三綱領을 풀이한 부분을 각각 〈傳1章〉·〈傳2章〉·〈傳3章〉으로 分章하고, 本·末을 풀이한 章으로 〈傳4章〉을 설정한 다음, 〈傳5章〉부터 〈傳10章〉까지는 八條目을 풀이한 章이라고 설명했다. 요컨대 주자는 『대학』의 傳文을 分章하면서 '三綱領'을 해설하는 부분과 '八條目'을 해설하는 부분 사이에 '本·末'을 해설하는 부분을 설정해 두었다. 이에 대해 심재는 다음과 같이 말한다.

> (朱子는) "〈傳4章〉은 '本·末'을 풀이한 것"이라 하였다. 그런데 綱領과 條目 사이에 반드시 이로써 한 章의 傳文을 세운 까닭은 무엇인가? 經文의 '物有本末' 아래에는 '終始先後'가 있는데, 이미 이 章을 '本·末을 풀이한 것'이라 한다면, 어찌하여 그 '終始先後'는 풀이하지 않은 것인가? '本·末'은 三綱領과 八條目을 운용하는 하나의 큰 關鍵이니, '本·末'을 알지 못하면 着手할 곳이 없다. 그러므로 三綱領과 八條目의 사이에 經文의 차례에 따라 한 章의 傳文을 세운 것이다. 참으로 '그 근본을 먼저 하고 말단을 뒤에 해야 함'과 '그 시작을 먼저 하고 끝을 뒤에 해야 함'을 안다면, '終始先後'의 뜻은 이미 '本·末'을 풀이하는 가운데 포함된 것이다.[17]

15) 『大學章句』 傳4章, "子曰 '聽訟, 吾猶人也, 必也使無訟乎!' 無情者, 不得盡其辭, 大畏民志, 此謂知本."

16) 『大學章句』 傳4章, 章下註, "右傳之四章, 釋本末."

17) 『譯註 庸學辨疑』, 294-295쪽, "'此章釋本末', 而綱領條目之間, 必以此立傳者, 何也? 經文物有本末下, 有終始先後, 而旣以此章釋本末, 則何不釋其終始先後耶? 本末乃運用綱條之一大關捩. 不知本末, 則無下手地頭. 故綱領條目之間, 依經文次第立傳者, 是也. 誠知先其本而後其末, 先其始而後其終, 則終始先後之義, 已該了釋本末之中耳."

심재는 "綱領과 條目 사이에 반드시 이로써 한 章의 傳文을 세운 까닭"에 대해 "本·末은 三綱領과 八條目을 운용하는 하나의 큰 關鍵이니, 本·末을 알지 못하면 着手할 곳이 없기 때문"이라고 설명했다. 심재는 '本·末'에 대해 '『大學』의 관건이요 착수처'라고 의미를 부여했던 것이다. 심재는 〈傳4章〉에 대해 다음과 같이 말하기도 한다.

> 이 章은 綱領이나 條目이 아닌데 '本·末'로 풀이한 까닭은 무엇인가? 다만 本·末을 말하면, 綱領과 條目은 그 가운데 있는 것이다. 明明德은 本이 되고 新民은 末이 되니, '聽訟과 無訟의 本·末 관계'는 곧 '明明德과 新民의 本·末 관계'와 같다. 修身은 本이 되고 齊家와 治國은 末이 되니, '聽訟과 無訟의 本·末 관계'는 곧 '修身과 齊家·治國의 本·末 관계'와 같다. '本·末' 두 글자는 어찌 三綱領과 八條目의 第一關鍵이 아니겠는가?[18)]

위의 인용문에서는 本末論을 『大學』의 전체를 관통하는 논리라고 해명하고, 이러한 맥락에서 '本·末'을 三綱領과 八條目의 第一關鍵으로 규정한 것이다. 이렇듯 本末論은 『대학』의 핵심적 체계요 관건임에도, 몇몇 학자들은 이에 대한 인식이 부족했던 것이다.

주자는 '古本 大學'을 수정하여 『大學章句』를 편찬하면서, '古本 大學'에는 여러 군데 '錯簡'이 있고, 또한 '格物致知'에 해당하는 부분은 '亡失' 되었다고 보았다. 그리하여 주자는 자신의 관점에서 '古本 大學'의 내용적 순서를 일부 修正하기도 하였고, 또한 程伊川의 학설을 바탕으로 〈格物致知章〉을 지어 보충하기도 하였다.[19)] 그런데 '몇몇

---

18) 『譯註 庸學辨疑』, 296쪽, "此章非綱領條目, 而以本末釋之者, 何也? 纔說本末, 綱條在中. 而明德爲本, 新民爲末, 則聽訟無訟之本末, 卽明德新民之本末也. 修身爲本, 家國爲末, 則聽訟無訟之本末, 卽修身齊治之本末也. 本末二字, 豈非綱領條目之第一關鍵耶?"

학자들'[20]은 '古本 大學'에는 錯簡은 있어도 亡失은 없다고 전제하고, '知止而后有定'과 '物有本末' 그리고 〈聽訟章〉을 곧 〈格物致知章〉의 錯簡으로 간주하여, 이것들을 뽑아다가 〈格物致知章〉에 해당시켰다. 요컨대 이들은 『대학장구』에서 '先後本末論'에 해당시킨 내용들을 뽑아다가 〈格物致知章〉을 삼은 것으로서, 이들은 『대학』에서 先後本末論이 차지하는 비중을 외면했던 것이다. 이에 대해 심재는 다음과 같이 비판한다.

> 여러 학자들은 '知止而后有定'과 '物有本末' 그리고 〈聽訟章〉을 〈格物致知章〉의 錯簡으로 간주하여, 이것들을 뽑아다가 〈格物致知章〉을 보완하려 했다. 그러나 退溪는 이것을 잘못으로 규정하여, "正寢(본채)의 材木을 뽑아다가 廊廡(행랑채)의 결함을 보완하려는 것"이라고 말했다. 퇴계의 이 말씀은 물이 새는 것을 막은 것으로, 병폐가 없다.[21]

퇴계는 '知止而后有定'과 '物有本末'을 格物致知章으로 옮기는 것에 대해, 3가지의 이유로 잘못이라 규정하였다. 첫째, '知止而后有定'과 '物有本末'을 빼면, "大學의 道는 明德을 밝히는 데 있고, 백성을

---

19) 이것을 '格物補傳' 또는 '補亡章'이라 한다.

20) 『退溪集』 卷11 頁8-11, 〈答李仲久〉의 '別紙'를 보면 '知止而后有定'과 '物有本末' 그리고 聽訟章을 뽑아다가 格物致知章으로 삼으려고 했던 '몇몇 학자들'의 이야기가 나온다. '몇몇 학자들'은 주로 중국의 학자들이고, 李仲久는 그 '몇몇 학자들'의 주장을 수집하고 있었다. 우리나라 학자로는 晦齋 李彦迪이 이러한 주장을 전개한 바 있었고, 그의 『大學章句補遺』 역시 이러한 맥락에서 편찬된 것이다. 이보다 먼저 陽村 權近의 『入學圖說』에도 이에 관한 논의가 보인다. 즉 『入學圖說』의 〈大學之圖〉에 대한 해설 가운데 陽村은 이러한 주장들을 비판적으로 검토한 바 있다. 李仲久 역시 '여러 학자들'의 주장을 수집했으나, "마땅히 결단코 朱子의 학설을 따를 것"이라고 자신의 입장을 밝힌 바 있다.

21) 『譯註 庸學辨疑』, 251-253쪽, "諸儒, 以知止有定, 物有本末, 及聽訟章, 爲格物致知章之錯簡, 欲掇此而補彼. 退溪非之曰 '取正寢之材, 補廊廡之缺.' 此說絶滲漏, 無病敗矣."

새롭게 하는 데 있으며, 至善에 머무는 데 있다."라는 말 다음에 곧바로 "옛날에 天下에 明德을 밝히려는 자는 먼저 그 나라를 다스리고, 그 나라를 다스리려는 자는 (…)"이라는 구절이 오게 되는데, 이것은 語意가 촉급하고 理趣가 미흡하다는 것이다. 둘째, '知止而后有定'과 '物有本末'에는 格物致知에 해당하는 내용이 전혀 담겨 있지 않다는 것이다. 셋째, 『大學』에서 三綱領·八條目과는 별도로 先後本末論 자체도 매우 중요한 것이기 때문에, '知止而后有定'과 '物有本末'을 그 자리에 배치해 두었다는 것이다. 따라서 '知止而后有定'과 '物有本末'을 뽑아다가 〈格物致知章〉으로 삼는 것은 "正寢의 材木을 뽑아다가 廊廡의 결함을 보완하는 꼴"이라는 것이다.[22] 심재는 퇴계의 이러한 설명에 대해 "물이 새는 것을 막은 것으로, 병폐가 없는 것."이라 하여, 전적으로 찬동한 것이다.

3) 絜矩之道의 체계

『大學章句』〈傳10章〉은 "이른바 '平天下는 그 나라를 다스림에 달려 있다'라고 함은 윗사람이 노인을 노인으로 공경함에 백성이 孝에 흥기되고, 윗사람이 어른을 어른으로 공경함에 백성이 弟에 흥기되며, 윗사람이 고아를 불쌍히 여김에 백성이 배반하지 않는 것이니, 그러므로 君子에게는 絜矩之道가 있는 것이다."[23]라는 말로 시작하거니와, 심재가 『대학』을 이해하는 또 하나의 관점은 『대학』이 '絜矩之道의 체계'라는 것이다.

'三綱領과 八條目' 그리고 '先後本末論'은 『대학』의 첫머리 經文에

---

22) 『退溪集』 卷11 頁8-11, 〈答李仲久 別紙〉 참조.

23) 『大學章句』〈傳10章〉, "所謂平天下在治其國者, 上老老而民興孝, 上長長而民興弟, 上恤孤而民不倍, 是以, 君子有絜矩之道也."

보이니, 그것이 『대학』 전체를 관통하는 핵심 개념이라는 것에 대해서는 쉽게 짐작하고 동의할 수 있겠다. 그런데 '絜矩之道'는 『대학』의 마지막 부분에 등장하니, 그것이 과연 『대학』 전체를 관통하는 핵심 개념인지에 대해서는 의문이 있을 수 있다. 이에 대해 심재는 다음과 같이 설명한다.

> 天下의 일은, 좋아함이 있으면 반드시 미워함이 있고, 義가 있으면 반드시 利가 있다. 그러한 즉, 好·惡의 공정함과 義·利의 분변, 이것이 오직 絜矩에 있어서 最初로 緊要한 곳이다! 또한 『大學』의 八條目은 한결같이 모두 絜矩로 근본을 삼는다. 格物·致知는 絜矩에 대한 공부요, 誠意·正心·修身은 絜矩로부터 流出되는 것이며, 齊家·治國·平天下에 이르기까지 絜矩가 아니면 불가능한 것이다. 이것은 바로 『論語』의 〈十五志學章〉은 '法度를 넘지 않는다(不踰矩)'라는 세 글자가 一章의 要旨가 되는 것과 같다. 15세에 學問에 뜻을 둠은 이 '矩'를 배운 것이요, 30세에 섰던 것은 이 '矩'를 세운 것이며, 40세에 미혹되지 않았던 것은 이 '矩'에 밝았던 것이요, 50세에 天命을 안 것은 이 '矩'를 안 것이며, 60세에 귀에 거슬림이 없었던 것은 이 '矩'에 거슬림이 없었던 것이요, 70세에 마음이 원하는 바를 따른 것은 이 '矩'를 따른 것이다. 이것으로 그 '잡은 것은 簡約하지만 미치는 곳은 넓음'을 알 수 있겠다.[24]

공자는 "15세에 學問에 뜻을 두었고, 30세에는 섰으며, 40세에는 미혹되지 않았고, 50세에는 天命을 알았으며, 60세에는 귀에 거슬림

---

24) 『譯註 庸學辨疑』, 370-371쪽, "天下之事, 有好必有惡, 有義必有利, 則好惡之公, 義利之辨, 其惟絜矩之最初緊要處乎! 且此篇之八條目, 一是皆以絜矩爲本, 而曰格曰致, 絜矩上工夫也 ; 曰誠曰正曰修, 絜矩中流出也 ; 以至於曰齊曰治曰平者, 非絜矩不能也. 正如論語十五志學章, 不踰矩三字, 爲一章之要旨, 而十五志學, 學此矩也 ; 三十而立, 立此矩也 ; 四十不惑, 明此矩也 ; 五十知命, 知此矩也 ; 六十耳順, 順此矩也 ; 七十從心, 從此矩也. 可見其所操者約, 而所及者廣矣."

이 없었고, 70세에는 마음이 원하는 대로 따라도 법도를 넘지 않았다."라고 하였다. 요컨대 공자는 마지막 단계에서 비로소 '法度를 넘지 않음(不踰矩)'을 거론한 것인데, 이에 대해 심재는 '法度를 넘지 않음'이 공자의 학문적 성숙 과정 전체를 관통하는 것이라고 풀이했다. 심재는 이와 같은 맥락에서, 絜矩之道도 『대학』의 마지막 부분에서 비로소 등장하지만, 사실은 『대학』의 전체를 관통하는 것이라고 설명한다. 심재에 의하면, 格物·致知는 法度를 탐구하는 공부요, 誠意·正心·修身은 法度에 따라 자신을 닦는 공부이며, 齊家·治國·平天下는 法度를 미루어나가 실천하는 것이다. 이렇게 본다면 『대학』은 또한 '絜矩之道의 체계'라는 것을 충분히 수긍할 수 있겠다.[25)]

심재는 絜矩之道를 '자기를 미루어 남에게 미침(推己及物)' 또는 '자기로써 남을 헤아림(以己度人)'이라고 풀이한다.[26)] '자기를 미루어 남에게 미침'은 전통적으로 '恕'를 풀이하는 말이었거니와, 심재는 '恕'가 바로 絜矩之道라고 풀이하는 것이다.[27)] '자기를 미루어 나가는(推己) 恕'는 흔히 '자신의 최선을 다하는(盡己) 忠'과 짝을 이루는 개념으로서, 『논어』에서는 '孔子의 道는 忠恕로 一貫하는 것'이라고

---

25) 心齋는 "'絜矩'라는 두 글자는 治國·平天下의 綱領이 된다"고도 했으며(『譯註 庸學辨疑』, 348쪽), "하나의 '恕' 字는 治國·平天下의 일에 있어서는 마땅하지만 格物·致知·誠意·正心·修身의 일에 있어서는 마땅하지 못한 것이다. 그러므로 八條目에는 모두 '恕' 字가 없고 오직 治國·平天下 두 章에서 바야흐로 '恕' 字를 말한 것이다"라고도 하였다(『譯註 庸學辨疑』, 334쪽). 이러한 말들은 일견 "八條目은 한결같이 모두 絜矩로 근본을 삼는다"는 말과는 부합되지 않는 것 같다. 심재의 論旨를 정확히 해명하자면, '格物·致知·誠意·正心·修身'은 '恕를 豫備하는 과정'이요, '齊家·治國·平天下'는 '恕를 실천하는 과정'이라는 것이다. 그러므로 심재는 한편으로는 "恕는 格物·致知·誠意·正心·修身의 일에 있어서는 마땅하지 못한 것"이라고 하면서도, 한편으로는 "八條目은 한결같이 모두 絜矩로 근본을 삼는다"고 말하는 것이다.

26) 『譯註 庸學辨疑』, 346쪽, "盖推己及物者, 絜矩之道也. 以己度人者, 亦絜矩之道也."

27) 『譯註 庸學辨疑』, 341쪽, "如心爲恕, 則絜矩是恕者之事."

밝힌 바 있다.[28] 그렇다면 儒學은 忠·恕로 일관되는 것이라 하겠다. 그런데 공자는 '종신토록 실천할 만한 한마디 말'로서 '恕'를 제시하고, "자기가 원하지 않는 것을 남에게 베풀지 마라."라고 가르치기도 하였다.[29] 요컨대 儒學을 일관하는 것은 '忠과 恕'라 하더라도, 그 가운데 더욱 긴요한 것은 '恕'였던 것이다. 이처럼 유학을 일관하는 핵심 개념은 恕요, 『대학』은 유학의 기본 체계를 제시하는 경전이라면, 심재의 '『대학』은 絜矩之道(恕)의 체계'라는 주장은 더욱 그 정당성을 확보하게 된다.

그러면 이제 심재의 絜矩之道에 대한 해석을 살펴보자. 『大學章句』〈傳10章〉에서는 絜矩之道를 다음과 같이 설명하고 있다.

> 윗사람에게 싫었던 것으로 아랫사람을 부리지 말고, 아랫사람에게 싫었던 것으로 윗사람을 섬기지 말며, 앞사람에게 싫었던 것으로 뒷사람에게 먼저 하지 말고, 뒷사람에게 싫었던 것으로 앞사람을 따르지 말며, 오른쪽 사람에게 싫었던 것으로 왼쪽 사람과 사귀지 말고, 왼쪽 사람에게 싫었던 것으로 오른쪽 사람과 사귀지 말 것이니, 이것을 絜矩之道라 한다.[30]

위에 보이듯이, 『大學』의 絜矩之道란 간단히 말해서 '자기가 원치 않는 일을 남에게 베풀지 마라'는 것으로서, 『논어』의 恕와 궤를 같이하는 것이다. 위의 인용문에 대해 심재는 다음과 같이 풀이한다.

---

28) 『論語』 里仁 15, "子曰 '參乎, 吾道 一以貫之.' 曾子曰 '唯.' 子出, 門人問曰 '何謂也?' 曾子曰 '夫子之道, 忠恕而已矣.'"

29) 『論語』 衛靈公 23, "子貢問曰 '有一言而可以終身行之者乎?' 子曰 '其恕乎! 己所不欲, 勿施於人.'"

30) 『大學章句』〈傳10章〉, "所惡於上, 毋以使下 ; 所惡於下, 毋以事上 ; 所惡於前, 毋以先後 ; 所惡於後, 毋以從前 ; 所惡於右, 毋以交於左 ; 所惡於左, 毋以交於右, 此之謂絜矩之道."

모든 일에는 '接(交接하는 대상)'과 '處(對處하는 도리)'의 구분이 있으니, '上·下, 前·後, 左·右'는 '교접하는 대상'에 나아가 말한 것이며, '使(부림)·事(섬김)·先(먼저 함)·從(따름)·交(사귐)'는 '對處하는 도리'에 나아가 말한 것이다. 대개 君子는 무릇 사람은 이 마음을 함께 하고, 마음은 이 理를 함께 한다는 것을 안다. 그러므로 남과 더불어 交接함에 반드시 법도로써 그 사이에서 헤아린다. '上·下, 前·後, 左·右'는 '交接하는 대상'이요, '使·事·先·從·交'는 '對處하는 道理'이다. 그 '교접하는 대상'에 대해서 그 '대처하는 도리'를 생각하여, 이것으로써 저것과 균등하게 하고, 저것을 보기를 이것과 같이하여, 上下四旁으로 하여금 고르고 가지런하며 方正하게 하여, 이지러져 不滿스런 점이 없도록 힘쓰는 것이니, 그러므로 이것을 '絜矩'라 일컫는 것이다. 대개 天下의 모든 圓은 規에서 나오지 않는 것이 없고, 天下의 모든 方形은 矩에서 나오지 않는 것이 없다. 君子는 이러한 規矩로써 재서, 윗자리에 있으면서 아랫사람에게 베풀기를 이와 같이했다면 아랫자리에 있을 때에 윗사람에게 베푸는 것도 또한 마땅히 이와 같이 하는 것이요, 앞에 있으면서 뒷사람에게 베풀기를 이와 같이했다면 뒤에 있을 때에 앞사람에게 베푸는 것도 또한 마땅히 이와 같이 하는 것이며, 왼쪽에 있으면서 오른쪽 사람에게 베풀기를 이와 같이 했으면 오른쪽에 있을 때에 왼쪽 사람에게 베푸는 것도 또한 마땅히 이와 같이하는 것이다. 이 마음을 미루어 나간다면, 대처하는 것이 각각 그 마땅함을 얻을 것이요, 대접함이 각각 그 옳음을 얻을 것이니, 그러한 즉 사람마다 모두 본분에 맞는 소원을 이루어서 天下가 평정하게 될 것이다.[31]

31) 『譯註 庸學辨疑』, 343-345쪽, "凡事有接與處之分焉, 則上下前後左右, 就際接上說 ; 使事先從交, 就處置上說. 盖君子, 知夫人同此心, 心同此理. 故其與人接, 必有以揆, 度於其間, 而曰上, 曰下, 曰前, 曰後, 曰左, 曰右, 接之之境也 ; 曰使, 曰事, 曰先, 曰從, 曰交, 處之之道也. 於其接之之境, 思其處之之道, 以此準彼, 視彼猶此, 務使上下四旁, 均齊方正, 而無缺然不滿之處, 則是以謂絜矩. 而盖擧天下之圓, 無不出於規也 ; 擧天下之方, 無出於矩也. 君子以此矩而絜之, 居上而施之下者如此, 則居下而施之上者, 亦當如此也 ; 居前而施之後者如此, 則居後而施之前者, 亦當如此也 ; 居左而施之右者如此, 則居右而施之左者, 亦當如此也. 推此心以往, 處之各得其宜, 待之各當其可, 則人人皆滿其分願, 而天

'絜矩之道'를 글자 그대로 풀이하면 '자(矩, 法度)로 재서(絜) 남을 대하는 도리'라는 말이다.[32] 여기서 우선 문제가 되는 것은 그 '자(矩)'란 과연 무엇이냐 하는 점이다. 심재는 "무릇 사람은 이 마음을 함께 하고, 마음은 이 理를 함께 한다."라고 하였다. 이는 사람의 마음에는 일정한 보편성이 있다는 것이요, 그 보편성은 마음에 내재하는 '理(本性)'로부터 유래한다는 말이다. 本性으로부터 유래하는 이 보편적 마음이 絜矩之道에서의 '자(矩)'인 것이다.

심재는 또한 "이것으로써 저것과 균등하게 하고, 저것을 보기를 이것과 같이하라."라고 했는데, 絜矩之道에서 다음으로 문제가 되는 것은 '公正性'이다. 보편적 척도를 남에게만 적용시키고 자신은 예외이고자 한다면, 나와 남 사이에 갈등이 일게 되고, 결국엔 천하가 평정하게 될 수 없다. 그러므로 "君子는 이러한 規矩로써 재서, 윗자리에 있으면서 아랫사람에게 베풀기를 이와 같이했다면 아랫자리에 있을 때에 윗사람에게 베푸는 것도 또한 마땅히 이와 같이한다."는 것이다.

이상의 설명으로 보면, 絜矩之道란 자신의 마음에 내재하는 '보편적 척도'를 나와 남 사이에 '공정하게 적용'하는 것이다. 사람의 마음에는 普遍性도 있고, 特殊性도 있거니와,[33] 絜矩之道는 '보편적인 마음' 즉 良心이나 道心을 그 토대로 삼는 것이다.[34] 자신에게 내재하

下平矣."

32) '絜矩之道'의 해석은 결코 간단하지 않거니와, 이에 대해서는 이 章의 마지막 부분에서 보다 자세히 논의하기로 하겠다.

33) 주자는 "形氣에서 유래하는 人心은 사사롭고, 性命에서 유래하는 道心은 공정하다."라고 설명한 바 있음을 상기하자.

34) 心齋는 "자기에게 善이 있음에 남에게 善이 있기를 요구하고, 자기에게 惡이 없음에 남에게 惡이 있음을 비방하는 것은 진실로 '終身토록 행할 수 있는 恕'라 하겠다. 그러나 자기에게 善이 없으면 남에게 善을 요구하지 않고, 자기에게 惡이 있으면 남의 惡을 비방하지 않음에 대해서는 '終身토록 행할 수 있는 恕'로

는 보편적인 마음을 미루어서 각각의 경우에 공정하게 적용한다면, "대처하는 것이 각각 그 마땅함을 얻을 것"이요, "대접함이 각각 그 옳음을 얻을 것"이니, 그러한 즉 "사람마다 모두 본분에 맞는 소원을 이루어서 天下가 평정하게 된다."라는 것이 심재의 絜矩之道에 대한 해석이다.

이제까지 '三綱領·八條目'과 '先後本末論' 그리고 '絜矩之道'를 중심으로 심재가 『대학』의 체계를 이해하는 관점을 고찰하였거니와, 그렇다면 이 三者의 관계는 어떠한 것인가? 이제 마지막으로 이 점을 살펴보기로 하자.

『대학』은 한마디로 말한다면 三綱領·八條目의 체계이다. 그런데 『대학』의 綱領과 條目들은 단순한 '竝列'의 관계가 아니라 또한 서로 '本·末'이 되는 관계인 것이다. 간단히 말하자면 明明德(修己)이 근본이요, 新民(治人)은 말단이니, 新民을 위해서는 먼저 明明德에 힘써야 한다. 또한, 明明德과 新民은 止於至善을 표준으로 삼아야 한다는 점에서 止於至善에 종속되는 관계였던 것이다. 한편, 八條目은 三綱領을 보다 구체적으로 설명한 것이거니와, 先後本末論은 八條目에도 그대로 적용되는 것이다. 그런데 『大學』의 八條目을 관통하는 또 하나의 핵심 개념은 絜矩之道이다. 심재의 설명대로, 格物·致知는 法度를 탐구하는 공부요, 誠意·正心·修身은 法度에 따라 자신을 닦는 공부이며, 齊家·治國·平天下는 法度를 미루어나가 실천하는 것이기 때문이다. 요컨대 『대학』은 三綱領·八條目으로 학문의 목표와 방법을 제시하고, 先後本末論으로 三綱領·八條目의 유기적 관

논할 수 없다."라고 하여(『譯註 庸學辨疑』 333-334쪽), 絜矩之道의 토대는 '보편적인 道心(良心)'에 있음을 거듭 분명히 한 바 있다.

계를 해명하면서, 다시 絜矩之道로 전후를 일관시킨 경전이라 하겠거니와, 이것이 심재가 『대학』의 전반적 체계를 이해하는 관점이었던 것이다.

2. 「大學辨疑」의 방법론

1) 經文 상호 간의 照應과 辨別

「中庸辨疑」와 마찬가지로 「大學辨疑」의 방법론도 몇 가지의 유형으로 분류할 수 있다. 첫째는 '經文(傳文)[35] 상호 간의 照應과 辨別'이다. 이는 『대학』 經文에 보이는 '동일한 글자'나 '유사한 文句들'을 서로 대조하여 논의하면서 그 同異를 辨別하거나, 또는 經文 상호 간의 논리적 일관성을 해명함을 말한다. 이러한 방법론은 經文 상호 간의 미세한 차이들을 심도 있게 이해하는 데 도움이 될 뿐만 아니라, 『대학』이라는 經典 자체를 유기적으로 이해하는 데도 도움이 될 것이다. '經文 상호 간의 照應과 辨別'은 「대학변의」에서 가장 많이 동원된 방법론이다. 그 예들을 살펴보기로 하자.

우선, '동일한 글자들' 간의 '서로 다른 의미'를 辨別한 경우를 살펴보자. 『대학장구』 〈經1章〉에서는 '至善'과 '知止'를 말했으며, 또한 '致知'와 '知至'를 말했다. 요컨대 '至' 字와 '知' 字가 반복해서 등장하는 것인데, 이에 대해 심재는 다음과 같이 설명한다.

---

35) 유학에서는 보통 聖人의 말씀을 '經'이라 하고 賢人의 말씀을 '傳'이라 하거니와, 이러한 맥락에서 朱子가 편찬한 『大學章句』에서는 '經(經1章)'과 '傳(傳1章~傳10章)'을 구분하고 있다. 그러나 本考에서는 더 이상 '經文'과 '傳文'을 구분하지 않고, 모두 '經文'이라고 표기하기로 한다.

저절로 至極함에 이른 것을 '至善'이라 하고, 工夫가 至極함에 이른 것을 '知至'라 한다. 또한 '知止'란 이미 '사물이 格하여(物格하여)' 그 至善이 있는 곳을 아는 것이며, '致知'란 비로소 '사물을 格하여(格物하여)' 그 앎이 극진하지 않음이 없게 하고자 하는 것이다. 그렇다면 '至善'의 '至' 字는 '知至'의 '至' 字와 같지 않으며, '知止'의 '知' 字는 '致知'의 '知' 字와는 다른 것이다.36)

심재에 의하면, '至善'의 '至'는 이 세상에 '저절로 존재하는 지극함'을 뜻하고, '知至'의 '至'는 우리의 노력을 통하여 '앎이 지극한 곳에 이름'을 뜻한다는 것이다. 또한 '知止'란 '至善이 있는 곳을 아는 상태'로서 공부의 결과(功效)에 해당하며, '致知'란 '앎의 극진함을 추구하는 노력'으로서 공부의 과정에 해당한다는 것이다. 심재는 '格物'과 '物格'의 '格' 字에 대해서도 다음과 같이 변별한다.

'格物'과 '物格'은 同一한 '格' 字로 되어 있다. 그런데 '格物'은 모름지기 '窮求하다'라는 工夫의 뜻을 지니고 있고, '物格'은 모름지기 '이르다'라는 效驗의 뜻을 지니고 있다. 그러한 즉, 格物은 '이르다(至)'의 뜻이 없는 것은 아니지만 重點은 '궁구하다(窮)'에 있고, '物格'은 '궁구하다'의 뜻이 없는 것은 아니지만 重點은 '이르다'에 있다.37)

심재에 의하면, '格物'의 '格'은 공부에 속하는 것으로 '궁구하다'의 뜻이 강하고, '物格'의 '格'은 결과에 속하는 것으로 '이르다'의 뜻이

36) 『譯註 庸學辨疑』, 245쪽, "自然極至之謂至善, 工夫極至之謂知至. 而知止則旣物格而知其至善之所在也, 致知則始格物而欲其所知之無不盡也. 然則至善之至字, 與知至之至字, 不同 ; 知止之知字, 與致知之知字, 有異."

37) 『譯註 庸學辨疑』, 276-277쪽, "格物, 物格, 同一格也, 而格物須有窮之之工, 物格須有至之之效, 則格物非無至底意思, 而所重者, 在乎窮也 ; 物格非無窮底意思, 而所重者, 在乎至也."

강하다는 것이다. 한편, 〈經1章〉에서는 "知止而后有定, 定而后能靜, 靜而后能安, 安而后能慮, 慮而后能得."이라고도 하고, "物格而后知至, 知至而后意誠, 意誠而后心正, 心正而后身修, 身修而后家齊, 家齊而后國治, 國治而后天下平."이라고도 하여, 두 구절에서 '而后'라는 글자가 반복적으로 등장하는데, 심재는 이 두 구절의 '而后'는 서로 차원이 다르다고 구분한다.

> "物格而后知至, 知至而后意誠" 등에서의 '而后'라는 글자는 上文의 "知止而后有定, 定而后能靜" 등에서의 '而后'라는 글자와는 다른 것 같다. 대개 '知止' 節에서 5개의 '而后'라는 글자는 하나의 '知止'가 문득 곧바로 관철되어 '能得'까지 이르는 것이다. 그러나 '物格' 節에서의 7개의 '而后'라는 글자는 도리어 단계마다 각각의 境界가 있는 것을 따라서, 다음 단계로 옮겨가는 것이다. 그러한 즉, '知止'부터 '能得'까지는 서로 거리가 멀지 않으니, 『中庸』의 '形 · 動 · 變 · 化'와 같은 점이 있다. 그런데 '物格'에서 '治國 · 平天下'까지는 거리가 좀 벌어져 있으니, 『孟子』의 '善 · 信 · 聖 · 神'과 같은 점이 있다.[38]

심재에 의하면, '知止' 節에서의 '而后'는 '知止'가 '能得'까지 관철되어 심화하는 과정들을 표현한 것이며, '物格' 節에서의 '而后'는 단계마다 새로운 국면을 거쳐 '天下平'에 이르는 과정을 표현한 것이다. 심재는 전자를 『中庸』의 '形·動·變·化'에 견주고, 후자를 『孟子』의 '善·信·聖·神'에 견주었거니와, 이로써 우리는 양자의 차이를 보다 선명하게 파악할 수 있다. 『中庸』의 '形·動·變·化'[39]는 '하나의 誠'이

---

38) 『譯註 庸學辨疑』, 273-274쪽, "物格等而后字, 與上文知止等而后字, 似有不同. 蓋知止節五箇而后字, 一知止, 便直貫到能得也 ; 物格節七箇而后字, 却逐層各有境界遞下也. 則知止至能得, 相去不遠, 而有如中庸之形動變化也 ; 物格至治平, 地步稍間, 而有如孟子之善信聖神也."

39) 『中庸章句』 제23장에서는 "(지극히 참된 聖人이 天地에 參與하는 것) 다음은 한

심화하는 과정과 효험을 설명한 것이요, 『孟子』의 '善·信·聖·神'[40]은 여러 가지 美德들을 병렬적으로 설명한 것이기 때문이다.[41]

『大學章句』〈傳6章〉에서는 '必誠其意'[42]를 말했고, 〈傳9章〉에서는 '心誠求之'[43]를 말했거니와, 심재는 이 두 '誠' 字도 같은 의미가 아니라고 설명한다.

> (傳文에서) "마음이 참으로 추구한다(心誠求之)."라고 하였는데, 여기에서의 '誠' 字는 '誠意'에서의 '誠' 字와는 다르다. 대개 "마음이 참으로 추구한다(心誠求之)."라는 것은 天理의 自然스러운 것에 나아가 말한 것이며, "반드시 그 뜻을 참되게 한다(必誠其意)."라는 것은 念頭가 바야흐로 싹트는 곳에 나아가 말한 것이다.[44]

'念頭가 바야흐로 싹트는 곳'이란 하나의 생각이 싹터서 '善·惡이 분기되려는 즈음'을 말하거니와, 심재는 "반드시 그 뜻을 참되게 한다(必誠其意)."는 것은 善·惡이 분기되는 즈음에 '人欲을 막고 天理

쪽 부분에서부터 미루어 나가는 것이니, 한쪽 부분에 능하면 참됨이 있게 된다. 참됨이 있으면 형체가 이루어지고(形), 형체가 이루어지면 드러나고(著), 드러나면 밝아지고(明), 밝아지면 감동시키고(動), 감동시키면 변하게 되고(變), 변하게 되면 化하게 되니(化), 오직 天下의 지극히 참된 사람만이 능히 '化'하게 할 수 있다.(其次致曲, 曲能有誠, 誠則形, 形則著, 著則明, 明則動, 動則變, 變則化, 唯天下至誠, 爲能化.)"고 하였다.

40) 『孟子』 盡心下 제25장에서는 "하고자 할 만한 것을 '善'이라 하고, 자기에게 있는 것을 '信'이라 하며, 充實한 것을 '美'라 하고, 充實하면서 빛나는 것을 '大'라 하며, 위대하여 眞理와 하나가 된 것을 '聖'이라 하고, 聖스러워 알 수 없는 것을 '神'이라 한다.(可欲之謂善 ; 有諸己之謂信 ; 充實之謂美 ; 充實而有光輝之謂大 ; 大而化之之謂聖 ; 聖而不可知之之謂神.)"고 하였다.

41) 물론 '聖'과 '神'의 경우엔 '聖이 심화된 것이 神'이라고 풀이할 수 있다.

42) 『大學章句』 傳6章, "富潤屋, 德潤身, 心廣體胖, 故君子, 必誠其意."

43) 『大學章句』 傳9章, "康誥曰, 如保赤子, 心誠求之, 雖不中, 不遠矣."

44) 『譯註 庸學辨疑』, 329-330쪽, "'心誠求之.' 此誠字, 與誠意之誠字, 不同. 盖'心誠求之', 則就天理自然上說 ; '必誠其意', 則從念頭方萌處說."

를 보존함'을 뜻한다고 설명한 것이다. '天理의 自然스러운 것'이란 부모가 어린 자식을 돌보는 마음처럼 인위적인 노력 없이 '저절로 솟아나는 참된 마음'을 말하거니와, 심재는 "마음이 참으로 추구한다(心誠求之)."는 것은 '자연스럽게 솟아나는 天理를 그대로 확충시키는 것'이라고 설명했다.

이상의 例들은 같은 글자가 다른 뜻으로 쓰이는 경우를 해명한 것들이다. 심재는 같은 글자가 같은 의미로 쓰이면서도 논의의 맥락이 다른 경우도 있다고 본다. 이제 이러한 예들을 살펴보자. 『大學章句』〈傳6章〉에서는 '愼獨'을 두 번이나 언급하고 있거니와, 이에 대해 심재는 다음과 같이 논의의 맥락을 구분한다.

> (이 章에서는) '愼獨'을 두 번이나 언급했다. 대개 '誠意' 공부는 두 개의 '自' 字에 모두 들어 있다. '위에서 말한 愼獨'은 '自謙(스스로 상쾌하고 만족함)'을 성취하기 위한 것이며, '아래에서 말한 愼獨'은 '自欺(스스로를 속임)'를 막기 위한 것이다.[45]

"두 개의 '自' 字"란 '自謙'과 '自欺'를 가리킨다. '誠意'는 自身과의 관계에서 성립하는 '對自的 工夫'이거니와, 그것은 다시 '自謙'과 '毋自欺'의 두 방향으로 구분된다. 성리학에서는 '意'는 '心이 발한 것'으로서 善·惡이 갈라지는 지점이라고 보거니와, '自謙'은 선한 뜻을 확충시키는 것이며, '毋自欺'는 악한 뜻을 막는 것이다. 이러한 관점에서, 심재는 '위에서 말한 愼獨'[46]은 '自謙'을 추구하는 것이요, '아래에서 말한 愼獨'[47]은 '毋自欺'를 추구하는 것이라 하여, 양자는 서로 맥

45) 『譯註 庸學辨疑』, 302쪽, "兩言愼獨. 盖誠意工夫, 都在兩自字. 而上之所以愼獨, 欲其自謙也 ; 下之所以愼獨, 防其自欺也."

46) 『大學章句』〈傳6章〉의 "如惡惡臭, 如好好色, 此之謂自謙. 故君子必愼其獨也." 에서의 '愼獨'을 가리킨다.

락이 다르다고 해명한 것이다.

『大學』에서는 '齊家'를 풀이하면서도 '孝·弟·慈'를 거론하고, '治國·平天下'를 풀이하면서도 '孝·弟·慈'를 거론하였다. 이에 대해 심재는 다음과 같이 양자를 구분한다.

> 〈齊家章〉에서는 '孝·弟·慈' 셋을 말했는데 〈平天下章〉에서도 '孝·弟·慈' 셋을 일일이 거론하였다. '집안에서의 孝·弟·慈'와 '나라에서의 孝·弟·慈'는 難易와 淺深의 구분이 있을 것이다. 무릇 '孝·弟·慈'라는 점에서는 하나이지만, '家와 國'은 '化와 推'의 구별이 있다. 대개 '化'란 '自身이 몸소 가르쳐서 감동을 줘 변화시키는 것'이요, '推'란 '이러한 방법을 미루어 나가 확충시키는 것'이다. 오직 감화시켰기 때문에 미루어나갈 수 있는 것이요, 오직 미루어나갈 수 있기 때문에 모두 감화시킬 수 있다. 또한 감화가 아니면 미루어나갈 수 없고, 미루어나감이 아니면 감화가 두루 퍼질 수 없다. 그러한 즉, '집안에서의 孝·弟·慈'는 '미루어나감(推行)'이 없는 것은 아니지만 '감화를 이룸(成化)'으로 근본을 삼으며, '나라에서의 孝·弟·慈'는 '감화를 이룸'이 없는 것은 아니지만 '미루어나감'으로 중심을 삼는다. 하물며 '집안에서의 孝·弟·慈'와 '나라에서의 孝·弟·慈'는 工夫와 功效의 차이가 있음에랴.[48]

심재는 '君子의 敎化'를 化(成化)와 推(推行)의 두 차원으로 구분했다. '化'란 '自身이 몸소 가르쳐서 感化시키는 것'이요, '推'란 '感化를

---

47) 『大學章句』〈傳6章〉의 "小人閒居, 爲不善, 無所不至, 見君子而后, 厭然揜其不善, 而著其善. 人之視己, 如見其肺肝然, 則何益矣? 此所謂誠於中形於外. 故君子必愼其獨也."에서의 '愼獨'을 가리킨다.

48) 『譯註 庸學辨疑』, 327-328쪽, "齊家章, 言孝弟慈三者, 而平天下章, 歷擧孝弟慈三者. 家之所以孝弟慈, 國之所以孝弟慈, 不無難易淺深之分焉. 夫孝弟慈則一也, 而家與國, 有化與推之別焉. 盖化者, 自身敎而動化也 ; 推者, 推此道而廣充也. 惟化故可推, 惟推故皆化, 而非化, 推不行 ; 非推, 化不周, 則家之孝弟慈, 非無推行, 而以成化爲本也 ; 國之孝弟慈, 非無成化, 而以推行爲主也. 況家之孝弟慈, 國之孝弟慈, 有工夫功效之不同耳."

미루어나가 확충시키는 것'이다. 집안은 규모가 작으니 한 사람이 몸소 가르치고 감화시킬 수 있으나, 나라는 규모가 크니 한 사람이 모든 백성을 일일이 가르치고 감화시킬 수는 없다. 따라서 백성을 대상으로 하는 교화는 통치자가 집안에서 모범을 보임으로써, 백성이 그것을 보고 스스로 감발하도록 유도하는 것이어야 한다는 것이다. 심재는 이러한 맥락에서 '집안에서의 孝·弟·慈'는 '化'가 중심이 되고, '나라에서의 孝·弟·慈'는 '推'가 중심이 된다고 구분하였다.

『大學章句』〈傳10章〉에서는 '君子有大道'를 말한 다음 곧이어 '生財有大道'를 말하였다.[49] 심재는 이 두 '大道'도 맥락이 다르다고 보아, 다음과 같이 구분한다.

> "君子에게 大道가 있다."라고 한 것은 대개 修己·治人의 방법을 말한 것이요, "재물을 생산하는 데 大道가 있다."라고 한 것은 대개 民生을 두텁게 하고 나라를 풍족하게 하는 일을 말한 것이니, 가리키는 바가 각자 다른 것이다.[50]

위의 인용문은 '大道'라는 동일한 용어가 서로 논의의 맥락을 달리한다고 구분한 것이다. 심재는 같은 글자가 같은 의미로 쓰이면서도 서로 輕·重을 달리하는 경우도 있다고 보았다. 『大學章句』〈經1章〉에서는 "머물 곳을 안 다음에 (志가) 정해진다(知止而后有定)."라 하고, 바로 이어지는 구절에서는 "먼저 할 것과 뒤에 할 것을 안다(知所先後)."라 하였다. 이에 대해 심재는 다음과 같이 설명한다.

---

49) 『大學章句』〈傳10章〉, "君子有大道, 必忠信以得之, 驕泰以失之. 生財有大道, 生之者衆, 食之者寡, 爲之者疾, 用之者舒, 則財恒足矣."

50) 『譯註 庸學辨疑』, 362쪽, "'君子有大道', 則盖言其修己治人之術也 ; '生財有大道', 則盖言其厚生足國之事也. 所指各不同耳."

대개 '知止'의 '知' 字는 무거우니, 『周易』에서 이른바 '知終終之'[51]라고 할 때의 '知' 字와 같다. '知所先後'의 '知' 字는 가벼우니, 『孟子』에서 이른바 '知皆擴而充之'[52]라고 할 때의 '知' 字와 같다.[53]

"知止의 知 字는 무겁다."라는 것은 "知와 止 가운데 知에 중점이 있다."는 뜻이요, "知所先後의 知 字는 가볍다."라는 것은 "知와 所先後 가운데 所先後에 중점이 있다."는 뜻이다. 심재는 "머물 곳을 안 다음에 (志가) 정해진다(知止而后有定)."라는 구절을 知行論의 맥락에서 파악하고 있거니와,[54] 그렇다면 '知止'에서는 '知' 자체가 중요한 의미를 지니게 되는 것이다. 반면에 "먼저 할 것과 뒤에 할 것을 안다(知所先後)."라는 구절은 "物에는 本·末이 있고 事에는 終·始가 있다."라는 구절에 이어지는 내용으로서, 本·末과 終·始의 先·後 관계를 논하는 것이니, 따라서 '知所先後'에서는 '所先後'가 더욱 중요한 의미를 지니게 된다.

이제 '유사한 文句들'을 서로 대조하면서 각각의 의미를 辨別한 경우를 살펴보자. 심재는 經文의 '知所先後'의 '後' 字와 '知止而后有定'

---

51) 『周易』 乾卦 文言의 '九三爻' 해당 부분에서는 "이를 곳을 알아서 이르니 幾微에 참여할 수 있으며, 마칠 곳을 알아서 마치니 함께 義를 보존할 수 있다. 그러므로 윗자리에 있으면서 교만하지 아니하고, 아랫자리에 있으면서 근심하지 않는다. 그러므로 종일토록 부지런히 힘쓰고 때에 따라 조심하면, 비록 위태로우나 허물이 없을 것이다(知至至之, 可與幾也 ; 知終終之, 可與存義也. 是故, 居上位而不驕 ; 在下位而不憂. 故乾乾, 因其時而惕, 雖危, 無咎矣.)."라고 하였다.

52) 『孟子』 公孫丑上 제6장에서는 "무릇 나에게 있는 四端을 모두 擴充시킬 줄 알면, 불이 처음 타오르는 것과 같고 샘이 처음 뚫리는 것과 같으니, 진실로 확충시킬 수 있다면 四海를 보존하기에 충분하고, 진실로 확충시키지 못한다면 父母를 섬기기에도 부족하다(凡有四端於我者, 知皆擴而充之矣, 若火之始然, 泉之始達. 苟能充之, 足以保四海 ; 苟不充之, 不足以事父母.)."라고 하였다.

53) 『譯註 庸學辨疑』, 250쪽, "盖知止之知字重, 如大易所謂知終終之之知字也 ; 知所之知字輕, 如孟子所謂知皆擴充之知字也."

54) 『譯註 庸學辨疑』, 245쪽, "自知止, 至能得, 皆兼知行而言."

이나 '物格而后知至' 등의 '后' 字가 다른 점을 주목하여, 다음과 같이 설명한다.

> (經文에서는) "먼저 할 것과 뒤에 할 것을 알면 곧 道에 가깝게 된다(知所先後, 則近道矣.)."라고 하였다. 上文의 "知止而后有定, 定而后能靜" 云云의 5개의 '后' 字와 下文의 "物格而后知至, 知至而后意誠" 云云의 7개의 '后' 字는 모두 '後' 字를 쓰지 않고 반드시 이 '后' 字를 쓴 까닭이 무엇인가? 대개 '本과 末'은 相對하고, '始와 終'은 雙峙한다. 그 工夫의 얼개를 크게 논하자면, 하나는 먼저 해야 할 것이요 하나는 뒤에 해야 할 것이라는 구분이 있다. 그러나 "知止而后有定, 定而后能靜" 云云의 5개의 '后' 字와 "物格而后知至, 知至而后意誠" 云云의 7개의 '后' 字는 上段이 中段을 낳고 中段이 下段을 낳는 것으로서, 그 效驗이 서로 연유하는 것이니, 이것은 '先과 後처럼 서로 먼 것'이 아니다. 특별히는 모르겠거니와, '後'는 '先'과 相對하는 것이니, 저 '後' 字는 크게 '先・後의 界分'이 있는 것이나, '后'와 '后'는 서로 연유하는 것이니, 저 '后' 字는 대략 '차례의 差異'가 있는 것이다.55)

심재에 의하면, '後'는 '本·末'이나 '終·始'처럼 서로 상대되는 것들의 '先·後' 관계를 뜻하는 글자이며, '后'는 일련의 과정에 속하는 것들 가운데 '뒤의 것'을 뜻하는 글자라는 것이다.56)

『대학』의 經文에서는 "物有本末, 事有終始"라 하였거니와, 심재는

---

55) 『譯註 庸學辨疑』, 254-255쪽 "'知所先後, 則近道矣.' 上文知止等五后字, 下文物格等七后字, 皆不用後字, 而必用此后字者, 何也? 盖本與末相對, 始與終雙峙. 濶論其工夫之間架, 有一先一後之分, 而如知止等五后字, 物格等七后字, 上段生中段, 中段生下段, 其效相因, 則此非先後之相遠也. 殊不知, 後與先相對, 則這後字, 大有先後之界分 ; 而后與后相因, 則這后字, 略有次第之差殊."

56) 심재는 "그러나 또한 一說이 있으니, '後'와 '后'는 古字에서 通用했으니, '摯'와 '至'를 通用하고 '修'와 '脩'를 通用한 類와 같을 뿐, 그 사이에 특별히 은미한 뜻은 없는 것이라고 한다."라고 하여(『譯註 庸學辨疑』, 255쪽), 자신의 견해를 고집하지는 않았다.

'本·末'과 '終·始'의 語順에 대해 다음과 같이 설명한다.

> '本과 末'을 말할 때에 먼저 '本'을 말하는 것은 진실로 마땅하다. 그런데 '始와 終'을 말할 때에는 먼저 '終'을 말하는 까닭이 무엇인가? 무릇 君子의 道는, '시작(始)'을 도모함이 어려운 것이 아니라 '끝(終)'을 도모함이 어려운 것이며, '시작(始)'을 성공함이 어려운 것이 아니라 '끝(終)'을 성공함이 어려운 것이다. 따라서 '終'을 '始'보다 먼저 말하는 것은 '시작이 있고 끝이 있음'을 밝히기 위한 것이다. 그렇다면 '能得'을 위한 공부는 學者들이 가장 나아가기 어려운 곳인데, 學者들로 하여금 처음(始)의 근원을 밝혀 끝(終)을 규명하게 하고자 한 것이다. 그러므로 반드시 하나의 '終' 字를 앞에 둔 까닭은 '知止'와 '能得' 사이에는 '輕·重의 구분'이 있기 때문이다. 『書經』에서 "한 생각의 끝과 처음을 항상 배움에 두어라."[57]라고 한 것과 『中庸』에서 "참됨은 사물의 끝과 처음이다."[58]라고 한 것도 대개 이러한 뜻이다.[59]

심재에 의하면, '本·末'에 있어서는 '本'이 중요하기 때문에 먼저 '本'을 말한 것이요, '終·始'에 있어서는 시작보다 끝맺음이 중요하기 때문에 '有終의 美를 거두라'라는 취지로 '終'을 먼저 말했다는 것이다.

심재는 經文의 語套가 종종 다른 것에 대해서도 간과하지 않고 그 까닭을 해설하였다. 예컨대 八條目을 해설하는 각 章의 冒頭는 "所謂修身 在正其心者"나 "所謂齊其家 在修其身者"처럼 특별한 강조의

---

57) 『書經』「商書」〈說命下〉, "惟斅, 學半, 念終始, 典于學."

58) 『中庸章句』 제25장, "誠者, 物之終始, 不誠, 無物."

59) 『譯註 庸學辨疑』, 255-256쪽, "本末, 先言本, 固也, 而終始, 先言終者, 何也? 凡君子之道, 謀始非難, 而圖終爲難 ; 成始非難, 而成終爲難, 則終先於始者, 以明夫有始而有終也. 然則能得之工, 最是學者之難進處, 而欲使學者, 原始而要終, 故必以一終字先之, 以其知止能得有輕重之分也. 書所謂念終始典于學, 中庸所謂誠者物之終始, 盖此意也."

語句가 없는데, 〈傳9章〉에서는 "所謂治國 必先齊其家者"라 하여 특별히 '必先'이라는 두 글자를 두었다. 이에 대해 심재는 다음과 같이 해설한다.

> (〈傳9章〉에서는) "治國은 '반드시 먼저(必先)' 그 집안을 가지런히 해야 한다."라고 하였다. 무릇 〈誠意章〉·〈正心章〉·〈修身章〉까지는 모두 '반드시 먼저(必先)'라는 두 글자가 없었는데, 오직 〈齊家章〉에서만 "반드시 먼저 그 집안을 가지런히 해야 한다."라고 말하는 까닭이 무엇인가? 대개 心과 身 사이는 서로 거리가 멀지 않은데, 家와 國 사이는 간격이 넓고 멀다. 그러한 즉, 齊家와 治國의 요점을 말하고자 함에 '必先'이라는 두 글자를 제외하면 무엇으로 할 수 있겠는가? 무릇 格物·致知는 나란히 병행하는 공부요, 誠意·正心은 一身의 일이다. 家는 國에 대해서 小·大의 구분이 있으며, 國은 家에 대해서 遠·近의 구별이 있다. 그러한 즉, 장차 治國의 道를 말하려 함에, 이미 '必' 字를 붙여서 家를 가지런히 하지 않을 수 없음을 보여주고, 또 '先' 字를 붙여서 家를 먼저 하지 않을 수 없음을 밝힌 것이다. '必' 字는 '반드시 일삼음이 있다(必有事焉)'[60]라고 할 때의 '必' 字와 같으며, '先' 字는 '먼저 할 것과 뒤에 할 것을 안다(知所先後)'[61]라고 할 때의 '先' 字와 같다. 그러한 즉, '必先' 두 글자는 齊家·治國의 道에 있어서 크게 힘이 되는 것이다.[62]

---

60) 『孟子』 公孫丑上 제2장에서는 '浩然之氣'를 기르는 방법을 설명하면서 "반드시 일삼음이 있되 期必하지 말 것이요, 마음에 잊지도 말고, 助長하지도 말라(必有事焉而勿正, 心勿忘, 勿助長也.)."라고 하였다.

61) 『大學章句』 經1章의 "物에는 本·末이 있고 事에는 終·始가 있으니, 먼저 할 것과 뒤에 할 것을 알면 곧 道에 가깝게 될 것이다(物有本末, 事有終始, 知所先後, 則近道矣.)"라는 내용을 말함.

62) 『譯註 庸學辨疑』, 325-326쪽, "'治國, 必先齊其家.' 夫誠意正心修身以上, 皆無必先二字, 而獨於齊家章曰 '必先齊其家'者, 何也? 盖心與身之間, 相去不遠 ; 家與國之間, 分際濶遠, 則欲言齊治之要, 舍二字, 奚以哉? 夫格致, 齊頭之工也 ; 誠正, 一身之事也. 而家之於國, 有小大之分焉 ; 國之於家, 有遠近之別焉, 則將言治國之道, 而旣着必字, 以示夫家之不可不齊也 ; 又着先字, 以明夫家之不可不先也. 必字, 如必有事之必字 ; 先字, 如知所先之先字, 則必先二字, 大有力於齊治之道也."

심재는 우선 格物·致知와 誠意·正心 등은 서로 그 간격이 크지 않으나, 齊家와 治國 사이에는 '小·大'와 '遠·近'의 구별이 현격하다는 점을 지적하였다. 작은 간격은 어렵지 않게 移行할 수 있으나, 큰 간격은 전 단계를 확실하게 다지지 않고서는 다음 단계로 移行하기 어려울 것이다. 이러한 맥락에서, 심재에 의하면 '必先'이라는 두 글자는 齊家와 治國 사이의 큰 간격을 극복하고자 함에서 매우 긴요한 글자라는 것이다.

또한, 八條目을 해설하는 각 章의 末端은 모두 '順結'로 되어 있는데, 오직 〈修身章〉에서는 '反結'로 된 까닭에 대해, 심재는 다음과 같이 해설한다.

> 八條目을 해설하는 각 章의 末端은 모두 그 말을 '順結'로 하였는데, 오직 〈修身章〉에서는 '反結'로 하여 "이것을 '몸이 닦이지 않으면 그 집안을 가지런히 할 수 없다'고 하는 것이다."라고 말한 까닭이 무엇인가? '順結'하는 것은 그 뜻이 약간 가볍고, '反結'로 하는 것은 그 뜻이 약간 무겁다. 家의 齊·不齊는 다만 身의 修·不修에 달렸으니, 나머지 7개의 條目처럼 다만 그 순서가 서로 원인이 되는 것뿐만이 아니다. 그러한 즉, 順結로 하지 않고 반드시 反結로 한 까닭은, 順結로 하면 反結로 하는 것만큼 有力하지 못하기 때문이다. 대개 修身은 곧 '몸소 행하는(躬行) 일'이요, 齊家는 곧 '미루어 행하는(推行) 일'이다. 만약 몸소 행하지 않으면 미루어 행할 것이 없는 것이니, 반드시 躬行과 推行으로 짝을 이루어 설명하는 것이요, 두 개의 '不' 字를 붙인 것은 話法을 뒤집어 전환하는 의미를 지닌다. 그러한 즉, 〈修身章〉에서 反結로 한 까닭은 모두 '修身'에 중요성을 부여하려는 뜻에서 연유한 것이다.[63]

63) 『譯註 庸學辨疑』, 323-324쪽, "八條目末端, 順結其語, 而獨修身章, 反結之曰 '此謂身不修, 不可以齊其家'者, 何也? 順結者, 其意差輕 ; 反結者, 其意差重. 家之齊不齊, 只係於身之修不修, 而不但如七箇條目, 其序相因而已, 則其所以不順結, 而必反結者, 以其順結, 不如反結之爲有力也. 盖修身, 卽躬行之事也 ; 齊

'順結'이란 순조롭게 결론을 맺었다는 뜻으로, 예컨대 〈傳7章〉의 "이것을 '몸을 닦음은 그 마음을 바룸에 있다'고 하는 것이다(此謂修身, 在正其心.)."라는 맺음말이나 〈傳9章〉의 "이것을 '나라를 다스림은 그 집안을 가지런히 함에 있다'고 하는 것이다(此謂治國, 在齊其家.)."라는 맺음말처럼 단순한 긍정문으로 끝맺은 것을 말한다. '反結'이란 順結과 반대되는 방식으로, '不' 字를 두 번씩 써서 이중 부정의 문장으로 끝맺은 것을 말한다. 〈傳8章〉에서는 "이것을 '몸이 닦이지 않으면 그 집안을 가지런히 할 수 없다'고 하는 것이다(此謂身不修, 不可以齊其家.)."라고 했는데, 이처럼 '不' 字를 두 번씩 써서 이중 부정의 論法을 전개한 것은 '齊家에서 修身의 선결적 중요성'을 더욱 강조하기 위한 취지였다는 것이다.

이제 經文 상호 간의 논리적 일관성을 해명하는 경우를 살펴보자. 『대학』에는 군데군데 '命' 字가 등장하거니와, 이에 대해 심재는 다음과 같이 설명한다.

> 『大學』一篇 가운데에서 '命' 字를 많이 언급하였다. "民衆을 얻으면 나라를 얻고, 民衆을 잃으면 나라를 잃는다."라는 것은 '쉽지 않은 命(不易之命)'이며,[64] "착하면 얻고, 착하지 못하면 잃는다."라는 것은 '영원하지 못한 命(不常之命)'이다.[65] 그런데 '착하면 얻는다'라는 것은 곧 '나라를 얻음'을 말하고, '착하지 못하면 잃는다'라는 것은 곧 '나라를 잃음'을 말한다. 稟受한 것으로부터 理로써 말하는 것은 '이것을 돌아보라는 命(顧諟之命)'이며,[66] 가슴에 품은 것으로부터 德으로써 말하는 것은 '오직 새

家, 卽推行之事也. 若不躬行, 無以推行, 則必以躬行推行, 對待說去, 而纔着兩箇不字, 帶得飜轉話法, 則可見其修身章之反結, 都由於歸重修身之意."

64) 『大學章句』傳10章, "詩云 '殷之未喪師, 克配上帝, 儀監于殷, 峻命不易.' 道得衆則得國, 失衆則失國."

65) 『大學章句』傳10章, "康誥曰 '惟命, 不于常.' 道善則得之, 不善則失之矣."

66) 『大學章句』傳首章, "太甲曰 '顧諟天之明命.'"

로운 命(維新之命)'이다.[67] '稟受한 밝은 命'은 애초에 '가슴에 품은 새로운 命'을 벗어나지 않으며, '가슴에 품은 새로운 命'은 본래 '稟受한 밝은 命'을 떠나지 않는다. 그러한 즉 '不易之命'과 '不常之命', '顧諟之命'과 '維新之命'은 다른 것 같으나, 나의 德으로써 命하고 天下로써 命하는 것은 모두 '하늘의 命'이다. 다만, '스스로 그 德을 밝히는 命'은 곧 '능히 天下를 받는 命'이니, 일찍이 다르지 않다.[68]

『대학』에서 군데군데 등장하는 '命' 字는 일견 서로 다른 뜻을 지니고 있는 것 같다. 그런데 심재에 의하면 각각의 '命' 字는 논의의 맥락은 달라도 모두 '天命'으로 귀결되고 있다는 것이다. 『대학』에는 '道' 字도 군데군데 등장하는데, 심재는 이에 대해 다음과 같이 설명한다.

이 책에서 말한 '道'는 네 가지이다. 첫째는 '大學之道'를 말했고,[69] 다음에는 '絜矩之道'를 말했으며,[70] 다음에는 '君子有大道'를 말했고,[71] 다음에는 '生財有大道'를 말했다.[72] 이처럼 허다한 '道' 字는 한결같이 모두 '明德'을 근본으로 삼는 것이다.[73]

---

67) 『大學章句』 傳2章, "詩曰 '周雖舊邦, 其命維新.'"

68) 『譯註 庸學辨疑』, 351-352쪽, "一篇之中, 多言命字. 得衆則得國, 失衆則失國者, 不易之命也 ; 善則得之, 不善則失之者, 不常之命也, 而善則得之者, 卽得國之謂也, 不善則失之者, 卽失國之謂也. 以至於自稟受而以理言之者, 顧諟之命也 ; 自膺受而以德言之者, 維新之命也. 稟受之明命, 初不外乎膺受之新命, 而膺受之新命, 本不離於稟受之明命, 則不易之命與不常之命, 顧諟之命與維新之命, 似若不同, 而命以我德, 命以天下者, 皆天之命也. 但必自明其德之命, 則能受天下之命, 又未嘗不同也."

69) 『大學章句』 經1章, "大學之道, 在明明德, 在新民, 在止於至善."

70) 『大學章句』 傳10章, "所謂平天下, 在治其國者, 上老老而民興孝, 上長長而民興弟, 上恤孤而民不倍, 是以, 君子有絜矩之道也."

71) 『大學章句』 傳10章, "君子有大道, 必忠信以得之, 驕泰以失之."

72) 『大學章句』 傳10章, "生財有大道, 生之者衆, 食之者寡, 爲之者疾, 用之者舒, 則財恒足矣."

73) 『譯註 庸學辨疑』, 240쪽, "此篇所謂道者四, 首曰大學之道, 又曰絜矩之道, 又曰

심재에 의하면, 각각의 『대학』의 여러 '道' 字는 각각 논의의 맥락은 달라도 모두 '明德을 밝힘'을 근본으로 삼고 있다는 것이다.

이상의 例들은 다양한 맥락에서 거론되는 '命' 字나 '道' 字가 사실은 각각 같은 뜻을 바탕으로 삼고 있음을 해명한 것이다. 『대학』의 經文에는 일견 논리적으로 모순되는 표현들도 군데군데 등장한다. 예컨대 "致知는 格物에 있다(致知在格物)."라는 말은 致知와 格物 사이에 先·後가 없다는 뜻이요, "物格 이후에 知가 이른다(物格而后知至)."라는 말은 物格과 知至 사이에 先·後가 있다는 뜻으로서, 일견 양자가 모순되는 것이다. 심재는 이에 대해 다음과 같이 해명한다.

> ('致知在格物'의) '在' 字는 약간 긴요한 글자이며, ('物格而后知至'의) '而' 字는 위의 말을 이어서 아래의 말을 일으키는 글자이다. 格物할 때에는 나의 知가 스스로 物에 이르며, 致知할 때에는 物의 理가 스스로 (나의) 心에 이른다. 따라서 格物을 하고 또 致知를 하는 것도 아니며, 역시 致知를 하고 또 格物을 하는 것도 아니다. 그러므로 "致知는 格物에 있다."라고 말하는 것이다. 노력의 결과를 거두어들일 때에 이르러서는, 반드시 物의 理가 이미 극진해진 다음에야 그 知가 이르는 것으로서, 先·後의 차례가 없을 수 없다. 그러므로 "物格 이후에 知가 이른다."라고 말하는 것이다.[74]

주지하듯이, 格物·致知는 工夫를 말하는 것이요, 物格·知止는 功效를 말하는 것이다. 工夫에 있어서는 사물을 궁구하는 과정과 앎을 이루는 과정이 表·裏를 이루고 있으나, 功效에는 먼저 사물이 완전

君子有大道, 又曰生財有大道. 許多道字, 一是皆以明德爲本也."

74) 『譯註 庸學辨疑』, 258쪽, "在字, 緊得些子 ; 而字, 承上起下. 格物時, 吾之知, 自到於物 ; 致知時, 物之理, 自至於心. 非是格物而又致知 ; 亦非致知而又格物. 故曰 '致知在格物.' 而至於收功之時, 則必須物之理旣盡, 然後其知乃至, 而不得無先後之序. 故曰 '物格而后知至'也."

히 궁구되어야 앎이 완전히 이루어지는 것이다. 이러한 맥락에서 심재는 工夫의 과정에서는 格物·致知가 동시에 竝進하는 것이나, 功效를 이룸에는 先·後의 차례가 있다고 해명하였다.

『대학장구』에서는 〈誠意章(傳6章)〉에서 誠意를 이미 '自謙(스스로 상쾌하고 만족스러움)'과 '毋自欺(스스로를 속임이 없음)'로 설명하고서, 다시 〈正心章(傳7章)〉에서는 '四有의 病'[75]을 거론하고, 〈修身章(傳8章)〉에서는 '五僻의 病'[76]을 거론하였다. 이것 역시 일견 일관성이 없는 논법으로 보이거니와, 이에 대해 심재는 다음과 같이 설명한다.

> 그 뜻을 참되게 함은 반드시 스스로 상쾌하고 만족스럽게 하여 스스로를 속임이 없애고자 하는 것이니, 그러한 즉 '正心'과 '修身'의 공부가 이미 이르지 않은 곳이 없다. 그런데 〈正心章〉에서는 '四有의 病'을 말하고, 〈修身章〉에서는 '五僻의 病'을 말하는 까닭은 무엇인가? 긴장하고 또 긴장하는 것이 '君子의 계속되는 공부'인데, 誠意가 아니라면 그 病을 살필 수 없다. 대개 '四有'는 '마음에 치우침과 사사로움이 있는 것'이며, '五僻'은 '몸에 치우침과 사사로움이 있는 것'이다. 그런데 日常에서 應接하는 사이에 잠시라도 警戒하지 않음이 있다면 반드시 한쪽으로 치우침에 빠져서, 마음은 바르지 못하고 몸은 닦이지 않는 것이다. 뜻을 참되게 하고자 노력하는 초기에 비록 조금 많은 工夫를 했다고 하더라도, 어찌 "뜻이 진실로 한번 참되면, 다시는 工夫를 더하지 않아도, 마음은 스스로 바르게 되고 몸은 스스로 닦이게 된다."라고 말할 수 있겠는가?[77]

---

75) '四有의 病'이란 '분하게 여겨 성냄이 있음(有所忿懥)', '두려워함이 있음(有所恐懼)', '좋아하고 즐김이 있음(有所好樂)', '근심하고 걱정함이 있음(有所憂患)'을 말한다.

76) '五僻의 病'이란 '그 親愛하는 바에 편벽됨(之其所親愛而辟焉)', '그 천하게 여기고 미워하는 바에 편벽됨(之其所賤惡而辟焉)', '그 두려워하고 공경하는 바에 편벽됨(之其所畏敬而辟焉)', '그 슬퍼하고 불쌍히 여기는 바에 편벽됨(之其所哀矜而辟焉)', '그 거만하고 게으른 바에 편벽됨(之其所敖惰而辟焉)'을 말한다.

심재에 의하면, 한 번 뜻을 참되게 했다고 하여, 그것만으로 영원히 마음이 스스로 바르게 되고 몸이 스스로 닦이는 것이 아니다. 그러므로 지속적인 공부가 필요한 것이니, 이런 맥락에서 〈正心章〉에서는 다시 '四有의 病'을 거론하고, 〈修身章〉에서는 또 '五僻의 病'을 거론했다는 것이다.

『대학장구』 〈傳10章〉에서는 한편으로는 "재물이 모이면 백성이 흩어진다(財聚則民散)."라고 하고, 한편으로는 "재물을 생산하는 데에는 大道가 있다(生財有大道)."라고 했거니와, 이것 역시 일견 서로 취지가 어긋나는 것으로 보인다. 이에 대해 심재는 다음과 같이 해명한다.

> '재물이 모임'과 '재물을 생산함'은 다르다. '재물이 모임'은 '백성의 재물을 긁어모으는 것'이요, '재물을 생산함'은 '백성의 재물을 생산하는 것'이다. 그러한 즉, '재물이 모임을 배척한 것'이 곧 '재물을 생산함'의 뜻이니, 어찌 서로 모순되는 것이겠는가?[78]

심재에 의하면, "재물이 모이면 백성이 흩어진다."는 말은 '백성의 재물을 긁어모음'을 비판하는 것이요, "재물을 생산하는 데에는 大道가 있다."는 말은 '백성의 재물을 풍족하게 해 주라'라고 권하는 것이다. 이처럼 양자는 모두 백성을 돌보기 위한 것이라는 점에서 그 취지가 일관된다는 것이다.

---

77) 『譯註 庸學辨疑』, 303-304쪽, "誠其意者, 欲其必自謙而毋自欺, 則正心修身之工, 已無不至. 而正心章言四有之病, 修身章言五僻之病者, 何也? 緊一緊者, 君子接續之工, 則不以誠意, 而不察其病也. 盖四有, 心有偏私處 ; 五僻, 身有偏私處. 而日用應接之間, 斯須不戒, 則必陷於一偏, 而心不正, 身不修矣. 誠意之初, 雖着十分工夫, 而豈可謂意苟一誠, 更不加工, 而心自正, 身自修耶?"

78) 『譯註 庸學辨疑』, 354쪽, "財聚與生財不同, 財聚是聚民之財也 ; 生財是生民之財也, 則所以斥財聚者, 卽生財之義也. 豈相牴牾也."

2) 諸經과의 有機的 해석

「大學辨疑」의 방법론 가운데 둘째로 꼽을 수 있는 것은 '諸經과의 有機的 해석'이다. 심재는 『大學』의 經文을 해석함에 다른 經典들의 유사한 내용이나 참고가 될 수 있는 내용들을 인용하여 논의함으로써, 그 同異를 辨別하기도 하고, 상호 연관성을 해명하며, 서로 모순되는 것처럼 보이는 내용들의 일관성을 해명하였다.

우선 『대학』의 文句를 다른 경전의 유사한 文句와 비교하면서 논의한 예들을 살펴보자. 『대학장구』의 〈補亡章〉에서는 '豁然貫通'을 말하고, 『논어』에서는 '一以貫之'[79]를 말했다. 심재는 이에 대해 다음과 같이 설명한다.

> (〈補亡章〉에서는) "노력함이 오래되면 하루아침에 豁然貫通하게 된다."라고 하였다. 대개 曾子는 三省을 독실하게 노력하여, 一貫之道를 妙悟한 것이다. 그런데 바야흐로 三省을 독실하게 노력할 때에는 '조그마한 노력을 거듭 쌓아 나간 것'이요, 一貫之道에 대해서 가르침을 받을 때에는 '마음으로 융합하고 정신으로 이해한 것'이다. 그러한 즉, 이것이 바로 '노력함이 오래되어 豁然貫通하게 된 경지'인 것이다.[80]

曾子의 '三省'이란 '남을 위해 일을 도모함에 최선을 다함, 벗과 사귐에 信義를 지킴, 스승께 배운 내용을 익힘'을 말한다.[81] 심재에 의

79) 『論語』 里仁 15, "子曰 '參乎, 吾道, 一以貫之.' 曾子曰 '唯.' 子出, 門人問曰 '何謂也?' 曾子曰 '夫子之道, 忠恕而已矣.'"

80) 『譯註 庸學辨疑』, 299-300쪽, "'用力之久, 而一朝, 豁然貫通焉.' 盖曾子工篤三省, 妙悟一貫. 而方其做三省之時, 銖累而寸積 ; 及其聞一貫之時, 心融而神會. 則此是用力之久, 而豁然貫通處也."

81) 『論語』 學而 4, "曾子曰 '吾日三省吾身, 爲人謀而不忠乎? 與朋友交而不信乎? 傳不習乎?'"

하면, 증자는 날마다 이런 노력을 거듭 쌓아서 마침내 공자의 一貫之道를 깨달은 것이니, 이야말로 오래도록 노력하여 마침내 '豁然貫通'하게 된 실례라 할 수 있다는 것이다.

『대학』에서는 "君子에게는 大道가 있으니, 반드시 忠信으로써 얻고, 驕泰로써 잃는다."[82]라고 했다. 심재는 이곳의 '忠·信'은 『論語』에서 曾子가 '三省'을 말하면서 거론한 '忠·信'과는 다르다고 구분한다.

> 朱子는 "자기의 마음에서 발하여 스스로 극진히 한 것을 '忠'이라 하고, 사물의 이치를 따라서 어기지 않는 것을 '信'이라 한다."[83]라고 풀이했는데, 이것은 『論語』〈三省章〉의 注에서 "자기를 극진히 한 것을 '忠'이라 하고, 眞實로써 하는 것을 '信'이라 한다."[84]라고 풀이한 것과는 차이가 있다. 그 忠·信은 하나이지만, 저것은 '자신을 반성함'으로 말하는 것이기 때문에 忠·信을 풀이하면서 '자기를 극진히 함'과 '진실로써 함'으로 설명한 것이요, 이것은 '治國·平天下'로 말하는 것이기 때문에 忠·信을 풀이하면서 '자기의 마음에서 발하여 스스로 극진히 함'과 '사물의 이치를 따라서 어기지 않음'으로 설명한 것이니, 體·用의 구분이 있는 것이다.[85]

심재에 의하면, 『논어』에서 증자가 말한 忠·信은 '자신을 반성하는 방법론'으로서 '體'에 해당하고, 『대학』에서 君子의 大道로 말한 忠·信은 '治平의 방법론'으로서 '用'에 해당한다는 것이다.

---

82) 『大學章句』 傳10章, "君子有大道, 必忠信以得之, 驕泰以失之."

83) 『大學章句』 傳10章, 朱子註, "發己自盡爲忠, 循物無違爲信."

84) 『論語集註』 學而 4, 朱子註, "盡己之謂忠, 以實之謂信."

85) 『譯註 庸學辨疑』, 361-362쪽, "朱子曰 '發己自盡謂忠, 循物無違爲信.' 此與論語三省章之注, '盡己之謂忠, 以實之謂信.' 有所不同. 盖其忠信則一也, 而彼以省身言, 故釋忠信, 則以盡己以實言之 ; 此以治平言, 故釋忠信, 則以發己循物言之, 以其有體用之分也."

심재는 『대학』에서 말하는 '誠'과 『중용』에서 말하는 '誠' 사이에도 차이가 있다고 보아, 다음과 같이 구분한다.

> 이 章에서 '그 뜻을 참되게 한다(誠其意)'라고 말할 때의 '誠'은 『中庸』에서 "誠을 가릴 수 없음이 이와 같도다!"[86]라고 할 때의 '誠'과 가리키는 바가 다르다. 『中庸』에서는 '實理'로 말하는 것이고, 여기에서는 '實心'으로 말하는 것이다.[87]

유학에서는 '誠'을 '實理(참된 이치)'와 '實心(참된 마음, 誠慤)'이라는 두 맥락에서 논의하는데, 이 점은 『중용』에서도 마찬가지다.[88] 『중용』에서는 "참됨(誠)은 하늘의 道요, 참되려고 노력함(誠之)은 사람의 道이다."[89]라고 했거니와, '참됨'은 '實理'를 뜻하고, '참되려고 노력함'은 '實心'을 뜻한다는 것이 유학의 일반론이요, 또한 심재의 해석이었다.[90] 위의 인용문은 이러한 맥락에서 『대학』의 '誠意'의 '誠'은 人道로서 '實心'에 해당하고, 『중용』의 "誠을 가릴 수 없음이 이와 같도다!"의 '誠'은 天道로서 '實理'에 해당한다고 구분한 것이다.

『대학』에서는 修身을 논하면서 사람이 偏僻되기 쉬운 폐단 가운데 하나로 '敖惰(거만하고 게으름)'를 들었는데, 심재는 『논어』나 『맹

86) 『中庸章句』 제16장, "詩曰 '神之格思, 不可度思, 矧可射思?' 夫微之顯, 誠之不可揜, 如此夫!"

87) 『譯註 庸學辨疑』, 304쪽, "此章之誠其意之誠, 與中庸誠之不可揜之誠, 所指不同. 彼以實理言 ; 此以實心言."

88) 『朱子語類』 卷6(中華書局本, 102쪽), "誠, 實理也, 亦誠慤也. 由漢以來, 專以誠慤言誠. 至程子乃以實理言, 後學皆棄誠慤之說不觀. 中庸亦有言實理爲誠處, 亦有言誠慤爲誠處."

89) 『中庸章句』 제20장, "誠者, 天之道也 ; 誠之者, 人之道也."

90) 『譯註 庸學辨疑』, 156쪽, "盖鬼神之誠不可揜, 是以天道言誠, 而誠是眞實之理也. 此章之誠身有道, 是以人道言誠, 而誠是眞實之心也. 所以於此總兩者, 而言之曰 '誠者, 天之道 ; 誠之者, 人之道.'"

자』에 보이는 사례를 들어 敖惰가 꼭 나쁜 것은 아니라고 설명한다.

> '敖惰'가 비록 좋은 것은 아니나, 마땅히 거만해야 할 곳에 거만하면 진실로 '君子의 德'을 해치지 않는다. 예컨대 '孔子가 비파를 취하여 노래를 부른 것'이나 '孟子가 안석에 기대어 누운 것'을 두고 "孔·孟이 거만하고 게을렀다."라고 말하지는 않는다. "敖惰가 孔·孟에게 있어서 발휘될 때에는 이와 같았다."라고 말할 뿐이다. 그러한 즉, (孔·孟과) 같은 방식으로 敖惰함을 꺼릴 것이 무엇이며, 또한 學者가 물건을 업신여기고 세상을 가볍게 여김을 염려할 것이 무엇인가?[91]

'孔子가 비파를 취하여 노래를 부른 것'[92]이나 '孟子가 안석에 기대어 누운 것'[93]은 한편으로는 상대방으로 하여금 자신의 잘못을 깨닫게 하려는 것이었고, 한편으로는 자신의 고결한 지조를 지키기 위함이었다. 이러한 맥락에서, 심재는 자신의 지조나 가치관을 지키는 수단으로서의 敖惰는 충분히 용납될 수 있다고 보았던 것이다.

이제 『대학』의 내용이 다른 경전의 내용과 相衝되거나 矛盾되는 것처럼 보이는 경우에 대한 해명을 살펴보자. 『대학』에서는 '格物·

---

91) 『譯註 庸學辨疑』, 318-319쪽, "敖惰雖非好事, 而敖其所當敖, 則固無害於君子之德也. 如孔子之取瑟而歌, 孟子之隱几而臥, 非謂孔孟爲敖惰也. 謂敖惰之在孔孟做處, 如是而已, 則何嫌於同般敖惰乎? 亦何慮學者之傲物輕世乎?"

92) 『論語』 陽貨 제20장에 "孺悲가 孔子를 뵈려 하거늘, 孔子께서 아프다고 사양하시고, 명령을 받은 자가 문을 나가자, 비파를 끌어당겨 연주하면서 노래하여, 그로 하여금 듣게 하였다."라는 내용이 보인다. 孺悲는 당시에 罪를 얻었던 사람인데, 그가 뵙기를 청하자 공자는 疾病을 핑계로 사양하고, 또 비파를 연주하면서 노래하여, 사실은 疾病이 없음을 알게 한 것이라 한다.

93) 맹자가 齊나라를 떠날 때에 晝라는 곳에서 留宿하였는데, 마침 齊나라 王을 위해서 맹자의 발걸음을 만류하는 客이 있었다. 이때 맹자가 응대하지 않고 안석에 기대어 누웠던 것이다. 이에 客이 기뻐하지 않자, 맹자는 '魯繆公과 子思의 例'를 들어 '客의 정성이 미흡했음'을 깨우친 바 있다(『孟子』 公孫丑下 제11장 참조).

致知와 誠意·正心'을 말하고, 『중용』에서는 '尊德性(덕성을 높임)과 道問學(묻고 배우는 데서 말미암음)'을 말했거니와, 格物·致知는 객관적인 理法의 탐구라는 점에서 道問學에 비견되고, 誠意·正心은 내면적인 마음의 수양이라는 점에서 尊德性에 비견된다. 그런데 『대학』에서는 格物·致知를 먼저 언급하고, 『중용』에서는 尊德性을 먼저 언급했다. 심재는 그 까닭을 다음과 같이 설명한다.

> 『大學』에서는 格物·致知를 말한 다음에 誠意·正心을 말했는데, 『中庸』에서는 '尊德性'을 말한 다음에 '道問學'을 말했다. 하나는 知가 앞서고 行이 뒤인데, 하나는 行이 앞서고 知가 뒤인 까닭은 무엇인가? 『大學』은 '德에 들어가는 책(入德之書)'이요, 『中庸』은 '德을 이루는 책(成德之書)'이다. '入德'으로 말하자면 知가 行보다 앞서고, '成德'으로 말하자면 行이 知보다 앞선다. 그런데 知밖에 行이 없고, 行밖에 知가 없다. 그러한 즉, 格物·致知는 知에 속하지만 行이 그 가운데 있고, 尊德性은 行에 속하지만 知가 여기에서 벗어나지 않는다.[94]

심재는 '入德'의 단계에서는 知가 行보다 앞서고, '成德'의 단계에서는 行이 知보다 앞선다는 맥락에서, 『大學』은 '德에 들어가는 책'이기 때문에 格物·致知를 먼저 언급하고, 『中庸』은 '德을 이루는 책'이기 때문에 尊德性을 먼저 언급했다고 풀이한 것이다.

『대학』에서는 "德은 근본이요, 財物은 말단이다. 근본을 밖으로 삼고 말단을 안으로 삼으면, 백성을 다투게 하여 겁탈하도록 가르치는 것이다."[95]라고 했는데, 이는 일견 『書經』이나 『論語』에서 '도덕

94) 『譯註 庸學辨疑』, 267-268쪽, "大學言格致而後誠正 ; 中庸言尊德性而後道問學. 一則知先而行後 ; 一則行先而知後者, 何也? 大學, 入德之書也 ; 中庸, 成德之書也. 以入德言, 則知先乎行 ; 以成德言, 則行先乎知. 而知外無行, 行外無知. 則格致屬知, 而行在是矣 ; 尊性屬行, 而知不外矣."

95) 『大學章句』 傳10章, "德者本也, 財者末也. 外本內末, 爭民施奪."

보다 먼저 재물을 갖추라'라고 말한 것과는 모순되는 것으로 보인다. 이에 대해 심재는 다음과 같이 설명한다.

> 〈洪範〉의 '八政'에서는 '食'과 '貨'가 첫머리이고, 夫子께서 政事를 논할 때도 '양식을 충분하게 함'이 첫째였다. 그러한 즉, 참으로 天下·國家에서 財用은 하루라도 느슨하게 할 수 없다. 그런데 이제 "德이 根本이 되고, 財物은 末端이 된다."라고 한 것은 財物을 德과 대비해서 말했기 때문이다.96)

『書經』〈洪範〉의 '八政'에서는 食·貨를 먼저 거론하였고, 禮나 敎育 등은 그다음에 거론하였다.97) 공자도 政事의 세 요소를 거론할 때 足食을 먼저 들고 信義는 그다음에 거론했는가 하면,98) "먼저 백성을 富裕하게 만든 다음에 人倫道德을 가르치라."라고 권하기도 하였다.99) 이에 대해 심재는 "天下·國家에서 財用은 하루라도 느슨하게 할 수 없는 것"이라고 의미를 부여했다. "백성은 糧食을 하늘로 삼는다."라는 말도 있고 "衣食이 풍족해야 禮義를 안다."라는 말도 있거니와, 따라서 施政의 순서로는 인륜도덕보다 재물을 우선할 수 밖에 없다는 것이다. 심재는 『대학』에서 '德이 根本이 되고, 財物은

---

96) 『譯註 庸學辨疑』, 353-354쪽, "洪範之八政, 食貨爲首 ; 夫子之論政, 足食居先, 則信乎財用之於天下國家, 有不可一日緩, 而今曰 '德爲本, 財爲末'者, 以財而對德言也."

97) 『書經』의 '洪範九疇' 가운데 셋째 범주가 '八政'이다. 그런데 '八政' 가운데 첫째가 '食'이며, 둘째가 '貨'이다(『書經』 周書 洪範 : 三, 八政, 一曰食, 二曰貨, 三曰祀, 四曰司空, 五曰司徒, 六曰司寇, 七曰賓, 八曰師.).

98) 『論語』 顔淵 7, "子貢問政, 子曰 '足食, 足兵, 民信之矣.' 子貢曰 '必不得已而去, 於斯三者, 何先?' 曰 '去兵.' 子貢曰 '必不得已而去, 於斯二者, 何先?' 曰 '去食, 自古皆有死, 民無信不立.'"

99) 『論語』 子路 9, "子適衛, 冉有僕. 子曰 '庶矣哉!' 冉有曰 '旣庶矣, 又何加焉?' 曰 '富之.' 曰 '旣富矣, 又何加焉?' 曰 '敎之.'"

末端이 된다'라고 한 것에 대해서는 "財物을 德과 대비해서 말했기 때문"이라 하였다. 施政의 순서로 말하자면 비록 재물이 우선이라 하더라도, 가치의 궁극적 위계를 논하자면, 인륜도덕은 '사람의 사람다움'을 뒷받침하는 가치요, 재물은 단순히 '사람의 생존'을 뒷받침하는 가치이기 때문에, "德은 근본이요, 財物은 말단이다."라고 규정하지 않을 수 없다. 이러한 관점에서 심재는 『대학』의 所論과 『서경』이나 『논어』의 所論은 서로 맥락을 달리하는 것이라고 설명했다.

『대학』에서는 "사람들이 미워하는 것을 좋아하고, 사람들이 좋아하는 것을 미워함을 '사람의 본성을 어긴다'라고 하는 것이니, 이러한 자에게는 반드시 재앙이 미칠 것"100)이라고 하였다. 그런데 맹자는 온 나라 사람들이 미워한 '匡章의 不孝'를 포용하기도 했고,101) 온 나라 사람들이 좋아한 '仲子의 廉潔'을 비판하기도 했다.102) 맹자의 이러한 처사는 일견 '사람의 본성을 어긴 것'처럼 보인다. 이에 대해 심재는 다음과 같이 설명한다.

> '好·惡가 올바름을 잊는 것'은 '常人의 情'이요, '好·惡가 올바름을 얻는 것'은 '聖人의 마음'이다. 그러므로 '匡章의 不孝'를 온 나라 사람들이 미워했는데, 孟子는 '그 實情에 용서할 만한 점이 있다'라고 하였으며, '仲子의 廉潔'을 齊나라 사람들이 좋아했는데, 孟子는 그것이 '人情에 가깝지 않다'라고 배척하였다. 이것이 대개 大衆이 미워해도 반드시 살피고, 大

100) 『大學章句』 傳10章, "好人之所惡, 惡人之所好, 是謂拂人之性, 菑必逮夫身."

101) 匡章은 齊나라 사람으로서, 그 아버지께 責善을 하다가 은혜를 해친 사람이다. 匡章은 자신의 잘못을 뉘우치고 謹愼하기 위해 종신토록 妻子의 奉養을 받지 않았다고 한다. 이에 대한 자세한 논의는 『孟子』 離婁下 제30장 참조.

102) 仲子는 齊나라의 世家 사람으로서, 자신의 兄이 받은 祿을 '不義한 祿'이라 하여 얻어먹지 않았고, 兄의 집을 '不義한 집'이라 하여 함께 살지 않았으며, 兄과 어머니를 떠나서 산 인물이다. 이에 대한 맹자의 비판은 『孟子』 滕文公下 제10장 참조.

衆이 좋아해도 반드시 살피는 道理로서, 至公無私한 까닭에 진실로 능히 좋아할 수 있고 능히 미워할 수 있다. 그러한 즉, '사람의 본성을 어긴 것'으로 논할 수 없다.[103]

심재는 우선 "'好·惡가 올바름을 잊는 것'은 '常人의 情'이요, '好·惡가 올바름을 얻는 것'은 '聖人의 마음'이다."라고 하여, 常人과 聖人의 차이를 구분했다. 심재에 의하면, '匡章의 不孝'를 온 나라 사람들이 미워한 것은 '올바름을 잊은 것'이며, 孟子가 '그 實情에 용서할 만한 점이 있다'고 한 것은 '올바름을 얻은 것'이다. 마찬가지로, '仲子의 廉潔'을 齊나라 사람들이 좋아한 것은 '올바름을 잊은 것'이며, 孟子가 그것을 '人情에 가깝지 않다'고 배척한 것은 '올바름을 얻은 것'이다. 『논어』에는 "대중이 미워하더라도 반드시 살피며, 대중이 좋아하더라도 반드시 살핀다."[104]는 말도 보이고, "오직 어진 사람만이 능히 사람을 좋아할 수 있고, 능히 사람을 미워할 수 있다."[105]는 말도 보인다. 심재는 이러한 말들을 근거로 맹자의 처사야말로 '至公無私'한 것으로서, 결코 '사람의 본성을 어긴 것'에 해당하지 않는다고 해명했다.

3) 朱子註에 대한 해설

「대학변의」의 방법론 가운데 셋째로 꼽을 수 있는 것은 '朱子註에

103) 『譯註 庸學辨疑』, 360-361쪽, "好惡之失正, 常人之情, 而好惡之得正, 聖人之心. 故匡章之不孝, 通國惡之, 而孟子謂其情有可恕 ; 仲子之廉潔, 齊人好之, 而孟子斥其不近人情者, 盖以衆惡而必察, 衆好而必察之道也. 以其至公無私, 故眞得能好能惡, 則不可以拂人之性論之也."

104) 『論語』 衛靈公 27, "衆惡之, 必察焉 ; 衆好之, 必察焉."

105) 『論語』 里仁 3, "唯仁者 能好人 能惡人."

대한 해설'이다. 심재는 「대학변의」에서 諸家說에 대해서는 때때로 비판적인 의견을 제시하였으나, 朱子註에 대해서는 절대적으로 신뢰하였다. 심재는 다만 주자의 해설이 간결하여 이해하기 어려운 곳에 대해서는 친절하게 해명하기도 하고, 朱子註 상호 간의 내용적 연관성을 해명하기도 했으며, 朱子註 상호 간의 미세한 차이들에 대해 변별하기도 했다. 이제 그 예들을 살펴보기로 하자.

먼저 주자는 『대학』의 '篇題'를 설명하면서 "『大學』은 孔氏의 遺書"라고 하였다. 다시 말해, 주자는 『대학』을 '孔子의 遺書'라고 말하지 않고 '孔氏의 遺書'라고 말한 것인데, 이에 대해 심재는 그 까닭을 다음과 같이 설명한다.

> 一章의 經文은 孔子의 가르침이고, 十章의 傳文은 曾子가 繼述한 것인데, 책의 첫머리에서는 총괄하여 '孔氏가 남긴 책'이라고 일컬은 것이다. 만약 '孔子가 남긴 책'이라고 말했다면, 다만 '孔子가 남긴 책'이라는 말이요, '曾子가 남긴 책'이라는 뜻은 포함하지 않는 것이다. 그런데 '孔氏'라고 凡言하는 것은 '孔門'이나 '孔家'라는 말과 같은 것이니, '孔子가 남긴 책'이라는 뜻뿐만 아니라 '曾子가 남긴 책'이라는 뜻도 함께 포함할 수 있다. 先儒들은 이 '孔氏'라는 말은 스스로 '孔子와 曾子를 겸한 것'에 해당하는 말이라고 하였으니, 이 어찌 하나의 타당한 증거가 아니겠는가?[106]

심재는 '孔氏'라는 말은 '孔門'이나 '孔家'라는 말처럼 '孔子와 그 제자들'을 두루 일컫는 말이라고 풀이했다. 그런데 『대학』은 '공자 한 사람의 저술'이 아니라 '공자와 그 제자들의 공동 저술'이기 때문에

106) 『譯註 庸學辨疑』, 237-238쪽, "一章經文, 孔子之訓也 ; 十章傳文, 曾子之述也. 篇首總而名之曰 '孔氏之遺書.' 而若曰 '孔子之遺書', 則只言孔子之遺書, 不該曾子之遺書. 而凡言孔氏者, 猶孔門孔家也, 則不但言孔子之遺書也, 亦可該曾子之遺書也. 先儒以爲此孔氏, 自當兼孔曾而言, 此豈非一副當證案乎?"

'孔氏의 遺書'라고 했다는 것이다.

주자는 經文의 '知止'에 대해서는 "마땅히 머물 곳을 앎"이라는 뜻으로 풀이하고, '能得'에 대해서는 "'得'이란 '머물 곳을 얻음'을 말한다."라고 풀이했다. 이렇게 풀이한다면, '知止'와 '能得'은 분명 '渾然한 하나의 일'인 것인데, 주자는 다시 "知止는 '始'가 되고, 能得은 '終'이 된다."라고 설명하여, '知止와 能得'을 '始와 終'으로 구분하였다. 이에 대해 심재는 그 까닭을 다음과 같은 비유로 설명하였다.

> 활을 쏘는 사람은 과녁을 안 다음에 과녁을 맞히니, '知止'와 '能得'은 활 쏘는 사람이 과녁을 알아서 과녁을 맞히는 것에 해당한다. 여행하는 사람은 길을 안 다음에 집에 도착하니, '知止'와 '能得'은 여행하는 사람이 길을 알아서 집에 도착하는 것에 해당한다. 그렇다면 '知止'와 '能得'은 비록 하나의 일이지만, '知止'는 '始'가 되고 '能得'은 '終'이 됨이 또한 마땅하다.[107]

심재에 의하면, '과녁이 있는 곳을 알고서 쏘아 맞히는 것'은 분명 '혼연한 하나의 일'이나, '앎과 맞힘'은 '始와 終'으로 구분되는 두 가지의 일이듯이, '知止와 能得'도 '혼연한 하나의 일'이지만 '始와 終'으로 구분된다는 것이다.

朱子는 '格物'을 풀이할 때에는 곧 "事物의 理를 窮究하여 (사물의 理에) 이른다(窮至事物之理)."라고 하였고, '物格'을 풀이할 때에는 곧 "物理의 極處가 이르지 않음이 없다(物理之極處無不到)."라고 하였다. 다시 말해, '格物'을 풀이할 때에는 '格'을 '窮至(궁구하여 이르다)'로 설명하고, '物格'을 풀이할 때에는 '格'을 '到(이르다)'로 풀이한

107) 『譯註 庸學辨疑』, 246쪽, "射者, 知的而後中的, 則知止能得, 是射者之知的而中的也 ; 行者, 識路而後到家, 則知止能得, 是行者之識路而到家也. 則知止能得, 雖是一事, 而此爲始彼爲終者, 亦宜矣."

것이다. 이에 대해 심재는 그 까닭을 다음과 같이 설명한다.

> 대개 '格物'은 '工夫'로써 말하는 것이고, '物格'은 '功效'로써 말하는 것이다. 또한 '窮'이란 '힘을 씀(用力)'을 말하는 것이고, '到'란 '힘을 쓰지 않음(不用力)'을 말한다. 그러므로 '格物'을 풀이할 때에는 '窮' 字를 붙였으나, '物格'을 풀이할 때에는 '到' 字로 바꾼 것이다.[108]

심재에 의하면, '格物'은 '工夫'에 해당하는 것이므로 '힘을 쓰다'라는 의미가 포함된 '窮' 字로 설명했으나, '物格'은 '功效(工夫의 결과)'에 해당하는 것이므로 '힘을 쓰다'라는 의미가 포함되지 않은 '到' 字로 설명했다는 것이다.

朱子는 '格物'에 대한 해석에서 "그 極處에 이르지 않음이 없게 하고자 한다(欲其極處, 無不到.)."라고 풀이했는데, 심재는 이를 다음과 같은 비유로 설명하기도 했다.

> 이제 '남쇠'라는 사람이 '建陽'에 간다고 할 때, 모름지기 郡縣의 廳舍까지 到達해야만 바야흐로 '이르렀다'고 말할 수 있다. 만약 다만 建陽의 境界까지만 도달했다면 '이르렀다'고 말할 수 없다. 그러한 즉, '格物'이란 實行해서 저러한 경지에 도달하기 위한 것으로서, 남쇠라는 사람이 곧바로 建陽의 廳舍까지 도달해야만 바야흐로 그치는 것과 같다.[109]

위의 인용문에서 '郡縣의 廳舍'는 '事物의 極處'를 비유하는 말이

---

108) 『譯註 庸學辨疑』, 259-260쪽, "盖格物, 以工夫言 ; 物格, 以功效言. 而窮者, 是用力之謂也 ; 到者, 不用力之謂也. 則着窮字於格物, 而換到字於物格者, 是也."

109) 『譯註 庸學辨疑』, 269-270쪽, "今夫南釗人之往建陽也, 須得到郡縣廳上, 而方可謂之至也. 若只到建陽境上, 而不可謂之至也, 則格物者, 所以實行到那般地頭, 而猶南釗人之直到建陽方休耳."

다. 어떤 고을의 '주변(境界)'이 아니라 그 중심에 있는 '廳舍'까지 도달해야만 참으로 '그 고을에 도달했다'고 말할 수 있는 것처럼, 사물을 탐구할 때도 사물을 어렴풋이 아는 것이 아니라 사물의 極處까지 이르러야만 '格物했다'고 말할 수 있다는 것이다.

朱子는 經一章의 章下註에서 "무릇 傳文에서는 복잡하게 經傳을 인용하여 統紀가 없는 것 같으나, 文理가 接續하고 血脈이 貫通하여, 깊고 얕음과 처음과 끝이 지극히 정밀하니, 익숙하게 읽고 자세히 음미하기를 오래도록 하면 마땅히 깨달을 수 있을 것이다. 그러므로 이제 다 풀이하지는 않는다."[110]고 하였다. 즉 주자는 『대학』이 매우 체계적이고 정밀한 경전이라고 말하면서도, 그 구체적인 이유는 밝히지 않은 채 讀者들이 스스로 깨달아야 할 몫으로 남겨둔 것이다. 이에 대해 심재는 다음과 같이 설명하였다.

> 대개 傳1章의 '自明(스스로 밝힘)'은 傳2章의 '自新(스스로를 새롭게 함)'의 뜻을 일으킨 것이요, 傳2章의 '用極(지극함을 씀)'은 傳3章의 '所止(머물 곳)'의 내용을 일으킨 것이며, 傳4章의 '知本(근본을 앎)'은 傳5章의 '致知(앎을 이룸)'라는 말을 일으킨 것이다. 또한 '顧諟天之明命(이 하늘의 밝은 命을 되돌아보라)'의 '顧(되돌아봄)' 字는 誠意·正心·修身 3개 章의 工夫에 착수하는 綱領이 되고, '作新民(새로워지는 백성들을 振作시켜라)'의 '作(振作시킴)' 字는 齊家·治國·平天下 3개 章의 工夫에 착수하는 綱領이 되며, '止於敬(敬에 머물다)'의 '敬' 字는 '傳文 6개 章 全體'[111]의 工夫에 착수하는 綱領이 된다. 그러한 즉, 무릇 이 몇 가지 것들이 모두 '위의 내용을 이어서 아래의 내용을 일으킨 것'들로서, '文理가 接續하고

110) 『大學章句』 經1章, 章下註, "凡傳文, 雜引經傳, 若無統紀, 然文理接續, 血脈貫通, 深淺始終, 至爲精密, 熟讀詳味, 久當見之, 今不盡釋也."
111) 『大學章句』의 傳5章부터 傳10章까지, 즉 '八條目을 설명한 전체'를 말한다. 『大學章句』의 傳1章부터 傳3章까지는 '三綱領'을 설명하고 있으며, 傳4章은 '本·末'을 설명하고 있다.

血脈이 貫通하는 것'이다.[112]

위에 보이는 것처럼, 심재는 '三綱領과 八條目 사이의 유기적인 관계'뿐만 아니라, 『대학』의 '주요 개념들 사이의 유기적인 관계'까지도 구체적으로 해명했다. 이를 통해 우리는 『대학』의 傳文이 어떻게 '文理가 接續하고 血脈이 貫通하는 것'인지 분명히 이해할 수 있다.

심재는 주자가 『大學章句』에 〈格物致知章(補亡章)〉을 지어 보충하면서 그 文體를 『大學』의 經文이나 傳文과는 달리 한 것에 대해서는 "朱子가 그 亡失된 것을 補完하면서 文體는 본받지 않은 까닭은 다만 스스로 겸손했기 때문만도 아니요, 또한 능력이 없었기 때문도 아니었다. 그것은 다만 鄭重하게 (經文과 傳文을) 높이는 뜻이었다."[113]라고 설명하였다. 요컨대 주자는 經文과 傳文의 권위를 높이고자 〈補亡章〉에서 그 문체를 모방하지 않았다는 것이다.

『大學章句』 〈傳10章〉에는 "『詩經』에서는 '殷나라가 백성을 잃지 않았을 때에는 능히 上帝와 짝할 수 있었더니, 마땅히 殷나라를 거울로 삼을지어다. 큰 命은 보존하기가 쉽지 않다.'라고 했으니, 民衆을 얻으면 나라를 얻고 民衆을 잃으면 나라를 잃음을 말한 것이다."[114]라는 말도 보이고, "〈康誥〉에서는 '오직 天命은 영원하지 않다'라고 했으니, 善하면 얻고 不善하면 잃음을 말한 것이다."[115]라는

---

112) 『譯註 庸學辨疑』, 280쪽, "盖一章之自明, 起二章自新之意; 二章之用極, 起三章所止之說; 四章之知本, 起五章致知之語; 且顧諟明之顧字, 爲誠正修三章下工夫之綱領; 作新民之作字, 爲齊治平三章下工夫之綱領; 止於敬之敬字, 總爲傳六章全體下工夫之綱領. 則凡此數者, 皆所以承上起下, 而文理接續, 血脈貫通耳."

113) 『譯註 庸學辨疑』, 300쪽, "此章文體, 與他章不同. 而朱子所以補其遺亡, 不效文體者, 非特自謙也, 亦非不能也. 只是鄭重尊閣之意耳."

114) 『大學章句』 傳10章, "詩云 '殷之未喪師, 克配上帝, 儀監于殷, 峻命不易.' 道得衆則得國, 失衆則失國."

말도 보이며, "君子에게는 大道가 있으니, 반드시 忠信함으로써 얻고, 驕泰함으로써 잃는 것이다."[116]라는 말도 보인다. 이에 대해 朱子는 "〈傳10章〉에서는 세 번 得·失을 말했는데, 말은 더욱 절실해졌다."[117]라고 풀이했거니와, 왜 더욱 절실해졌다고 보는 것인지 그 자세한 까닭을 밝히지는 않았다. 이에 대해 심재는 다음과 같이 해명하였다.

> 대개 "民衆을 얻으면 나라를 얻고, 民衆을 잃으면 나라를 잃는다."라고 할 때의 得·失은 '사람(人)'으로 말한 것이요, "착하면 얻고, 착하지 않으면 잃는다."라고 할 때의 得·失은 '몸(身)'으로 말한 것이며, "忠信하면 얻고 驕泰하면 잃는다."라고 할 때의 得·失은 '마음'으로 말한 것이다. 그러므로 "세 번 得·失을 말했는데, 말은 더욱 절실해졌다."라고 풀이한 것이다.[118]

〈傳10章〉에서 세 번이나 말한 '得·失의 대상'은 모두 '나라(天命, 民心)'[119]로서, 동일한 것이다. 그런데 심재에 의하면, 그 '得·失의 계기'는 각각 달리 설정된 것으로서, 점점 그 계기를 절실하게 심화시켜서 설명했다는 것이다.

첫째, "民衆을 얻으면 나라를 얻고, 民衆을 잃으면 나라를 잃는다."라고 할 때의 得·失은 '사람(人)'으로 말한 것이라 했는데, 여기서의

---

115) 『大學章句』 傳10章, "康誥曰 '惟命不于常', 道善則得之 不善則失之矣."

116) 『大學章句』 傳10章, "君子有大道, 必忠信以得之, 驕泰以失之."

117) 『大學章句』 傳10章, 朱子註, "章內三言得失, 而語益加切."

118) 『譯註 庸學辨疑』, 362-363쪽, "蓋得衆得國失衆失國之得失, 以人言也 ; 善則得不善則失之得失, 以身言也 ; 忠信則得驕泰則失之得失, 以心言也. 故曰 '三言得失而語益加切'也."

119) 古代에는 '天命'에 의해 '나라'를 얻거나 잃는다고 했으니, 또 '天命'은 곧 '民心'이라고 했으니, 이 세 가지는 같은 맥락으로 이해할 수 있겠다.

'사람(人)'은 '남'을 뜻하는 것이다. 요컨대 '民衆을 얻고 잃음이 나라를 얻고 잃는 계기가 된다'라는 것이니, 여기서는 '나라를 얻고 잃는 계기'를 '사람(남, 民衆)을 얻고 잃음'으로 설명한 것이다.

둘째, "착하면 얻고, 착하지 않으면 잃는다."라고 할 때의 得·失은 '몸(身)'으로 말한 것이라 했는데, 여기서의 '몸(身)'은 '自身'을 뜻하는 동시에 '自身의 몸'을 뜻하는 것이다. 요컨대 '自身(自身의 몸)이 착하고 착하지 않음이 나라를 얻고 잃는 계기가 된다'는 것이니, 여기서는 '나라를 얻고 잃는 계기'를 '自身(自身의 몸)의 착하고 착하지 않음'으로 설명한 것이다.

셋째, "忠信하면 얻고 驕泰하면 잃는다."라고 할 때의 得·失은 '마음'으로 말한 것이라 했는데, 여기서의 '마음'은 '自身의 마음'을 뜻하는 것이다. 요컨대 '自身의 마음이 忠信함과 驕泰함이 나라를 얻고 잃는 계기가 된다'라는 것이니, 여기서는 '나라를 얻고 잃는 계기'를 '자신의 마음의 忠信과 驕泰'로 설명한 것이다.

이렇게 본다면, 과연 〈傳10章〉에서는 나라를 얻고 잃는 계기를 '남을 얻고 잃음'으로부터 '自身(자신의 몸)의 善·惡'으로, '自身(자신의 몸)의 善·惡'으로부터 다시 '자기 마음의 忠信과 驕泰'로 심화한 것이다. 심재의 이러한 설명은 매우 정밀하면서도 독특한 것으로서, 위의 세 經文의 논리적 순서나 각각의 字句의 뜻으로 보아도 매우 타당한 것이다.[120]

---

120) '經文의 논리적 순서'로 말하면, 첫째는 '남'으로 설정한 것이요, 둘째는 남으로부터 '자신'으로 돌이킨 것이며, 셋째는 자신 중에도 특히 몸가짐에서 '마음가짐'으로 절실하게 심화시킨 것이다. '字句의 뜻'으로 말하자면, 첫째의 '民衆'은 분명 '남'에 속하는 것이다. 둘째의 '善·不善'은 '자신'에 속하나, 자신 가운데 '몸가짐'에 초점을 둔 것이다(둘째 經文 바로 앞에 보이는 "財聚則民散, 財散則民聚. 是故, 言悖而出者, 亦悖而入 ; 貨悖而入者, 亦悖而出."도 '몸가짐'에 관한 내용일 것이다). 이에 반해, 셋째의 '忠信과 驕泰'는 '자신' 가운데도 특히 '마음가짐'에 속하는 것이다.

주자는 위에서 소개한 〈傳10章〉의 經文 "君子에게는 大道가 있으니, 반드시 忠信함으로써 얻고, 驕泰함으로써 잃는 것이다."를 풀이함에 있어서, "事物의 이치를 따라서 어기지 않는 것을 '信'이라 한다(循物無違謂信)."121)라고 풀이하였다. 이에 대해 심재는 다음과 같이 부연한다.

> 무릇 물건의 흰색은 모두 함께 희다고 하고 검다고 말할 수 없으며, 물건의 검은색은 모두 함께 검다고 하고 희다고 말할 수 없다. 君子의 絜矩之道에도 또한 마찬가지이니, 好·惡에는 그 好·惡(의 이치)를 따라서 좋아하거나 미워하고, 理財에는 그 理財(의 이치)를 따라서 재물을 다스리며, 用人에는 그 用人(의 이치)를 따라서 사람을 등용하는 것이다. '좋아함과 미워함'·'재물을 다스림'·'사람을 등용함' 등을 각각 그 옳음에 마땅하게 하는 것, 이것을 '사물의 이치를 따라서 어기지 않음'이라고 말하는 것이다.122)

요컨대 심재는 주자의 '循物無違'를 '각각의 事物에 대해 그 옳음에 마땅하게 처리함'으로 설명한 것이다.

주자는 "財物을 생산함에는 大道가 있다(生財有大道)."라는 經文을 풀이하고는, "여기서부터 이 책의 마지막까지 모두 동일한 뜻이다."라고 부연하였다. 이에 대해 심재는 다음과 같이 설명한다.

> 대개 "생산하는 사람은 많고 먹는 사람은 적으며, 일하는 사람은 부지

---

121) 朱子의 小註에서는 "循於物理而不違背則爲信"이라 했거니와, 이를 참고하여 '循物無違'를 "事物의 이치를 따라서 어기지 않음"으로 풀이하였다.

122) 『譯註 庸學辨疑』, 363쪽, "凡物之白者, 同謂之白, 而不可謂之黑也 ; 物之黑者, 同謂之黑, 而不可謂之白也. 至於君子絜矩之道, 亦然. 於其好惡, 則隨其好惡而好惡焉 ; 於其理財, 則隨其理財而理財焉 ; 於其用人, 則隨其用人而用人焉. 好惡理財用人之各當其可, 此循物無違之謂也."

런히 하고 소비하는 사람은 천천히 한다."라는 것은 곧 "德이 있으면 財物이 있게 된다."라는 내용이다. 또 아래의 "어진 사람은 재물로써 몸을 일으킨다."라는 말은 '仁과 財'로써 앞의 '德과 財'와 대비시킨 것이다. "利로써 利를 삼지 않고 義로써 利를 삼는다."라는 말은 '義와 利'로써 또한 앞의 '德과 財'와 대비시킨 것이다. 그러므로 "여기서부터 마지막까지 모두 동일한 뜻이다."라고 말한 것이다.[123)]

심재에 의하면, "財物을 생산함에는 大道가 있다(生財有大道)." 이하의 내용들은 모두 '德(仁)과 財' 또는 '義와 利'를 대비시키면서 生財論을 전개한 것이기 때문에, 주자는 "여기서부터 마지막까지 모두 동일한 뜻"이라고 부연한 것이다.

4) 諸家說에 대한 해설과 비판

「대학변의」의 방법론 가운데 넷째로 꼽을 수 있는 것은 '諸家說에 대한 해설과 비판'이다. 심재는 朱子說에 대해서는 절대적으로 尊信한 것과 달리, 諸家說을 해설하면서 비판적인 의견을 제시하기도 했다. 이제 그 例들을 살펴보자.

『大學章句』의 冒頭에서, 程子는 "『大學』은 初學이 德에 들어가는 門"이라고 말하였고, 朱子는 "『大學』이란 大人의 學"이라고 말하였다. 즉 『大學』에 대해, 정자는 '初學'에게 해당하는 책이라고 설명하고, 주자는 '大人'에게 해당하는 책이라고 설명한 것이다. 이에 대해 심재는 다음과 같이 해명한다.

---

123) 『譯註 庸學辨疑』, 364-365쪽, "盖'生衆食寡爲疾用舒'者, 卽有德有財之謂, 而下面'仁者, 以財發身', 則以仁財對言乎前德財也. '不以利爲利, 以義爲利', 則以義利亦對言乎前德財也. 故曰 '自此至終篇, 皆一意也.'"

대개 規模와 節目이 지극한 捷徑을 方道로 취했다는 점에서는 '初學이 德에 들어가는 門'인 것이며, 修己와 治人의 體·用을 겸비하고 있다는 점에서는 '大人의 學'인 것이다.[124)]

『대학』의 '三綱領과 八條目' 그리고 '先後本末論' 등은 '학문의 規模와 節目'을 제시한 것이기도 하고, '修己와 治人의 體·用'을 제시한 것이기도 하다. 요컨대 『대학』은 한편으로는 '학문의 規模와 節目을 지극하게 제시한 책'이며, 한편으로는 '修己와 治人의 體·用을 겸비한 책'인데, 심재는 前者의 맥락에서는 '初學이 德에 들어가는 門'이라 규정할 수 있고, 後者의 맥락에서는 '大人의 학문'이라고 규정할 수 있다고 해명한 것이다.

주자는 〈大學章句序〉의 冒頭에서 "하늘이 백성을 낳음에 이미 仁·義·禮·智의 본성을 부여하였다."라고 하여, 仁·義·禮·智의 본성을 거론하였다. 한편 주자는 『四書集註』에서 '仁'에 대해서는 '마음의 德이요, 사랑의 이치(心之德, 愛之理)'라고 풀이하고, '義'에 대해서는 '마음의 제어함이요, 일의 마땅함(心之制, 事之宜)'이라고 풀었으며, '禮'에 대해서는 '天理의 節文이요, 人事의 儀則(天理之節文, 人事之儀則)'이라고 풀었으나, '智'에 대해서는 이러한 방식의 설명을 제시하지 않았다. 이에 雲峰胡氏는 주자의 설명 방식을 따라 '智'를 설명하고자 "智란 마음의 神明으로서, 衆理를 묘하게 운용하고 萬物을 주재하는 것"이라고 풀이한 바 있고, 番易沈氏는 "智란 天理가 動靜하는 기틀을 머금고, 人事의 是非를 비추는 거울을 갖춘 것"이라고 풀이한 바 있다.[125)] 이에 대해 심재는 다음과 같이 비판한다.

---

124) 『譯註 庸學辨疑』, 241쪽, "程子曰 '大學, 初學入德之門也.' ; 朱子曰 '大學者, 大人之學也.' 一以初學言之 ; 一以大人言之. 盖規模節目, 取道至徑, 則初學之入德也 ; 修己治人, 體用兼該, 則大人之學也."

小注에서, 雲峰胡氏는 "智란 마음의 神明으로서, 衆理를 妙하게 운용한다." 云云하였고, 番易沈氏는 "智란 天理가 動靜하는 기틀을 머금는다." 云云하였다. 무릇 '智'가 바로 '衆理'이고, 바로 '天理'이다. 이제 '衆理를 묘하게 운용한다'라거나 '天理를 머금는다'라고 말한다면 '理로 理를 포함한다(以理包理)'라는 병통을 면할 수 없다.[126)]

雲峰胡氏나 番易沈氏의 설명을 단순화하면 "智가 衆理를 운용하고, 智가 天理를 머금는다."라는 것이다. 이에 대해 심재는 "智가 바로 衆理이고, 바로 天理이다."라고 지적하고, 이들의 주장은 "理가 理를 포함한다(以理包理)."라는 병통을 면할 수 없다고 비판한 것이다. 보다 근원적으로, 성리학의 이론 체계에 입각하면, 마음은 본성을 머금고 있으면서 본성을 운용하여 감정으로 발현시키는 것이다. 이것을 성리학에서는 '心統性情'이라 한다. 이러한 관점에서 본다면, 雲峰胡氏나 番易沈氏의 설명은 두 가지 맥락에서 잘못된 것이다. 첫째, "智가 衆理를 운용하고, 智가 天理를 머금는다."라는 설명은 '본성이 본성을 운용하고, 본성이 본성을 머금는다'라는 논리가 되는 것이다. 둘째, "衆理를 운용하고, 天理를 머금는다."라는 설명은 '性의 조목'인 '智'에 해당하는 설명이 아니라 '마음의 기능'인 '知覺作用'에 해당하는 설명이라는 것이다. 심재의 '理로 理를 포함한다(以理包理)'라는 지적은 이 두 맥락을 모두 함축한 비판이다.

『대학장구』 傳首章의 '克明峻德'에 대한 小註에서, 臨川吳氏는 "明德을 밝힌 效驗을 드러낸 것"이라 하였다. '克明峻德'은 일견 '工夫'에

---

125) 『大學章句』, 〈大學章句序〉, 小註, "雲峰胡氏曰 (…) 嘗欲竊取朱子之意 以補之曰 '智則心之神明, 所以妙衆理而宰萬物者也.' 番易沈氏云 '智者, 涵天理動靜之機, 具人事是非之鑑.'"

126) 『譯註 庸學辨疑』, 229쪽, "小注, 雲峰胡氏曰 '智則心之神明, 所以妙衆理'云云. 番易沈氏曰 '智者, 涵天理動靜之機'云云. 夫智者, 是衆理也, 是天理也. 今曰 '妙衆理, 涵天理'云爾, 則未免以理包理之病矣."

해당하는 것인데, 臨川吳氏는 이를 '效驗'으로 설명한 것이다. 이에 대해 심재는 다음과 같이 설명한다.

> '克明峻德'의 小注에서, 臨川吳氏는 "明德을 밝힌 效驗을 드러낸 것"이라 하였다. 무릇 '능히 밝히다(克明)'라는 것은 '밝힘(明之)의 工夫'인데, 臨川吳氏는 '效驗'으로 말한 까닭은 대개 '明德全體의 큼'으로 말한 것이기 때문이다.[127]

위의 인용문을 이해하기 위해서는 臨川吳氏의 小註를 보다 자세히 살펴볼 필요가 있다. 臨川吳氏는 "康誥曰 克明德"에 대해서는 '文王이 홀로 明德을 밝힘에 능했음'을 밝혀서 '사람은 마땅히 자신의 명덕을 밝혀야 함'을 闡明한 것이니 '明德을 밝히는 端緖를 발한 것(發明明德之端)'이라 하였고, "太甲曰 顧諟天之明命"에 대해서는 자기의 明德을 밝히려는 사람은 '항상 하늘이 나에게 부여한 明德을 주목해야 함'을 말한 것이니 '명덕을 밝히는 방법을 보여준 것(示明明德之方)'이라 했으며, "帝典曰 克明峻德"에 대해서는 항상 하늘이 나에게 부여한 明德을 주목해서 밝히면 '堯임금처럼 큰 德을 능히 밝힐 수 있음'을 말한 것이니 '明德을 밝힌 效驗을 드러낸 것(著明明德之效)'이라 하였다. 心齋의 설명은, 臨川吳氏는 이처럼 '明明德의 全體的인 맥락'에서 말한 것이기 때문에 '克明峻德'을 '效驗'에 해당시켰다는 것이다. 다시 말해, '〈帝典〉의 克明峻德'은 그 자체로서는 '工夫'에 해당하더라도, 그 앞의 '〈康誥〉의 克明德'이나 '〈太甲〉의 顧諟天之明命'과 관련시켜 전체적으로 논할 때에는 '效驗'에 해당한다는 것이다.

---

127) 『譯註 庸學辨疑』, 282-283쪽, "克明峻德小注, 臨川吳氏曰 '著明明德之效也.' 夫克明者, 是明之之功, 而吳氏以效言之者, 盖以此德全體之大也."

『대학장구』〈傳7章〉에서는 "마음에 '忿懥·恐懼·好樂·憂患하는 바'가 있으면 그 바름을 얻을 수 없다."라고 하였고, 〈傳8章〉에서는 "사람은 그 '親愛·賤惡·畏敬·哀矜·敖惰하는 바'에 치우치게 된다."라고 하였다. 이에 대해 雙峰饒氏는 "忿懥하는 바 등이 있음에 능히 密察하는 것은 謹獨으로써 그 마음을 바르게 하는 것이요, 親愛하는 바 등에 대해서 능히 加察하는 것은 謹獨으로써 그 몸을 닦는 것이다."라고 설명한 바 있다.[128] 다시 말해, 雙峰饒氏는 '正心'에 대해서는 '密察(정밀히 성찰함)'이라는 말을 쓰고, '修身'에 대해서는 '加察(성찰을 가함)'이라는 말을 쓴 것인데, 이러한 차이에 대해 심재는 다음과 같이 풀이한다.

> 대개 '正心' 공부는 一節에서 一節로 깊어지는 것이며, '修身' 공부는 一節에서 一節로 넓어지는 것이다. 그러므로 혹은 '密察'이라 하고, 혹은 '加察'이라 한 것이다.[129]

'忿懥하는 바를 살피고, 恐懼하는 바를 살피며, 好樂하는 바를 살피고, 憂患하는 바를 살핌'은 '正心' 공부에 해당하는데, 심재에 의하면 이것들은 '차츰차츰 깊어지는 공부'이기 때문에 '密察'이라는 말을 썼다는 것이다. 반면에 '親愛하는 바를 살피고, 賤惡하는 바를 살피며, 畏敬하는 바를 살피고, 哀矜하는 바를 살피며, 敖惰하는 바를 살핌'은 '修身' 공부에 해당하는데, 심재에 의하면 이것들은 '이것에서 저것으로 넓어지는 공부'이기 때문에 '加察'이라는 말을 썼다는 것

128) 『大學章句大全』 傳8章, 雙峰饒氏 小註, "有所忿懥等而能密察, 是謹獨以正其心也 ; 之其所親愛等而能加察 是謹獨以修其身也."

129) 『譯註 庸學辨疑』, 324쪽, "盖正心之工, 一節深一節 ; 修身之工, 一節濶一節. 故或言密察, 或言加察也."

이다.

『대학장구』의 〈傳5章〉부터 〈傳10章〉까지는 八條目을 해설하는 내용이다. 그런데 다른 章에서는 두 개의 조목씩 연결해서 거론했는데, 유독 〈傳6章〉에서는 '誠意'만을 거론하였다. 이에 대해 雙峰饒氏는 "致知는 知에 속하고 誠意는 行에 속한다. 知와 行은 끝내 두 가지 일이니 마땅히 각각 노력해야 하는 것이요, '知가 이루어지면 문득 저절로 行도 능하게 된다'고 말할 수 없다. 〈誠意章〉에서 (誠意를) 致知와 연결하지 않고 설명한 것은 이러한 까닭이다. 正心과 誠意는 비록 行에 속해도, 誠意는 다만 正心의 요법만 되는 것이 아니요, 修身부터 平天下까지 모두 誠意를 요법으로 삼는 것이다. (…) 만약 (誠意를) 正心에만 연결한다면, 그 뜻이 조급하고 협소해져서 그 功用이 이처럼 廣大함을 볼 수 없게 된다."[130]라고 설명한 바 있다. 이에 대해 심재는 다음과 같이 비판한다.

> 雙峰饒氏의 설명은 그렇지 않은 것 같다. 知와 行은 어찌 '相須하는 工夫'가 없다고 하겠으며, 誠意와 正心은 어찌 '相資하는 工夫'가 없다고 하겠는가? 만약 饒氏의 설명과 같다면, 知·行은 쪼개져서 두 개의 일이 되고, 誠意·正心은 나뉘어서 두 갈래의 길이 될 것이다.[131]

심재는 知와 行은 '相須'하고, 誠意와 正心은 '相資'한다는 관점에

---

130) 『大學章句大全』 傳6章, 雙峰饒氏 小註, "傳之諸章, 釋八事, 每章皆連兩事而言, 獨此章單擧誠意. 蓋知至意誠, 固是相因. 然致知屬知, 誠意屬行. 知行畢竟是二事, 當各自用力, 不可謂知了便自然能行. 所以誠意章, 不連致知說者, 爲此. 正心誠意, 雖皆屬行, 然誠意不特爲正心之要, 自修身至平天下, 皆以此爲要. (…) 若只連正心說, 則其意促狹, 無以見其功用之廣大如此也."

131) 『譯註 庸學辨疑』, 309쪽, "每章皆連兩事, 而獨此章單擧誠意. 饒氏以爲知行不可連說, 誠正不可連說, 此則似不然矣. 知行豈無相須底工夫? 誠正豈無相資底工夫乎? 若如饒說, 則知行判而爲二物, 誠正分而爲二歧矣."

서 雙峰饒氏의 설명을 비판했다. 심재는 '知와 行'뿐만 아니라 '體와 用'이나 '理와 事' 등을 모두 '相須相涵'의 관점에서 이해하고, 이것들을 심하게 갈라놓는 것을 용납하지 않았다. 예컨대 〈大學章句序〉에 보이는 '性分의 固有한 것'과 '職分의 마땅한 일'에 대해, 新安陳氏는 "性分의 固有한 것은 理이고 體이며, 職分의 마땅한 일은 事이고 用이다."라고 구분했는데, 이에 대해 심재는 다음과 같이 비판한다.

> 陳氏의 말은 '理와 事' 및 '體와 用'을 너무 심하게 분별한 것이다. 대개 '性分의 固有한 것'은 비록 理요 體라고 말하더라도 事와 用이 그 가운데 있고, '職分의 마땅한 일'은 비록 事요 用이라고 말하더라도 理와 體가 여기에서 벗어나지 않는다.[132]

'性分의 固有한 것'이란 '仁·義·禮·智'를 말하고, '職分의 마땅한 일'이란 '자식은 부모에게 효도하고 신하는 임금에게 충성하는 것' 등을 말한다. 심재는 新安陳氏의 설명에 대해 그러한 구분이 성립할 수 있음을 인정하면서도, 한편으로는 '理와 事' 및 '體와 用'을 너무 심하게 분별한 것이라고 비판하였다.

또한『대학장구』〈傳7章〉의 "이른바 '修身은 그 마음을 바룸에 있다'라고 함은 마음에 성내는 바가 있으면 그 바름을 얻지 못하며 (…) 근심하는 바가 있으면 그 바름을 얻지 못한다."라는 말에 대해, 雲峰胡氏는 "'그 마음을 바룸에 있다(在正其心)'에서의 '正' 字는 '心의 用'을 두고 말한 것이며, '그 바름을 얻지 못한다(不得其正)'에서의 '正' 字는 '心의 體'를 두고 말한 것"이라고 구분했는데,[133] 이에 대해 심

132)『譯註 庸學辨疑』, 234쪽, "陳氏之說, 分別事理體用, 太甚. 盖性分固有, 雖曰是理是體, 而事與用, 在其中矣 ; 職分當爲, 雖曰是事是用, 而理與體, 不外是矣."

133)『大學章句大全』傳6章, 雲峰胡氏 小註, "雲峰胡氏曰 (…) '在正其心', 此正字, 是說正之之工夫, 蓋謂心之用, 或有不正, 不可不正之也 ; '不得其正', 此正字,

재는 다음과 같이 비판한다.

> 胡氏의 이러한 설명은 '體·用'을 분별함이 너무 심하다. 章句에서는 "(忿懥·恐懼·好樂·憂患 등) 넷은 모두 '心의 用'이다."라고 하였고, 또 "用이 실행되는 데에는 간혹 그 올바름(正)을 잊지 않을 수 없다."라고 하였다. 그러한 즉, '在正其心'이나 '不得其正'이나 모두 '心의 用'을 두고 말하는 것이다.[134]

雲峰胡氏의 설명에 대해, 심재는 "體·用을 분별함이 너무 심하다."고 비판하는 동시에, 주자의 설명을 들어 그것이 내용적으로도 부당함을 지적하였다. 요컨대 '知와 行', '體와 用' 등은 서로 구별되면서도 서로 포함하는 관계임을 동시에 유의해야 한다는 것이 심재의 지론이었다.

3. 『大學』의 주요 句節에 대한 해석

이상에서 심재의 '『대학』의 체계에 대한 이해'와 '「대학변의」의 방법론'에 대해 살펴보았거니와, 이를 통해 심재의 『대학』에 대한 해석도 거의 그 윤곽이 드러나게 되었다. 이제 마지막으로, 지금까지의 논의에 포함되지 않았던 『대학』의 주요 구절이나 개념에 대한 심재의 해석을 살펴보기로 하자.

是說心之體, 本無不正, 而人自失之者也."

134) 『譯註 庸學辨疑』, 312쪽, "胡氏此說, 分別體用太甚, 而章句曰 '四者, 皆心之用.' 又曰 '用之所行, 或不能不失其正.' 則曰正其, 曰其正者, 皆心之用耳."

1) '顧諟天之明命'

『대학장구』〈傳首章〉에서는 "하늘의 밝은 命을 돌아보라(顧諟天之明命)."고 했다. 주자는 '顧'는 '항상 注視하다(常目在之)'의 뜻으로, '諟'는 '이것' 또는 '살피다'의 뜻으로, '天之明命'은 '하늘이 나에게 부여한 것으로, 내가 德으로 삼는 것'이라는 뜻으로 풀이했다. 『대학장구』의 〈傳首章〉은 '明明德'을 풀이한 부분에 해당하거니와, 이러한 맥락에서 주자는 '顧諟天之明命'을 '하늘이 자신에게 부여한 明德을 살핀다'라는 뜻으로 풀이했던 것이다. 이에 대해 심재는 다음과 같이 부연하였다.

> '하늘의 밝은 命'은 본래 形象이 없으니, 돌아보는 방법이 무엇이 있겠는가? 대개 '밝은 命'은 비록 形象이 없으나, 日用의 사이에 實理가 流行한다. 그러한 즉, 그 돌아보는 방법은 다만 '靜存動察' 네 글자에 있는 것이니, 바로 忠信과 篤敬을 서 있으면 그것이 앞에 참여하듯이 하고, 수레에 있으면 그것이 멍에에 의지하듯이 하는 것과 같은 것이다.[135]

'하늘의 밝은 命'은 形而上者이기에 직접 살필 수 없다. 이에 심재는 '實理의 流行'을 관찰함으로써 하늘의 밝은 命을 살필 수 있다고 설명하고, 그 방법으로 '靜存動察'을 제시했다.

우선 '實理의 流行'이란 一陰一陽이라는 理法에 따라 萬物의 生生이 지속함을 말한다. 『論語』에서는 實理의 流行을 '밤낮없이 흐르는 시냇물'에 비유하고, 학자들의 분발을 촉구한 바 있다.[136] 학자들의

---

135) 『譯註 庸學辨疑』, 282쪽, "天之明命, 本無形象, 則有何顧諟之道耶? 盖明命, 雖無形象, 而日用之間, 實理流行, 則其所以顧諟之道, 只在於靜存動察四字上, 政如忠信篤敬之參前倚衡矣."

136) 『論語』 子罕 16, "子在川上曰 '逝者如斯夫! 不舍晝夜.'"

분발은 두 방향에서 논의할 수 있는데, 程子는 이를 '自强不息'으로 설명했고,137) 朱子는 이를 '存養省察'로 설명했다.138) '自强不息'이란 實理가 쉼 없이 流行하듯이 학자들도 쉼 없이 노력해야 한다는 뜻이다. '存養省察'이란 '天理를 보존하고 人欲을 막음'으로써 實理의 流行을 방해하지 말아야 한다는 뜻이다.

다음, '靜存動察'이란 위의 '存養省察'과 같은 의미로서, 고요할 때에는 마음을 보존하여 본성을 기르고(存心養性) 움직일 때에는 善·惡의 幾微를 살피는 것이다.139) 이는 곧 未發時의 涵養과 已發時의 省察을 뜻하거니와, 이 또한 매우 막연하여 그 구체적인 방법이 쉽게 떠오르지 않는다. 이에 심재는 다시 『論語』의 '言忠信 行篤敬'140)을 들어 곡진하게 설명한 것이다. 요컨대 언제 어디서나 항상 忠信과 篤敬의 자세를 간직하는 것, 이것이 바로 '하늘의 밝은 命을 살피는 방법'이라는 것이다.

---

137) 『論語集註』 子罕 16, 程子註, "此道體也. 天運而不已, 日往則月來, 寒往則暑來, 水流而不息, 物生而不窮, 皆與道爲體, 運乎晝夜, 未嘗已也. 是以, 君子法之, 自强不息, 及其至也, 純亦不已焉"

138) 『論語集註』 子罕 16, 朱子註, "天地之化, 往者過, 來者續, 無一息之停, 乃道體之本然也. 然其可指而易見者 莫如川流, 故於此, 發以示人, 欲學者時時省察, 而無毫髮之間斷也."

139) 심재는 實理의 流行을 본받는 두 방향의 공부 가운데 '存養省察'을 강조한 것인데, 이는 '하늘의 밝은 命을 돌아보라'를 풀이하는 맥락이기 때문이다.

140) 子張이 '行함'에 대해 묻자, 孔子가 "말이 忠信(충성스럽고 믿음직함)하며 행실이 篤敬(두텁고 공경스러움)하면 비록 오랑캐의 나라에서라도 행할 수 있지만, 말이 忠信하지 못하고 행실이 篤敬하지 못하면 비록 자기 고을이라도 행할 수 있겠는가? 서 있으면 그것(忠信篤敬)이 앞에 참여함을 보고, 수레에 있으면 그것이 멍에에 의지함을 볼 것이니, 그런 뒤에야 행하는 것이다.(言忠信, 行篤敬, 雖蠻貊之邦, 行矣 ; 言不忠信, 行不篤敬, 雖州里, 行乎哉? 立則見其參於前也, 在輿則見其倚於衡也, 夫然後行.)"라고 답한 바 있다(『論語』 衛靈公 5 참조). 朱子는 "立則見其參於前也, 在輿則見其倚於衡也."에 대해 "忠信篤敬에 대해 늘 생각하고 잊지 않아서, 所在에 따라서 항상 눈으로 보는 것 같이하여, 비록 잠깐이라도 떠나려고 해도 그럴 수 없는 것"이라고 주석한 바 있다.

2) '作新民'

『대학장구』 〈傳2章〉에서는 "새로워지는 백성을 振作시키라(作新民)."고 했다. 심재는 이에 대해 "君王은 아홉 겹의 깊은 곳에 처해 있는데, 어떻게 四海 밖의 億兆의 사람들이 스스로 새로워지는 때를 알아서 그들을 振作시킬 수 있는가?"라는 물음을 제기하고, 다음과 같이 풀이한다.

> 經文에서는 "天下에 明德을 밝힌다."라고 하였다. 무릇 明德이란 남과 내가 함께 얻은 것으로서, '나의 명덕을 밝히는 것'과 '남의 명덕을 밝히는 것'은 體·用이 相須하는 것이다. 그러므로 天下는 지극히 크고, 兆民은 지극히 많은데도 반드시 "天下에 明德을 밝힌다."라고 말하는 것이다. 그러한 즉, 〈康誥〉의 "새로워지는 백성들을 振作시키라."라는 말 또한 "天下에 明德을 밝힌다."라는 뜻이다. 그런데 '天下의 마음'은 곧 '한 사람의 마음'이다. 그러므로 하나의 善政을 베풀고 하나의 善言을 들으면 모두 感發興起의 端緖를 지니게 되니, 이것이 문득 '스스로 새로워지는 기틀'이다. 聖人은 이것을 바탕으로 鼓舞시키고 振作시키니, 어찌 반드시 집집마다 깨우치고 집집마다 설득하는 것이겠는가?[141]

심재는 우선 "새로워지는 백성을 振作시키라"는 말을 "天下에 明德을 밝힌다."라는 말과 같은 뜻으로 규정하고, 한 사람의 君王이 억조의 百姓을 진작시킬 수 있는 근거를 '모든 사람이 지닌 明德의 보편성'에서 찾았다. 사람은 누구나 明德을 지니고 있기에, 君王이 자

141) 『譯註 庸學辨疑』, 285-286쪽, "經文曰 '明明德於天下.' 夫明德, 人己之所同得, 而明己明人, 體用相須. 故天下至大, 兆民至夥, 而必曰 '明明德於天下.' 則如康誥之作新民, 是亦明明德於天下之意, 而天下之心, 卽一人之心. 故行一善政, 聞一善言, 則莫不有感發興起之端者, 便是自新之機也. 聖人因以鼓舞而振作之, 何必家喩而戶說也?"

신의 明德을 밝히고 善政을 베푼다면 백성은 모두 그에 感發興起하게 된다는 것이다. 이러한 맥락에서, 심재는 '天下에 明德을 밝히고, 새로워지는 백성을 振作시킴'을 君王이 백성을 하나하나 깨우치고 설득하는 것이 아니라, 君王이 자신의 明德을 밝힘으로써 백성이 이를 본받아 스스로 새로워지게 하는 것이라고 풀이하였다.

3) '物格'

『대학장구』〈經1章〉과 〈傳5章(補亡章)〉에서는 '物格'을 말하였다. 주자는 〈經1章〉의 註에서 '物格'을 "物理之極處 無不到"로 풀이했거니와,[142] 이 구절의 해석을 두고 학자들 사이에 많은 논란이 있었다. 이 구절에 대한 종래의 해석은 둘로 나뉜다. 첫째는 "(나의 마음이) 物理의 極處에 이르지 않음이 없다."라는 해석이고, 둘째는 "物理의 極處가 (나의 마음에) 이르지 않음이 없다."라는 해석이다. 우선 심재의 다음과 같은 말을 보자.

> (주자는) '格物'에 대한 주석에서는 '欲其極處 無不到也'라 하였고, '物格'에 대한 주석에서는 '物理之極處 無不到也'라 하였다. 晦齋는 이 두 곳을 모두 '에'로 吐를 달아 읽었다. 그런데 申駱峯은 이것을 논하여 '에'로 吐를 다는 것이 옳다 하고, "진실로 이 뜻을 안다면 功效에 대한 주석을 '極處이'로 읽더라도 진실로 또한 無妨하다."라고 하였다. 退溪는 晦齋의 말을 취하지 않고 특별히 申公의 말을 취하고, "物格의 註에 대한 吐는 '에'로 하던 '이'로 하던 둘 다 방해됨이 없다."라고 하였다. 그 자세한 내용은 『退溪集』에 보인다.[143]

---

142) 주자는 〈補亡章〉에서는 '物格'을 "衆物之表裏精粗 無不到"로 풀이했거니와, 이는 "物理之極處 無不到"와 표현만 다를 뿐 논리적인 맥락은 같은 것이다.

143) 『譯註 庸學辨疑』, 272쪽, "格物注, '欲其極處無不到也.' ; 物格注, '物理之極處

회재는 格物(工夫)에 대한 주석은 '欲其極處에 無不到也'로 읽었는바 "그 極處에 이르지 않음이 없게 하고자 하는 것이다."라고 해석하는 것이며, 物格(功效)에 대한 주석은 '物理之極處에 無不到也'로 읽었는바 "(나의 마음이) 物理의 極處에 이르지 않음이 없다."라고 해석하는 것이다. 낙봉과 퇴계는 格物(工夫)에 대한 주석을 '欲其極處에 無不到也'로 읽는 것에 대해서는 동의하였다. 그러나 物格(功效)에 대한 주석은 '物理之極處에 無不到也'로 읽어도 되고, '物理之極處이 無不到也'로 읽어도 된다는 것이다.

'에'는 處所를 나타내는 吐이고, '이'는 主體를 나타내는 吐이다. 따라서 '物理之極處' 다음에 '에'라는 토를 달면 '物理之極處'는 '到'라는 행위가 미치는 객체가 되거니와, 이때 '到의 주체'는 '나'로 설정되어 "(나의 마음이) 物理의 極處에 이르지 않음이 없다."라는 뜻이 된다. 반면에 '物理之極處' 다음에 '이'라는 토를 달면 '物理之極處'가 '到'라는 행위의 주체가 되어서 "物理의 極處가 (나의 마음에) 이르지 않음이 없다"는 뜻이 된다.

퇴계는 丁卯年(1567년)에 쓴 〈格物物格俗說辯疑答鄭子中〉라는 편지에서 이 문제를 자세히 논했거니와, 퇴계는 "物格의 註에 대한 吐는 '에'로 하던 '이'로 하던 둘 다 방해됨이 없다."라고 하면서도, '物理之極處이 無不到也'로 읽더라도 '物理의 極處가 스스로 나에게 이른다는 말은 아니다'라고 설명했다.[144] 그러나 庚午年(1570년)에 쓴

無不到也.' 晦齋則兩處皆讀曰厓 ; 申駱峯論此, 以厓辭爲是, 而苟知此意, 則功效注, 雖云極處是, 固亦無妨. 退溪則不取晦齋之言, 特取申公之言, 曰 '物格注吐, 或厓或是, 兩無所礙.' 其詳見於溪集. ('晦齋'는 李彦迪의 號이고, 駱峯은 申光漢의 號임. 원문의 '厓'는 口訣로 吐를 단 것으로, 한글로는 '에'에 해당된다. 마찬가지로 口訣의 '是'는 한글로는 '이'에 해당한다.)

144) 『退溪集』 卷26 頁34-39, 〈格物物格俗說辯疑答鄭子中〉, "夫今所云是者 謂物理之極處是自無不到於吾心 卽牽拽向裏之病 非也 吾所云是者 謂衆理之極處是無一不到之處也 則理依然自在事物 而吾之窮究無一不到處耳.

〈答奇明彦 別紙〉에서는 기존의 견해를 수정하면서 다음과 같이 말했다.

예전에 내가 잘못된 학설을 고집했던 것은 다만 朱子의 '理는 情意도 없고, 計度도 없으며 造作도 없다'라는 학설을 지킬 줄만 알아, '내가 物理의 極處에 窮到할 수 있는 것이니, 理가 어찌 스스로 極處에 이를 수 있겠는가?'라고 여겼던 것이다. 그러므로 '物格의 格'과 '無不到의 到'를 모두 '내가 格하고, 내가 到한다'는 뜻으로 보았던 것이다. (…) 이제 비로소 나의 견해가 잘못된 것임을 알게 되었거니와, 이에 舊見을 깨끗이 버리는 바이다. (…) '格物'이라고 말할 때에는 진실로 '내가 궁구하여 物理의 極處에 이른다'라는 말이지만, '物格'이라고 말할 때에는 어찌 '物理의 極處가 내가 궁구한 바를 따라 이르지 않음이 없다'는 말이 아니겠는가?[145]

퇴계는 처음에는 '理는 능동적 존재가 아니므로, 理가 스스로 極處에 이를 수는 없는 것이요, 내가 格物을 통해 極處에 이르는 것이다'라는 뜻으로 풀이했었다. 그러나 퇴계는 결국 기존의 견해를 버리고, '物格'을 "物理의 極處가 내가 궁구한 바에 따라 이르는 것"이라고 풀이한 것이다.

이제 심재의 해석을 살펴보자. 심재는 "物理之極處 無不到"에 대해 다음과 같이 풀이한다.

저 '到' 字는 진실로 "物理가 나의 마음에 스스로 이른다."라는 말이 아

145) 『退溪集』 卷18 頁30-31, 〈答奇明彦 別紙〉, "前此滉所以堅執誤說者, 只知守朱子理無情意無計度無造作之說, 以爲我可以窮到物理之極處, 理豈能自至於極處, 故硬把物格之格, 無不到之到, 皆作己格己到看. (…) 乃始恐怕己見之差誤, 於是, 盡底裏濯去舊見. (…) 方其言格物也, 則是固言我窮至物理之極處. 及其言物格也, 則豈不可謂物理之極處, 隨吾所窮, 而無不到乎?"

니요, 또한 "나의 마음이 物理에 스스로 이른다."라는 말도 아니다. '物理가 이른 곳'이 곧 '吾心이 이른 곳'이며, '吾心이 이른 곳'이 곧 '物理가 이른 곳'이다. 그렇다면 이른바 '到'라는 것은 '극진한 곳에 이름(到盡)'을 말하는 것이니, 예컨대 '理到'·'精到'·'懇到'의 '到'와 같은 말이다. 物理의 極處가 스스로 극진한 곳에 이르러 남음이 없다.[146]

심재는 '物格'에 대한 기존의 두 가지 해석을 모두 비판하고, '理가 스스로 극진한 곳에 이름'이라는 해석을 제시하였다. 요컨대 심재는 '到의 주체'를 '理'로 설정하면서도, '到의 대상'을 '나의 마음'으로 설정하지 않고[147] '理의 極處'로 설정한 것이다. '物格'은 '格物'의 결과이거니와, 내가 格物의 노력을 다하면 '사물의 理가 스스로 극진한 곳에 이른다'라는 것이다. 심재는 그 가능근거를 程子의 '物我一理'로 설명했다. 심재는 다음과 같이 말한다.

'物'이란 '物의 理'이며, '知'란 '心의 知'이다. 그런데 이제 "致知는 格物에 있다."라고 말하는 까닭이 무엇인가? 事物에 있는 理를 窮究해서 이르면 능히 나에게 있는 知를 이룰 수 있다. 따라서 대개 '사물과 나는 하나의 理인 것(物我一理)'이니, 다만 저것을 밝히면 곧 이것에 밝은 것으로서, '안과 밖을 합치는 도리(合內外之道)'인 것이다.[148]

---

146) 『譯註 庸學辨疑』, 276쪽, "物理之極處無不到, 則這到字, 固非物理之自到於吾心也, 亦非吾心之自到於物理也. 物理之到處, 卽吾心之所到也 ; 吾心之到處, 卽物理之所到也. 然則所謂到者, 到盡之謂也. 如理到精到懇到之到而言. 物理之極處, 自到盡無餘也."

147) 심재는 "格物할 때에는 나의 知가 스스로 物에 이르며, 致知할 때에는 物의 理가 스스로 (나의) 心에 이른다."(『譯註 庸學辨疑』, 258쪽, "格物時, 吾之知, 自到於物 ; 致知時, 物之理, 自至於心.")고도 했다. 여기에서는 '到의 대상'이 '나의 마음'으로 설정되었거니와, 우리는 이 문장을 活看해야 할 것이다.

148) 『譯註 庸學辨疑』, 259쪽, "物者, 物之理也 ; 知者, 心之知也. 而今曰 '致知在格物'者, 何也? 窮格在物之理, 能致在我之知, 則盖物我一理, 纔明彼卽曉此, 而合內外之道也."

주자는 〈補亡章〉의 첫머리에서 "그윽이 程子의 뜻을 취해서 ('古本 大學'의 망실된 부분을) 보충한다."라고 하였고, 『大學或問』의 格物致知章 부분에서는 자신이 취한 '程子의 말씀 16조목'을 구체적으로 제시한 바 있다. 위의 인용문 가운데 "대개 '사물과 나는 하나의 理인 것(物我一理)'이니, 다만 저것을 밝히면 곧 이것에 밝은 것으로서, '안과 밖을 합치는 도리(合內外之道)'인 것이다."라는 내용은 '程子의 말씀 16조목' 가운데 제9조목에 보이는 내용이다. '사물과 나는 하나의 理이기에, 저것을 밝히면 곧 이것에 밝게 된다'라고 한다면, '物理가 이른 곳'이 곧 '吾心이 이른 곳'이요 '吾心이 이른 곳'이 곧 '物理가 이른 곳'이라고 할 수 있겠다. 심재는 이러한 맥락에서 '내가 格物의 노력을 다하면, 사물의 理가 스스로 극진한 곳에 이른다'라고 설명했던 것이다.

'내가 格物의 노력을 다하면, 사물의 理가 스스로 극진한 곳에 이른다'라고 한다면, 格物을 하기 전에는 사물의 理가 극진한 곳에 이르지 않는다는 말인가? 그렇다면 理는 이르기도 하고, 이르지 않기도 하는 존재인가? 이러한 의문을 해결하려면, 심재의 다음과 같은 말을 살필 필요가 있다.

> 朱子는 "物格者, 物理之極處, 無不到."라고 하였다. 여기에서는 '物理의 極處'라는 말을 했는데, 〈補亡章〉에서는 '物格'을 해석하면서 '物理의 極處'라는 말을 하지 않은 까닭은 무엇인가? 이미 "物理之極處, 無不到."라고 했으니, 대개 '衆理의 極處'가 곧 '無不到의 곳'이다. 理는 依然하게 事物 속에 自在하는데, 나의 窮究가 하나라도 이르지 않는 곳이 없다. 〈補亡章〉에 이르러서는 바로 表·裏와 精·粗를 합쳐서 '이르지 않음이 없다'고 말한 것이다. 그러한 즉, 큰 것과 작은 것이 서로 머금고 근본과 말단을 모두 갖추어, 渾淪하여 (이곳과 저곳을 분별하여) 말할 수 있는 곳이

없다.[149]

주자는 〈經1章〉의 '物格'을 풀이할 때엔 "物理之極處 無不到"라고 했으나, 〈補亡章〉에서는 '物格'을 "衆物之表裏精粗 無不到"라는 말로 설명했다. 위의 인용문은 이에 대해서 설명한 것이다. 위의 인용문에서 우선 주목할 것은 두 가지이다. 첫째는 "衆理의 極處가 곧 無不到의 곳"이라는 말이다. 이로써 우리는 심재에게 있어서 '到의 대상'은 '나의 마음'이 아니라 '物理의 極處'임을 다시 확인할 수 있다. 둘째는 "理는 依然하게 事物 속에 自在한다."라는 말이다. 이로써 우리는 '理란 우리의 格物 여부에 따라 이르거나 이르지 않는 존재가 아님'을 알 수 있다. 주자가 '物格'을 "物理之極處 無不到"라고도 설명하고, "衆物之表裏精粗 無不到"라고도 설명한 것으로 볼 때, '衆物의 表裏精粗'가 곧 '物理의 極處'인 것이다. 모든 사물은 본래 항상 表·裏와 精·粗를 지니는 것이요, 이것의 存·否는 우리의 格物 여부와는 관계가 없다. 이렇게 본다면 우리의 格物 여부와 관계없이 物理는 항상 극진한 것이다. 그렇다면 '내가 格物의 노력을 다하면, 사물의 理가 스스로 극진한 곳에 이른다'라는 것은 무슨 뜻인가? 이를 해명하기 위해서는 또 심재의 다음과 같은 말을 살필 필요가 있다.

> (經文에서는) 이미 "物格한 다음에 知가 이른다."라고 했는데, 이른바 '知가 이른다(知至)'는 것은 알아서 어디에 이른다는 말인가? 이제 여기에 한 자루의 촛불이 있다고 하자. 그 촛불의 빛이 미치는 곳은, 八方의 窓

149) 『譯註 庸學辨疑』, 277쪽, "朱子曰 '物格者, 物理之極處, 無不到.' 此言物理之極處, 而補亡章釋物格, 而不言物理之極處者, 何也? 旣曰 '物理之極處無不到', 則盖衆理之極處, 卽無不到之處也. 理依然自在事物, 而吾之窮究, 無一不到處耳. 至於補亡章, 則乃合表裏精粗, 而言其無不到, 則巨細相涵, 本末都具, 渾淪乎無處之可言耳."

을 영롱하게 비추어 어디든 비추지 않는 곳이 없으며, 방 안에 두루 사무쳐 무엇이든 밝히지 않는 사물이 없어야만, 바야흐로 '촛불'이라고 말하는 것이다. '知至'라는 것도 반드시 (앎이) 四方八方으로 이르러, 어디든 이르지 않은 곳이 없는 다음에야 이에 '至'라고 하는 것이다. 그러한 즉, 저 '知至'란 바로 '촛불이 한 군데라도 이르지 않는 곳이 없음'과 같은 것이다.150)

심재는 '知至'를 '촛불이 방안의 사물을 빠짐없이 두루 비추는 상황'에 비유했다. 요컨대 '知至'란 '우리의 앎이 衆物의 表·裏와 精·粗에 두루 이른 것'을 뜻한다는 것이다. 格物의 노력을 다하기 전에는 우리의 앎은 대개 '衆物의 表와 粗'에 그치고 만다. 格物의 노력을 다해야만 우리의 앎이 '衆物의 裏와 精'까지 이르는 것이다. 그런데 衆物은 본래 表·裏와 精·粗를 모두 지니는 것이다. 이러한 맥락에서, '理가 스스로 극진한 곳에 이른다'라는 말은 '理가 스스로 극진한 곳에 이르는 작용을 한다'라는 뜻이 아니라, '우리의 格物 공부에 따라, 理의 극진한 곳이 스스로 드러난다'라는 뜻이다. 이러한 맥락에서 심재는 "物理가 이른 곳이 곧 吾心이 이른 곳이며, 吾心이 이른 곳이 곧 物理가 이른 곳"이라고 했다.151)

이제 심재의 '物格(物理之極處 無不到)'에 대한 해석이 晦齋나 退

---

150) 『譯註 庸學辨疑』, 275-276쪽, "旣曰 '物格而后知至', 則所謂知至者, 知之而至於何處耶? 今有一條蠟燭於此, 而光之所及者, 八窓玲瓏, 無處不照, 一室通達, 無物不明, 則方可謂之蠟燭. 而知至者, 要須四至八到, 無所不至, 然後乃謂至也. 則這箇知至, 正如蠟燭之無一不到耳."

151) 우리는 흔히 예술작품을 감상할 때 "아는 만큼 보인다."라고 말한다. 이를 일반적으로 표현하면, "우리의 '앎의 수준'에 따라 세상 만물은 다르게 보인다."는 말일 것이다. 실제로 우리는 자신의 앎의 수준이 높아짐에 따라, 그전에는 이해되지 않던 부분까지 이해되는 것을 종종 경험한다. 이러한 맥락에서, 심재가 이해하는 '物格'이란 '나의 格物 공부에 따라 세상사의 모든 이치가 완전하게 드러나는 것'이요, '知至'란 '나의 格物 공부에 따라 세상사의 모든 이치가 완전하게 이해되는 것'이다.

溪의 해석과 다른 점을 정리해 보자. 심재는 '物理之極處 無不到'를 '物理가 極處에 이르지 않음이 없다'라고 해석했으니, '到의 주체'는 '物理'요, '到의 대상'은 '物理의 極處'인 것이다. 회재는 '物理之極處 無不到'를 '物理의 極處에 이르지 않음이 없다'라고 풀이했거니와, 이는 '到의 주체'를 '나의 마음'으로, '到의 대상'을 '物理의 極處'로 풀이하는 것이었다. 요컨대 심재와 회재는 '到의 대상'은 같게 풀이했지만, '到의 주체'를 달리 풀이한 것이다. 퇴계는 '物理之極處 無不到'를 '物理의 極處가 내가 궁구한 바를 따라 이르지 않음이 없다'라고 풀이했으니, 이는 '到의 주체'를 '物理의 極處'로, '到의 대상'을 '나의 마음(나의 마음이 이른 곳)'으로 풀이한 것이었다. 요컨대 심재와 퇴계는 '到의 주체'와 '到의 대상'을 모두 달리 풀이한 것이다.

이상에서 심재의 '物格' 해석은 晦齋나 退溪의 해석과 다르다는 점이 분명하게 드러났거니와, 심재의 해석은 오히려 栗谷이나 星湖의 해석과 부합하는 것이다. 이제 이 점을 간단히 살펴보기로 하자. 沙溪 金長生의 「經書辨疑」에는 '物格'에 대한 사계와 율곡 사이의 다음과 같은 問答이 보인다.

沙溪 問 : '物格'이란 物理가 極處에 이르는 것입니까? 나의 知가 極處에 이르는 것입니까?

栗谷 答 : 物理가 極處에 이르는 것이다. 만약 나의 知가 極處에 이른다고 한다면, 이는 '知至'요, '物格'이 아니다. 物格과 知至는 다만 하나의 일이다. 物理로 말하면 '物格'이라 하고, 吾心으로 말하면 '知至'라 하니, 두 일이 아니다.

沙溪 問 : 物理는 원래 極處에 있는 것이니, 어찌 반드시 사람의 格物을 기다린 다음에 極處에 이르는 것입니까?

栗谷 答 : 이러한 질문은 진실로 당연하다. 비유컨대, 어두운 방 안에 책

은 서가에 있고, 옷은 횃대에 있으며, 상자는 壁 아래에 있는데, 어두운 까닭에 사물을 보지 못하여 책·옷·상자가 각각 어디에 있다고 말할 수 없다. 사람이 등불을 들고 비추면 바야흐로 책·옷·상자가 각각 그곳에 있음을 분명히 볼 수 있으니, 그런 다음에야 책은 서가에 있고, 옷은 횃대에 있으며, 상자는 壁 아래에 있다고 말할 수 있다. 理는 본래 極處에 있으니, 사람의 格物을 기다린 다음에야 비로소 極處에 이르는 것이 아니다. 理는 스스로 極處에 이를 수 있는 것이 아니다. 나의 知에 明·暗이 있기 때문에, 理에 至와 未至가 있는 것이다.152)

율곡은 '到의 주체'를 '理'로 설정하고, '到의 대상'을 '極處'로 설명했다. 그런데 '理가 極處에 이른다'라고 하더라도, 그것은 '理가 스스로 極處에 이른다'라는 뜻이 아니라, '사람의 格物 공부에 따라 理의 極處가 드러난다'라는 뜻이라는 것이다. 율곡의 이와 같은 설명은 심재의 설명과 정확하게 일치한다. 한편, 星湖 李瀷은 다음과 같이 말한다.

事物의 理는 나의 格物하는 노력에 따라 極處에 이르는 것이니, '理가 능히 스스로 이른다'라는 말이 아니요, '내가 格物하는 것에 따라 이른다'라는 말이다. 物理는 본래 極處가 있으니, 만약 극진하게 미루어서 다시 餘蘊이 없게 한다면, 그 極處가 문득 豁然하게 드러나는 것이다. 이것을 '無不到'라 하는 것이다. 退溪의 뜻은 이와 같은 것에 不過하다.153)

---

152) 『沙溪全書』 卷11 頁23, 「經書辨疑」, "嘗問栗谷先生曰 '物格云者, 是物理到極處耶? 吾之知到極處耶?' 答曰 '物理到極處也. 若吾之知到極處, 則是知至, 非物格也. 物格知至, 只是一事. 以物理言之, 謂之物格 ; 以吾心言之, 謂之知至. 非二事也.' 又問 '物理元在極處, 豈必待人格物後, 乃到極處乎?' 曰 '此問固然. 譬如暗室中, 冊在架上, 衣在桁上, 箱在壁下. 緣黑暗不能見物, 不可謂之冊衣箱在某處也. 及人取燈以照見, 則方見冊衣箱各在其處分明, 然後乃可謂之冊在架衣在桁箱在壁下矣. 理本在極處, 非待格物始到極處也. 理非自解到極處, 吾之知有明暗, 故理有至未至也."

성호 역시 '到의 주체'를 '理'로 설정하고, '到의 대상'을 '極處'로 설명했다. 그런데 '理가 極處에 이른다'라고 하더라도, 그것은 '理가 스스로 極處에 이른다'라는 뜻이 아니라, '사람의 格物 공부에 따라 理의 極處가 드러난다'라는 뜻이라는 것이다. 성호의 이와 같은 설명 역시 심재의 설명과 정확히 일치한다. 그런데 위의 인용문 마지막 문장 "退溪의 뜻은 이와 같은 것에 不過하다."라는 말이 문제 된다. 성호는 "退溪의 뜻은 이와 같은 것에 不過하다."라고 했으나, 이는 퇴계의 뜻과는 다른 것 같다. 퇴계는 분명 理의 能動性을 전제하고 "物理의 極處가 내가 궁구하는 바에 따라 이르지 않음이 없다."라고 했기 때문이다. 퇴계는 "다만 나의 格物에 지극하지 못함이 있음을 두려워할 것이요, 理가 스스로 이를 수 없음을 근심하지 마라."[154]라고도 했다. 요컨대 퇴계의 설명은 무엇보다도 '理의 能動性'을 전제로 한 '理自到說'이라는 점에서 성호의 설명과 다른 것이다. 또한 理自到說을 전제한다면 '到의 대상'은 나의 마음(나의 마음이 이른 곳)일 수밖에 없으니, 이 점에서도 退溪說과 星湖說은 다른 것이다.

4) '絜矩之道'

『대학장구』〈傳10章〉에서는 '絜矩之道'를 말했다. 이제 마지막으로 심재의 '絜矩之道'에 대한 해석을 살펴보기로 하자. 심재는 다음과 같이 말한다.

---

153) 『星湖集』 卷15 頁1, 〈答沈判事〉, "事物之理, 隨吾格之之功, 得格於極處, 非謂理能自格, 乃爲吾所格而格也. 物理本有極處, 若推極而無復餘蘊, 則其極處便豁然呈露, 是謂無不到也. 退溪之意, 不過如此耳."

154) 『退溪集』 卷18 頁31, 〈答奇明彦 別紙〉, "但恐吾之格物有未至, 不患理不能自到也."

저 '絜矩'란 '재서 矩로 삼는 것(絜而矩之)'이 아니라 '矩로써 재는 것(絜之以矩)'이다. 그 자세한 내용은 朱子의 〈答江德功〉書에 보인다.[155]

심재는 '絜矩之道'에 대한 종래의 해석이 '재서 矩로 삼는다(絜而矩之)'와 '矩로써 재다(絜之以矩)'라는 두 갈래로 대립하고 있음을 주목하고, '矩로써 재다(絜之以矩)'라는 해석을 취했다. '재서 矩로 삼는다(絜而矩之)'라고 풀이할 때엔 '矩'가 '남을 대하는 方道'로 규정되고, '矩로써 재다(絜之以矩)'라고 풀이할 때엔 '矩'가 '남을 헤아리는 尺度'로 규정된다. 심재는 '矩로써 재다(絜之以矩)'라는 해석을 옹호하는 논거로 朱子의 〈答江德功〉을 들었다. 우선 朱子의 〈答江德功〉을 살펴보자. 『朱子大全』 卷44에는 13편의 〈答江德功〉書가 실려 있는데, 그 가운데 제2서와 제3서에 '絜矩'에 관한 논의가 보인다. 〈答江德功〉 제2서에서는 다음과 같이 말한다.

'絜矩'란 '사물을 헤아려 그 方道를 얻는 것'이니, '아래의 문장'[156]으로 탐구해 보면 알 수 있다. 이제 '矩로써 사물을 재는 것'이라 말한다면 마땅히 '矩絜'이라고 했어야 그 뜻을 얻을 것이다.[157]

우선 위의 인용문에서 말하는 '사물'이란 모두 '남'을 뜻한다. '사물을 헤아려 그 方道를 얻는다'라고 풀이할 때엔 '矩'가 '남을 대하는 方

155) 『譯註 庸學辨疑』, 341-342쪽, "這箇絜矩, 非絜而矩之, 乃絜之以矩也. 其詳, 見於朱子答江德功書."

156) '아래의 문장'이란 『大學章句』 〈傳10章〉의 "所惡於上, 毋以使下 ; 所惡於下, 毋以事上 ; 所惡於前, 毋以先後 ; 所惡於後, 毋以從前 ; 所惡於右, 毋以交於左 ; 所惡於左, 毋以交於右. 此之謂絜矩之道."를 가리킨다.

157) 『朱子大全』 卷44 頁51, 〈答江德功〉, "絜矩者, 度物而得其方也. 以下文求之, 可見. 今曰 '度物以矩', 則當爲矩絜, 乃得其義矣."

道'로 규정되고, '矩로써 사물을 잰다'라고 풀이할 때엔 '矩'가 '남을 헤아리는 尺度'로 규정되는 것이다. 위의 인용문에서 주자는 '絜矩'란 '사물을 헤아려 그 方道를 얻는 것'이라고 풀이하고, '矩로써 사물을 잰다(度物以矩)'라는 해석을 명백히 반대하였다. 한편, 〈答江德功〉 제3서에서는 다음과 같이 말한다.

> '絜矩'의 학설은 대개 자기의 마음으로 남(物)의 마음을 헤아려 (사물에) 對處하는 方道로 삼는 것이다.158)

위의 인용문도 絜矩를 '재서 方道로 삼는 것'으로 풀이한 것이요, 결코 '矩로써 재는 것'이라고 풀이하지 않은 것이다. 위의 두 인용문을 종합해서 주자의 입장을 정리하자면, 絜矩에서의 '絜'은 '재다(헤아리다)'라는 행위를 뜻하고, '矩'는 '사물에 對處하는 方道'를 뜻한다. 주자는 '絜'의 尺度가 되는 것은 '自己(自己의 마음)'라고 전제했다. 요컨대 〈答江德功〉의 설명은 "자기의 마음을 尺度로 '남의 마음을 헤아려서'(絜) 그를 대하는 '올바른 方道'(矩)를 얻는다."라는 논리이다. 이렇게 본다면, 심재의 "저 '絜矩'란 '재서 矩로 삼는 것(絜而矩之)'이 아니라 '矩로써 재는 것(絜之以矩)'이다. 그 자세한 내용은 朱子의 〈答江德功〉書에 보인다."라는 말에는 분명 무언가 착오가 있는 것이다.

그런데 문제는 주자의 설명에도 일관성이 없다는 점이다. 주자의 〈答周舜弼〉에도 絜矩之道에 대한 내용이 보이거니와, 이 편지에서는 '재서 矩로 삼는다(絜而矩之)'라는 해석과 '矩로써 재다(絜之以矩)'라는 해석이 동시에 보인다. 주자는 이 편지에서 '絜矩之道'를 "矩로

---

158) 『朱子大全』 卷44 頁52, 〈答江德功〉, "絜矩之說, 蓋以己之心, 度物之心, 而爲所以處之之道爾."

써 재서 그 方道를 취하는 것"[159]이라고도 설명하고, "絜矩之道란 자기를 미루어 남(物)을 헤아림으로써 그에 대처하는 方道를 구하는 것"[160]이라고도 설명했다.

한편, 심재의 학문연원에서 중요한 비중을 차지하는 大山 李象靖은 〈答周舜弼〉의 "矩로써 재서 그 方道를 취하는 것"이라는 설명을 옹호하였다. 이제 잠시 대산의 설명을 살피기로 하자. 絜矩之道를 '재서 矩로 삼는다'라고 풀이할 때엔 '나의 마음'이 남을 헤아리는 '尺度'로 설정되었었다. 그렇다면 '矩로써 잰다(絜之以矩)'고 할 때의 '矩(尺度)'란 무엇인가? 이에 대해 大山은 다음과 같이 말한다.

> '絜矩'라는 두 글자는 다만 '恕'의 다른 이름이다. 대개 마음에는 主張하는 것이 있으니, 바야흐로 그것을 잡고서 사물을 헤아리는 것이다. 마음에 잡고 있는 矩가 없는 채 한갓 스스로 밖을 향하여 措置하여 사물이 그 방도를 얻기를 바란다면, 나는 그것이 서로 어긋나고 흔들려서 끝내 定着할 곳이 없을 것으로 생각한다.[161]

대산은 "대개 마음에는 主張하는 것이 있으니, 바야흐로 그것을 잡고서 사물을 헤아리는 것"이라고 했거니와, 마음속에 있는 '마음의 주재자'가 바로 '矩(尺度)'라는 것이다. 대산은 또 "마음에 잡고 있는 矩(尺度)가 없는 채 한갓 스스로 措置한다면, 서로 어긋나고 흔들려서 끝내 定着할 곳이 없게 된다."고도 하였다. 여기서 알 수 있듯이,

---

159) 『朱子大全』 卷50 頁45, 〈答周舜弼〉, "蓋謂度之以矩, 而取其方耳."

160) 『朱子大全』 卷50 頁48, 〈答周舜弼〉, "絜矩之道 推已度物 而求所以處之之方" (이 문장은 周舜弼의 말이거니와, 이에 대해 주자는 '이러한 설명은 條理가 잘 통한다(此段說得條暢)'라고 긍정했던 것이다.)

161) 『大山集』 卷40 頁33, 〈中庸大學疑義辨〉, "絜矩二字, 只是恕之異名. 蓋心有主張者在, 方把那去度物. 心無所執之矩, 而徒自向外措置, 欲物之得其方, 則吾見其齟齬抏捏, 終無底定之處矣."

대산은 '마음'과 '마음의 주재자'를 분명히 구분하고, '마음' 자체를 '矩(尺度)'로 삼아서는 안 되고 '마음의 주재자'를 '矩(尺度)'로 삼아야 한다고 강조했다. 대산은 무엇이 '마음의 주재자'인지 구체적으로 설명하지는 않았지만, 대산이 마음을 '理와 氣의 결합'으로 규정한 것으로 볼 때,[162] '理'를 '마음의 주재자'로 이해했으리라 짐작할 수 있겠다. 요컨대 대산은 '絜矩'를 '나의 마음에 간직된 理를 尺度(矩)로 삼아 남의 마음을 헤아린다'라는 뜻으로 풀이했던 것이다.

대산은 『大學章句』에 보이는 주자의 絜矩之道에 대한 설명도 '矩'를 '方道'로 설정한 것이 아니라 '尺度'로 설정한 것이라고 주장한다. 대산은 무엇보다도 주자가 '矩'를 '所以爲方(方形을 만드는 도구)'이라고 풀이한 점을 주목했다. 만약 '矩'가 '방도'를 뜻한다면, 주자는 '矩'를 단순히 '方'이라고만 설명했을 것이요, '所以爲方'이라고 설명하지는 않았을 것이라고 주장한다. 요컨대 '矩'는 단순한 '方'이 아니라 '方을 만드는 도구'이니, 따라서 '矩'는 '尺度'로 보아야 옳다는 것이다.[163] 이러한 맥락에서, 대산은 〈答周舜弼〉의 "矩로써 재서 그 方道를 취하는 것"이라는 설명이야말로 『大學章句』의 朱子註와도 일치하는 것이라고 보고, 〈答江德功〉의 '재서 矩로 삼는다'라는 설명에 집착해서는 안 된다고 주장하였다.[164]

---

162) 『大山集』 卷39 頁21, 〈四端七情說〉, "人稟天地之氣以爲體, 得天地之理以爲性, 而理氣之合則爲心."

163) 『大山集』 卷40 頁33-34, 〈中庸大學疑義辨〉, "且曰矩所以爲方者, 只是借工人爲方之器, 以明人之以心度物, 亦如工之以矩度物云耳. 今乃解作方字之意, 則是徒見矩之度處合下方正, 遂認矩爲方, 而不知所以爲方底物事, 已便在度物之前矣. 若果如是, 則朱子當初訓解, 只下一方字足矣. 所以爲三字, 已謄演不著題矣. 夫矩所以爲方而不可便把方爲矩, 正如天之爲圓而不可便指圓爲天矣."

164) 『大山集』 卷40 頁34, 〈中庸大學疑義辨〉, "大全答周舜弼書, 度之以矩而取其方之云, 正與章句文義, 脗合無間. 今必欲打破以矩之意, 乃截斷取其方三字, 爲矩字之訓, 則上文絜之以矩之矩, 將處置於何地邪? 獨其答江德功一書, 有絜

대산은 심재의 학문연원에서 중요한 비중을 차지한다. 대산이 〈答周舜弼〉의 "矩로써 재서 그 方道를 취하는 것"이라는 설명을 옹호한 것은 심재가 "絜矩란 '재서 矩로 삼는 것'이 아니라 '矩로써 재는 것'이다."라고 한 말과 부합한다. 그런데 문제는 심재가 그 논거로 '朱子의 〈答江德功〉書'를 거론했다는 점이다. 이렇게 본다면, 심재의 本旨가 무엇인지 판단하기가 매우 어렵거니와, 이제 심재의 다른 설명들을 좀 더 살피기로 하자.

> "자기가 원하지 않는 것을 남에게 베풀지 마라(己所不欲, 勿施於人.)" 고 했으니, 나로부터 말하면 '싫은 것'이라 하며, 남으로부터 말하면 '하지 마라'라고 한다. 대개 '자기를 미루어 남에게 미침(推己及物)'이 '絜矩之道'이며, '자기로써 남을 헤아림(以己度人)' 또한 '絜矩之道'이다.[165]

위의 인용문에서는 "자기를 미루어 남에게 미침이 絜矩之道이며, 자기로써 남을 헤아림 또한 絜矩之道"라고 했거니와, 이는 일단 '재서 矩로 삼는다(絜而矩之)'라는 맥락에 해당한다. 왜냐하면, '자기를 미루어 남에게 미침'이나 '자기로써 남을 헤아림'은 모두 '自己(自己의 마음)'를 '尺度(絜의 기준)'로 설정하는 것이기 때문이다. 그런데 심재는 다음과 같이 말하기도 한다.

> 대개 君子는 무릇 사람은 이 마음을 함께 하고, 마음은 이 理를 함께 한다는 것을 안다. 그러므로 남과 더불어 交接함에 반드시 법도로써 그 사이에서 헤아린다. '上·下, 前·後, 左·右'는 '交接하는 대상'이요, '使·事·先·從·交'는 '對處하는 道理'이다. 그 '교접하는 대상'에 대해서 그 '대처하

以方之之語, 而豈可執此一說, 而盡疑諸說之皆非邪?"

165) 『譯註 庸學辨疑』, 346-347쪽, "'己所不欲, 勿施於人', 則自我而言曰 '所惡' ; 自人而言曰 '毋以'. 蓋推己及物者, 絜矩之道也. 以己度人者, 亦絜矩之道也."

는 도리'를 생각하여, 이것으로써 저것과 균등하게 하고, 저것을 보기를 이것과 같이하여, 上下四旁으로 하여금 고르고 가지런하며 方正하게 하여, 이지러져 不滿스런 점이 없도록 힘쓰는 것이니, 그러므로 이것을 '絜矩'라 일컫는 것이다. 대개 天下의 모든 圓은 規에서 나오지 않는 것이 없고, 天下의 모든 方形은 矩에서 나오지 않는 것이 없다. 君子는 이러한 規矩로써 재서, 윗자리에 있으면서 아랫사람에게 베풀기를 이와 같이했다면 아랫자리에 있을 때에 윗사람에게 베푸는 것도 또한 마땅히 이와 같이하는 것이요, 앞에 있으면서 뒷사람에게 베풀기를 이와 같이했다면 뒤에 있을 때에 앞사람에게 베푸는 것도 또한 마땅히 이와 같이하는 것이며, 왼쪽에 있으면서 오른쪽 사람에게 베풀기를 이와 같이했으면 오른쪽에 있을 때에 왼쪽 사람에게 베푸는 것도 또한 마땅히 이와 같이하는 것이다. 이 마음을 미루어 나간다면, 대처하는 것이 각각 그 마땅함을 얻을 것이요, 대접함이 각각 그 옳음을 얻을 것이니, 그러한 즉 사람마다 모두 본분에 맞는 소원을 이루어서 天下가 평정하게 될 것이다.[166]

위의 인용문에서는 먼저 '마음'을 거론하면서, 궁극적으로 마음속에 간직된 '理의 보편성'을 지적하였다. 그리고 이어서 이 '보편적 理'를 남의 마음을 헤아리는 '尺度(矩)'로 설정하고, 마침내 '君子는 이러한 規矩로써 (남의 마음을) 재서, 남에게 대처하는 方道를 구한다'라고 설명한 것이다. 이러한 설명은 분명 '矩(尺度)로써 잰다'라는 맥락에 해당한다. 위의 인용문 중에 마지막 부분의 "이 마음을 미루어 나

166) 『譯註 庸學辨疑』, 343-345쪽, "盖君子, 知夫人同此心, 心同此理. 故其與人接, 必有以揆, 度於其間, 而曰上, 曰下, 曰前, 曰後, 曰左, 曰右, 接之之境也 ; 曰使, 曰事, 曰先, 曰從, 曰交, 處之之道也. 於其接之之境, 思其處之之道, 以此準彼, 視彼猶此, 務使上下四旁, 均齊方正, 而無缺然不滿之處, 則是以謂絜矩. 而盖擧天下之圓, 無不出於規也 ; 擧天下之方, 無出於矩也. 君子以此矩而絜之, 居上而施之下者如此, 則居下而施之上者, 亦當如此也 ; 居前而施之後者如此, 則居後而施之前者, 亦當如此也 ; 居左而施之右者如此, 則居右而施之左者, 亦當如此也. 推此心以往, 處之各得其宜, 待之各當其可, 則人人皆滿其分願, 而天下平矣."

간다면, 대처하는 것이 각각 그 마땅함을 얻을 것이요, 대접함이 각각 그 옳음을 얻을 것이다."라는 말은 '자기의 마음을 尺度로 삼아 남의 마음을 헤아려서, 남을 대하는 方道를 구한다'라는 뜻이니, 이 말 자체는 '재서 矩(方道)로 삼는다'라는 맥락이라고도 볼 수 있다. 그러나 그 앞에서 이미 '마음'을 거론하면서 궁극적으로 마음속에 간직된 '理의 보편성'을 지적한 바 있으니, 여기서의 마음도 '마음속에 간직된 보편적 理'로 이해함이 자연스러울 것이요, 그렇다면 마지막 문장 역시 '矩(尺度)로써 잰다'는 맥락으로 풀이할 수 있다. 이렇게 본다면, 絜矩之道에 대한 심재의 지론은 '矩(尺度)로써 잰다'라는 맥락이라고 하겠다.[167)]

이제 이상의 내용을 정리해보자. '絜矩之道'에 대한 해석은 '재서 矩로 삼는다(絜而矩之)'와 '矩로써 재다(絜之以矩)'라는 두 맥락으로 구별된다. '재서 矩로 삼는다(絜而矩之)'라고 풀이할 때엔 '矩'는 '남을 대하는 方道'로 규정되고, '矩로써 재다(絜之以矩)'라고 풀이할 때엔 '矩'가 '남을 헤아리는 尺度'로 규정되는 것이다. 또 '재서 矩로 삼는다(絜而矩之)'라고 풀이할 때엔 나의 '마음'이 남의 마음을 헤아리는 '尺度'로 전제되는 것이나, '矩로써 재다(絜之以矩)'라고 풀이할 때엔 단순한 '마음'이 아니라 마음속에 간직된 '보편적 理'가 '尺度(矩)'로 규정되는 것이다. 이 두 맥락은 大同小異한 것이라고 볼 수도 있다. 그러나 大山이 '마음' 자체를 척도로 삼았을 때의 폐단을 지적하고, 반드시 마음의 주재자인 '理'를 척도로 삼아야 한다고 역설한 것

167) 『譯註 庸學辨疑』의 譯者 李相益은 심재의 絜矩之道에 대한 지론은 "재서 矩(方道)로 삼는다(絜而矩之)"에 있다고 보고, 심재의 "這箇絜矩, 非絜而矩之, 乃絜之以矩也."는 아마도 "這箇絜矩, 乃絜而矩之, 非絜之以矩也."의 誤記일 것이라고 推論하였다(『譯註 庸學辨疑』, 342-343쪽 참조). 그러나 論者의 생각으로는 심재의 "這箇絜矩, 非絜而矩之, 乃絜之以矩也."는 정확한 문장이요, 오히려 그 다음의 "其詳, 見於朱子答江德功書."가 잘못된 문장인 것 같다.

을 주목하면, 양자는 결코 간과할 수 없는 차이를 지니는 것이다. 그렇다면 우리는 양자 사이에 취사선택을 분명히 해야 할 것이다. 그런데 주자의 해석 자체도 양자 사이를 오가고 있고, 심재의 말에도 분명 착오가 있어서, 결코 斷案을 내리기가 쉽지 않다. 아무튼 심재의 '絜矩'에 대한 문제 제기는 '絜矩之道'의 해석도 결코 간단한 문제가 아님을 다시 확인하는 계기가 되었거니와, 本考에서는 이 자체에 의미를 부여하면서 「大學辨疑」에 대한 논의를 마치고자 한다.

제5장 心齋 學問의 본령과 『庸學辨疑』

本考의 제2장에서 논한 바 있듯이, 심재의 학문은 經學과 心學(治心之學)을 두 축으로 삼는다. 이에 이 章에서는 經學과 心學을 중심으로 심재 학문의 본령과 특성을 규명하고자 한다. 먼저 제1절에서는 '經學과 心學'을 중심으로 심재 학문의 본령을 논의하고, 심재의 학문에서 양자가 어떻게 조응하는 것인지 해명하고자 한다. 제2절에서는 '治心之學'이라는 관점에서 심재의 학문적 지향을 논의하고자 하며, 제3절에서는 『庸學辨疑』가 經學과 心學 두 측면에서 어떤 의미가 있나 논의하고자 한다.

1. 學問의 두 축 : 經學과 心學

1) '恰好底道理'와 經學

經學이란 經典에 대한 註釋學을 말한다. 주자는 〈大學章句序〉에서 "程子에 의해서 '聖經賢傳'의 가르침이 다시 찬란하게 세상에 밝혀졌다."라고 말한 바 있거니와,[1] 유학에서는 聖人의 말씀을 '經'이

1) 朱子, 〈大學章句序〉, "河南程氏兩夫子出, (…) 然後, 古者大學教人之法, 聖經賢傳之指, 粲然復明於世."

라 하고, 賢人의 말씀을 '傳'이라 한다. '經'은 본래 '옷감(織物)의 날실'을 뜻하는바, 날실은 직물의 上·下를 관통하는 세로 실이다. 이러한 맥락에서, 성인의 말씀을 '經'이라 함은 성인의 말씀은 '古·今을 관통하는 영원한 진리'라는 뜻을 담고 있다. 한편 '傳'은 '전달하다'의 뜻이거니와, 현인의 말씀을 '傳'이라 함은 '현인이 성인의 말씀을 後學들에게 전달하는 말'이라는 뜻이다. 위에서 經學이란 '經典에 대한 註釋學'이라 했는데, '經典' 자체는 '성인의 말씀'을 담은 것이요, '註釋學'은 '현인이 성인의 말씀을 後學들에게 전달하는 일'에 해당한다.[2)]

옛 '성인의 말씀'은 지금의 우리가 읽어도 至當하게 여겨지거니와, 과연 성인의 말씀은 '古今을 관통하는 영원한 진리'라 하겠다. 그런데 옛 성인의 말씀을 담고 있는 '經典'에는 대부분 두 가지 제약이 따르기 마련이다.

첫째, 옛 성인의 말씀은 '古·今을 관통하는 영원한 진리'라 하더라도, 그 말씀을 담은 經典은 옛 文字(槪念)로 기록되어 있기에, 오늘날 우리가 이해하는 데에는 어려움이 많다는 점이다.

둘째, '古·今을 관통하는 영원한 진리'는 '보편적 진리'이거니와, 보편적 진리는 그것이 '보편적'인 만큼 '추상적'이기도 하다는 점이다. 추상적인 말에 대해서는 다양한 해석이 가능하거니와, 이는 후학들에게 해석상의 裁量權을 부여하기도 하지만, 한편으로는 해석상의 混亂을 가중시키기도 한다.

위와 같은 두 제약 때문에 성인의 말씀을 담고 있는 '經典'에 대해 당대의 독자들이 이해할 수 있는 말로 풀이해주는 것도 필요하고,

---

2) 이러한 맥락에서, 『詩經』에 대한 주석서를 『詩傳』이라 하고, 『書經』에 대한 주석서를 『書傳』이라 하며, 『易經』에 대한 주석서를 『易傳』이라 한 것이었다.

또 본래의 맥락을 정확히 규명하여 經典의 本旨를 규명하는 것도 필요한 것이다. 모든 註釋學의 과제는 이 두 가지로 집약된다. 유교적 經學의 전통에서는 전자를 '訓詁學(考證學)'이라 하고 후자를 '義理學'이라 했다.[3] 이러한 맥락에서 訓詁學과 義理學은 經學의 두 축이라 하겠는데, 秋史 金正喜는 〈實事求是說〉에서 양자의 관계를 다음과 같이 비유적으로 설명한 바 있다.

> 聖賢의 道는 비유컨대 甲第大宅과 같다. 主人은 항상 '堂室'에 거처하는데, 堂室은 門逕이 아니면 들어갈 수가 없다. 訓詁란 門逕이다. 一生 門逕 사이에서만 바쁘게 돌아다니면서 堂室로 들어가려 하지 않는다면, 이는 奴僕인 것이다. 그러므로 학문을 함에 반드시 訓詁를 정밀하게 탐구함은 堂室에 들어가는 데 잘못이 없기 위한 것이요, 訓詁만 하면 모든 일이 다 끝난다는 말이 아니다.[4]

위의 인용문에서는 '訓詁學과 義理學'의 관계를 '門逕과 堂室'에 비유하고, 門逕을 통해 堂室로 들어가는 것처럼 訓詁를 통해 義理에 도달해야 한다고 보았다.[5] 추사는 특히 訓詁에만 매달리고 義理를 탐구하지 않는 것은 堂室에 들어가지 않고 門逕에서 배회하는 奴僕과 마찬가지라고 비판했다. 이렇게 본다면, 訓詁는 '經學의 긴요한 방법론'이요, 義理는 '經學의 궁극적 목표'라고 하겠다.

---

3) 또 유교적 經學은 시대에 따라 그 특징을 달리했거니와, 漢代에는 주로 訓詁學이 발달했으므로 訓詁學을 '漢學'이라고도 하고, 宋代에는 주로 義理學이 발달했으므로 義理學을 '宋學'이라고도 한다.

4) 『阮堂全集』 卷1 頁26, 〈實事求是說〉, "聖賢之道, 譬若甲第大宅. 主者所居, 恒在堂室, 堂室非門逕不能入也. 訓詁者, 門逕也. 一生奔走于門逕之間, 不求升堂入室, 是厮僕矣. 故爲學必精求訓詁者, 爲其不誤于堂室, 非謂訓詁畢乃事也."

5) 이것이 추사가 말한 '實事求是'의 본지였던바, 訓詁學은 '實事'에 해당되고 義理學은 '求是'에 해당한다.

심재의 經學도 字句의 본래 의미를 풀이하는 訓詁學과 經典의 本旨를 규명하는 義理學을 겸한다. 예컨대 『庸學辨疑』에서 經文의 字句를 해설하고 유사한 字句들에 대해서 각각의 차이를 정밀하게 해명한 것은 訓詁學에 해당하고, 몇 가지의 주요 개념들을 중심으로 『大學』과 『中庸』의 전체적인 체계를 규명한 것은 義理學에 해당한다. 그런데 經學의 궁극적 목표는 義理를 밝히는 데 있다고 했으니, 이러한 관점에서 '심재에게 있어서 經學의 의의'를 논해 보기로 하자.

주자는 〈大學章句序〉의 첫머리에서 인간의 사회에 政治와 敎育이 필요한 근본 까닭을 다음과 같이 말한 바 있다.

> 『大學』이라는 책은 옛날 大學에서 사람을 가르치던 법도이다. 대개 하늘이 백성을 낳으면서 이미 모두에게 仁義禮智의 本性을 부여했으나, 氣質을 품수함이 간혹 고르지 못했기 때문에, 그러므로 모두가 자기에게 天賦의 本性이 있음을 알고서 온전히 발휘하지는 못했던 것이다. 이에 한 사람이라도 聰明睿智하여 능히 그 본성을 다 발휘할 수 있는 사람이 그 사이에서 나오면, 하늘은 반드시 그 사람을 명하여 億兆蒼生의 君師로 삼아, 그로 하여금 백성을 다스리고 가르쳐서 그 本性을 회복하게 하였다. 이것이 伏羲·神農·黃帝·堯·舜이 하늘을 계승하여 人極(인간의 표준)을 세우고, 司徒와 典樂의 관직을 설치한 까닭이다.[6]

위의 인용문은 伏羲·神農·黃帝·堯·舜 등 유교의 전설적 聖人들이 억조창생의 君師가 된 배경을 설명한 것이다. 주자는 政治와 敎育이 필요했던 근본 까닭을 '자연상태에서는 사람들이 자신의 本性을 충

6) 朱子, 〈大學章句序〉, "大學之書, 古之大學所以敎人之法也. 蓋自天降生民, 則旣莫不與之以仁義禮智之性矣. 然其氣質之稟, 或不能齊, 是以, 不能皆有以知其性之所有而全之也. 一有聰明睿智能盡其性者, 出於其間, 則天必命之, 以爲億兆之君師, 使之治而敎之, 以復其性. 此伏羲神農黃帝堯舜所以繼天立極, 而司徒之職, 典樂之官, 所由設也."

분히 발휘하지 못함'에서 찾았다. 요컨대 사람들이 仁義禮智의 本性을 충분히 발휘하지 못하고 짐승처럼 혼란하게 살았기에, 하늘이 '聰明睿智하여 능히 그 본성을 다 발휘할 수 있는 사람'을 억조창생의 君師로 삼았다는 것이다. '聰明睿智하여 능히 그 본성을 다 발휘할 수 있는 사람'이란 '聖人'을 뜻한다. 君師가 된 聖人(聖王)의 과제는 한편으로는 백성을 다스리고(君) 한편으로는 백성을 가르쳐서(師), 백성으로 하여금 本性을 회복하게 하는 것이었다. 이를 위해서 聖人은 하늘을 계승하여 인간의 표준을 세우기도 하였고, 司徒와 典樂 등 교육을 위한 관직을 설치하기도 했다는 것이다. 심재는 「大學辨疑」에서 위의 인용문에 대해 다음과 같이 부연하였다.

> 天下에는 性에서 벗어난 사물이 없고, 聖賢은 性에서 벗어난 업적이 없으니, 三代의 大學 교육은 다만 '그 本性을 회복함'에 지나지 않았다. (…) 하늘이 뭇 백성을 낳으심에 사물이 있으면 법칙이 있는 것이다(天生蒸民, 有物有則). 다만 氣稟에 구애되고 物欲에 가려져서, '착한 本性을 지니고 있음'도 알지 못하고, 그 '本性으로 부여된 것'도 온전히 발휘하지 못하는 것이다. 그리하여 하늘은 반드시 자신의 본성을 다 발휘하는 사람을 '君主'로 명령하고, 자신의 본성을 아는 사람을 '스승'으로 세우신 것이다. 君主는 백성을 다스림으로써 그들의 본성을 온전하게 해 주고, 스승은 백성을 가르침으로써 그들의 본성을 확충시킨 것이니, 이것이 三代의 교육이 연유한 바이다. 夏나라 때에는 '校'라 했고, 殷나라 때에는 '序'라 했으며, 周나라 때에는 '庠'이라 했고, '學'이라는 이름은 三代가 함께 썼으니, 모두가 '人倫을 밝히기 위함'이었다. 人倫을 밝히는 方道는 오직 善을 밝혀서 '그 처음을 회복함'에 있는 것이다.[7]

---

7) 『譯註 庸學辨疑』, 227-228쪽, "天下無性外之事, 而聖賢無性外之功, 則三代大學之敎, 不過曰復其性而已. (…) 天生蒸民, 有物有則, 而但爲氣稟所拘, 物欲所蔽, 不能知其性之所有, 全其性之所賦, 則天必命之以盡性之君, 天必作之以知性之師. 君以治之, 以全其性 ; 師以敎之, 以充其性. 此三代所由敎也. 夏曰校, 殷曰

주자와 마찬가지로, 심재는 聖賢(君師)의 업적을 '백성들로 하여금 각자 자신의 本性을 회복하게 함'으로 설명했다. 위의 인용문에서 주목할 것은, 심재는 '本性을 회복함'을 '人倫을 밝힘'으로 설명하고, 人倫을 밝히는 방도를 다시 '善을 밝힘'으로 풀이하고 있다는 점이다. 이처럼 本性의 문제를 人倫의 문제와 등치시킬 수 있는 근거는 바로 "하늘이 뭇 백성을 낳으심에, 사물이 있으면 법칙이 있다."라는 말에 있다. 이 말은 본래 『詩經』에 나오는 것으로서, 유학에서 사람의 本性을 설명할 때 자주 거론되는 구절이다. 이처럼 '사람의 本性'을 '사람의 法則'이라고도 표현하는 데서 알 수 있듯이, 사람의 本性에 대한 논의는 단순히 '事實的 관점'에서 이루어지는 것이 아니라 동시에 '規範的 관점'에서 이루어지는 것이다. 맹자가 사람의 本性을 仁義禮智로 설명한 것도 같은 관점에서 이해할 수 있다. 仁義禮智는 사람에게 선천적으로 부여된 本性인 동시에, 사람이 지켜야 하는 도덕(人倫)의 法則이기도 하다. 이러한 맥락에서, 심재는 本性의 문제를 人倫의 문제와 등치시키고, 이를 결국엔 '善을 밝힘'의 문제로 풀이한 것이다.

위의 인용문은 본래 '聖賢의 업적'을 설명하는 내용이거니와, 그것은 무엇보다도 '本性을 회복함', '人倫을 밝힘', '善을 밝힘' 등으로 집약된다는 것이 심재의 지론이다. 앞에서 '經典'이란 '聖人의 말씀'을 담은 책이라 했는데, '聖人의 말씀' 또한 이러한 내용들로 집약됨은 당연할 것이다. 앞에서는 또 '經學'이란 '經典에 대한 註釋學'이라 했는데, 같은 맥락에서 '經學의 本旨' 역시 이러한 내용들로 집약되는 것이다. 이제 이 점을 확인해 보기로 하자.

序, 周曰庠, 學則三代共之, 皆所以明人倫也. 明人倫之道, 惟在於明善而復其初也."

심재는 "학문을 시작하는 최초의 출발점은 格物致知에 있다."[8]라고 보았다. 그런데 심재는 格物致知에 대해서 다시 다음과 같이 설명한다.

> '致知'의 道는 '格物'보다 앞서는 것이 없고, '格物'의 道는 또한 '人倫을 밝힘'보다 앞서는 것이 없다. 그렇다면 '人倫을 밝힘'이 어찌 '格物의 절실하고 요긴한 곳'이 아니겠는가?[9]

위의 인용문에 보이듯이, 심재는 '格物의 최우선 과제' 또는 '格物의 절실하고 요긴한 곳'을 '人倫을 밝힘'에 두었다. 이 말을 "學問을 시작하는 최초의 출발점은 格物致知에 있다."라는 말과 연결하면, 심재에게 있어서 '學問의 최우선 과제' 또는 '學問의 절실하고 요긴한 곳'은 바로 '人倫을 밝힘'에 있는 것이다. 그런데 유학에서 學問이란 무엇보다도 聖賢의 말씀을 배우고 익히는 데서 시작하는 것이니, 심재의 이러한 學問論은 그대로 그의 經學論으로 간주할 수 있는 것이다.

한편, 심재는 '人倫을 밝히는 방도'를 '善을 밝힘'에 두었거니와, 이는 무엇이 '지극한 善'인지 아는 것이 人倫을 밝히는 첩경이라는 뜻이다. 심재는 『大學章句』〈傳3章〉에 인용된 『詩經』〈淇澳〉의 '切磋琢磨'를 해설하면서 다음과 같이 말한다.

> '切磋'는 學問(배우고 물음)을 비유한 것으로, '知'에 나아가 말한 것이며, '琢磨'는 自修(스스로 닦음)를 비유한 것으로 '行'에 나아가 말한 것이

---

8) 『譯註 庸學辨疑』, 154쪽, "格致, 是爲學最初下手."
9) 『譯註 庸學辨疑』, 265쪽, "致知之道, 莫先於格物, 而格物之道, 亦莫先於明人倫, 則明人倫, 豈非格物之切要處耶?"

다. 그러한 즉, 하나의 至善은 진실로 恰好한 곳으로서, 切磋琢磨는 여기에 머묾을 추구하는 것일 뿐이다.10)

위의 인용문에서는 切磋와 琢磨를 知와 行의 관점에서 구분하고, 양자는 결국 '止於至善'으로 수렴된다고 설명했다. 위의 인용문에서 주목할 것은 '至善'을 '진실로 恰好한 곳'으로 풀이했다는 점이다. '恰好(흡호)'란 '꼭 알맞음' 또는 '꼭 좋음'의 뜻이거니와, 이렇게 본다면 學問이란 결국 각각의 처지와 상황에서 우리에게 '꼭 알맞고 꼭 좋은 것'이 무엇인지 밝혀서 실천하는 것이다. 『대학』에서는 이를 "남의 임금이 되어서는 仁에 머물고, 남의 신하가 되어서는 敬에 머물며, 남의 자식이 되어서는 孝에 머물고, 남의 부모가 되어서는 慈에 머물며, 나라의 여러 사람과 사귈 때에는 信에 머무는 것"11)이라고 설명한 바 있다. 요컨대 '仁·敬·孝·慈·信'이 '임금·신하·자식·부모·붕우'에게 요구되는 '꼭 알맞고 꼭 좋은 도리'라는 것이다.

'꼭 알맞고 좋은 道理(恰好底道理)'는 다른 말로 하면 '所當然之則'으로서, 이는 플라톤의 '좋음의 이데아(idea of the good)'에 비견되는 것이다. 심재는 『大學』의 '三綱領'이나 '治國·平天下', 『中庸』의 '未發과 已發' 등을 모두 '진실로 恰好한 곳' 또는 '진실로 恰好한 도리'라는 개념으로 풀이했다. 다음의 예문들이 그것이다.

'明德을 밝힘' 가운데에도 또한 至善이 있고, '百姓을 새롭게 함' 가운데에도 또한 至善이 있다. (…) 그렇다면 止於至善은 진실로 明明德과 新民 가운데 '충분히 恰好한 곳'이라 하겠다. 그런데도 竝列하여 三綱領으로

---

10) 『譯註 庸學辨疑』, 292쪽, "切磋喻學問, 而就知上說 ; 琢磨喻自修, 而就行上說, 則一箇至善, 是固恰好處, 而切磋琢磨, 求其止於是而已."

11) 『大學章句』 〈傳3章〉, "爲人君, 止於仁 ; 爲人臣, 止於敬 ; 爲人子, 止於孝 ; 爲人父, 止於慈 ; 與國人交, 止於信."

삼는 까닭은, 반드시 至善에 머문 다음에야 明德이 이에 밝아지고 百姓이 이에 새롭게 되기 때문이다.[12]

대개 未發時에는 안에 있고 已發時에는 밖에 있는데, 다만 발하여 모두 中節하면 이 '안에 있는 理'가 곧 발해서 밖으로 드러나는 것이니, 예컨대 이른바 "어떤 事物이든 하나의 '꼭 알맞고 좋은 道理(恰好底道理)'가 있다."라는 말이 그것이다.[13]

대개 (『中庸』의) '國家를 고르게 함'은 資質이 近似한 사람은 능히 노력으로 할 수 있으니, 반드시 '中庸의 道'에 들어맞는 것은 아니다. 그런데 『大學』의 '平天下'는 '修己治人의 방법'과 '재물을 다스리고 賢者를 등용하는 일'에 각각 '꼭 알맞고 좋은 道理'가 있으니, 참으로 '中庸을 극진히 한다'라고 말할 수 있는 것으로서, 다만 '고르게 할 수 있음'에 그칠 뿐이 아닌 것이다.[14]

이처럼 『대학』과 『중용』의 주요 개념들이 결국 '꼭 알맞고 좋은 도리'로 수렴되는 것이라면, 『대학』과 『중용』은 모두 우리에게 '꼭 알맞고 좋은 도리'를 알려주고 그에 머물도록 권하는 經典이다. 이러한 맥락에서, 심재에게 있어서 '經學'이란 본질적으로 '꼭 알맞고 좋은 도리'를 탐구하고 실천한다는 의미가 있는 것이었다.

---

12) 『譯註 庸學辨疑』, 242-243쪽, "明德中, 也有至善, 新民中, 也有至善. (…) 然則止至善, 固可謂明德新民中寸分恰好處, 而竝列爲三綱者, 以其必止於至善, 然後德乃明而民乃新也."

13) 『譯註 庸學辨疑』, 67쪽, "蓋未發時在中, 已發時在外, 而但發皆中節, 則卽此在中之理, 發形於外, 如所謂 '卽事卽物, 無不有箇恰好底道理.' 是也."

14) 『譯註 庸學辨疑』, 67쪽, "蓋國家可均, 資之近似者, 能以力爲之也. 未必合中庸之道, 而大學之平天下, 則修己治人之術, 理財用賢之事, 各有恰好底道理, 則眞可謂盡中庸矣, 不但止於可均而已."

2) '一身의 主宰者'와 心學

심재에게 있어서 학문의 또 하나의 축은 '心學'이었다. 그런데 우선 분명히 해야 할 것은 儒學史에서 '心學'이란 두 맥락에서 논의되고 있다는 점이다. 하나는 朱子學에서 말하는 心學으로서, 이는 '惟精惟一'이나 '存養省察' 또는 '存天理 遏人欲' 등을 통해 '마음을 다스린다'는 맥락의 治心之學이다. 하나는 陽明學에서 말하는 心學으로서, 이는 '인간의 마음이 곧 진리의 표준'이라는 맥락의 心卽理學이다.[15]

양명학에서는 인간의 마음이 곧 진리의 표준이라고 주장한다. 이러한 주장을 따르면, 眞理란 밖에서 찾을 것이 아니라 자신의 마음 속에서 찾아야 한다. 양명학에서는 이를 '致良知'라 하였다. 그리고 주자학에 대해서는 자신의 마음 밖에서 진리를 찾기에 知와 行이 先·後로 쪼개지고,[16] 그리하여 결국엔 '支離滅裂'을 면할 수 없다고 비판하였다.[17] 그러나 주자학에서는 사람의 마음에는 本心(道心)이나 天理만 있는 것이 아니요, 私心(人心)이나 人欲도 있는 것이라고 본다. 따라서 단순히 마음을 진리의 표준으로 삼는다면 '스스로를 속이고 방자해지는 폐단'을 면할 수 없다고 비판한다.[18] 이러한 맥락에

15) 陽明學에서도 한편으로는 '惟精惟一'이나 '存天理 遏人欲' 등의 '治心之學'을 주장한다. 이에 대해 이상익은 "治心之學과 心卽理學은 서로 矛盾되는 것이므로 兩立할 수 없다."라고 밝힌 바 있다. 이상익, 『朱子學의 길』 補論 제1장 〈王陽明 心學의 二重性과 그 딜레마〉 참조.

16) 『傳習錄』 中, 〈答顧東橋〉 4조, "外心以求理, 此知行之所以二也 ; 求理於吾心, 此聖門知行合一之敎."

17) 『王陽明全集』 卷7(245쪽), 〈象山文集序〉, "世儒之支離, 外索於刑名器數之末, 以求明其所謂物理者, 而不知吾心則物理, 初無假於外也."

18) 『朱子大全』 卷15 頁22, 〈經筵講義〉, "人心本善, 故其所發亦無不善, 但以物欲之私, 雜乎其間, 是以, 爲善之意, 有所不實, 而爲自欺耳."

서, 주자학에서는 '心卽理'를 엄격히 부정하고 '性卽理'를 표방했는데, 이는 '本性이 제시하는 진리의 표준에 따라 마음을 다스려야 한다'라는 취지였다. 심재는 주자학자로서, 심재가 말하는 心學이란 물론 '治心之學'을 뜻하는 것이었다.

양명학에서는 마음이 곧 진리의 표준이라는 관점에서 心學의 당위성을 설정하였다. 그러면 心卽理를 부정하는 주자학에서는 心學의 당위성을 어떻게 설정하는 것인가? 먼저 이 문제를 살펴보기로 하자. 주자는 다음과 같이 말한다.

> 心은 지극히 虛靈하며, 神妙하여 헤아릴 수 없다. 또한 항상 一身의 主宰者가 되어 萬事의 綱領을 이끄는 존재이니, 잠시라도 보존하지 않을 수 없다. 하나라도 자각하지 못하여, 몸 밖으로 物欲을 따라 달려나가고 날아간다면, 一身에는 主宰者가 없고 萬事에는 綱領이 없게 된다.[19]

주자는 마음을 '一身의 主宰者'요 '萬事의 綱領을 이끄는 존재'라고 설명했다. 그렇다면 자신의 한 몸과 자신이 추진하는 만사가 모두 자신의 마음에 달린 것이다. 그런데 마음은 또 지극히 虛靈하고 神妙하여 그 所在나 作用을 헤아리기가 어렵다는 것이다.[20] 따라서 마음을 보존하려는 노력을 게을리 하면 마음은 物欲을 따라 밖으로 달아나게 되거니와(放心), 그러면 一身에는 主宰者가 없게 되고 萬事에는 綱領이 없게 되어, 결국 모든 일을 그르치게 된다는 것이다. 요

---

19) 『朱子大全』 卷14 頁15, 〈行宮便殿奏箚二〉, "心之爲物, 至虛至靈, 神妙不測, 常爲一身之主, 以提萬事之綱, 而不可有頃刻之不存者也. 一不自覺, 而馳鶩飛揚, 以徇物欲於軀殼之外, 則一身無主, 萬事無綱."

20) 이는 『孟子』 告子上 제8장의 "잡으면 보존되고 놓으면 잃어버려, 나가고 들어옴이 일정한 때가 없어서 그 있는 곳을 알 수 없다는 것은 오직 마음을 일컬은 것이다(操則存, 舍則亡, 出入無時, 莫知其鄕, 惟心之謂與.)."라는 말과 같은 맥락이다.

컨대 주자는 한편으로는 마음을 '一身의 主宰者'요 '萬事의 綱領을 이끄는 존재'로 설정하여 '마음의 중요성'을 부각하고, 한편으로는 마음을 '物欲에 이끌려 달아나기 쉬운 존재'로 규정하여 '마음의 위험성'을 경계하였다. 이처럼 마음은 중요한 것이면서도 또 위험한 것이라면, 우리는 마땅히 마음을 잘 다스려서 본래의 소임을 다하도록 유도해야 할 것이다. 이것이 주자학에서 心學(治心之學)의 당위성을 설명하는 기본 논리였다.

이상의 내용은 심재에게 있어서도 마찬가지였다. 심재 역시 '마음'을 '虛靈不昧하여 性·情을 담고 있는 존재'[21]로서, '一身의 主宰者요, 萬事의 根本'[22]이라고 설명한다. 그런데 마음은 또한 "氣稟에 구애되고 物欲에 가려져서, 착한 本性을 지니고 있음도 알지 못하고, 그 本性으로 부여된 것도 온전히 발휘하지 못한다."[23]는 것이다. '本性으로 부여된 것도 온전히 발휘하지 못한다'는 것은 곧 인륜적 삶을 실현하지 못한다는 뜻이거니와, 이러한 맥락에서 심재는 治心之學을 학문의 또 하나의 중요한 과제로 설정했던 것이다.

그렇다면 심재에게 있어서 經學과 心學(治心之學)은 어떻게 연결되는 것인가? 이제 이 문제를 살펴보기로 하자. 심재는 〈心齋記〉에서 다음과 같이 말한 바 있다.

> 일찍이 요즘 사람들이 글을 하는 것을 보니, 대부분 訓詁와 詞章에 빠져, 외우는 숫자를 힘쓰고 글을 얽어내는 것을 자랑으로 삼으니, 이것은 '口耳之學'을 면하지 못하는 것이다. 봄꽃처럼 비록 화려하게 빛나지만, '마음에 얻은 것이 있다'고는 말할 수 없는 것이다.[24]

---

21) 『譯註 庸學辨疑』, 244쪽, "虛靈不昧, 以心言, 而包性情在其中."
22) 『譯註 庸學辨疑』, 210쪽, "心者, 一身之主宰, 萬事之根本."
23) 『譯註 庸學辨疑』, 227쪽, "天生蒸民, 有物有則, 而但爲氣稟所拘, 物欲所蔽, 不能知其性之所有, 全其性之所賦."

위의 인용문은 당시의 학풍이 訓詁와 詞章에 기울어져 있음을 비판한 것이다. 訓詁學者들은 博覽强記를 미덕으로 삼고 널리 典故를 考證하는 데 힘쓰는데, 심재는 이를 '외우는 숫자를 힘쓰는 것'이라고 비판했다. 또 詞章學者들은 美辭麗句를 동원하여 화려하게 文章을 彫琢하는 데 힘쓰는데, 심재는 이를 '글을 얽어내는 것을 자랑으로 삼는 것'이라 비판했다. 따라서 이 두 학풍은 口耳之學을 면치 못하여, 결국 '마음에 얻는 것이 없다'는 것이다.

앞에서 거론한 바 있듯이, 訓詁學은 義理學과 함께 經學의 주축을 이루는 것이다. 그런데 심재는 訓詁學을 口耳之學으로서 '마음에 얻는 것이 없다'라고 비판했다. 이는 訓詁學 자체를 비판하는 것이라기보다는 당시의 經學이 訓詁에 머무르는 것을 비판하는 것이다.[25] '마음에 얻는 것이 없다'라는 것은 곧 '꼭 알맞고 좋은 도리(恰好底道理)'를 밝히는 것을 외면하여 마음을 다스리는 데 보탬이 되지 않는다는 뜻이다. 經學에서 字句의 본래 의미를 고증하는 것은 訓詁學의 몫이었고, 그 字句에 담긴 꼭 알맞고 좋은 도리를 밝히는 것은 義理學의 몫이었다. 秋史 金正喜는 이 둘의 관계를 '門逕과 堂室'에 비유했는데, 門逕을 탐색하는 것은 堂室에 들어가기 위한 것이다. 그렇다면 字句의 본래 의미를 밝히는 취지는 그 字句에 담긴 꼭 알맞고

---

24) 『心齋遺稿』 卷9 頁31, 〈心齋記〉, "嘗觀今人爲文, 率多泥於訓詁詞章, 誦數是力, 纂組是誇, 此未免口耳之學, 春華雖煒煒, 而謂有得於心則未也."

25) 심재의 〈講會錄序〉에서는 '自得의 학문과 訓詁의 학문'을 '內와 外' 또는 '本과 末'의 관계로 규정하고, 여기에는 '先·後와 緩·急의 순서가 있는 것'이라 하였다(『心齋遺稿』 卷9 頁26, 〈講會錄序〉, "學也者, 使人求於內也, 不求於內而求於外, 非學也 ; 學也者, 使人求於本也, 不求於本而求於末, 非學也. 所謂內與本, 自得, 是也 ; 所謂外與末, 泥訓詁工詞章, 考詳略採同異, 是也. 是二者, 可不知先後緩急之序乎?"). 주지하듯이, '內와 外' 또는 '本과 末'의 논법은 어느 하나를 부정하는 논법이 아니라 다만 '先·後와 緩·急의 순서'를 규정하는 논법이다. 이렇게 본다면, 심재는 訓詁學 자체를 부정하는 것이 아니라, 自得을 외면하고 오직 訓詁에 매몰됨을 비판한 것이다.

좋은 도리를 밝히는 데 있는 것이다. 그런데 당시의 訓詁學이 博覽強記에 치중할 뿐 꼭 알맞고 좋은 도리를 밝히는 것을 외면했으므로, 심재는 이를 口耳之學으로서 '마음에 얻는 것이 없다'라고 비판한 것이다. 요컨대 經學이 口耳之學으로 전락함을 면하려면 訓詁學에서 한 단계 더 나아가 義理學으로 심화하여야 한다는 것이 심재의 지론이었다.

심재에 의하면, 經學은 궁극적으로는 義理學으로서, 이는 '마음에 얻는 것이 있음'을 추구하는 것이다. 바꾸어 말하면, 이는 경전에 담긴 꼭 알맞고 좋은 도리를 잘 밝히면 마음을 다스리는 데 보탬이 된다는 뜻이다. 경전을 통해 깨달음을 얻으면 자신의 마음이 상쾌해지고 가벼워지는 것은 우리의 일반적 경험이기도 할 것이다. 이러한 맥락에서, 經學(義理學)은 治心之學의 토대가 되는 것이다. 그런데 심재의 行狀에서는 다음과 같이 말한다.

> 一生의 用工은 오로지 '治心之學'에 있었으니, 얻음과 잃음에 마음이 흔들리지 않았고, 世間의 誹謗이나 稱譽에 개의치 않았으며, 오직 자신의 本分上에 마땅히 행해야 할 것에만 힘썼다. 마침내 用工이 더욱 두터워지고 心目이 더욱 정밀해짐에, 저술한 論說들이 모두 經典의 本旨를 發明하기에 충분하였다.[26]

위의 인용문에서는 심재가 평생 治心之學에 매진한 결과 心目이 정밀해져서, 經典의 本旨를 發明하기에 충분하게 되었다고 하였다. '經典의 本旨'는 '꼭 알맞고 좋은 도리'에 해당할 것이요, '經典의 本旨

---

26) 『西坡先生文集』卷23 頁10, 〈外曾祖考成均生員心齋趙公行狀〉, "一生用工, 專在於治心之學, 得喪不動於中, 毁譽不關於心, 惟吾本分上當行是務, 而及其用工益篤, 心目愈精, 則著爲成說, 皆足以發明經旨."

를 發明함'은 '經學(義理學)'에 해당할 것이다. 요컨대 위의 인용문에서는 심재가 治心之學에 매진한 결과 經學(義理學)에도 더욱 조예가 깊어졌다고 설명한 것이다. 그렇다면 이는 治心之學이 經學(義理學)의 토대가 된 것이다.

〈心齋記〉에 따르면 '經學(義理學)이 治心之學의 토대가 되는 것'인데, 심재의 行狀에 따르면 또 '治心之學이 經學(義理學)의 토대가 되는 것'이다. 그렇다면 이 두 주장은 서로 모순되는 것인가, 아니면 둘 다 참인가? 우리의 일반적 경험에 비추어보자면, 훌륭한 道理를 깨달으면 자신의 마음이 바르게 됨도 사실이요, 마음이 바르면 그만큼 깨달음이 깊어지는 것도 사실이다. 이렇게 본다면 '도리를 깨달음'과 '마음을 바룸'은 말 그대로 서로 바탕이 되는 것이다. 이러한 맥락에서, 經學(義理學)과 治心之學은 본래 '相須相資'의 관계라 하겠는데, 심재의 학문은 이 점을 밝히고 실천하는 데 그 本領이 있었다.

3) 心齋 知行論의 의미

심재는 經學(義理學)과 治心之學을 '相須相資'의 관계로 인식했는데, 義理(꼭 알맞고 좋은 도리)를 밝히는 것은 '知'의 차원이요, 이를 바탕으로 마음을 다스리는 것은 '行'의 차원이다. 이러한 맥락에서 '經學(義理學)과 治心之學'은 결국 '知와 行'의 문제로 귀결된다. 또 같은 맥락에서, 經學(義理學)과 治心之學을 相須相資의 관계로 인식한다는 것은 知와 行을 相須相資의 관계로 인식한다는 의미가 된다. 이제 이러한 점을 염두에 두고 심재의 知行論과 그 의미를 살펴보기로 하자.

심재는 知와 行을 항상 相須相資의 관계로 설명했다. 요컨대 '知와

行'은 "발과 눈이 서로 필요로 하고(相須), 수레의 두 바퀴나 새의 두 날개가 서로 바탕이 되는 것(相資)과 같다."[27]라는 것이다. 知와 行이 이처럼 相須相資의 관계라면, 우리는 당연히 知와 行을 竝進해야 할 것이다. 과연 심재는 다음과 같이 말한다.

> 知와 行의 工夫는 모름지기 竝進해야 한다. 知가 더욱 밝아지면 行은 더욱 두터워지고, 行이 더욱 두터워지면 知가 더욱 밝아진다. 이것은 '수레의 두 바퀴'나 '새의 두 날개'가 서로 바탕이 되고, (사람이 목적지를 찾아갈 때) 발과 눈이 함께 이르는 것과 같다.[28]

위의 인용문은 知와 行이 相須相資라는 관점에서 '知行竝進'을 주장한 것이다. 위의 인용문에서 특히 주목할 내용은 "知가 더욱 밝아지면 行은 더욱 두터워지고, 行이 더욱 두터워지면 知가 더욱 밝아진다."라는 말이다. 知·行은 相須相資의 관계라 할 때, 이 '相須相資'는 실로 여러 層級에서 풀이할 수 있는 말이다. 예컨대 "알지 못하면 행할 수 없고, 행할 수 없으면 알지 못한다."라는 말이나 "알면 행할 수 있고, 행하면 알 수 있다."라는 말도 모두 知·行을 相須相資로 규정하는 것에 속한다. 이를 相須相資에 대한 '소극적 해석'이라고 하자. 그런데 심재는 知·行의 相須相資를 보다 적극적인 관점에서 풀이하여 "知가 더욱 밝아지면 行은 더욱 두터워지고, 行이 더욱 두터워지면 知가 더욱 밝아진다."고 설명했다.[29] 우리는 소극적 해석에

---

27) 『譯註 庸學辨疑』, 85쪽, "知行二者, 有如足目之相須, 輪翼之相資."

28) 『譯註 庸學辨疑』, 245-246쪽, "知行工夫, 須着竝進. 知愈明則行益篤 ; 行愈篤則知益明. 有如輪翼之相資 ; 足目之俱到."

29) 심재의 行狀에서 "一生의 用工은 오로지 '治心之學'에 있었으니, (…) 마침내 用工이 더욱 두터워지고 心目이 더욱 정밀해짐에, 저술한 論說들이 모두 經典의 本旨를 發明하기에 충분하였다."라고 한 것은 "行이 더욱 두터워지면 知가 더욱 밝아진다."라는 맥락에 해당한다.

대해서도 충분히 공감할 수 있으나, 相須相資의 참모습은 아무래도 적극적 해석에 있을 것이다.[30)]

심재는 知·行을 相須相資의 관계로 보아 '知行竝進'을 주장하면서도, 한편으로는 知의 우선성을 강조하여 다음과 같이 말한다.

> 知는 行이 없는 知가 없으며, 行도 知가 없는 行이 없으니, 知와 行은 하나라도 빼놓을 수가 없다. (…) 道를 행하는 사람은 반드시 道를 밝히는 것을 우선해야 하니, 知가 밝은데도 行하지 못하는 사람은 있지 않다.[31)]

위의 인용문에서는 知·行을 相須相資의 관계로 규정한 동시에 先知後行論을 개진하였다. 글자 그대로만 해석하자면, 知行竝進論과 先知後行論은 일견 矛盾처럼 보인다. 그러나 실제로 우리의 知와 行이 성숙해가는 과정을 살펴본다면, 양자는 얼마든지 양립할 수 있는 것이요, 또 양자를 동시에 고려해야만 知·行의 성숙과정이 제대로 설명될 수 있다.

만약 先知後行論을 "세상 만물의 이치를 '모두' 안 다음에 실행에 옮긴다."라고 풀이한다면, 이는 과연 知行竝進論과 모순된다. 또 先知後行論을 이렇게 풀이하면, 우리는 종신토록 제대로 알지도 못할

---

30) '개 눈에는 똥만 보인다'는 속담은 '개는 똥만 맛있는 것으로 알아, 똥만 주워 먹는다'는 뜻일 것이다. 마찬가지로, 빵만 맛있는 것으로 아는 사람은 빵을 구해 먹을 것이며, 포도주도 맛있다는 것을 아는 사람은 포도주도 함께 구해 마실 것이다. 마찬가지로, 이웃에 대한 사랑이 소중한 일이라는 것을 아는 사람은 이웃을 사랑하는 데도 힘쓸 것이다. 이는 모두 '知가 더욱 밝아짐에 行도 더욱 두터워진 것'이라 하겠다. 한편, 포도주를 많이 마시다 보면 포도주의 깊은 경지를 새롭게 알게 되고, 이웃사랑에 힘쓰다 보면 사랑이 지니는 의미를 더욱 깊이 알게 되거니와, 이는 '行이 더욱 두터워짐에 知가 더욱 밝아진 것'이라 하겠다.

31) 『譯註 庸學辨疑』, 75-76쪽, "知無無行之知, 行無無知之行, 而曰知曰行, 不可闕一. (…) 行道者, 必以明道爲先, 則未有知之明而不能行者也."

것이요, 따라서 종신토록 하나도 실천하지 못할 것이다.[32] 그러나 이는 先知後行論에 대한 억지 해석일 뿐이다. 우리의 앎은 태어나서 자라면서 점점 확대하고 심화하며, 실천도 그에 따라 점점 확대하고 심화하는 것이다. 이는 知行竝進의 맥락이라 하겠다. 그런데 구체적인 하나의 사안을 두고 말하자면, 예컨대 외국어를 활용하려면 먼저 외국어를 배워야 하는 것처럼, 분명 知가 行에 앞서는 것이다. 이는 先知後行의 맥락이라 하겠다. 이를 종합해서 말하자면, 우리는 태어나서 먼저 하나를 배우고 그를 실천하며, 또 둘을 배우고 그를 실천하며, 또 셋을 배우고 그를 실천하는 것이다. 이렇게 본다면, 知行竝進과 先知後行은 얼마든지 양립할 수 있는 개념이요, 또 양자를 동시에 고려해야만 우리의 知·行의 성숙과정이 제대로 설명될 수 있는 것이다.

위의 인용문에서 심재는 "道를 행하는 사람은 반드시 道를 밝히는 것을 우선해야 한다."라고 했거니와, 이는 외국어를 활용하려면 먼저 외국어를 배워야 하는 것과 마찬가지이다.[33] 이러한 맥락에서 심재는 知·行을 相須相資의 관계로 규정하면서도, 한편으로는 知의 우선성을 분명히 하였던 것이다.

더 나아가, 심재는 知·行의 문제에서 실제로 어려운 것은 行이 아니라 知라고 보았다. 『중용장구』 제20장에서는 "널리 배우고(博學之), 살펴서 묻고(審問之), 신중하게 생각하고(愼思之), 밝게 분변하고(明辨之), 독실하게 실행하라(篤行之)."라고 했는데, 이에 대해 심

32) 王陽明은 바로 이러한 관점에서 朱子學이 知·行을 先·後로 나누는 것을 비판하고(『傳習錄』 上 5조, "今人却就將知行分作兩件去做, (…) 故遂終身不行, 亦遂終身不知."), 知行合一論을 전개했던 것이다.

33) 심재가 "학문을 시작하는 최초의 출발점은 格物致知에 있다."(『譯註 庸學辨疑』, 154쪽)고 한 것도 이러한 맥락에서 이해할 수 있다.

재는 다음과 같이 풀이한 바 있다.

> 博學·審問·愼思·明辨은 知에 속하고, 篤行은 行에 속한다. 사람들은 道에 있어서, 行이 어려운 것이 아니라 오직 知가 어려운 것이며, 지키기가 어려운 것이 아니라 택하기가 어려운 것이다. 반드시 博學·審問·愼思·明辨을 통해 知가 참되어진 다음에 篤行이 저절로 이르는 것이요, 택하기를 정밀하게 한 다음에 지키는 것이 저절로 견고해지는 것이다. 그러한 즉, '擇善'에는 '博學·審問·愼思·明辨'의 4件의 工夫가 있고, '固執'에는 다만 '篤行' 1件의 工夫가 있는 것은, 대개 참으로 능히 앎을 이루면(致知) 力行의 工夫는 저절로 쉬워지기 때문이다.[34]

'博學·審問·愼思·明辨·篤行'은 학문의 5단계라 할 수 있다. 심재는 이 가운데 '博學·審問·愼思·明辨'은 知(擇善)에 속하고, '篤行'은 行(固執)에 속한다고 구분했다. 그렇다면 이 5단계에는 知에 속하는 것이 넷이나 되고, 行에 속하는 것은 겨우 하나이다. 이처럼 『중용』의 설명이 知에 편중된 것에 대해, 심재는 '行(固執)보다 知(擇善)가 더욱 어렵기 때문'이요, '참으로 능히 앎을 이루면(致知) 力行의 工夫는 저절로 쉬워지기 때문'이라고 풀이했다.[35]

---

34) 『譯註 庸學辨疑』, 156-157쪽, "學問思辨屬知 ; 篤行屬行. 人之於道, 行之非艱, 而知之惟艱 ; 守之非難, 而擇之爲難. 必也學問思辨, 而知之眞然後, 行自然到也 ; 擇之精然後, 守自然固也, 則擇善有學問思辨四件工夫, 而固執只有篤行一件工夫者, 盖以眞能致知, 則力行工夫自易故也."

35) 위의 인용문에서는 "사람들은 道에 있어서, 行이 어려운 것이 아니라 오직 知가 어려운 것"이라 했거니와, 심재는 '道德과 義理'의 차원에 한정해서 '行보다 知가 어렵다'는 논리를 펴는 것이다. 실제로 우리는 是·非와 善·惡을 분간하기 어려운 경우나, 도덕적 차원에서 最善의 선택이 무엇인지 알기 어려운 경우를 종종 경험하거니와, 심재의 '行보다 知가 어렵다'는 말은 이러한 맥락에서 이해할 수 있다. 인간의 육체적 욕망과 관련된 차원에서는 오히려 '知보다 行이 어려운 경우'를 많이 발견할 수 있다. 예컨대 담배가 몸에 해로운 것을 잘 알면서도 담배를 끊기가 어려운 것이 그것이다.

이상에서 살핀 것처럼, 심재는 知·行을 相須相資의 관계로 규정하면서도 知에 우선성을 부여하였다. 그런데 심재는 知와 行 가운데 궁극적으로 중요한 것은 行이라고 본다. 이제 이 문제를 살펴보자. 『중용장구』 제27장에서는 "君子는 德性을 높이되 묻고 배우는 데서 말미암으며(尊德性而道問學), 廣大함을 이루되 정미함을 극진히 하며(致廣大而盡精微), 高明함을 극진히 하되 中庸에서 말미암으며(極高明而道中庸), 예전에 배운 것을 익히되 새로운 뜻을 알며(溫故而知新), 두텁게 함으로써 禮를 높인다(敦厚以崇禮)."라고 했다. 이에 대해 주자는 '尊德性, 致廣大, 極高明, 溫故, 敦厚'는 '存心'에 속하는 일이요, '道問學, 盡精微, 道中庸, 知新, 崇禮'는 '致知'에 속하는 일이라고 구분했다. 이를 두고 심재는 다음과 같이 말한 바 있다.

> 이 章에서는 存心이 致知보다 앞에 있으나, 『大學』의 八條目에서는 致知 공부가 誠意正心보다 앞에 있는 까닭은 무엇인가? 大·小로써 先·後를 구분하면, 存心이 앞에 오고 致知가 뒤에 오는 것이다. 知·行으로써 先·後를 구분하면, 致知가 앞에 오고 誠意正心이 뒤에 오는 것이다.[36]

知·行의 관점에서 말하자면, 存心은 行에 해당할 것이요 致知는 知에 해당할 것이며, 格物致知는 知에 해당할 것이요 誠意正心은 行에 해당할 것이다. 그렇다면 『중용장구』 제27장에서는 行을 知보다 앞세우고, 『대학』의 八條目에서는 知를 行보다 앞세운 것이 된다. 이에 대해 심재는 '大·小의 관점'에서 논하자면 知보다 行이 우선하며, '知·行의 관점'에서 논하자면 行보다 知가 우선하기 때문이라고

36) 『譯註 庸學辨疑』, 192쪽, "此章存心, 先於致知, 而大學八條目, 致知工夫, 在誠正之先者, 何也? 以大小而分先後, 則存心居先, 而致知居後 ; 以知行而分先後, 則致知在先, 而誠正在後."

풀이한 것이다.

위의 인용문을 다시 설명하자면, 知·行은 先·後의 차원에서 논할 수도 있고 大·小의 차원에서 논할 수도 있다. 요컨대 先·後의 차원에서 논하면 知가 行보다 우선하나, 大·小의 차원에서 논하면 行이 知보다 중대하다는 것이다. 심재의 이러한 설명은 주자의 "先·後를 논하면 知가 우선이지만, 輕·重을 논하면 行이 중요하다."[37]라는 말과 궤를 같이한다.

이제 이상의 논의를 종합하면서 심재의 知行論이 지니는 의미를 살펴보기로 하자. 심재는 知와 行을 相須相資의 관계로 규정했는데, 이는 經學(義理學)과 心學(治心之學)의 相須相資를 뜻하는 것이기도 하다. 심재는 知와 行을 相須相資의 관계로 규정하면서도 '知가 行보다 앞선다'고 주장했는데, 이는 '꼭 알맞고 좋은 도리를 탐구하는 經學이 마음을 다스리는 心學보다 우선한다'는 뜻이기도 하다. 실제로 우리는 무엇이 올바른 도리인지 알아야 그것을 기준으로 우리의 마음을 다스릴 수 있다. 심재는 先·後의 관점에서는 知에 우선성을 부여하면서도, 大·小의 관점에서는 行에 중요성을 부여했는데, 이는 도리를 탐구하는 經學과 마음을 다스리는 心學에 있어서 '궁극적으로 중요한 것은 心學'이라는 뜻이기도 하다.

심재 학문의 두 축은 經學과 心學이라 했거니와, 이를 심재의 知行論과 연결시켜 한마디로 요약하자면 '먼저 經學을 통해 恰好한 道理를 탐구하고, 이를 통해 반드시 우리의 마음을 바루자'는 것이었다.

---

37) 『朱子語類』 卷9(148쪽), "知行常相須, 如目無足不行, 足無目不見. 論先後, 知爲先 ; 論輕重, 行爲重."

2. 學問의 本領 : 治心之學

1) 心齋의 學問論

유학(주자학)의 관점에서 말하자면, 經學은 '꼭 알맞고 좋은 도리를 깨달음'으로 귀결되고, 心學은 '마음을 바룸'으로 귀결된다. 이는 유학의 일반론으로서, 심재에게도 그대로 해당하는 내용이다. 앞에서 살핀 것처럼 심재는 經學(義理學)과 治心之學을 '相須相資'의 관계로 인식했거니와, 이는 '먼저 經學을 통해 恰好한 道理를 탐구하고, 이를 통해 반드시 우리의 마음을 바루자'는 취지였다. 이렇게 본다면, 經學의 궁극적 목적은 '마음을 바룸(다스림)'에 있는 것이다. 이제 이러한 점을 염두에 두고, 심재의 學問論을 살펴보기로 하자.

유학의 일반론과 마찬가지로, 심재는 '마음'을 '一身의 主宰者'요, '萬事의 根本'이라고 규정했다. 그렇다면 '사람다운 사람이 되고자 하는 학문' 더 나아가 '治國과 平天下를 도모하는 학문'의 핵심적 관건은 '마음을 바룸'에 있는 것이다. 그리하여 심재는 자신의 雅號를 해설한 〈心齋記〉에서 "옛날의 學者는 오직 그 本性을 涵養하는 데 힘썼고, 그 밖의 것에 대해서는 배우지 않았다. 대개 君子의 學問은 마음(心)에 근본 하니, 마음은 몸의 主宰者이다."[38]라고 했는데, 이는 '학문의 본령'은 바로 '治心之學'임을 천명한 것이다. 심재가 당시 유행한 訓詁學과 詞章學에 대해 '마음에 얻는 것이 없는 口耳之學'[39]이라고 비판했던 것도 학문의 본령은 治心之學이라는 인식에 따른 것

---

38) 『心齋遺稿』 卷9 頁31, "古之學者, 惟務養其性, 其他則不學. 盖君子之學, 本於心, 心者, 身之主也."

39) 『心齋遺稿』 卷9 頁31, "嘗觀今人爲文, 率多泥於訓詁詞章, 誦數是力, 纂組是誇, 此未免口耳之學, 春華雖燁燁, 而謂有得於心則未也."

이었다. 심재의 이러한 學問論은 〈講會錄序〉에 더욱 자세히 보이거니와, 이를 구체적으로 살펴보기로 하자. 심재는 다음과 같이 말한다.

> 學問이란 사람들로 하여금 안에서 구하게 하는 것이니, 안에서 구하지 않고 밖에서 구하면 학문이 아니다. 學問이란 사람들로 하여금 根本에서 구하게 하는 것이니, 근본에서 구하지 않고 末端에서 구하면 학문이 아니다. 이른바 '안'과 '근본'이란 '스스로 터득하는 것(自得)'이 그것이요, 이른바 '밖'과 '말단'이란 '訓詁에 빠지고 詞章에 힘쓰며, 詳略을 살피고 同異를 가려내는 것'이 그것이다. 이 두 가지에 대해서 先·後와 緩·急의 순서를 알지 못할 수 있겠는가? 따라서 君子의 학문은 안을 무겁게 여기고 밖을 가볍게 여기며, 根本을 배양하고 末端을 버리며, 마음에서 검속하고 몸에서 체현하며, 집안에 있어서나 고을에 있어서나 지키고 삼가 행동해서, 彝倫과 日用의 사이에서 벗어나지 않으니, 모두 '實學'인 것이다.[40]

위의 인용문에서는 학문을 '안에서 구하고 根本에서 구하는 학문'과 '밖에서 구하고 말단에서 구하는 학문'으로 대별하였다. 심재는 '自得을 추구하는 학문'을 '안에서 구하고 根本에서 구하는 학문'이라 하였다. 안에서 구하고 근본에서 구하여 스스로 터득하는 바가 생기면, 그것을 바탕으로 마음에서 검속하고 몸에서 체현하며, 집안에 있어서나 고을에 있어서나 지키고 삼가 행동해서, 彝倫과 日用의 사이에서 벗어나지 않게 되니, 이것이야말로 '君子의 實學'이라는 것이

---

40) 『心齋遺稿』 卷9 頁26-27, 〈講會錄序〉, "學也者, 使人求於內也, 不求於內而求於外, 非學也 ; 學也者, 使人求於本也, 不求於本而求於末, 非學也. 所謂內與本, 自得, 是也 ; 所謂外與末, 泥訓詁工詞章, 考詳略採同異, 是也. 是二者, 可不知先後緩急之序乎? 是以, 君子之學, 重內而輕外, 培本而舍末, 撿之於心, 體之於身, 而在家在鄕, 持守飭行, 不出乎彝倫日用之間, 皆實學也."

다. 심재는 당시에 유행했던 訓詁學과 詞章學에 대해서는 '밖에서 구하고 말단에서 구하는 학문'이라 규정했다. 訓詁學과 詞章學은 '先後와 緩急의 순서를 모르는 것'이기에, 결국 '虛學'으로 전락한다는 것이다.

심재는 '自得을 추구하는 학문'을 '안에서 구하고 根本에서 구하는 학문'이라 했거니와, '自得'이란 '스스로 마음에서 깨달음'을 뜻할 것이요, '안'이란 '내면의 心性'을 뜻할 것이며, '根本'이란 '마음을 바룸'을 뜻할 것이다. 심재에 의하면, 이렇게 안에서 구하고 근본에서 구하는 학문에 힘쓰면, 그 결과가 '밖'이나 '末端'에까지 제대로 드러난다는 것이다. 그런데 이러한 학문은 '讀書'가 아니면 불가능하다는 것이 심재의 생각이었다. 위의 인용문에 이어서, 심재는 다음과 같이 말한다.

> 그러나 學問은 讀書가 아니면 불가능하다. 讀書는 장차 窮理를 위한 것이요, 致用을 위한 것이다. 古今의 人物에 대해 是非를 분별하고, 事物에 應接함에 있어서 當否를 탐구하며, 작은 노력들을 쌓아나가고, 潛心하여 玩索하며, 세밀하게 분별하고 누차 분석하며, 익숙하게 읽고 정밀하게 생각하면, 渙然하게 얼음이 녹고, 怡然하게 理가 순조로우니, 발로는 實地를 밟고, 行動에는 依據함이 있는 것이다. 무릇 이와 같은 다음에 비로소 '買櫝還珠'나 '隔靴爬癢'의 근심이 없는 것이다.[41]

심재는 "學問은 讀書가 아니면 불가능하다."라고 했는데, 여기서 말하는 讀書의 대상이란 무엇보다도 '經典'을 뜻할 것이다. 심재는

---

41) 『心齋遺稿』 卷9 頁27, 〈講會錄序〉, "然學非讀書不能, 而讀書將以窮理也, 將以致用也. 別是非於古今人物, 求當否於應接事物, 銖積寸累, 潛心而玩索, 毫分縷析, 熟讀而精思, 渙然氷釋, 怡然理順, 脚踏實地, 動有依據, 夫然後始無買櫝還珠, 隔靴爬癢之患矣."

"讀書는 장차 窮理를 위한 것이요, 致用을 위한 것"이라 했다. '窮理'란 앞에서 누차 언급한 대로 '꼭 알맞고 좋은 도리를 탐구하는 것'이며, '致用'이란 이러한 도리를 미루어나가 '齊家·治國·平天下에 활용하는 것'인바, 窮理와 致用을 매개하는 것은 자신의 '바른 마음'일 것이다. 한편 "古今의 人物에 대해 是非를 분별하고, 事物에 應接함에 있어서 當否를 탐구하며, 작은 노력들을 쌓아나가고, 潛心하여 玩索하며, 세밀하게 분별하고 누차 분석하며, 익숙하게 읽고 정밀하게 생각함" 등은 독서의 구체적 방법을 설명한 것이다. 이러한 자세로 독서를 지속하면 "渙然하게 얼음이 녹고, 怡然하게 理가 순조로울 것"인바, 이는 '기존의 모든 의문이 해소되어, 꼭 알맞고 좋은 도리를 본래의 취지대로 순조롭게 이해할 수 있다'는 뜻이다. 이는 『대학』의 '豁然貫通'과도 같은 맥락으로서, '窮理가 제대로 이루어진 결과'라 하겠다.

"발로는 實地를 밟고, 行動에는 依據함이 있다."라는 것은 '致用'의 자세를 설명한 것이다. '발로는 實地를 밟는다'는 것은 致用은 '우리의 구체적 現實'에 부합해야 한다는 뜻이요, '行動에는 依據함이 있다'는 것은 致用은 '經典에서 설파한 道理'에 의거해야 한다는 뜻이다. 이어서 심재는 "무릇 이와 같은 다음에 비로소 '買櫝還珠'나 '隔靴爬癢'의 근심이 없는 것"이라 하였다. '買櫝還珠'란 '함(櫝)만 사고 그 속에 들어 있는 珍珠는 돌려준다'라는 말로서,[42] 이는 화려한 현실에 현혹되어 진실한 이상을 외면하는 폐단을 지적한 것이다. '行動에는 依據함이 없으면' 우리는 종종 이러한 폐단에 빠지게 된다. '隔靴爬

42) '買櫝還珠'는 『韓非子』 〈外儲〉에 보이는 故事成語로서, 楚나라 사람이 鄭나라에서 珍珠를 파는데, 진주를 담고 있는 함(櫝)에다 온갖 치장을 하였다. 그러자 鄭나라 사람이 그 함만 사고, 진주는 돌려주었다고 한다. 이러한 맥락에서, '買櫝還珠'란 '本末이 顚倒된 어리석은 행위'를 뜻한다.

癢'이란 '가죽신을 신은 채 발의 가려운 곳을 긁는다'라는 말로서, 이는 당위적 이상에만 집착하여 구체적 현실에 맞지 않는 폐단을 지적한 것이다. '발로는 實地를 밟고 있지 않으면' 역시 우리는 이러한 폐단에 빠지게 된다. 사실, 經典에서 설파한 道理는 대개 理想的인 것으로서, 때때로 우리의 現實에 그대로 적용시키기 곤란한 경우도 있다. 이러한 맥락에서, 심재는 理想과 現實이 부합되는 지점에서 致用을 모색해야 한다고 설명한 것이다. 위의 인용문에 이어서, 심재는 다음과 같이 말한다.

> 朱夫子께서 王子充에게 답한 편지에서는 "踐履의 實質을 바탕으로 講學의 功을 이루어, 알고 있는 것을 더욱 밝게 하면 지키는 것이 날로 견고해진다."라고 하였다. 이 두 구절은 수레의 두 바퀴와 같고 새의 두 날개와 같으니, 어느 하나를 폐하고서 달리거나 날 수는 없다. 슬프도다! 우리 고을 英陽은 깊은 골짜기에 끼어 있어, 先輩의 遺風은 점차 멀어지고, 後生의 渝薄은 날로 심해져서, 옛 책을 읽고 옛 法度를 행한다는 것을 쓸쓸하도록 듣지 못하였으니, 이것이 내가 늘 마음에 한탄스럽게 여긴 바이다.43)

심재는 朱子의 〈答王子充〉을 인용하여 '講學과 踐履' 또는 '知와 行'의 相須相資 관계를 거듭 규명하였다. 朱子는 〈答王子充〉에서 '講學과 踐履' 즉 '知와 行'의 상호보완 관계를 곡진하게 논했는데, 이를 더 자세히 인용하면 다음과 같다. "무릇 今日의 폐단은, 講學에 힘쓰는 者는 대부분 踐履를 소홀히 하고, 오로지 踐履에 힘쓰는 者는 또

---

43) 『心齋遺稿』 卷9 頁27-28, 〈講會錄序〉, "朱夫子答王子充書曰 '因踐履之實, 致講學之功, 使所知益明, 則所守日固.' 此兩言者, 如車兩輪, 如鳥兩翼, 未有廢一而可行可飛者也. 嗚呼! 維我英鄕, 介於深陝, 先輩之遺風漸遠, 後生之渝薄日甚, 讀古書, 行古方, 寥寥無聞, 吾所以尋常慨恨於心矣."

마침내 講學을 無益하게 여기어, 특히 踐履의 實質을 바탕으로 講學의 功을 이룬다는 점을 모르는 것이다. 알고 있는 것을 더욱 밝게 하면 지키는 것이 날로 견고해져서, 저 口耳의 사이에서 區區한 자들과는 같은 차원에서 논할 수 없는 것이다. 그렇지 않으면, 보존하는 것이 비록 바르고 발하는 것을 비록 살피더라도, 끝내 私意의 累를 면하지 못할까 두려우니, 헛되게 얽매여서 마침내는 發明하는 바가 없을 것이다."[44] 심재는 주자의 이러한 설명을 바탕으로 '講學과 踐履' 또는 '知와 行' 가운데 어느 하나도 소홀히 할 수 없음을 역설하였다. 그런데 당시 심재가 살던 英陽 고을에서는 이러한 學風이 무너졌으므로, 새로운 '講會'를 통해 이를 다시 회복해야 한다는 것이 〈講會錄序〉의 취지였다.

심재의 학문론은 '옛 책을 읽고 옛 法度를 행한다'는 것으로 요약된다. '옛 책'이란 옛 聖賢의 經典을 말하고, '옛 法度'란 '안과 근본에서 구하여 스스로 터득하고, 이를 현실에 맞게 활용함'을 말한다. 옛 성현의 경전을 읽으며 꼭 알맞고 좋은 도리를 탐구하는 것은 經學(義理學)이요, 안과 근본에서 구하는 것은 治心之學이다. 심재는 '學問은 讀書가 아니면 불가능하다'고 했거니와, 이는 經學(義理學)을 통하지 않고는 治心之學이 불가능하다는 뜻이었다. 이렇게 볼 때, 심재의 학문론은 경학을 통해 마음을 바루고, 이를 현실에 알맞게 활용한다는 내용으로 정리되는 것이다.

이렇게 본다면, 심재가 '안에서 구하고 根本에서 구하는 학문'만이 '올바른 학문'이라 하여 학문의 본령을 '治心之學'으로 설정한다고 하

---

44) 『朱子大全』 卷46 頁32-33, 〈答王子充〉, "大抵今日之弊, 務講學者, 多闕於踐履, 而專踐履者, 又遂以講學爲無益, 殊不知因踐履之實, 以致講學之功, 使所知益明, 則所守日固, 與彼區區口耳之間者, 固不可同日而語矣. 不然, 所存雖正, 所發雖審, 竊恐終未免於私意之累, 徒爲拘滯, 而卒無所發明也."

더라도, 이는 결코 '학문은 오로지 마음의 차원에 한정되어야 한다'는 뜻이 아니었다. 이는 다만 마음이 一身의 주재자요 萬事의 근본이므로, 먼저 마음을 제대로 다스림으로써 자신의 행실을 바루고, 나아가 齊家·治國·平天下에 제대로 임할 수 있도록 해야 한다는 뜻이었다. 요컨대 심재는 '먼저 根本에 힘쓴다'는 맥락에서 학문의 본령을 治心之學으로 설정한 것인바, 이는 유학의 일반론이기도 한 것이었다. 그러면 이제 심재의 治心之學을 구체적으로 살펴보기로 하자.

2) '마음'에 대한 이해

성리학에서는 인간의 心·性을 理와 氣라는 개념으로 해명하고, 그에 따라 마음을 다스리는 방법들을 논한다. 주지하듯이, 성리학에서는 '마음'을 '本性을 담고 있는 그릇'이라고 설명한다. 성리학 일반론에 의하면, 인간의 본성은 곧 理로서 純善하나, 본성을 담고 있는 마음에는 淸·濁이 있기 때문에, 순선한 본성을 제대로 발현시키지 못한다는 것, 그러므로 마음을 잘 다스려서 순선한 본성을 제대로 발현시킬 수 있도록 노력해야 한다는 것이다. 심재의 마음에 대한 이해도 이러한 기본 틀을 벗어나지 않으나, 세부적으로는 몇 가지 독특한 주장을 펴고 있다.

심재는 주자학 전통 중에서도 退溪學派에 연원을 두고 있다. 朱子는 마음을 '氣의 精爽'이라고 설명한 바 있거니와, 이에 근거하여 栗谷學派에서는 마음을 '氣'라고 규정한다. 그러나 退溪學派에서는 대개 마음을 '理와 氣의 결합'으로 규정하는데, 심재 역시 마음을 '理와 氣의 결합'으로 설명한다. 심재는 다음과 같이 말한다.

> 무릇 사람이 태어남에, 天地의 理를 얻어 性이 되고, 또 天地의 氣를 얻어 形體가 된다. 理와 氣가 합쳐졌기 때문에 '虛靈知覺'이 되는 것이니, 이른바 '心'이란 '理와 氣를 겸해서 말하는 것'이다.[45]

'虛靈知覺'은 마음의 속성과 기능을 설명하는 말인데, 심재는 마음은 理와 氣가 결합한 것이기 때문에 '虛靈知覺'을 지닌다고 설명한 것이다. 심재는 더 나아가 '虛靈'을 다시 '理와 氣'로 나누어 설명한다. 심재는 다음과 같이 말한다.

> (『大學章句大全』의) 小注에서, 北溪陳氏는 "理와 氣가 합쳐졌기 때문에 虛靈하다."라고 하였다. 그렇다면 '虛靈'은 理와 氣를 겸해서 말하는 것이다. 이것은 張橫渠의 "虛와 氣를 합침으로써 性이라는 이름이 있게 되었다."라는 말과 같은 뜻이다. 그런데 『大學或問』에서 玉溪盧氏는 "虛는 理를 主로 삼아서 말하는 것이요, 靈은 氣를 겸해서 말하는 것이다."라고 하였다. 이것은 '虛'와 '靈'을 理와 氣로 나누어서 말한 것이다. 두 가지 주장을 相須해야 그 뜻이 비로소 갖추어진다.[46]

퇴계는 〈天命圖說〉에서 '虛靈'을 '理와 氣'로 구분하여 '虛는 理, 靈은 氣'라고 규정했다가, '分裂이 너무 심하다'라는 奇高峯의 反論을 받고 취소한 적이 있다. 그런데 심재는 北溪陳氏나 玉溪盧氏의 견해를 바탕으로 退溪의 舊說을 되살린 것이라 하겠다.[47] 심재는 더 나

---

45) 『譯註 庸學辨疑』, 42쪽, "夫人之生也, 得天地之理以爲性 ; 又得天地之氣以爲形. 理與氣合, 所以爲虛靈知覺, 則所謂心者, 兼理氣而言."

46) 『譯註 庸學辨疑』, 241-242쪽, "小注, 北溪陳氏, '理與氣合, 所以虛靈.' 然則虛靈, 兼理氣而言也. 此與張子所謂合虛與氣有性之名者, 同義. 然或問玉溪盧氏曰 '虛主理言, 靈兼氣言.' 此以虛靈, 分理氣而言也. 二說相須, 其義始備."

47) 이상익은 "退溪가 '虛·靈'을 '理·氣'로 分屬시키는 자신의 견해를 진실로 취소한 것으로 보기는 어렵다"고 지적한 바 있다(이상익, 『畿湖性理學論考』, 375-376쪽 참조). 한편 栗谷學派에서는 대개 '마음은 氣의 精爽이기 때문에 虛靈한 것'이라

아가 '虛는 性, 靈은 情'이라고 규정하기도 한다.

> '虛靈不昧'는 心으로 말하는 것인데, 그 가운데 性·情을 포함하고 있다. 虛한 것은 性이고, 靈한 것은 情이다.[48]

玉溪盧氏는 '虛'와 '靈'을 '心의 寂'과 '心의 感'으로 구분한 바 있는데,[49] 심재는 이에 근거하여 '虛는 性, 靈은 情'이라고 규정한 것 같다. 심재의 견해를 종합하자면, 마음은 理와 氣가 결합한 것으로서 虛靈하다는 것, 그런데 虛는 理요 性이며, 靈은 氣요 情이라는 것이다. 이 가운데 '靈은 氣요 情'이라는 주장은 심재설의 특징이라 할 수 있다. 그러나 이에 대해서는 퇴계학파의 입장에서나 율곡학파의 입장에서나 모두 異意를 제기할 수 있다. 퇴계학파의 일반론에 의하면 情에는 理發도 있고 氣發도 있기 때문에 情을 단순히 氣로 규정하기 어려운 것이며, 율곡학파의 일반론에 의하면 情은 性(理)이 마음(氣)의 작용을 통해 발현된 것이기 때문에 역시 단순히 氣로 규정하기 어려운 것이다.

이제 심재의 '마음의 기능'에 대한 설명을 살펴보자. 심재는 '마음'은 '一身의 主宰者요, 萬事의 根本'이라 했는데, 성리학의 '心統性情'은 바로 마음의 이러한 기능을 설명하는 명제이다. 심재는 〈心統性情說〉에서 이 문제를 자세히 논한 바 있거니와, 그 全文을 네 문단으로 나누어 살피기로 하자. 심재는 다음과 같이 말한다.

하여, '虛靈'을 '氣'로 설명한다.

48) 『譯註 庸學辨疑』, 244쪽, "虛靈不昧, 以心言, 而包性情在其中. 虛底是性, 靈底是情."

49) 『大學章句大全』 經1章, 玉溪盧氏小註, "明德只是本心. 虛者, 心之寂 ; 靈者, 心之感."

사람이 태어남에, 天地의 理를 얻어 '性'으로 삼고, 天地의 氣를 얻어 '情'으로 삼으며, 理와 氣가 합쳐져서 虛靈한 것이 되니, 虛靈한 것이 곧 '心'이다. 한 마음(心) 가운데, 아직 발하지 않은 것은 仁·義·禮·知의 性이 되고, 이미 發한 것은 惻隱·羞惡·辭讓·是非의 情이 된다. 그러므로 五性이 갖추어짐에 心이 主宰함이 있게 되고, 七情이 나옴에 心이 管攝함이 있게 된다.50)

위의 인용문 가운데 마음은 虛靈하다는 것, 마음에는 未發의 性과 已發의 情이 모두 포함되어 있다는 것, 마음은 性과 情을 主宰(管攝)한다는 것 등은 성리학 일반론을 충실히 따른 것이다. 그러나 '天地의 氣를 얻어 情으로 삼는다'라는 말은 심재의 독특한 주장이라 하겠다. 심재는 心을 '理·氣의 결합'으로 규정하고, '虛·靈'과 '性·情'을 각각 '理·氣'에 분속시킨 것이다. 위의 인용문에 이어서, 심재는 다음과 같이 말한다.

張子는 '心統性情'이라 했는데, 이 말이 가장 정밀하고 절실하다. 슬프다. 사람의 마음은 활동하는 존재로서, 마땅히 움직여야 할 때 움직이고, 마땅히 고요해야 할 때 고요한 것이다. 고요해서 衆理를 갖추고 있음은 性이니, 心은 이 性을 담고 있는 것(盛貯該載)이요, 움직여서 萬事에 응함은 情이니, 心은 이 情을 베풀어 發用하는 것(敷施發用)이다. 그러한즉, 心의 기능은 사실 모두 性情上에 모여 있는 것이다.51)

---

50) 『心齋遺稿』 卷9 頁3, 〈心統性情說〉, "人之生也, 得天地之理以爲性, 得天地之氣以爲情, 理與氣合, 而所以爲虛靈, 則虛靈卽心也. 一心之中, 未發而爲仁義禮知之性 ; 已發而爲惻隱羞惡辭讓是非之情. 故五性具焉, 而心有以主宰 ; 七情出焉而心有以管攝也."

51) 『心齋遺稿』 卷9 頁3, 〈心統性情說〉, "張子曰 '心統性情.' 此言最精切矣. 噫, 人心活物, 當動而動, 當靜而靜. 靜而具衆理, 性也, 而心所以盛貯該載此性也 ; 動而應萬事, 情也, 而心所以敷施發用此情也. 則心之官實爲總會於性情上矣."

위의 인용문은 張橫渠의 '心統性情'이라는 명제에 따라 마음의 기능을 설명한 것이다. 심재는 "心의 기능은 사실 모두 性情上에 모여 있다."라고 했거니와, 이는 마음의 기능은 '性·情을 統攝하는 것'뿐이라는 말이다. '性을 담고 있음'과 '情을 베풀어 發用함'은 마음의 性·情에 대한 統攝 기능을 분석적으로 설명한 것으로서, 이것 또한 성리학 일반론을 충실히 따른 것이다. 위의 인용문에 이어서, 심재는 다음과 같이 말한다.

> 그러므로 心은 하나인데, 心의 本體를 가리켜 말하는 것이 있으니, '寂然不動의 性'이 그것이요, 心의 作用을 가리켜 말하는 것이 있으니, '感而遂通의 情'이 그것이다. 『大學』의 '明德을 밝힘(明明德)'은 心·性을 논한 것인데 情이 그 가운데 있는 것이요, 『中庸』의 '中和를 이룸(致中和)'은 性·情을 논한 것인데 心이 그것을 벗어나지 않는다. 그러한 즉, 心은 '性·情을 妙하게 운용하는 德'으로서, 大本을 확립하고 達道를 행하는 것이다.52)

위의 인용문에서는 '性과 情'을 '마음의 體와 用'으로 설명했다. '性과 情'은 '한마음의 體와 用'일 뿐이니, 마음과 性·情이 별개가 아닌 것이요, 또 性과 情도 별개가 아닌 것이다. 심재는 『대학』의 '明明德'과 『중용』의 '致中和'를 모두 '心統性情'으로 풀이하고, 이러한 맥락에서 마음은 性·情을 妙하게 운용하는 德을 지니고서 大本을 확립하고 達道를 행하는 것이라 설명했다. 여기서 '性·情을 妙하게 운용함'은 '一身의 主宰'에 해당하고, '大本을 확립하고 達道를 행함'은 '萬事

---

52) 『心齋遺稿』 卷9 頁3-4, 〈心統性情說〉, "是以, 心一也, 有指心之體而言者, 寂然不動之性也 ; 有指心之用而言者, 感而遂通之情也. 大學之明明德, 論心性而情在其中 ; 中庸之致中和, 論性情而心不外是, 則心也者, 妙性情之德也. 所以立大本行達道."

의 根本'에 해당하는 것이다. 위의 인용문에 이어서, 심재는 다음과 같이 말한다.

> '心' 字는 하나의 字母로서, '性' 字와 '情' 字가 모두 '心'을 따른다. 그 性을 涵養하는 것도 저 心이요, 그 情을 節制하는 것도 저 心이다. 그러한 즉, 心과 性과 情은 두 개의 道理가 있는 것이 아니다. 心은 '그릇'과 같고, 性은 '그릇 가운데의 물'과 같으며, 情은 '그릇 가운데의 물이 쏟아져 나옴'과 같다. '心統性情'은 마땅히 이러한 맥락에서 살펴야 하니, 그 요점은 다만 '그 마음을 바르게 한 다음에, 性을 보존할 수 있고 情을 절제할 수 있다'는 것이다.53)

위의 인용문에서 주목할 것은 "心은 '그릇'과 같고, 性은 '그릇 가운데의 물'과 같으며, 情은 '그릇 가운데의 물이 쏟아져 나옴'과 같다."라는 비유이다. 전통 성리학에서는 종종 '心과 性'의 관계를 '그릇과 그에 담긴 물'의 관계로 비유했는데, 심재는 여기에 "情은 '그릇 가운데의 물이 쏟아져 나옴'과 같다."라는 비유를 추가한 것이다.54) 심재는 이어서 "心統性情은 마땅히 이러한 맥락에서 살펴야 한다."라고 했거니와, 이 비유는 실로 '心統性情'의 함의를 가장 잘 밝혀주는 것이라 할 수 있다.55)

---

53) 『心齋遺稿』 卷9 頁4, 〈心統性情說〉, "心字一箇字母, 故性情字, 皆從心. 涵養其性, 這箇心也 ; 節制其情, 這箇心也. 然則心也性也情也, 此非有兩箇道理. 而心如器也 ; 性如器中水也 ; 情如器中水之瀉出者也. 心統性情, 當以是觀焉, 而其要只在於正其心, 然後性可存情可約矣."

54) 心齋 이전의 성리학자들이 '心과 性'의 관계를 '그릇과 그에 담긴 물'의 관계로 비유한 것은 많으나, "情은 '그릇 가운데의 물이 쏟아져 나옴'과 같다."라는 비유까지 제시한 경우는 沙溪 金長生을 제외하고는 매우 드물다. 『沙溪全書』 卷45 頁7, 〈語錄(宋時烈錄)〉에는 "心如器 ; 性如器中之水 ; 情如水之瀉出者. 貯此水而有時瀉出者, 器也 ; 函此性而發此情者, 心也. 此心性情之別也."라는 말이 보이거니와, 심재가 이를 읽고 인용한 것인지도 모르겠다.

55) 그런데 문제는 이 비유가 "心은 虛靈으로서, 虛는 理이고 性이며, 靈은 氣이고

위의 인용문에서는 결론적으로 性·情의 統攝者인 '마음'을 '바르게 닦아야 한다'라는 과제를 제기하였다. 심재는 마음의 온전한 기능을 방해하는 요인으로 氣稟의 구애와 物欲의 가림을 거론한 바 있다. 마음은 본래 虛靈하지만, 또한 "氣稟에 구애되고 物欲에 가려져서, 착한 本性을 지니고 있음도 알지 못하고, 그 本性으로 부여된 것도 온전히 발휘하지 못한다."[56]는 것이다. 그렇다면 治心之學의 과제는 결국 氣稟의 구애와 物欲의 가림을 제거하는 것으로 모아지는 것이다. 이제 심재가 제시하는 '마음을 다스리는 방법들'을 살피기로 하자.

3) '마음'을 다스리는 방법들

심재에게 있어서 治心之學의 과제는 결국 '氣稟의 구애'와 '物欲의 가림'을 제거하는 것으로 귀결된다고 했거니와, 사실 양자가 별개인 것은 아니다. '氣稟의 구애'는 결국 '物欲의 가림'으로 드러나고, '物欲의 가림'은 본래 '氣稟의 구애'로부터 야기되는 것이기 때문이다. 전통 유학에서는 氣稟의 구애를 극복하는 방법으로는 濁駁한 氣를 淸

情이다."라는 주장과 잘 맞지 않는다는 점이다. 앞의 비유에서는 '心, 性, 情'이 각각 '그릇, 그릇 가운데의 물, 그릇 가운데의 물이 쏟아져 나옴'으로 설정되었거니와, 여기에서는 '心, 性, 情'이 각각 고유한 위상을 확보하고 있는 것이다. 그러나 "心은 虛靈으로서, 虛는 理이고 性이며, 靈은 氣이고 情이다."라는 주장에서는 '心'이 '性·情의 결합'으로 환치될 뿐, '그릇'에 해당하는 고유한 위상을 확보하지 못하고 있다. 심재의 "心은 虛靈으로서, 虛는 理이고 性이며, 靈은 氣이고 情이다."라는 주장에 대해서는 퇴계학파의 입장에서도 異意를 제기할 수 있다는 점, 또 심재는 앞의 비유를 들고 "心統性情은 마땅히 이러한 맥락에서 살펴야 한다."고 했다는 점을 고려한다면, 이 비유를 중심으로 심재의 心統性情論을 이해함이 보다 타당할 것 같다.

56) 『譯註 庸學辨疑』, 227쪽, "天生蒸民, 有物有則, 而但爲氣稟所拘, 物欲所蔽, 不能知其性之所有, 全其性之所賦."

粹한 氣로 변화시킨다는 氣質變化論을 제시하였고, 物欲의 가림을 제거하는 방법으로는 未發時의 存養과 已發時의 省察을 통해 天理를 보존하고 人欲을 막는다는 방법론을 제시하였다. 심재의 修養論도 대체로 이러한 大綱을 벗어나지 않는다. 이제 이러한 대강을 전제로, 심재 수양론의 특징적인 면모를 살펴보기로 하자.

'氣稟의 구애'를 극복함에 대해, 『中庸』에서는 '博學, 審問, 愼思, 明辨, 篤行'을 통해서 '氣質을 變化시킬 것'을 강조한 바 있으나, 심재는 무엇보다도 '浩然之氣를 잘 기를 것'을 강조하였다. 먼저 『중용』의 경우를 살펴보자. 『중용장구』 제20장에서는 공부의 요령을 '博學, 審問, 愼思, 明辨, 篤行'으로 제시한 다음, 다음과 같이 말한 바 있다.

> 배우지 않음이 있을지언정 배운다면 능하지 못한 것을 남겨두지 않고, 묻지 않음이 있을지언정 묻는다면 알지 못하는 것을 남겨두지 않으며, 생각하지 않음이 있을지언정 생각한다면 얻지 못한 것을 남겨두지 않고, 분변하지 않음이 있을지언정 분변한다면 밝지 못한 것을 남겨두지 않으며, 행하지 않음이 있을지언정 행한다면 독실하지 못한 것을 남겨두지 않는다. 남들이 한 번에 능하면 자신은 백 번을 노력하고, 남들이 열 번에 능하면 자신은 천 번을 노력한다. 과연 이러한 방도에 능하다면, 비록 어리석은 사람이라도 반드시 밝아지고, 비록 유약한 사람이라도 반드시 강해질 것이다.[57]

위의 인용문은 어리석고 유약한 사람도 '博學, 審問, 愼思, 明辨, 篤行'을 통해 남들보다 백배의 노력을 가하면 지혜롭고 강한 사람이

57) 『中庸章句』 제20장, "有弗學, 學之, 弗能, 弗措也 ; 有弗問, 問之, 弗知, 弗措也 ; 有弗思, 思之, 弗得, 弗措也 ; 有弗辨, 辨之, 弗明, 弗措也 ; 有弗行, 行之, 弗篤, 弗措也. 人一能之, 己百之, 人十能之, 己千之. 果能此道矣, 雖愚必明, 雖柔必强."

될 수 있다고 설명한 것이다. 위의 인용문의 초점은 濁駁한 氣質을 淸粹한 氣質로 탈바꿈시킨다는 '氣質變化論'에 있는 것이다.[58] 그러나 심재는 孟子의 '浩然之氣論'[59]을 주목하여, 浩然之氣를 잘 기름으로써 氣稟의 구애를 극복한다는 방향을 취하였다. 요컨대 『중용』에서는 '濁駁한 氣質을 淸粹한 氣質로 탈바꿈시킨다'는 방법론을 취한 것이라면, 심재의 경우엔 '浩然之氣를 잘 길러서 濁駁한 氣質이 저절로 소진되게 한다'는 방법론을 취한 것이다. 심재는 〈浩氣說〉에서 이러한 주장을 개진한 바 있거니와, 이제 그 全文을 세 문단으로 나누어 살펴보기로 하자.

> 天地보다 앞서서 시작이 없고, 天地보다 뒤에도 끝이 없는 것이 氣이다. 사람은 天地의 氣를 얻어 태어났으니, 나의 氣가 순조로우면 天地의 氣 또한 순조로운바, 그러므로 天地의 氣는 바로 나의 氣이다. 무릇 孟子께서 스스로 말씀한 것도 또한 "나의 浩然之氣를 잘 기른다."는 것이었으니, 이 氣는 尋常한 가운데 붙어 있으면서 天地 사이에 가득 차 있다. 이것을 갑자기 만나면, 晋나라와 楚나라도 그 富를 잃고, 張良과 陳平도 그 知를 잃으며, 孟賁과 夏育도 그 勇을 잃고, 張儀와 蘇秦도 그 雄辯을 잃으니, 이것은 누가 그렇게 시킨 것인가? 진실로 浩然之氣가 아니면, 그 무엇이 능히 이와 같을 수 있겠는가?[60]

위의 인용문의 논점은 두 가지로 정리된다. 첫째는 浩然之氣란 '天

58) 『中庸章句』 제20장, 朱子註, "君子所以爲學者 爲能變化氣質而已. (…) 夫以不美之質 求變而美 非百倍其功 不足以致之."

59) 『孟子』 公孫丑上 제2장, "敢問 '夫子, 惡乎長?' 曰 '我知言, 我善養吾浩然之氣.'"

60) 『心齋遺稿』 卷9 頁6-7, 〈浩氣說〉, "先天地而無始, 後天地而無終者, 氣也. 人得天地之氣以生, 吾之氣順, 則天地之氣亦順, 故天地之氣, 乃吾氣也. 夫以孟子之自言, 亦曰 '善養浩氣'云爾, 則是氣也, 寓於尋常之中, 而塞于天地之間. 卒然遇之, 晋楚失其富, 良平失其知, 賁育失其勇, 儀秦失其辨, 是孰使之然哉? 苟非浩然之氣, 其能若是乎?"

地 사이에 가득 찬 기운'이요, 또한 '내가 天地로부터 타고난 기운'이라는 것이다. 둘째는 浩然之氣를 잘 기른다면 '晉나라와 楚나라의 富'[61]에도 맞설 수 있고, '張良과 陳平의 知'[62]에도 맞설 수 있으며, '孟賁과 夏育의 勇'[63]에도 맞설 수 있고, '張儀와 蘇秦의 雄辯'[64]에도 맞설 수 있다는 것이다. 요컨대 사람은 누구나 浩然之氣를 타고나거니와, 그것을 잘 기른다면 누구와도 당당하게 맞설 수 있다는 것이다. 위의 인용문에 이어서, 심재는 다음과 같이 말한다.

> '浩然' 두 글자는 '굳세고 과감하다'는 뜻을 지니고 있으니, 서로를 필요로 하여 體가 되고, 서로를 기다려 用이 된다. 겁이 많고 게으른 자는 '氣의 體段'을 말할 수 없고, 거칠고 사나운 자는 '氣의 功用'을 말할 수 없다. 반드시 그 體가 서고 用이 행해져야만 義理가 附着되어, 무릇 天下의 크고 작은 일들이 (막았던) 江河를 터놓은 듯 세차서 능히 막을 수 없을 것이다. 孔子는 "지혜로운 자는 迷惑되지 않고, 어진 자는 근심하지 않으며, 용감한 자는 두려워하지 않는다."라고 했는데, 이것을 주석한 사람은 "氣가 道義에 짝하기에 충분하므로, 두려워하지 않는 것"이라고 설명하였다. 그러한 즉, '용감한 사람이 두려워하지 않음'만이 浩然之氣인 것이 아니요, '(지혜로운 사람이) 미혹되지 않음'과 '(어진 사람이) 근심하지 않음'

---

61) 晉나라와 楚나라는 한 때 '富國'으로 일컬어졌다. 『孟子』 公孫丑下 제2장에는 曾子의 "晉나라와 楚나라의 富裕함은 미칠 수 없으나, 저들이 자기들의 부유함을 내세우면 나는 나의 仁으로 맞설 것이며, 저들이 자기들의 벼슬을 내세우면 나는 나의 義로 맞설 것이니, 내가 恨스러울 것이 무엇이겠는가?"라는 말이 보인다.

62) 張良은 前漢의 功臣으로, 字는 子房이다. 漢高祖의 謀臣이 되어 秦나라를 멸망시키고, 楚나라를 평정하는 데 큰 功을 세워, 蕭何·韓信과 함께 漢의 三傑로 일컬어진다. 陳平 역시 前漢의 功臣으로서, 智謀가 뛰어나 漢高祖의 天下平定을 도왔다.

63) 孟賁과 夏育은 모두 春秋戰國時代의 勇士였다.

64) 張儀는 戰國時代 魏나라의 遊說家로서, 蘇秦의 '合從說'에 반대하여, 列國은 秦나라를 섬겨야 한다는 連橫策을 주장했다. 蘇秦은 戰國時代의 策士로서, 燕·趙 등 六國을 合從하여 秦과 대항케 하고, 스스로 六國의 宰相이 되었다.

에 있어서도 어찌 '浩然之氣의 仁과 智'가 아니겠는가?[65]

위의 인용문에서는 '浩然'을 '굳세고 과감하다'라는 뜻으로 풀이하고, 이는 '勇'뿐만 아니라 '知와 仁'을 두루 포괄하는 내용이라고 풀이하였다. 孟子는 "舜이 깊은 산 속에서 木·石과 함께 살고, 사슴·돼지와 함께 놀 때엔 深山의 野人들과 다른 점이 거의 없었는데, 하나의 착한 말을 듣고 하나의 착한 행실을 보았을 때엔 (막았던) 江河를 터놓은 듯 세차서 능히 막을 수 없었다."[66]라고 한 바 있는데, 심재는 착한 말을 듣고 하나의 착한 행실을 보아 과감하게 분발하는 것을 浩然之氣의 功用으로 풀이하였다. 한편 孔子의 "지혜로운 자는 迷惑되지 않고, 어진 자는 근심하지 않으며, 용감한 자는 두려워하지 않는다."[67]라는 말에 대해, 주자는 "밝음이 이치를 밝히기에 충분하므로 迷惑되지 않고, 理가 私欲을 이기기에 충분하므로 근심하지 않으며, 氣가 道義에 짝하기에 충분하므로 두려워하지 않는 것"[68]이라고 설명한 바 있다. 요컨대 주자는 浩然之氣를 '勇者不懼'에 배속시켜 '知者不惑·仁者不憂'와 상대시킨 것이다. 그러나 심재는 '知者不惑·仁者不憂'마저도 浩然之氣에 포함함으로써, 浩然之氣는 세상의 모든 美德을 포괄할 수 있다고 풀이한 것이다. 위의 인용문에 이어서, 심

65) 『心齋遺稿』 卷9 頁7, 〈浩氣說〉, "浩然二字, 帶得剛果底意思, 而相須以爲體, 相待以爲用. 怯懦者, 不可以語氣之體段; 粗厲者, 不可以論氣之功用. 必其體立而用有以行, 則義理所附, 凡天下之大小大事, 若決江河, 而沛然莫之能禦矣. 孔子曰 '智者不惑; 仁者不憂; 勇者不懼.' 釋之者謂 '氣足以配道義, 故不懼', 則勇者不懼, 非但浩然之氣, 而至於不惑不憂者, 豈非浩氣之仁智也耶?"

66) 『孟子』 盡心上 16, "舜之居深山之中, 與木石居, 與鹿豕遊, 其所以異於深山之野人者, 幾希. 及其聞一善言, 見一善行, 若決江河, 沛然莫之能禦也."

67) 『論語』 子罕 28, "知者不惑; 仁者不憂; 勇者不懼."

68) 『論語』 子罕 28, 朱子註, "明足以燭理, 故不惑; 理足以勝私, 故不憂, 氣足以配道義, 故不懼."

재는 다음과 같이 말한다.

> 浩然之氣는 限界도 없고 굽혀짐도 없다. 몸에 가득 차서는 편안하게 펴지고, 마음에 얻어져서는 바르고 크니, 그 굳셈은 金石을 뚫을 수 있고, 곧음은 (刑罰로 사람을 삶는) 가마솥을 밟을 수 있다. 예컨대 堯·舜의 精一執中이나 文·武의 謨訓功烈도 모두 저 浩然之氣로부터 나오는 것이다. 그러한 즉, 孟子의 '浩然之氣를 기른다'라는 논의는 '堯·舜·文·武의 道統'을 계승하는 것이며, '告子의 義外說'을 깊이 배척한 것 또한 '異端을 물리치는 뜻'이었음을 알 수 있겠다.69)

위의 인용문에서는 먼저 "浩然之氣는 限界도 없고 굽혀짐도 없다."고 전제한 다음, "堯·舜의 精一執中이나 文·武의 謨訓功烈도 모두 저 浩然之氣로부터 나오는 것"이라 하여, 浩然之氣는 세상의 모든 美德을 포괄할 수 있다는 점을 다시 한 번 강조했다. 심재는 마침내 이러한 맥락에서 맹자의 浩然之氣論을 道統의 반열에 올려놓았다. 위의 마지막 문장에서는 맹자의 浩然之氣論이 '告子의 義外說을 깊이 배척한 것'으로서 또한 '異端을 물리치는 뜻"이라 했는데, 이를 좀 더 음미해보기로 하자.

告子는 "仁은 內面에서 유래하고, 義는 外面에서 유래한다."라고 주장했다. 즉 告子에 의하면, 자기의 아우는 사랑하고 남의 아우는 사랑하지 않으니, 이것은 '나를 즐거움의 기준으로 삼는 것'이므로 '仁은 內面에서 유래한다'는 것이다. 또 남의 어른도 공경하고 나의 어른도 공경하니, 이것은 '어른을 즐거움의 기준으로 삼는 것'이므로

69) 『心齋遺稿』 卷9 頁7-8, 〈浩氣說〉, "浩然之氣, 無崖岸, 無屈撓, 充於身而舒泰, 得於心而正大, 剛可以透金石, 直可以蹈鼎鑊矣. 如堯舜之精一執中, 文武之謨訓功烈, 皆自這氣中做得來, 則吾知孟子養氣之論, 承堯舜文武之統, 而深斥告子之外義者, 其亦闢異端之意也已."

'義는 外面에서 유래한다'는 것이다. 이에 대해 맹자는 '仁과 義가 모두 자신의 內面에서 유래하는 것'이라고 반론하였다.[70] 요컨대 맹자는 모든 도덕의 성립 근거를 한결같이 사람의 선한 본성에서 찾았던 것이다. 한편 맹자는 "浩然之氣는 道義와 짝한다."라고도 했거니와, 이러한 맥락에서 심재는 仁·義가 內面(선천적 본성)에서 유래하는 것과 마찬가지로, 浩然之氣 또한 선천적으로 타고난 것이라고 역설한 것이다.

이상의 논의는 다음과 같이 정리할 수 있다. 심재에 의하면, 浩然之氣는 知·仁·勇 등 세상의 모든 美德을 포괄하는 것으로서, 사람이 본래 타고난 것이다. 따라서 자신의 浩然之氣를 잘 기른다면 누구나 당당한 大丈夫가 될 수 있다. 심재는 특히 맹자의 '浩然之氣論'을 '義外說 배척'과 같은 맥락에서 이해했는데, 이는 누구나 천부적으로 浩然之氣를 타고났음을 재확인함으로써 우리에게 浩然之氣를 잘 기르도록 독려하는 것이었다.

이제 '物欲의 가림'을 제거함에 대해서 살펴보자. 『중용장구』 제1장에서는 학자들에게 '戒愼恐懼'와 '愼獨'을 권면한 바 있다. 이에 대해 심재는 "戒愼恐懼는 存養에 해당하는 일로서 靜時의 工夫요, 愼獨은 省察에 해당하는 일로서 動時의 工夫이다."[71]라고 대별하고, 양자를 각각 '天理를 보존하는 공부'와 '人欲을 막는 공부'로 연결했다.[72] 이러한 논법은 유학의 일반론에 따른 것으로서, 특별한 것은 아니다. 심재의 특징은 孟子의 '夜氣說'로 '存天理 遏人欲'의 문제를

---

70) 『孟子』 告子上 제4장 참조.

71) 『譯註 庸學辨疑』, 56-57쪽, "戒懼是存養之事, 而靜時工夫 ; 謹獨是省察之事, 而動時工夫."

72) 『譯註 庸學辨疑』, 220-221쪽, "戒懼者, 統體做工夫, 而保守天理也 ; 謹獨者, 切緊加工夫, 而檢防人欲也."

해명한다는 점에 있다.

우선 孟子의 '夜氣說'을 개관하자면 다음과 같다. 牛山에는 본래 나무가 무성했었는데, 齊나라 도읍의 郊外가 됨으로써 그 많던 나무가 모두 베어지게 되었다. 밤사이에 조금 자라나는 것과 비와 이슬이 윤택하게 해 주는 덕분에 새싹이 돋아나기도 하지만, 낮이 되면 소와 양이 그것마저 뜯어먹음으로써, 牛山은 저렇듯 벌거숭이가 된 것이다. 그런데 사람들은 그 벌거숭이산을 보고는 "牛山에는 일찍이 나무가 없었다."라고 하니, 이것이 어찌 牛山의 本性이겠는가? 이는 사람도 마찬가지이다. 사람에게는 본래 '仁義의 良心'이 있는데, 낮 동안 하는 일이 그 良心을 잃게 함으로써 惡하게 되는 것이다. 그러나 밤과 새벽에는 다시 夜氣가 자라나 仁義의 良心이 소생하게 되나, 또 낮 동안 하는 일이 그것을 梏亡하게 된다. 이렇게 梏亡이 거듭되다 보면 夜氣를 보존할 수 없는데, 夜氣를 보존할 수 없으면 禽獸에 가깝게 된다. 사람들은 禽獸처럼 된 것을 보고는 "일찍이 (착한) 才質이 없었다."라고 하니, 이것이 어찌 사람의 實情이겠는가? 그러므로, 진실로 그 夜氣를 잘 기르면 자라나지 않는 사물이 없고, 그 夜氣를 기르지 못하면 消滅하지 않는 사물이 없는 것이다.[73]

요컨대 맹자의 夜氣說은 '밤마다 새롭게 소생하는 夜氣를 잘 보존함으로써 仁義의 良心이 훼손되지 않게 하라'는 것이었다. 심재는 〈夜氣說〉에서 맹자의 이와 같은 설명을 바탕으로 '存天理 遏人欲'의

---

73) 『孟子』 告子上 제8장, "牛山之木嘗美矣. 以其郊於大國也, 斧斤伐之, 可以爲美乎? 是其日夜之所息, 雨露之所潤, 非無萌蘖之生焉, 牛羊又從而牧之, 是以, 若彼濯濯也. 人見其濯濯也, 以爲未嘗有材焉, 此豈山之性也哉? 雖存乎人者, 豈無仁義之心哉? 其所以放其良心者, 亦猶斧斤之於木也. 旦旦而伐之, 可以爲美乎? 其日夜之所息, 平旦之氣, 其好惡與人相近也者幾希, 則其旦晝之所爲, 有梏亡之矣. 梏之反覆, 則其夜氣不足以存. 夜氣不足以存, 則其違禽獸不遠矣. 人見其禽獸也, 而以爲未嘗有才焉者, 是豈人之情也哉? 故苟得其養, 無物不長 ; 苟失其養, 無物不消."

문제를 논의하거니와, 그 全文을 두 문단으로 나누어 살펴보기로 하자.

> 낮의 반대가 밤이니, 밤이란 淸明한 때이다. 한밤중에는 一氣가 깊고 신령하니, 그것을 보존하면 夜氣가 이 마음을 보존하기에 충분하다. 그런데 太極이 움직여 陽을 낳고, 고요하여 陰을 낳으니, 動·靜이 서로 필요하고, 陰·陽이 서로 나뉘어, 二氣가 交感하여 萬物을 化生한다. 그러한즉, 사람과 만물이 함께 이 氣를 지니는 것인데, 孟子의 '夜氣'에 대한 설명은 오직 사람에게만 귀착시킨 까닭은 무엇인가? 대개 사람은 그 氣의 바르고 통한 것을 얻었으나, 萬物은 氣에 의해 어두워져 스스로 통할 수 없는 것이다. 사람이 여러 事物과 다른 점은 '本然의 良心'을 지니고 있기 때문이다. 진실로 능히 그것을 잡을 수 있으면 이 마음이 달아나지 않아서, 夜氣가 깊고 두텁게 자라난다. 夜氣가 깊고 두텁게 자라나면, 아침이나 낮에 하는 일이 '良心의 발현' 아닌 것이 없게 된다. 그러므로 朱晦翁의 〈夜氣詩〉, 眞西山의 〈夜氣箴〉, 邵康節의 〈淸夜吟〉으로부터 陳南塘의 "夜氣로 길러서 곧으면 元을 회복한다."라는 말에 이르기까지, 모두 진실로 夜氣를 다만 一段의 '淸明한 때'로 간주하고 있으며, '仁義의 마음'은 浩浩하여 그 끝이 없다.[74]

심재는 먼저 '밤이란 淸明한 때'라 했거니와, 이는 '한밤중에는 一氣가 깊고 신령하여, 淸明한 氣가 소생한다'는 말이다. 심재는 '사람의 氣는 바르고 통한 것'이나, '사물의 氣는 어둡고 막힌 것'이라고

---

74) 『心齋遺稿』 卷9 頁1-2, 〈夜氣說〉, "晝之反爲夜, 夜者, 淸明之時也. 一氣孔神於中夜, 存則夜氣足以存此心也, 然太極動而生陽, 靜而生陰, 動靜相須, 陰陽互分, 而二氣交感, 化生萬物, 則人與物均有是氣, 而孟子夜氣之論, 獨歸之人者, 何哉? 盖人得其氣之正且通, 而物則爲氣所昏, 而不能以自通也. 人之所以異於庶物者, 以其有本然之良心, 而苟能操之, 則此心不放, 而夜氣之所養深厚矣. 夜氣之所養深厚, 則朝晝之所爲, 莫非良心之發見矣. 是以, 朱晦翁夜氣詩, 眞西山夜氣箴, 邵康節淸夜吟, 以至於陳南塘養以夜氣, 貞則復元者, 誠以夜氣, 只是一段淸明之時, 而仁義之心, 浩乎其不窮矣."

구분하고, 따라서 '本然의 良心'은 사람만이 지닌 것이라고 설명하였다. 本然의 良心을 굳게 잡으면 放心(마음이 物欲을 따라 달아남)을 막을 수 있고, 放心을 막으면 夜氣가 깊고 두텁게 자라나서, 마침내 良心이 두루 발현될 수 있다는 것이다. 여기서 주목할 점은 심재가 '放心을 막는 것'과 '夜氣를 기르는 것'을 같은 맥락으로 인식하고 있다는 점이다. 앞에서 '氣稟의 구애'와 '物欲의 가림'은 사실 별개가 아니라고 했거니와, 이러한 맥락에서 심재는 放心을 막으면 夜氣를 기를 수 있고, 夜氣를 기르면 良心이 두루 발현된다고 설명한 것이다. 요컨대 심재의 지론은 '淸明한 夜氣를 잘 기르면 仁義의 마음이 무한하게 된다'는 것이다. 위의 인용문에 이어서, 심재는 다음과 같이 말한다.

> 물에 견주자면, 天下의 물은 적게는 溝池로부터 크게는 江河에 이르기까지 모두 물인데, 終日토록 물결치며 콸콸 흐르다가, 밤이 되면 虛靜하게 되는 것이다. 그러한 즉, 사람의 마음이 梏亡된 것은 물이 요동치는 것과 같으며, 夜氣가 生息하는 것은 물이 맑아지는 것과 같다. 마음은 본래 善한데 惡이 생기는 것은 人欲이 유혹하기 때문이요, 물은 본래 맑은데 흐림이 나타나는 것은 찌꺼기가 더럽히기 때문이다. 그 惡을 제거하고 그 善을 보존하면 마음은 그 처음을 회복하고, 그 濁流를 치고 淸波를 일게 하면 물이 그 恒常됨을 얻는다. 君子는 밤낮을 쉬지 않고 흐르는 물을 보고 자기에게 돌이켜 스스로 성찰하나니, 마음은 밤과 함께 더불어 맑아지고 노력은 밤과 함께 더불어 나아간다. 그리하여 人欲이 깨끗이 消盡되고 天理가 流行하면 저러한 氣象이 있게 되는 것이다. 孟子의 '夜氣의 학설'은 學者들에게 매우 힘이 되는 것이니, 힘쓰지 않을 수 있겠는가?[75]

---

75) 『心齋遺稿』 卷9 頁2, 〈夜氣說〉, "比之於水, 則天下之水, 小而溝池, 大而江河, 皆水也. 終日汨瀧, 到夜虛靜, 則人心之梏亡, 猶水之攪動也 ; 夜氣之生息, 猶水

위의 인용문에서는 '物欲이 유혹하기 때문에 本然의 良心이 梏亡되는 것'이라고 설명하고, '物欲을 제거함으로써 本然의 良心을 회복하라'고 주문하였다. 위의 인용문에서 주목할 것은 "밤낮을 쉬지 않고 흐르는 물을 보고 자기에게 돌이켜 스스로 省察하나니, 마음은 밤과 함께 더불어 맑아지고 노력은 밤과 함께 더불어 나아간다."는 내용이다. 이는 본래 『論語』의 "孔子께서 냇가에 계시면서 말씀하시기를, '가는 것이 이와 같도다! 밤낮없이 흐르는구나'."[76]라는 내용에 근거한 것이다. 공자는 냇가에서 밤낮없이 흐르는 냇물을 보고, 학자들의 분발을 촉구한 것이다. '학자들의 분발'은 두 방향에서 논의할 수 있거니와, 程子는 이를 '自强不息'으로 설명하였고,[77] 朱子는 이를 '存養省察'로 설명하였다.[78] '自强不息'이란 냇물이 쉼 없이 흐르듯이 학자들도 쉼 없이 노력해야 한다는 뜻이며, '存養省察'이란 '天理를 보존하고 人欲을 막음'으로써 天理의 流行을 방해하지 말아야 한다는 뜻이다.[79]

之澄澈也. 心本善而惡生者, 欲誘之也 ; 水本清而濁見者, 穢汚之也. 去其惡而存其善, 則心復其初也 ; 激其濁而揚其清, 則水得其常也. 君子觀不舍晝夜之水, 而反躬自省, 心與夜而俱淸, 功與夜而竝進, 人欲淨盡, 天理流行, 有這般氣象矣. 孟子夜氣之說, 極有力於學者, 可不勉哉?"

76) 『論語』 子罕 16, "子在川上曰 '逝者如斯夫! 不舍晝夜.'"

77) 『論語集註』 子罕 16, 程子註, "此道體也. 天運而不已, 日往則月來, 寒往則暑來, 水流而不息, 物生而不窮, 皆與道爲體, 運乎晝夜, 未嘗已也. 是以, 君子法之, 自强不息, 及其至也, 純亦不已焉"

78) 『論語集註』 子罕 16, 朱子註, "天地之化, 往者過, 來者續, 無一息之停, 乃道體之本然也. 然其可指而易見者 莫如川流, 故於此, 發以示人, 欲學者時時省察, 而無毫髮之間斷也."

79) 朱子는 이를 "天理가 流行하는 즈음에 만약 조금이라도 私欲이 개입한다면, 문득 흐르는 물이 사소한 장애물을 만나 막혀서 저처럼 도도하게 흐를 수 없는 것과 같다."라고도 설명하였고, "省察하지 않으면 문득 天理의 流行이 끊긴다."고도 설명하였다(『論語集註大全』 子罕 16, 朱子小註, "朱子曰 '天理流行之際, 如少有私欲而間之, 便如水被些障塞, 不得恁地滔滔流去.' 又曰 '才不省察, 便間斷.'").

따라서 심재의 "밤낮을 쉬지 않고 흐르는 물을 보고 자기에게 돌이켜 스스로 省察하나니, 마음은 밤과 함께 더불어 맑아지고 노력은 밤과 함께 더불어 나아간다."라는 말도 두 맥락에서 이해할 수 있다. 첫째는 '自强不息'의 맥락으로서, '자신도 흐르는 물처럼 부단히 노력하고 있는가'를 省察한다는 뜻이다. 둘째는 '存養省察'의 맥락으로서, '자신의 마음이 天理에 속하는 것인가, 人欲에 속하는 것인가'를 省察함으로써, 天理의 流行을 방해하지 않는다는 뜻이다. 심재는 이 두 맥락에서 孟子의 夜氣說을 이해하였거니와, 이는 孟子의 本旨를 보다 적극적으로 해석한 것이라 하겠다. 孟子의 夜氣說은 '밤을 통해 蘇生하는 元氣를 보존하고 기름'에 立論의 초점이 있었으나, 심재는 이를 '부단한 노력을 통해 人欲이 깨끗이 消盡되면 天理가 流行하게 된다'라는 취지로 발전시켰기 때문이다.

심재의 治心之學에서 간과할 수 없는 또 하나의 요소는 '마음의 齋戒'이다. '心齋'라는 雅號 자체가 '마음을 齋戒한다'는 뜻이거니와, 이제 마지막으로 이를 살펴보자. 심재는 자신의 아호를 해설한 〈心齋記〉에서 다음과 같이 말한다.

> 마음은 한 몸의 주재자로서, 그 虛靈洞澈함은 티끌이 없는 밝은 거울과 같고, 물결이 일지 않은 고요한 물과 같다. (…) 편안하고 한가하여 일이 없을 때에 재계하고 깨끗이 하여 그 안을 한결같이 하고, 재계하고 공손하게 하여 그 안을 기르되, 근심하고 두려워하기를 머리 위에는 神祇가 임해 계신 듯이 하고 발밑에는 깊은 연못과 얇은 얼음이 놓인 듯이 하면, 빈방이 밝음을 낳듯이(虛室生白) 고요한 가운데의 工夫가 지킴이 견고해질 것이다. 呂藍田의 詩에 이르기를 "孔子 門下에 우뚝 서 한 가지도 일삼음이 없음이여. 顔子만이 깨우쳐 '心齋'를 터득했네."라고 하였다. 이 詩는 글을 짓고 학문을 하는 累가 顔子처럼 마음을 재계하여 일삼음

이 없는 것만 못함을 말한 것이다. (…) 오직 道는 '빈 곳'에 모이니, '비움'이 '心齋'이다. 오직 그 天賦의 本然之心은 오히려 一段의 虛明한 곳이다. 그러므로 진실로 능히 이 마음을 떨쳐 일으켜 嚴肅하게 整齊하고, 本原을 함양하여 齋莊하게 整齊하면, 그 '心齋'라는 이름의 뜻을 돌이켜 봄에 거의 可할 것이다.[80]

위의 인용문에 보이듯이, 심재가 말하는 '마음의 재계'는 두 맥락으로 이해할 수 있다. 첫째는 畏敬이나 整齊嚴肅 등을 통해서 마음의 본래 모습인 '虛靈洞徹함을 지킨다'는 맥락이다. 이는 성리학 일반론으로서의 '存養'과 같은 맥락이라 하겠다. 둘째는 일삼음이 없게 하여 '마음을 비운다'는 맥락이다. 심재는 私欲이나 잡다한 世間事는 물론이요 글을 짓고 학문을 하는 것조차 마음의 累가 될 수 있다고 경계하였다.

첫째 맥락은 有爲(일삼음이 있음)에 속하고, 둘째 맥락은 無爲(일삼음이 없음)에 속한다. 심재는 '빈방이 밝음을 낳듯이(虛室生白), 道는 빈 곳에 모인다'라고 설명하고, 마음을 비워 天賦의 本然之心을 함양하겠노라고 다짐하였거니와, 이는 '無爲의 공부'를 통해서 '有爲의 결실'을 얻겠다는 뜻으로 풀이된다. 이 점에서 심재의 논법은 莊子의 논법과 구별되는 것이다.[81] 심재의 생애에서 보이는 특징적 면모 가운데 하나는 '守拙의 삶'이거니와, 이야말로 '無爲의 공부'를 통

---

80) 『心齋遺稿』 卷9 頁33, "心者, 身之主也. 虛靈洞澈, 如明鏡之無塵, 止水之無波. (…) 燕閒無事之時, 齊明以一其內, 齊遬以養其中, 惕然悚然, 若神祇之臨其上, 淵氷之處其下, 則虛室生白, (靜裡工夫) 守得牢固矣. 呂藍田詩云 '獨立孔門無一事, 只輸顏氏得心齋.' 此詩言爲文爲學之累, 不如顏氏之心齋無事. (…) 唯道集虛, 虛者, 心齋也. 唯其天賦本然之心, 猶有一段虛明之處, 故苟能提撕此心, 而嚴肅整齊, 涵養本原, 而齋莊整齊, 則其於顧名思義, 亦庶乎其可也."

81) 〈心齋記〉에 대해서는 本考의 제2장 2절 2항 '治心之學과 守拙의 삶'에서 보다 자세히 논한 바 있다. 心齋와 莊子의 차이에 대해서도 이 부분을 참조할 것.

해서 '有爲의 결실'을 얻은 결과라 하겠다.

이제 이상의 내용을 정리해 보기로 하자. 심재의 治心之學은 셋으로 요약된다. 첫째는 '氣稟의 구애를 다스리는 것'으로서, 심재는 氣質變化論보다는 浩然之氣論을 선호했다. 둘째는 '物欲의 가림을 다스리는 것'으로서, 심재는 '遏人欲'보다는 '存天理(存夜氣)'를 선호했다. 요컨대 심재는 濁氣를 제거하고 人欲을 막는다는 방식보다는 淸氣를 확충시키고 天理를 보존한다는 방식을 선호한 것이다. 인간의 내면에는 '淸氣와 濁氣'·'天理와 人欲' 등 긍정적 요소와 부정적 요소가 공존하거니와, 심재는 긍정적 요소를 확충함으로써 부정적 요소가 저절로 소진되게 한다는 태도를 견지한 것이다. 셋째는 '마음을 재계하는 것'으로서, 심재는 마음을 비움으로써 虛明한 本然之心을 함양하고자 했다. 이는 富貴나 功名에 대한 관심을 끊음으로써 平靜한 마음을 얻고자 한 것으로서, 그의 守拙의 삶을 뒷받침하는 공부였던 것이다.

3. 『庸學辨疑』의 의의

이제 마지막으로 심재의 『庸學辨疑』가 지니는 의의를 논하기로 하자. 『庸學辨疑』는 말 그대로 『중용』과 『대학』에 대한 註釋書이므로, 먼저 經學的 관점에서 『용학변의』의 의의를 논하기로 하겠다. 한편, 『용학변의』는 또한 '經學을 통해서 꼭 알맞고 좋은 도리를 탐구하고, 이를 바탕으로 마음을 다스린다'는 심재의 學問論과도 깊은 관계가 있는 것이므로, 이어서 治心之學이라는 관점에서 『용학변의』의 의의를 논하기로 하겠다.

1) 經學的 의의

심재의 『용학변의』가 지니는 경학적 의의는 두 측면에서 논할 수 있다. 『용학변의』에서는 거시적인 조망을 통해 『중용』과 『대학』의 전체적 체계를 해명하기도 하였고, 다양한 주석 방법론을 동원하여 『중용』과 『대학』의 세세한 내용을 풀이하기도 하였다.[82] 따라서 이 두 측면에서 『용학변의』의 의의를 논하기로 하자.

먼저, '전체적인 체계의 해명'에 대해 의미를 부여해 보자. 四書 가운데 『中庸』과 『大學』은 매우 체계적인 경전이라 한다. 그런데 『大學』의 경우에는 '三綱領·八條目'처럼 그 체계가 뚜렷하게 드러나나, 『중용』의 경우에는 그 체계가 뚜렷하게 드러나지 않는다. 따라서 『중용』의 체계를 파악하기 위해서는 더 깊은 천착이 필요한 것이다.

심재는 『中庸』을 '費而隱'의 체계요, '知行論'의 체계이며, 동시에 '誠'의 체계라고 파악했다. 심재의 所論을 바탕으로 이 셋의 관계를 설명하자면 다음과 같다. 『중용』의 '誠'은 '참됨 자체(誠, 實理)'와 '참되려고 노력함(誠之, 實心)'을 아우르는 것이다. 그런데 '費而隱'은 '實理의 양상'을 설명하는 개념이며, '知行論'은 '實心의 방법'을 설명하는 개념이다. 심재는 '費而隱'이 '顯微無間'·'體用一源'·'理一分殊'·'未發과 已發' 등을 모두 포괄하는 개념이라고 설명했는데, 이것들은 모두 '참됨 자체'인 '實理의 여러 양상들'을 설명하는 개념들이다. 반면에 '知行論'은 '博學·審問·愼思·明辨·篤行'이나 '擇善固執' 등으로 설명되었는데, 이것들은 實理의 여러 양상들을 알아내고 그것들을 실천에 옮기라는 것이다. 따라서 '知行論'은 '참되려고 노력함'인 '實

82) 앞에서 經學을 義理學과 訓詁學으로 대별한 바 있거니와, '經典의 전체적인 체계를 해명함'은 전형적인 義理學의 과제요, '經典의 세세한 내용을 풀이함'은 義理學의 과제이기도 하고 訓詁學의 과제이기도 한 것이다.

心의 여러 방법들'을 설명하는 개념인 것이다. 요컨대 『중용』은 '費而隱'으로 '實理의 여러 양상들'을 설명하고, '知行論'으로 '實心의 여러 방법들'을 제시하며, '誠'으로 '實理'와 '實心'을 매개시킨 경전이다.

심재는 『大學』에 대해서는 '三綱領·八條目'의 체계일 뿐만 아니라 '先後本末論'의 체계요, 또한 '絜矩之道'의 체계라고 파악했다. 심재의 所論을 바탕으로 이 셋의 관계를 설명하자면 다음과 같다. 『대학』은 한마디로 말한다면 三綱領·八條目의 체계이다. 그런데 『대학』의 綱領과 條目들은 단순한 '竝列'의 관계가 아니라 또한 서로 '本·末'이 되는 관계이다. 간단히 말하자면 明明德(修己)이 근본이요, 新民(治人)은 말단이니, 新民을 위해서는 먼저 明明德에 힘써야 한다. 또한, 明明德과 新民은 止於至善을 표준으로 삼아야 한다는 점에서 止於至善에 종속되는 관계이다. 한편, 八條目은 三綱領을 보다 구체적으로 설명한 것이거니와, 先後本末論은 八條目에도 그대로 적용되는 것이다. 그런데 『대학』의 八條目을 관통하는 또 하나의 핵심 개념은 絜矩之道이다. 格物·致知는 法度를 탐구하는 공부요, 誠意·正心·修身은 法度에 따라 자신을 닦는 공부이며, 齊家·治國·平天下는 法度를 미루어나가 실천하는 것이기 때문이다. 요컨대 『대학』은 三綱領·八條目으로 학문의 목표와 방법을 제시하고, 先後本末論으로 三綱領·八條目의 유기적 관계를 해명하면서, 다시 絜矩之道로 전후를 일관시킨 경전이다.

이상과 같이 이해하고 나면, 우리는 『중용』과 『대학』의 전체적 체계를 훤하게 조망할 수 있다. 위와 같은 해명은 『중용』과 『대학』을 겉으로만 읽고서는 결코 파악할 수 없는 내용일 것이다. 그렇다면, 심재는 깊은 천착을 통해 『중용』과 『대학』을 이해하는 탁월한 안목을 제시한 것이라 하겠다.

이제 『용학변의』에 동원된 다양한 주석 방법론들에 대해서 의미를 부여해 보자. 『용학변의』에서 동원된 주석 방법론은 '經文 상호 간의 照應과 辨別', '諸經과의 유기적 해석', '朱子註에 대한 해설', '諸家說에 대한 해설과 비판' 등이었다.

'經文 상호 간의 照應과 辨別'에 있어서는 동일한 글자가 서로 다른 의미나 맥락으로 쓰이고 있음을 해명한 것도 있고, 유사한 文句들을 서로 대조하면서 각각의 의미를 辨別한 것도 있으며, 經文 상호 간의 논리적 일관성을 해명한 것도 있거니와, 각각의 방법론에 대해서는 다음과 같이 의미를 부여할 수 있겠다. 첫째, 동일한 글자가 서로 다른 의미나 맥락으로 쓰이고 있음을 해명하는 것은 註釋學의 가장 기초적인 방법론으로서, 經文에 대한 정확한 이해를 돕는데 긴요한 것이다. 세상의 모든 文字가 그렇지만, 漢字는 하나의 글자가 여러 뜻을 지닌 경우가 많다. 따라서 같은 글자라 하더라도 經文의 맥락에 따라 그 뜻을 변별하는 작업은 매우 긴요한 것이다. 둘째, 유사한 文句들을 서로 대조하면서 각각의 의미를 辨別하는 것은 經文에 대한 정확한 이해를 돕는다는 점에서도 중요하지만, 經文의 글자 하나하나에 대해서 그 타당성을 재확인시켜준다는 점에서도 중요하다. 經文에서 유사한 내용임에도 글자를 달리하거나 어투를 달리 한 것에는 종종 우리가 미처 생각하지 못했던 깊은 뜻이 담겨 있는 것이다. 셋째, 經文 상호 간의 논리적 일관성을 해명하는 것은 經文에 대한 정확한 이해를 돕는다는 점에서도 중요하지만, 經典 전체의 권위를 높여준다는 점에서도 중요하다. 전후 모순되는 내용을 담고 있는 경전이라면 그 경전은 곧 권위와 생명력을 상실하게 된다는 점에서, 논리적 일관성은 모든 경전이 확보해야 하는 가장 큰 관건이다. 우리는 경전을 읽으면서 종종 '이것은 모순일 것'이라는 의

문을 품게 되거니와, 전후의 맥락에 대한 정확한 설명을 통해 그러한 의문을 해소시켜 준다면, 그 경전의 권위는 더욱 확고해지는 것이다.

'諸經과의 유기적 해석'에 대해서는 다음과 같이 의미를 부여할 수 있겠다. 첫째, 『중용』이나 『대학』의 文句를 다른 경전의 유사한 文句와 비교하면서 그 同異를 변별하는 것은 한편으로는 각각의 經文을 정확히 이해하는 데 도움이 되고, 한편으로는 經典 상호 간의 유기적 관련성을 해명하는 데도 도움이 된다. 둘째, 『중용』이나 『대학』의 文句를 다른 경전의 내용을 인용하여 해설하는 것 역시 經典 상호 간의 유기적 관련성을 해명하는 데 도움이 된다. 유교의 여러 경전들은 오랜 세월 동안 많은 사람의 손을 거쳐 완성되었거니와, 經典 상호 간의 유기적 관련성이 해명된다면, "前聖과 後聖이 그 法度는 하나임"을 확인하게 되고,[83] 道統이라는 것이 참으로 존재한다는 것도 자각하게 된다. 셋째, 『중용』이나 『대학』과 다른 경전 사이의 논리적 일관성을 해명하는 것은 각각의 經文에 대한 정확한 이해를 돕는다는 점에서도 중요하지만, 儒教 이념 자체의 설득력을 높여준다는 점에서도 중요하다. 유교의 이념은 四書五經 등 수많은 경전에 담겨 있거니와, 각 경전의 내용이 서로 상충하거나 모순된다면 유교의 이념은 호소력을 상실하고 마는 것이다. 이러한 점에서 여러 경전들 사이의 논리적 일관성을 규명하는 것은 매우 중요한 작업이거니와, 이를 통해 유교 이념의 타당성에 대한 신뢰가 더욱 확고해지는 것이다.

---

83) 맹자는 舜은 東夷의 사람이요 文王은 西夷의 사람으로서, 지역은 千餘里나 떨어졌고 세월도 千餘年이나 차이나지만, "뜻을 얻어 中國에 행함에 있어서는 符節을 합한 듯이 똑같았다."고 설명하고, "先聖과 後聖이 그 法度는 하나인 것"이라고 주장한 바 있다(『孟子』 離婁下 제1장 참조).

‘朱子註에 대한 해설’에 대해서는 다음과 같은 의미를 부여할 수 있겠다. 첫째는 朱子註를 더욱 구체적으로 명확히 이해할 수 있도록 도와준다는 점이다. 朱子註는 매우 간결하여 종종 이해하기 어려운 곳이 있는데, 심재는 이를 적절하게 해명해준 것이다. 둘째는 朱子註 자체가 본래 매우 精密한 것임을 再認識하게 해준다는 점이다. 朱子註 상호 간의 내용적 연관성이나 미세한 차이들을 정확히 이해한다면, 우리는 朱子註 자체가 본래 매우 精密한 것임을 다시 확인할 수 있다. 셋째는 朱子註의 권위를 높이는 데 크게 기여한다는 점이다. 우리가 朱子註를 자세하고 정확하게 이해하고, 朱子註 자체가 매우 정밀한 것임을 재인식한다면, 결과적으로 우리는 朱子註에 대해 한층 더 높은 권위를 부여하게 될 것이기 때문이다.

‘諸家說에 대한 해설과 비판’에 대해서는 다음과 같은 의미를 부여할 수 있겠다. 『中庸章句大全』과 『大學章句大全』에 수록된 諸家說은 학설이 區區해서 논리적인 통일성도 없고, 또한 내용적 타당성도 의심스러운 경우가 종종 있다. 그리하여 율곡도 『四書集註大全』의 諸家說에 대해 ‘말의 뜻이 요긴하고 간절한 것’, ‘전반적으로 볼만한 것이 적으나, 그 가운데 語句가 요긴하고 간절한 것’, ‘살펴볼 만한 것이 있으나, 매우 요긴하고 간절하지는 못한 것’, ‘비록 매우 요긴하고 간절하지는 못하나, 의미가 통하여 폐단이 없는 것’, ‘뜻을 해치지는 않으나, 있어도 그만 없어도 그만인 것’, ‘전반적으로 뜻을 해치지는 않으나, 그 가운데 語句가 폐단이 있는 것’, ‘말의 뜻이 밝지 못하거나 온당하지 못한 것 또는 꼭 볼 필요가 없는 것’, ‘말의 뜻이 朱子의 가르침과 어긋나거나 또는 이치에 맞지 않는 것’ 등으로 분류해서 각각 그에 해당하는 표시를 남긴 바 있었던 것이다.[84] 다만 율곡은

84) 『栗谷全書』 拾遺 卷4 頁6-7, 〈修四書小注例〉 참조.

諸家說에 대해 이렇게 분류하기만 했을 뿐, 그렇게 판단한 구체적인 사유를 밝혀 두지는 않았다. 이에 반해 심재는 諸家說에 대해 是·非를 논하고, 그렇게 판단하는 사유를 밝혀놓은 것이다. 요컨대 심재는 先儒의 학설이라 하여 맹신하지 않고 자신의 입장에서 공정하게 是·非를 논한 것인바, 우리는 이를 통해 주체적이고 비판적인 태도를 배울 수 있을 것이다.

심재의 『庸學辨疑』에는 정밀한 해석은 군데군데 보이나 독창적인 해석은 거의 보이지 않는다. 창의적 사고를 중시하는 오늘날의 관점에서는 독창적 해석이 부족하다는 점을 『용학변의』의 한계로 규정할 수 있을 것이다. 그러나 전통 학문에서는 '述而不作'을 중시했다는 점, 더군다나 經學에서는 더욱 述而不作을 강조했다는 점을 상기한다면,[85] 독창적 해석을 추구하지 않은 점은 오히려 『용학변의』의 美德일 수도 있는 것이다.

2) 心學的 의의

심재는 '自得을 추구하는 學問은 讀書가 아니면 불가능하다'라고 했거니와, 이는 經學(義理學)을 통하지 않고는 治心之學이 불가능하다는 뜻이었다. 심재에 의하면 經學은 본질적으로는 義理學으로서, 이는 결국 '마음에 얻는 것이 있음'을 추구하는 것이다. 그렇다면 經學(義理學)은 治心之學의 토대가 된다고 하겠거니와, 經學과 治心之

---

85) 秋史 金正喜는 茶山 丁若鏞에게 보낸 편지에서 "설령 古人과 암합하는 바가 있다 하더라도, 스스로 '자기의 見解'를 세우고 스스로 '자기의 學說'을 창작하는 것은 經典을 해설하는 데 있어서 감히 할 수 없는 일이다. 이는 다만 갈등을 키워 後人의 眼目을 가리고 어지럽히는 데 기여할 뿐이요, 經學에는 도움이 되지 않을 것이다."(『阮堂全集』 卷4 頁2, 〈與丁茶山〉)라고 한 바 있었다.

學의 관계는 두 맥락에서 논의할 수 있다.

첫째는 經學을 통해서 무엇이 '至善(꼭 알맞고 좋은 도리)'인지 깨닫고, 이를 準據로 삼아 마음을 다스린다는 맥락이다. 앞에서 살폈듯이, 심재는 『大學』의 '三綱領'이나 '治國·平天下', 『中庸』의 '未發과 已發' 등을 모두 '꼭 알맞고 좋은 도리'라는 개념으로 풀이했다. 실로 經典에서는 수많은 꼭 알맞고 좋은 도리를 설파하고 있거니와, 이를 잘 밝히면 '마음에 얻는 것이 있게 된다'는 것이 심재의 지론이었다. 마음은 몸의 주재자라고 했으니, 마음에 얻은 것이 있으면 그것은 곧 몸의 실천으로 연결되는 것이다. 이러한 맥락에서 심재는 '經學(義理學)과 治心之學'의 관계를 '知와 行'의 관계로 해명하여, 知·行의 相須相資를 강조하면서도, 부단히 知에 우선성을 부여하였다. 요컨대 마음을 제대로 다스리려면 먼저 經學을 통해 꼭 알맞고 좋은 도리를 분명히 깨달아야 한다는 것이 심재의 지론이었다.

심재는 『대학』의 '先後本末論'에 대한 풀이에서도 이를 역설하였고, 『중용』의 '知行論'에 대한 풀이에서도 이를 역설하였다. 심재는 「大學辨疑」에서 '先後本末論'을 풀이하면서 다음과 같이 말한다.

> 활을 쏘는 사람은 과녁을 안 다음에 과녁을 맞히니, '知止'와 '能得'은 활 쏘는 사람이 과녁을 알아서 과녁을 맞히는 것에 해당한다. 여행하는 사람은 길을 안 다음에 집에 도착하니, '知止'와 '能得'은 여행하는 사람이 길을 알아서 집에 도착하는 것에 해당한다. 그렇다면 '知止'와 '能得'은 비록 하나의 일이지만, '知止'는 '始'가 되고 '能得'은 '終'이 됨이 또한 마땅하다.[86]

---

86) 『譯註 庸學辨疑』, 246쪽, "射者, 知的而後中的, 則知止能得, 是射者之知的而中的也; 行者, 識路而後到家, 則知止能得, 是行者之識路而到家也. 則知止能得, 雖是一事, 而此爲始彼爲終者, 亦宜矣."

'知止'는 '머물 곳을 아는 것'이요, '能得'은 '머물 곳을 얻는 것'으로서, 양자는 각각 '꼭 알맞고 좋은 도리를 앎'과 '꼭 알맞고 좋은 도리에 머묾'에 해당하는 것이다. 또 '꼭 알맞고 좋은 도리를 앎'은 經學의 문제로서 知에 속하고 '꼭 알맞고 좋은 도리에 머묾'은 治心之學의 문제로서 行에 속한다. 위의 인용문에서는 '과녁을 안 다음에 과녁을 맞힐 수 있고, 길을 안 다음에 목적지에 도착할 수 있다'라는 맥락에서, "知止는 '始'가 되고 能得은 '終'이 됨이 마땅하다."라고 풀이하였다. 심재는 이를 "事理의 當然을 안 다음에 天理의 極處를 다하는 것이므로, 知止가 能得의 처음이 된다."[87]라고도 설명하였다. 심재는 「中庸辨疑」에서 '擇善固執'을 풀이하면서도 다음과 같이 말한다.

> 무릇 사람들이 道에 있어서 '택하는 것'은 知에 달려 있고, '지키는 것'은 仁에 달려 있으니, 어찌 "知가 이르지 않았는데도 능히 行할 수 있다."라고 말할 수 있겠는가? 知가 이르러야 仁이 능히 지킬 수 있는 것이다. 그러한 즉, 이 章(『中庸章句』 제8장)은 오로지 行에 대해서 말하고자 한 것이나, '中庸에 맞게 택하는 知'를 겸해서 말한 까닭은 대개 '行의 지극함'은 '知의 참됨'에서 말미암기 때문이다.[88]

무엇이 道(善)인지 아는 것은 知에 속하고, 道를 굳게 지키는 것은 行에 속한다. 그런데 먼저 무엇이 道인지 알아야만 그 道를 굳게 지킬 수 있다는 것이다. 이러한 맥락에서 심재는 "行의 지극함은 知의

---

87) 『譯註 庸學辨疑』, 253-254쪽, "知其事理之當然而後, 盡夫天理之極處, 故知止爲能得之始."

88) 『譯註 庸學辨疑』, 84-85쪽, "凡人之於道, 擇之也在乎知, 守之也在乎仁, 則豈可謂知不至而能行者哉? 知及之而仁能守之, 則此章專爲行而發, 而兼言擇中之知者, 蓋以行之至者, 由乎知之眞也."

참됨에서 말미암는다."고 주장하여, 行에 대한 知의 우선성을 역설하였다. 요컨대 "道를 행하는 사람은 반드시 道를 밝히는 것을 우선해야 한다."89)는 것이 심재의 지론이었다.

둘째는 經學을 통해서 마음을 다스리는 방법을 배우고, 이를 실천한다는 맥락이다. 사실 經典에서는 '꼭 알맞고 좋은 도리'만을 설파하는 것이 아니라, 한편으로는 '마음을 다스리는 방법'도 친절하게 제시하는 것이다. 『대학』의 '誠意와 正心', 『중용』의 '戒愼恐懼와 愼獨' 등이 그것이다. 심재 역시 『庸學辨疑』에서 이러한 구절들을 풀이하면서 '마음을 다스리는 방법'을 곡진하게 논의하고 있다. 예컨대 「中庸辨疑」에서는 '戒愼恐懼와 愼獨'을 논하면서 다음과 같이 말한다.

> 戒懼는 어디에 속하고, 謹獨은 어디에 속하는가? 만약 어떤 공부를 하려면 어떤 방법을 써야 하는가? 戒懼는 統體上에서 하는 공부로서 '致中'의 공부에 속하고, 謹獨은 절실하고 긴요한 곳에서 하는 공부로서 '致和'의 공부에 속한다. 그런데 '敬'은 聖學의 처음이 되고 끝이 되는 것이니, 戒懼와 謹獨은 모두 '敬'이라는 한 글자에서 벗어나지 않는다. 그러한 즉, 戒懼는 기미가 아직 움직이지 않았을 때에 '敬'하는 것이요, 謹獨은 기미가 이미 움직였을 때에 '敬'하는 것이다.90)

『중용』에서는 '致中和'의 방법으로 '戒愼恐懼와 愼獨'을 거론했거니와, 위의 인용문에서는 戒愼恐懼를 未發時의 致中 공부로, 愼獨을 已發時의 致和 공부로 구별하고, 양자를 다시 敬으로 일관시킨 것이

---

89) 『譯註 庸學辨疑』, 76쪽, "行道者, 必以明道爲先."

90) 『譯註 庸學辨疑』, 60-61쪽, "戒懼, 屬之於何處 ; 謹獨, 屬之於何處耶? 如欲甚工夫, 則用何道耶? 戒懼是體統上做工夫, 屬乎致中工夫 ; 謹獨是切緊處加工夫, 屬之於致和工夫. 而敬者, 聖學之所以成始成終也. 戒懼謹獨, 不出乎敬之一字, 則戒懼是幾未動而敬也 ; 謹獨是幾已動而敬也."

다. 한편 「大學辨疑」에서는 程子의 '마음을 한 곳에 집중하여 달아나지 않도록 함'과 '몸가짐을 가지런하고 엄숙하게 함', 謝良佐의 '늘 깨어있음', 尹和靖의 '그 마음을 收斂하여 一物도 용납하지 않음' 등으로 敬을 설명하고, 그 가운데 '몸가짐을 가지런하고 엄숙하게 함'이 가장 절실한 공부로서 마땅히 먼저 힘써야 할 것이라고도 하였다.[91] 또한 「大學辨疑」에서는 '誠意·正心과 修身'을 논하면서 다음과 같이 말한다.

> 그 뜻을 참되게 함은 반드시 스스로 상쾌하고 만족스럽게 하여 스스로를 속임이 없고자 하는 것이다. 그러한 즉, '正心'과 '修身'의 공부가 이미 이르지 않은 곳이 없는데, 〈正心章(傳7章)〉에서는 '四有의 病'을 말하고, 〈修身章(傳8章)〉에서는 '五僻의 病'을 말하는 까닭은 무엇인가? 긴장하고 또 긴장하는 것이 '君子의 계속되는 공부'인데, 誠意가 아니라면 그 病을 살필 수 없는 것이다. 대개 '四有'는 '마음에 치우침과 사사로움이 있는 것'이며, '五僻'은 '몸에 치우침과 사사로움이 있는 것'이다. 그런데 日常에서 應接하는 사이 잠시라도 警戒하지 않음이 있다면 반드시 한쪽으로 치우침에 빠져서, 마음은 바르지 못하고 몸은 닦이지 않는 것이다. 뜻을 참되게 하고자 노력하는 초기에 비록 조금 많은 工夫를 했다고 하더라도, 어찌 "뜻이 진실로 한번 참되면, 다시는 工夫를 더하지 않아도, 마음은 스스로 바르게 되고 몸은 스스로 닦이게 된다."고 말할 수 있겠는가?[92]

---

91) 『譯註 庸學辨疑』, 289-290쪽, "程子以主一無適整齊嚴肅言之, 謝氏以惺惺法言之, 尹氏以其心收斂不容一物言之, 無非爲學者垂敎之微言至論. 然若就其中, 求其所當先務, 則整齊嚴肅一段, 是切至工夫, 而片片說與人矣."

92) 『譯註 庸學辨疑』, 303-304쪽, "誠其意者, 欲其必自謙而毋自欺, 則正心修身之工, 已無不至. 而正心章言四有之病, 修身章言五僻之病者, 何也? 緊一緊者, 君子接續之工, 則不以誠意, 而不察其病也. 盖四有, 心有偏私處 ; 五僻, 身有偏私處. 而日用應接之間, 斯須不戒, 則必陷於一偏, 而心不正, 身不修矣. 誠意之初, 雖着十分工夫, 而豈可謂意苟一誠, 更不加工, 而心自正, 身自修耶?"

『대학』에서는 誠意를 '스스로를 속임이 없음(毋自欺)'으로 설명하고, 그 결과를 '스스로 상쾌하고 만족스러움(自謙)'으로 설명한 바 있다.[93] 스스로를 속임이 없어서, 스스로 상쾌하고 만족스럽다면, 이미 마음을 다스리는 공부가 완수된 것이라고 볼 수도 있다. 그런데 『대학』에서는 〈誠意章(傳6章)〉 다음에 또 〈正心章(傳7章)〉과 〈修身章(傳8章)〉을 두어, 〈正心章〉에서는 '四有의 病'[94]을 거론하고, 〈修身章〉에서는 '五僻의 病'[95]을 거론한 것이다. 위의 인용문은 그 까닭을 설명하는 것이다. 심재는 "日常에서 應接하는 사이 잠시라도 警戒하지 않음이 있다면 반드시 한쪽으로 치우침에 빠져서, 마음은 바르지 못하고 몸은 닦이지 않는다."라고 설명함으로써, 誠意 이후에도 正心과 修身의 공부를 지속해야 한다고 역설하였다.

이제까지 『庸學辨疑』와 治心之學의 관계를 두 맥락에서 살펴보았다. 첫째는 마음을 다스리려면 먼저 經學을 통해 '꼭 알맞고 좋은 도리'를 깨달아야 한다는 맥락이었다. 심재가 '經學(義理學)과 治心之學'의 관계를 '知와 行'의 관계로 해명하면서 부단히 知에 우선성을 부여한 것은 '마음을 올바로 다스리려면 먼저 經學을 통해 꼭 알맞고 좋은 도리를 분명히 깨달아야 한다'는 뜻이었다. 실제로 우리는 무엇이 올바른 도리인지 알아야 그것을 준거로 우리의 마음을 다스릴 수 있다. 심재의 『용학변의』에서는 이를 누차 역설하고 있거니와, 먼저

93) 『大學章句』 〈傳6章〉, "所謂誠其意者, 毋自欺也. 如惡惡臭, 如好好色, 此之謂自謙, 故君子必愼其獨也."

94) '四有의 病'이란 '분하게 여겨 성냄이 있음(有所忿懥)', '두려워함이 있음(有所恐懼)', '좋아하고 즐김이 있음(有所好樂)', '근심하고 걱정함이 있음(有所憂患)'을 말한다.

95) '五僻의 病'이란 '그 親愛하는 바에 편벽됨(之其所親愛而辟焉)', '그 천하게 여기고 미워하는 바에 편벽됨(之其所賤惡而辟焉)', '그 두려워하고 공경하는 바에 편벽됨(之其所畏敬而辟焉)', '그 슬퍼하고 불쌍히 여기는 바에 편벽됨(之其所哀矜而辟焉)', '그 거만하고 게으른 바에 편벽됨(之其所敖惰而辟焉)'을 말한다.

여기에서 『용학변의』의 心學的 의의를 찾을 수 있겠다. 둘째는 經學은 '꼭 알맞고 좋은 도리'뿐만 아니라 '마음을 다스리는 방법'도 함께 제시하고 있다는 맥락이었다. 심재의 『용학변의』에서는 마음을 다스리는 방법도 곡진하게 설명하고 있거니와, 이러한 맥락에서도 『용학변의』의 心學的 의의를 찾을 수 있겠다.

제6장 結論

1

心齋 趙彦儒는 靜菴 趙光祖 이래의 '家學의 전통'과 退溪 李滉 이래의 '嶺南儒學의 전통'을 두루 수용하면서 자신의 학문을 정립하였다. 심재의 집안은 靜菴 이래의 家學의 전통을 계승하면서, 退溪를 '東方 道學의 集成者'로 尊崇하고, 退溪 門下의 양대 학맥인 虎派(鶴峯 金誠一 계통)·屛派(西厓 柳成龍 계통)와 두루 인연을 맺고 교유해 왔는데, 심재는 이러한 분위기 속에서 자신의 학문을 정립했던 것이다. 심재의 학문 형성에 직접적으로 큰 영향을 끼친 두 인물로는 族曾祖 晩谷 趙述道와 外叔 立齋 鄭宗魯를 꼽을 수 있거니와, 심재는 또한 晩谷을 통해서 大山 李象靖의 학문을 접하기도 했다.

심재의 학문은 經學과 心學(治心之學)을 두 축으로 삼아 정립된 것이었다. 심재에 의하면, 經學은 '꼭 알맞고 좋은 道理를 깨달음'으로 귀결되고, 心學은 '마음을 바룸'으로 귀결된다. 나아가, 심재는 經學(義理學)과 治心之學을 '相須相資'의 관계로 인식했거니와, 이는 '먼저 經學을 통해 꼭 알맞고 좋은 道理를 탐구하고, 이를 통해 우리의 마음을 바루자'는 취지였다. 이렇게 본다면, 經學의 궁극적 목적은 '마음을 바룸(다스림)'에 있는 것이다.

유학의 일반론과 마찬가지로, 심재는 '마음'을 '一身의 主宰者'요,

'萬事의 根本'이라고 규정했다. 그렇다면 '사람다운 사람이 되고자 하는 학문' 더 나아가 '治國과 平天下를 도모하는 학문'의 핵심적 관건은 '마음을 바룸'에 있는 것이다. 그리하여 심재는 자신의 雅號를 해설한 〈心齋記〉에서 "옛날의 學者는 오직 그 本性을 涵養하는 데 힘썼고, 그 밖의 것에 대해서는 배우지 않았다. 대개 君子의 學問은 마음(心)에 근본 하니, 마음은 몸의 主宰者이다."라고 했거니와, 이는 '학문의 본령'은 바로 '治心之學'임을 천명한 것이다. 심재가 당시 유행한 訓詁學과 詞章學에 대해 '마음에 얻는 것이 없는 口耳之學'이라고 비판했던 것도 학문의 본령은 治心之學이라는 인식에 따른 것이었다.

한편, 심재의 學問論은 '옛 책을 읽고 옛 法度를 행한다'는 것으로 요약된다. '옛 책'이란 옛 聖賢의 經典을 말하고, '옛 法度'란 '안과 근본에서 구하여 스스로 터득하고, 이를 현실에 맞게 활용함'을 말한다. 옛 성현의 경전을 읽으며 꼭 알맞고 좋은 도리를 탐구하는 것은 經學(義理學)이요, 안과 근본에서 구하는 것은 治心之學이다. 심재는 '學問은 讀書가 아니면 불가능하다'고 했거니와, 이는 經學(義理學)을 통하지 않고는 治心之學이 불가능하다는 뜻이었다. 이렇게 볼 때, 심재의 학문론은 경학을 통해 마음을 바루고, 이를 현실에 알맞게 활용한다는 내용으로 정리되는 것이다.

이렇게 본다면, 심재가 '안에서 구하고 根本에서 구하는 학문'만이 '올바른 학문'이라 하여 학문의 본령을 '治心之學'으로 설정한다고 하더라도, 이는 결코 '학문은 오로지 마음의 차원에 한정되어야 한다'는 뜻이 아니었다. 이는 다만 마음이 一身의 주재자요 萬事의 근본이므로, 먼저 마음을 제대로 다스림으로써 자신의 행실을 바루고, 나아가 齊家·治國·平天下에 제대로 임할 수 있도록 해야 한다는 뜻이었다. 요컨대 심재는 '먼저 根本에 힘쓴다'는 맥락에서 학문의 본령을 治心之學으로 설정하고, 經學으로써 治心之學을 뒷받침한 것이었다.

2

儒家의 經學은 크게 訓詁學(漢學)과 義理學(宋學)으로 나뉘거니와, 심재는 이 가운데 義理學을 경학의 본령으로 삼았다. 심재에 의하면, 訓詁는 義理를 밝히기 위한 보조적 수단으로서, 訓詁를 통해 義理(꼭 알맞고 좋은 도리)를 밝히는 것이야말로 경학의 본령이라는 것이다. 이러한 맥락에서, 심재 경학은 다음과 같은 특징을 지닌다.

첫째, 심재는 四書에 치중하고, 四書 중에서도 특히 『中庸』과 『大學』에 더욱 치중했다. 주자학은 본래 四書 중심의 학문체계요, 四書 중에서도 특히 『大學』과 『中庸』을 골간으로 삼는다. 따라서 심재가 특히 『中庸』과 『大學』에 치중했다는 것은 '주자학적인 학문 체계'에 충실했다는 것을 뜻한다.

둘째, 심재는 '經典의 전체적인 체계'를 중시하여 유기적인 이해를 도모하고, '天·人과 性·命의 근원, 動·靜과 體·用의 구분' 등을 중시했거니와, 이는 심재의 경학이 宋學的인 義理學에 기초하고 있음을 뜻한다.

셋째, 심재는 '述而不作'의 태도로 經學에 임하였다. 심재의 『庸學辨疑』는 經典의 本文과 朱子註를 해설하는 데 주안점이 있었다. 심재는 朱子說을 지극히 尊信하였고, 간혹 『朱子語類』 등에서 인용된 小註에 자신의 견해와 맞지 않는 것이 있으면 그것은 '記錄의 오류'

일 것이라고 겸손하게 표현하였다.

넷째, 심재는 先儒의 諸說을 취사선택하여 온건 타당한 견해를 정립하고자 했다. 『庸學辨疑』에서 심재는 諸家說에 대해 解說하기도 하고 補完하기도 했으며, 간혹 批判하기도 하였다.

심재는 『庸學辨疑』에서 『中庸』과 『大學』의 전반적 체계를 해명하기도 했고, 經文과 朱子註의 내용을 해설하기도 했으며, 諸家說에 대해서는 해설하기도 하고 是非를 논하기도 했다. 먼저 『中庸』의 전반적 체계에 대한 심재의 설명을 정리하면 다음과 같다.

심재는 『中庸』의 체계 전반을 '費而隱'이라는 개념으로 관통시키고 있다. 주자는 『중용』에서 말하는 '道'는 "풀어놓으면 天地四方에 가득 차고, 말아서 거두면 隱密한 곳으로 물러가 숨는다."라고 설명했거니와, 심재는 "그것은 한마디로 표현하자면 '費而隱'일 따름"이라고 요약한 것이다. 또한 심재에 의하면, '費而隱'은 '顯微無間'·'體用一源'·'理一分殊'·'未發과 已發' 등을 모두 포괄하는 개념이다. 심재의 이러한 설명은 다음과 같은 두 의미를 지닌다. 첫째, '費而隱'으로 『중용』의 체계 전반을 관철하는 것에 대해 그 타당성을 확인시켜 준다는 점이다. '費而隱'이 과연 '顯微無間'·'體用一源'·'理一分殊'·'未發과 已發' 등을 모두 포괄하는 개념이라고 한다면, 『중용』의 체계 전반을 '費而隱'으로 관철하는 것을 누구나 쉽게 납득할 수 있을 것이다. 둘째, 『중용』이 주자학에서 핵심적인 경전으로 인식되는 까닭을 해명해 준다는 점이다. '顯微無間'·'體用一源'·'理一分殊'·'未發과 已發' 등은 주자의 형이상학에서 핵심적인 명제들이기도 하다. 『중용』의 '費而隱'이 과연 이러한 명제들을 모두 포괄하는 개념이라고 한다면, 『중용』은 주자의 형이상학을 확실하게 뒷받침하는 경전인 셈이다. 그렇다면 『중용』은 주자학에서 핵심적인 경전으로 인식될 수밖에 없겠거니와, 이는 실제로도 그러했던 것이다.

심재는 『中庸』의 체계 전반을 관통하는 또 하나의 관념은 '知行論' 또는 '知·仁·勇' 三達德이라고 보았다. 심재는 知·仁·勇 三達德도 知行論과 맥락을 같이하는 것이라고 보았다. 즉 三達德의 '知'는 知行論의 '知'에 해당하고, 三達德의 '仁'은 知行論의 '行'에 해당하며, 三達德의 '勇'은 '知·仁에 용감함' 또는 '知·行에 용감함'에 해당한다는 것이다. 심재의 이러한 설명은 다음과 같은 두 의의를 지닌다. 첫째는 『중용』 全般을 知行論의 체계로 규명한다는 점이다. 더 정확히 표현하자면, 심재는 『중용』을 '知行相須論'의 체계로 규명하였다. 둘째는 '知·仁·勇' 三達德 가운데 '勇'의 위상을 '知·仁'에 비해 상대적으로 제한시킨다는 점이다. 심재에 의하면, 『중용』에서 말하는 '勇'은 '독자적 위상'을 지니는 것이 아니라 '知·仁에 용감함' 또는 '知·行에 용감함'이라는 '제한적 위상'을 지니는 것이다. 사실 유가에서는 '勇'을 높이 평가하면서도, 항상 '勇'에 대해서는 일정한 제한을 가했다. 따라서, 심재의 이러한 입장은 유가의 근본 입장과도 상통한다.

심재가 『中庸』의 전반적 체계를 해명하는 또 하나의 개념은 '誠'이었다. 심재는 "誠은 『중용』 一篇의 樞紐"라고 전제한 다음, 다시 '誠'을 '天道의 誠'과 '人道의 誠'으로 구분하였다. '天道의 誠'은 '진실한 理(實理)'·'참됨 자체(誠)'에 해당하고, '人道의 誠'은 '진실한 마음(實心)'·'참되려고 노력함(誠之)'에 해당하는 것으로서, '人道의 誠'이 깊어지면 '天道의 誠'이 된다는 것이다. 이렇게 본다면, 天道와 人道는 本質이 다른 것이 아니라 다만 程度의 차이가 있는 것이요, 그것은 '誠之'를 매개로 합일될 수 있는 것이다. 이러한 맥락에서, 『중용』은 바로 '天道의 本然'을 '誠(참됨 자체)'으로 규정하고 '人道의 當爲'를 '誠之(참되려고 노력함)'로 규정함과 아울러, '誠之'의 구체적 方法論

을 제시하는 경전인 것이다.

심재는 이처럼 '費而隱'·'知行論'·'誠'으로 『중용』의 전반적 체계를 해명했거니와, 이 三者 또한 서로 유기적으로 연결되는 것이다. 주지하듯이 『중용』의 '誠'은 '참됨 자체(誠, 實理)'와 '참되려고 노력함(誠之, 實心)'을 아우르는 개념이거니와, '費而隱'은 그 가운데 '實理의 양상'을 설명하는 개념이며, '知行論'은 그 가운데 '實心의 방법'을 설명하는 개념이다. 심재는 '費而隱'을 '顯微無間'·'體用一源'·'理一分殊'·'未發과 已發' 등을 모두 포괄하는 개념이라고 설명하였는데, 이것들은 모두 '참됨 자체'인 '實理의 여러 양상들'을 설명하는 개념들이다. 반면에 '知行論'은 '博學·審問·愼思·明辨·篤行'이나 '擇善固執' 등으로 설명되었는데, 이것들은 實理의 여러 양상들을 알아내고 그것들을 실천에 옮기라는 것이다. 따라서 '知行論'은 '참되려고 노력함'인 '實心의 여러 방법들'을 설명하는 개념이다. 요컨대 『중용』은 '費而隱'으로 '實理의 여러 양상들'을 설명하고, '知行論'으로 '實心의 여러 방법들'을 제시하며, '誠'으로 '實理'와 '實心'을 매개시키는 경전이라 하겠거니와, 이것이 심재가 『중용』의 전반적 체계를 이해하는 관점이었다.

한편 『大學』의 전반적 체계에 대한 심재의 설명을 정리하면 다음과 같다.

대부분 학자들은 『大學』의 체계를 논할 때 무엇보다도 三綱領·八條目을 거론하거니와, 이 점은 心齋의 경우도 마찬가지이다. 다만 우리는 '明明德·新民·止於至善'이라는 三綱領을 단순히 병렬적인 관계로 이해하기 쉬우나, 심재에 의하면 三綱領 상호 간에도 또한 位階가 있어서, 止於至善이 明明德과 新民을 포함하는 관계라는 것이다. 요컨대 '至善'이라는 '당연한 법칙'을 標準으로 삼아야만 明明德

과 新民을 제대로 구현할 수 있다는 것이요, 그렇지 않으면 지나치거나 모자라는 폐단을 면할 수 없다는 것이다. 한편 八條目은 三綱領을 구체화한 것인바, 심재는 八條目의 순서는 '本·末의 先後' 관계를 밝힌 것일 뿐이요, 실제의 工夫는 八條目을 一時에 竝進하는 것이라고 설명했다.

심재는 『大學』의 체계 전반을 관통하는 또 하나의 관념은 '先後本末論'이라고 보았다. 『대학』이 三綱領·八條目의 체계라는 것에 대해서는 누구나 쉽게 수긍하지만, 『대학』은 또한 先後本末論의 체계라는 것에 대해서는 미처 유의하지 못하는 학자들이 종종 있었다.[1] 그러나 심재는 『대학』은 三綱領·八條目의 체계인 동시에 先後本末論의 체계라는 점을 분명히 하였다. 『대학』에서는 三綱領을 거론한 다음에도 그것을 다시 先後本末의 관점에서 설명하고, 八條目을 거론한 다음에도 그것을 다시 先後本末의 관점에서 설명했다. 이러한 맥락에서 주자는 『大學章句』를 편찬하면서 '本·末'을 논한 '聽訟章'을 〈傳4章〉으로 독립시켰던 것이다.[2] 이에 대해 심재는 "本·末은 三綱領과 八條目을 운용하는 하나의 큰 關鍵이니, 本·末을 알지 못하면 着手할 곳이 없기 때문"이라고 설명함으로써, 『대학』은 三綱領·八條目의 체계인 동시에 또한 先後本末論의 체계라는 점을 분명히 했던

1) 몇몇 학자들은 '古本 大學'의 '知止而后有定'과 '物有本末' 그리고 〈聽訟章〉을 〈格物致知章〉의 錯簡으로 간주하여, 이것들을 뽑아다가 〈格物致知章〉에 해당시키곤 했다. 요컨대 이들은 『大學章句』에서 '先後本末論'에 해당시킨 내용들을 뽑아다가 〈格物致知章〉을 삼은 것으로서, 이들은 『大學』에서 先後本末論이 차지하는 비중을 외면했던 것이다.

2) 주자는 三綱領을 풀이한 부분을 각각 〈傳1章〉·〈傳2章〉·〈傳3章〉으로 分章하고, 이어서 本·末을 풀이한 章으로서 〈傳4章〉을 설정한 다음, 〈傳5章〉부터 〈傳10章〉까지는 八條目을 풀이한 章이라고 설명한 바 있다. 요컨대 주자는 『대학』의 傳文을 分章하면서 '三綱領'을 해설하는 부분과 '八條目'을 해설하는 부분 사이에 '本·末'을 해설하는 부분을 설정해 두었던 것이다.

것이다.

심재가 『大學』을 이해하는 또 하나의 관점은 『大學』이 '絜矩之道'의 체계라는 것이었다. '三綱領과 八條目' 그리고 '先後本末論'은 『대학』의 첫머리 經文에 보이니, 그것이 『대학』 전체를 관통하는 핵심 개념이라는 것에 대해서는 쉽게 수긍할 수 있을 것이다. 그런데 '絜矩之道'는 『대학』의 마지막 부분에서 비로소 등장하니, 그것이 과연 『대학』 전체를 관통하는 핵심 개념인지에 대해서는 의문이 있을 수 있다. 이에 대해 심재는 공자의 "15세에 學問에 뜻을 두었고, 30세에는 섰으며, 40세에는 미혹되지 않았고, 50세에는 天命을 알았으며, 60세에는 귀에 거슬림이 없었고, 70세에는 마음이 원하는 대로 따라도 법도를 넘지 않았다."라는 말을 들어 자신의 논지를 설명하였다. 요컨대 공자는 마지막 단계에서 비로소 '法度를 넘지 않음(不踰矩)'을 거론한 것인데, 심재는 '法度를 넘지 않음'이 공자의 학문적 성숙 과정 전체를 관통하는 것이라고 풀이하고, 같은 맥락에서 絜矩之道도 『대학』의 마지막 부분에서 비로소 등장하지만 사실은 『대학』의 전체를 관통하는 것이라고 풀이한 것이다. 이러한 관점에서 심재는 格物·致知는 法度를 탐구하는 공부요, 誠意·正心·修身은 法度에 따라 자신을 닦는 공부이며, 齊家·治國·平天下는 法度를 미루어나가 실천하는 것이라고 설명하였다.

심재는 이처럼 '三綱領·八條目'과 '先後本末論' 그리고 '絜矩之道'로 『大學』의 전반적 체계를 해명했거니와, 이 三者 또한 서로 유기적으로 연결되는 것이다. 『대학』은 한마디로 말한다면 三綱領·八條目의 체계이다. 그런데 『대학』의 綱領과 條目들은 단순한 '竝列'의 관계가 아니라 또한 서로 '本·末'이 되는 관계인 것이다. 간단히 말하자면 明明德(修己)이 근본이요, 新民(治人)은 말단이니, 新民을 위해서는 먼저 明明德에 힘써야 한다. 또한 明明德과 新民은 止於至善을 표준으로 삼아야 한다는 점에서 止於至善에 종속되는 관계였던 것이다. 한편 八條目은 三綱領을 보다 구체적으로 설명한 것이거니와, 先後本末論은 八條目에도 그대로 적용되는 것이다. 그런데 『大學』의 八條目을 관통하는 또 하나의 핵심 개념은 絜矩之道이다. 심재의 설명대로, 格物·致知는 法度를 탐구하는 공부요, 誠意·正心·修身은 法度에 따라 자신을 닦는 공부이며, 齊家·治國·平天下는 法度를 미루어나가 실천하는 것이기 때문이다. 요컨대 『대학』은 三綱領·八條目으로 학문의 목표와 방법을 제시하고, 先後本末論으로 三綱領·八條目의 유기적 관계를 해명하면서, 다시 絜矩之道로 전후를 일관시킨 경전이라 하겠거니와, 이것이 심재가 『대학』의 전반적 체계를 이해하는 관점이었던 것이다.

심재의 『庸學辨疑』에서는 '經文 상호 간의 照應과 辨別', '諸經과의 유기적 해석', '朱子註에 대한 해설', '諸家說에 대한 해설과 비판' 등의 방법론을 보여주고 있거니와, 각각의 방법론에 대해서는 다음과 같은 의미를 부여할 수 있다.

'經文 상호 간의 照應과 辨別'에 있어서는 동일한 글자가 서로 다른 의미나 맥락으로 쓰이고 있음을 해명한 것도 있고, 유사한 文句들을 서로 대조하면서 각각의 의미를 辨別한 것도 있으며, 經文 상호 간의 논리적 일관성을 해명한 것도 있는데, 각각의 방법론에 대해서는 다음과 같이 의미를 부여할 수 있다. 첫째, 같은 글자가 서로 다른 의미나 맥락으로 쓰이고 있음을 해명하는 것은 註釋學의 가장 기초적인 방법론으로서, 經文에 대한 정확한 이해를 돕는 데 긴요한 것이다. 둘째, 유사한 文句들을 서로 대조하며 각각의 의미를 辨別하는 것은 經文에 대한 정확한 이해를 돕는다는 점에서도 중요하지만, 經文의 글자 하나하나에 대해서 그 타당성을 재확인시켜준다는 점에서도 중요하다. 셋째, 經文 상호 간의 논리적 일관성을 해명하는 것은 經文에 대한 정확한 이해를 돕는다는 점에서도 중요하지만, 經典 전체의 권위를 높여준다는 점에서도 중요하다.

'諸經과의 유기적 해석'에 대해서는 다음과 같이 의미를 부여할 수 있다. 첫째, 『중용』이나 『대학』의 文句를 다른 경전의 유사한 文句와 비교하면서 그 同異를 변별하는 것은 한편으로는 각각의 經文을 정확히 이해하는 데 도움이 되고, 한편으로는 經典 상호 간의 유기적 관련성을 해명하는 데도 도움이 된다. 둘째, 『중용』이나 『대학』의 文句를 다른 경전의 내용을 인용하여 해설하는 것 역시 經典 상호 간의 유기적 관련성을 해명하는 데 도움이 된다. 유교의 여러 경전들은 오랜 세월 동안 많은 사람의 손을 거쳐 완성되었거니와, 經典 상호 간의 유기적 관련성이 해명된다면, "前聖과 後聖이 그 法度는 하나임"을 확인하게 되고, 道統이라는 것이 참으로 존재한다는 것도 실감하게 된다. 셋째, 『중용』이나 『대학』과 다른 경전 사이의 논리적 일관성을 해명하는 것은 각각의 經文에 대한 정확한 이해를 돕는다는 점에서도 중요하지만, 儒敎 이념 자체의 설득력을 높여준다는 점에서도 중요하다.

'朱子註에 대한 해설'에 대해서는 다음과 같은 의미를 부여할 수 있다. 첫째는 朱子註를 더욱 구체적으로 명확히 이해할 수 있도록 도와준다는 점이다. 朱子註는 매우 간결하여 종종 이해하기 어려운 곳이 있는데, 심재는 이를 적절하게 해명해준 것이다. 둘째는 朱子註 자체가 본래 매우 精密한 것임을 再認識하게 해준다는 점이다. 朱子註 상호 간의 내용적 연관성이나 미세한 차이들을 정확히 이해한다면, 우리는 朱子註 자체가 본래 매우 精密한 것임을 다시 확인할 수 있다. 셋째는 朱子註의 권위를 높이는 데 크게 기여한다는 점이다. 우리가 朱子註를 자세하고 정확하게 이해하고, 朱子註 자체가 매우 정밀한 것임을 재인식한다면, 결과적으로 우리는 朱子註에 대해 한층 더 높은 권위를 부여하게 될 것이기 때문이다.

'諸家說에 대한 해설과 비판'에 대해서는 다음과 같은 의미를 부여할 수 있다. 사실 『中庸章句大全』과 『大學章句大全』에 수록된 諸家說은 학설이 區區해서 논리적인 통일성도 없고, 또한 내용적 타당성도 의심스러운 경우가 종종 있는 것이었다. 그리하여 심재는 先儒의 학설이라 하여 맹신하지 않고 자신의 견해에서 공정하게 是·非를 논한 것인바, 우리는 이를 통해 주체적이고 비판적인 태도를 배울 수 있다.

심재의 『庸學辨疑』에는 정밀한 해석은 군데군데 보이나 독창적인 해석은 거의 보이지 않는다. 창의적 사고를 중시하는 오늘날의 관점에서는 독창적 해석이 부족하다는 점을 『용학변의』의 한계로 규정할 수 있을 것이다. 그러나 전통 학문에서는 '述而不作'을 중시했다는 점, 더군다나 經學에 있어서는 더욱 述而不作을 강조했다는 점을 상기한다면, 독창적 해석을 추구하지 않은 점은 오히려 『용학변의』의 美德일 수도 있는 것이다.

3

유학(性理學)에서는 인간의 心·性을 理와 氣라는 개념으로 해명하고 그에 근거해 마음을 다스리는 방법들을 논하는데, 이는 심재의 경우도 마찬가지였다. 심재는 退溪學派의 持論에 따라 '마음'을 '理와

氣의 결합'으로 규정하고, '마음'은 '一身의 主宰者요, 萬事의 根本'이 된다고 설명하였다. 심재는 '心統性情'이라는 명제를 통해 '마음과 性·情의 관계'를 해명하기도 하고, '마음의 주체적 기능'을 설명하기도 했다. 전통 성리학에서는 종종 '心과 性'의 관계를 '그릇과 그에 담긴 물'의 관계로 비유했는데, 심재는 여기에 "情은 '그릇 가운데의 물이 쏟아져 나옴'과 같다."라는 비유를 추가하였다. 이 비유는 '心統性情'의 함의를 잘 밝혀주는 것으로서, 이를 통해서 마음의 性·情에 대한 統攝(包含과 主宰) 기능이 잘 드러나는 것이다.

심재의 心·性·情에 대한 논의는 '性·情의 統攝者인 마음을 바르게 닦아야 한다'는 것으로 귀결된다. 심재는 마음의 온전한 기능을 방해하는 요인으로 氣稟의 구애와 物欲의 가림을 거론하였다. 마음은 본래 虛靈하지만, 또한 氣稟에 구애되고 物欲에 가려져서, 착한 本性을 지니고 있음도 알지 못하고, 그 本性으로 부여된 것도 온전히 발휘하지 못한다는 것이다. 이러한 맥락에서, 治心之學의 과제는 결국 氣稟의 구애와 物欲의 가림을 제거하는 것으로 모인다. 전통 유학에서는 氣稟의 구애를 극복하는 방법으로는 濁駁한 氣를 淸粹한 氣로 변화시킨다는 氣質變化論을 제시하였고, 物欲의 가림을 제거하는 방법으로는 未發時의 存養과 已發時의 省察을 통해 天理를 보존하고 人欲을 막는다는 방법론을 제시하였다. 심재의 修養論도 대체로 이러한 大綱을 벗어나지 않거니와, 그 특징적인 면모를 소개하면 다음과 같다.

'氣稟의 구애'를 극복함에, 『中庸』에서는 '博學, 審問, 愼思, 明辨, 篤行'을 통해서 '氣質을 變化시킬 것'을 강조한 바 있으나, 심재는 이와 함께 '浩然之氣를 잘 기를 것'을 강조하였다. 심재에 의하면 浩然之氣는 知·仁·勇 등 세상의 모든 美德을 포괄하는 것으로서, 사람이 본래 타고난 것이다. 따라서 자신의 浩然之氣를 잘 기른다면 누구나 당당한 大丈夫가 될 수 있다는 것이다. 심재는 특히 맹자의 '浩然之氣論'을 '義外說 배척'과 같은 맥락에서 이해했는데, 이는 누구나 浩然之氣를 타고났음을 재확인함으로써 우리에게 浩然之氣를 잘 기르도록 독려하는 것이었다.

'物欲의 가림'을 제거함에, 『중용』에서는 학자들에게 '戒愼恐懼'와 '愼獨'을 권면한 바 있거니와, 심재는 이와 함께 孟子의 '夜氣說'을 주목하였다. 맹자의 夜氣說은 '밤마다 새롭게 소생하는 夜氣를 잘 보존함으로써 仁義의 良心이 훼손되지 않게 하라'는 것이었다. 심재는 여기에 '自强不息'과 '存養省察'이라는 의의를 부가했는데, 이는 孟子의 本旨를 보다 적극적으로 해석한 것이다. 孟子의 夜氣說은 '밤을 통해 蘇生하는 元氣를 보존하고 기름'에 立論의 초점이 있었으나, 심재는 이를 '부단한 노력을 통해 人欲이 깨끗이 消盡되면 天理가 流行하게 된다'는 취지로 발전시켰기 때문이다.

심재의 治心之學에서 간과할 수 없는 또 하나의 요소는 '마음의 齋戒'이다. 심재가 말하는 '마음의 재계'는 두 맥락으로 이해할 수 있다. 첫째는 畏敬이나 整齊嚴肅 등을 통해서 마음의 본래 모습인 '虛靈洞徹함을 지킨다'는 맥락이며, 둘째는 일삼음이 없게 하여 '마음을 비운다'는 맥락이다. 첫째 맥락은 有爲(일삼음이 있음)에 속하고, 둘째 맥락은 無爲(일삼음이 없음)에 속한다. 심재는 '빈 방이 밝음을 낳듯이(虛室生白), 道는 빈 곳에 모인다'고 설명하고, 마음을 비워 天賦의 本然之心을 함양하겠노라고 다짐했는데, 이는 '無爲의 공부'를 통해서 '有爲의 결실'을 얻겠는 뜻으로 풀이된다.[3] 이 점에서 심재의 논

3) 심재 생애에서 보이는 특징적 면모 가운데 하나는 '守拙의 삶'이거니와, 이야말로 '無爲의 공부'를 통해서 '有爲의 결실'을 얻은 결과였다.

법은 莊子의 논법과 구별된다.

『莊子』〈人間世〉에 보이는 '心齋'는 '마음을 비운다'는 것으로, 구체적으로는 '自意識을 비움'과 '私欲을 비움'이라는 두 측면으로 이해된다. 자의식은 흔히 사욕으로 드러나고, 사욕은 근원적으로 자의식에 근거한다는 점에서는 양자는 본질적으로 궤를 같이하는 점이 있다. 그리하여 道家에서는 양자를 동일시하고, 양자를 모두 버리라고 말했던 것이다. 그러나 儒家에서는 자의식에 대하여 두 측면에서 접근한다. 인간의 자의식은 '人心'으로 드러날 수도 있고 '道心'으로 드러날 수도 있는바, 따라서 유가에서는 '일체의 자의식을 버리라'고 말하지 않고, '자의식을 純化시키라'고 말한다. '자의식을 純化시킨다'는 것은, 자의식을 '道心과 人心' 또는 '天理와 人欲' 등으로 구분하여, 자의식이 天理나 道心에 純一하게 하는 것이다. 심재는 "오직 道는 '빈 곳'에 모이니, '비움'이 '心齋'이다."라고 하여 『莊子』에 보이는 '心齋'를 수용하면서도, 내용적으로는 '涵養省察'과 '整齊嚴肅'을 통해 '虛明한 天賦의 本然之心'을 잘 보존하는 것으로 설명함으로써 儒家의 本領을 벗어나지 않았던 것이다.

이상의 내용을 정리하자면, 심재의 治心之學은 셋으로 요약된다. 첫째는 '氣稟의 구애를 다스리는 것'으로서, 심재는 氣質變化論보다는 浩然之氣論을 선호했다. 둘째는 '物欲의 가림을 다스리는 것'으로서, 심재는 '遏人欲'보다는 '存天理(存夜氣)'를 선호했다. 요컨대 심재는 濁氣를 제거하고 人欲을 막는다는 방식보다는 淸氣를 확충시키고 天理를 보존한다는 방식을 선호했다. 인간의 내면에는 '淸氣와 濁氣'·'天理와 人欲' 등 긍정적 요소와 부정적 요소가 공존하거니와, 심재는 긍정적 요소를 확충시킴으로써 부정적 요소가 저절로 소진되게 한다는 태도를 견지한 것이다. 셋째는 '마음을 재계하는 것'으로서, 심재는 마음을 비움으로써 虛明한 本然之心을 함양하고자 했다. 이는 富貴나 功名에 대한 관심을 끊음으로써 平靜한 마음을 얻고자 한 것으로서, 그의 守拙의 삶을 뒷받침하는 공부였다.

4

심재는 經學(義理學)과 心學(治心之學)을 '相須相資'의 관계로 규정했다. 그런데 義理(꼭 알맞고 좋은 도리)를 밝히는 것은 '知'에 속하고, 이를 바탕으로 마음을 다스리는 것은 '行'에 속한다. 이러한 맥락에서 '經學(義理學)과 治心之學'은 결국 '知와 行'의 문제로 귀결되는 것이다.

심재는 '經學(義理學)과 治心之學'을 相須相資의 관계로 규정한 것과 같은 맥락에서 '知와 行' 또한 相須相資의 관계로 규정했다. 심재는 知·行의 相須相資 관계를 소극적 차원에서는 "알지 못하면 행할 수 없고, 행할 수 없으면 알지 못한다."라는 말로 설명했고, 적극적 차원에서는 "知가 더욱 밝아지면 行은 더욱 두터워지고, 行이 더욱 두터워지면 知가 더욱 밝아진다."라는 말로 설명했다.

심재는 知·行을 相須相資의 관계로 보아 '知行竝進'을 주장하면서도, 한편으로는 知의 우선성을 부단히 강조하였다. 글자 그대로만 해석하자면, 知行竝進論과 先知後行論은 일견 矛盾처럼 보인다. 그러나 실제로 우리의 知와 行이 성숙해가는 과정을 살펴본다면, 양자는 얼마든지 양립할 수 있고, 또 양자를 동시에 고려해야만 知·行의 성숙 과정이 제대로 설명될 수 있다.[4]

4) 우리의 앎은 태어나서 자라면서 점점 확대하고 심화하며, 실천도 그에 따라 점점

또한 심재는 '知와 行' 가운데 知에 우선성을 부여하면서도, '知와 行' 가운데 궁극적으로 중요한 것은 行이라고 본다. 요컨대 先·後의 차원에서 논하면 知가 行보다 우선하나, 大·小의 차원에서 논하면 行이 知보다 중대하다는 것이다. 심재의 이러한 설명은 주자의 "先·後를 논하면 知가 우선이지만, 輕·重을 논하면 行이 중요하다."는 말과 궤를 같이하는 것이다.

심재의 知行論을 經學(義理學)과 心學(治心之學)의 관계에 적용시키면, 이는 다음과 같은 의미가 있다. 심재의 '知가 行보다 앞선다'는 주장은 '꼭 알맞고 좋은 도리를 탐구하는 經學이 마음을 다스리는 心學보다 우선한다'는 뜻이다. 실제로 우리는 무엇이 올바른 도리인지 알아야 그것을 기준으로 우리의 마음을 다스릴 수 있다. 심재는 大·小의 관점에서는 行에 중요성을 부여했는데, 이는 도리를 탐구하는 經學과 마음을 다스리는 心學에 있어서 '궁극적으로 중요한 것은 心學'이라는 뜻이다. 심재 학문의 두 축은 經學과 心學이라 했거니와, 이를 심재의 知行論과 연결해 한마디로 요약하자면 '먼저 經學을 통해 恰好한 道理를 탐구하고, 이를 통해 반드시 우리의 마음을 바루자'는 것이었다.

심재의 이러한 사상은 실제로 그의 삶의 노선이기도 했다. 심재는 『庸學辨疑』를 통해서는 經典에 담긴 '꼭 알맞고 좋은 道理'를 밝혔고, 이를 통해 자신의 마음을 바룸으로써 '守拙의 삶'에 자족할 수 있었던 것이다.

확대하고 심화하거니와, 이러한 맥락에서는 知行이 竝進하는 것이다. 그런데 구체적인 하나의 사안을 두고 말하자면, 분명 知가 行에 앞서는 것이다. 이렇게 본다면 知行竝進과 先知後行은 얼마든지 양립할 수 있는 개념이요, 또 양자를 동시에 고려해야만 知·行의 성숙 과정이 제대로 설명될 수 있는 것이다.

〈부록 : 心齋先生 行狀〉

外曾祖考 成均生員 心齋 趙公 行狀

公의 諱는 彦儒요, 字는 景珍이며, 號는 心齋요, 本貫은 漢陽이다. 高麗 때 僉議中書事를 지낸 諱 之壽(지수)가 그 始祖이시다. 그 뒤로 벼슬이 서로 이어져, 議政 漢山伯 諱 仁璧(인벽)[1]에 이르러서는 太祖의 姊婿였으나 '罔僕의 절개'[2]를 지키고, 늙어서는 襄陽으로 은퇴했는데, 양양 사람들이 忠賢祠를 세워 제사를 지냈다. 謚號는 襄烈이시다. 襄烈公이 諱 涓(연)[3]을 낳았는데, 佐命功臣으로 三朝를 섬

1) 『두산백과사전』에서는 趙仁璧(1330~1398)에 대해 다음과 같이 소개한 바 있다. "본관 한양(漢陽). 시호 양렬(襄烈). 용진(龍津:德源) 출생. 1356년 동북면병마사(東北面兵馬使) 유인우(柳仁雨)를 도와 쌍성(雙城) 회복에 공을 세워 호군(護軍)이 되고, 1363년(공민왕 12) 김용(金鏞) 토벌에 공을 세워 2등 공신에 책록되었다. 1372년 만호(萬戶)가 되어 함주(咸州)·북청(北靑)에서 복병전(伏兵戰)으로 왜구를 격파하고 봉익대부(奉翊大夫)에 올랐다. 1378년 판밀직(判密直) 때 화포(火砲)를 사용, 수군을 훈련하고 이듬해 강릉도원수(江陵道元帥)를 거쳐 1380년 상원수(上元帥)가 되어 왜구를 격퇴하였다. 1383년 문하찬성사로서 동북면도체찰사가 되고, 1388년 위화도회군에 참가한 뒤 삼사좌사(三司左使)를 거쳐, 1389년(공양왕 1) 의덕부판사(懿德府判事)가 되었다. 이듬해 회군의 공으로 2등 공신에 책록되고, 앞서 환조(桓祖:이성계의 아버지)의 딸 정화공주(貞和公主)와 결혼하여 1393년 용원부원군에 봉해졌다."

2) '臣僕이 되지 않겠다'는 절개. 紂의 虐政으로 殷나라가 쇠망할 즈음, 箕子는 王子 微子에게 '亡命하여 훗날을 도모하라'고 권하고, 자신은 '周나라의 臣僕이 되지 않겠다(我罔爲臣僕)'고 다짐한 바 있다(『書經』「商書」〈微子〉 참조). 조인벽은 太祖 李成桂의 누이동생의 남편이었음에도, '朝鮮의 臣僕이 되지 않겠다'는 절개를 지켜서 '高麗의 忠臣'으로 남았다고 한다.

3) 『두산백과사전』에서는 趙涓(1374~1429)에 대해 다음과 같이 소개한 바 있다. "본관 한양(漢陽). 자 여정(汝靜). 시호 양경(良敬). 초명 경(卿). 음보(蔭補)로 산원(散員)이 되고, 1387년(우왕 13) 문과에 급제한 후 1392년(공양왕 4) 공조총랑(工曹

겨서 벼슬이 右議政에 이르렀으며, 諡號는 良敬이시다. 세 번[4] 傳하여 縣監 諱 琮(종)에 이르는데, 靜菴 先生이 己卯士禍에 희생되시자 嶺南으로 숨었다.[5] 또 세 번[6] 傳하여 判決事 諱 光義에 이르는데, 號는 約山이시다. 直長 諱 佺(전)은 號가 壺隱(호은)으로서 德行과 文學으로 門戶를 세우고, 英陽에 卜居했는데, 2~3世가 함께 와서 살기 시작했다. 다시 3世가 지나 諱 德純(덕순) 號 壺峯(호봉)이 계시는데, 玉川 先生[7]의 형님이시다. 壺峯 先生은 肅宗께서 친히 策問을 내린 謁聖試에서 壯元으로 발탁되어, 벼슬이 司憲府 持平에 이르렀다. 壺峯 先生은 館閣의 擬望이 있자 곧 瀛選[8]에 들어 釋褐[9]하게 된 것인데, 겨우 몇 해 만에 卒하셨으니, 이 분이 바로 心齋公의 5世祖이시다.

高祖 諱 喜命, 曾祖 諱 師道, 祖 諱 居寬께서는 모두 文學으로 세

摠郞)을 지냈으며, 조선이 개국하자 천우위대장군(千牛衛大將軍)으로 별운검(別雲劍)이 되어 왕을 호위하였다. 1396년(태조 5) 이후 삼군부동지사(三軍府同知事) 등을 지내고, 1400년 제2차 왕자의 난에 이방원(李芳遠)을 도운 공으로 좌명공신(佐命功臣) 4등에 책록되고, 한평군(漢平君)에 봉해졌다. 여러 관직을 거친 뒤 1410년 길주도도안무찰리사(吉州道都安撫察理使)로 있을 때 야인이 침입하자 적장 파아손(巴兒孫) 등을 유인해 죽이고, 두만강 건너 적의 본거지까지 쳐부수고 남녀 포로 수십 명을 포획해 돌아와 명성을 날렸다. 1422년(세종 4) 부원군에 진봉되고, 1426년 우의정에 승진하였다. 벼슬에 나간 뒤 파천된 일이 없고, 4대조에 걸쳐 왕의 총애를 받았으며, 재화를 탐하지 않고 국정에 힘썼다."

4) 〈心齋行狀〉의 原文에서는 '두 번 傳하여'(再傳而)라고 했으나, 族譜를 통해 확인한 결과 '세 번 전한 것'이어서, 바로잡았다.

5) 趙琮은 靜菴 趙光祖 先生의 三從叔이었는데, 己卯士禍의 참화가 一族에까지 미치자 一家를 이끌고 慶北 榮州로 피신했던 것이다.

6) 〈心齋行狀〉의 原文에서는 '네 번 傳하여(四傳而)'라고 했으나, 族譜를 통해 확인한 결과 '세 번 전한 것'이어서, 바로잡았다.

7) 玉川 先生의 이름은 '德鄰(덕린)'으로서, 1691에 文科에 급제하여, 弘文館 修撰과 司諫院 司諫 등을 역임했다.

8) 瀛選(영선) : 군주에게 선발됨.

9) 釋褐(석갈) : 갈옷을 벗음. 卑賤한 사람들이 입는 갈옷을 벗고 官服을 입는 것으로, 곧 '官職에 나아감'을 뜻하는 말.

상에 알려졌다. 考 諱 明復은 晩谷 先生[10]의 문하에서 受學하여, 올바른 도리를 들으면 곧 몸으로 실천하셨고, 큰 方略으로 가족들을 가르치셨다. 妣는 晋州鄭氏 文莊公 愚伏先生[11]의 胄孫 仁模의 따님으로서, 內則과 女史[12]에 통달하셨고, 가정을 다스리는 데 法度가 있으셨다.

公은 英祖 丁亥(1767년, 英祖 43년) 7월 17일에 태어나셨다. 公은 姿態가 튼실하고 빼어났으며, 재주와 성품이 총명했다. 세 살 무렵 母夫人을 따라 愚山의 外家에 갔는데, 계단 앞 숨겨진 돌의 모서리에 母夫人께서 걸려 넘어지시자, 公이 울면서 그 돌을 파내라고 청했다. 이에 外叔 立齋 先生[13]께서 매우 기특하게 여기셨다. 7~8세 무렵에는 族曾祖 晩谷 先生께 受學했는데, 한 번 들으면 문득 이해하고, 한 번 보면 문득 외웠다. 公이 '歷代의 德의 有無'를 들어 '興亡의 이유'를 논증하자, 晩翁(晩谷)께서는 先公께 "어린 아이가 이미 德이 있는 모습을 보여준다."고 말씀하셨다. 10세에는 立翁(立齋)께 나아가 수학했다. 立翁이 눈앞의 경치를 주제로 詩를 지어보도록 명하자, 公은 "비 내리니 계곡 물소리 시끄럽고, 바람 부니 나무 그림자 흔들린다(雨來溪聲亂 風吹樹影移)."고 읊었는데, 立翁이 嘉賞하게 여기셨다.

세월이 흘러 15세 무렵 科擧 공부에 힘쓰자, 立翁은 "科擧에 응하는 것은 비록 폐지할 수 없지만, 우리 儒學의 진실한 공부는 따로 있다. 마땅히 內·外와 輕·重의 구분을 알아야 한다."고 경계하셨다. 이

10) 晩谷 先生의 이름은 '述道(술도)'로서, 玉川 先生의 孫子요, 大山 李象靖 先生의 門人이었다.

11) 愚伏 先生은 '鄭經世'를 말한다.

12) 女史 : 品行이 훌륭한 여자에게 붙이는 美稱. 또는 〈烈女傳〉 등 品行이 훌륭한 여자들에 관한 기록.

13) 立齋 先生은 '鄭宗魯'를 말한다.

에 公은 '가깝고 속에 있는 학문'에 마음을 두고, 한편으로는 父親의 命으로 과거 공부도 병행했다. 그러나 經義의 精微한 내용들을 모두 蘊蓄하고 講究하여, 試驗場에 임해서는 四書를 묵묵히 외우고 아울러 箋註에 있어서도 막히는 곳이 없어서, 응시한 답안이 마치 여러 날 동안 지은 듯하였다. 사람들이 와서 물으면 곧바로 문서로 써서 답해주었는데, 폭넓게 논증하고 자세히 답변하려고 했을 뿐, 시간을 소비하는 것을 괘념치 않았다. 이에 여러 친구가 모두 그 德量에 감복하였다.

辛亥年(1801년, 35세)에 과거에 합격했는데, 晩翁께서 그 시험 답안을 보시고는 기뻐서 "이처럼 經義에 깊으니, 한때 조금 얻은 것을 다행으로 여기지 말고, 더욱 학문을 닦으라."고 말씀하셨다. 丙寅年(1806년, 40세)에 또 과거에 합격했다. 시험관 金基殷은 一一齋 金是瓚께 "우리 榜文에서는 經學의 선비를 얻었다."고 말했는데, 이는 公께서 『中庸』의 '費而隱'의 뜻을 깊이 이해하고 있었음을 가리킨 말이었다. 이해에 先考의 喪을 당했는데, 매우 엄격하게 禮法을 지켜서 3년 동안 絰帶[14]를 풀지 않았다. 喪을 마치고 다시 과거를 보려 대궐로 달려갔는데, 여동생의 訃音을 듣고는 시험장에 갔다가 곧바로 돌아왔다.

癸酉年(1813년, 47세)에 增廣試에 합격하여, 成均館에 입학했다. 屛山(병산) 韓致應 公이 이때 시험을 주관하여 '마음을 다스리는 要法'을 물었는데, 公의 답안지에서 '同安에서 종소리를 들은 것'[15]과

14) 絰帶(질대) : 喪服을 입고 머리에 두르는 '首絰'과 허리에 두르는 '腰帶'를 말함.

15) 朱子가 同安에서 소년 시절을 보낼 때, '밤에 종소리를 듣고 자신의 마음이 달아나는 것'을 경험하고는 "工夫를 할 때에는 반드시 '專心致志'해야 한다는 것"을 깨달았다는 故事. 朱子는 『大學』의 '心不在焉'을 풀이하면서, "요즘 學者들이 學問에 진전이 없는 것은 '마음이 공부에 있지 않기 때문'이다."라고 설명하고, 위와 같은 자신의 경험을 소개한 바 있다(『朱子語類』 卷104, 〈自論爲學工夫〉 참

'澶州에서 橋梁을 수리한 일'[16]을 인용한 것을 보고는 여러 시험관을 둘러보면서 "切實한 例證이 이와 같으니, 어찌 무릎을 치지 않을 수 있겠는가?"라고 감탄했다. 영광스럽게 고향으로 돌아온 날, 先公께서 이를 보지 못하고 돌아가신 것이 애통하여 저녁까지 목이 메게 울었다.

己卯年(1819년, 53세)에 先妣의 喪을 당했는데, 先考의 喪을 당했을 때와 마찬가지로 엄격하게 禮法을 지켰다. 喪을 마치고는 杜門不出하면서 오로지 經書와 歷史에 뜻을 두고 程子·朱子의 여러 글 및 『退溪集』 가운데 四端七情論辨에 관한 글들을 손수 베껴서, 반복하여 읽으면서 연구하였다. 사람들이 질문하면 자기의 말을 외우는 것처럼 대답했으며, 『朱子語類』와 『心經』·『近思錄』을 더욱 많이 공부했다. 무릇 의심스러운 곳이 있으면 立翁께 나아가 질문했는데, 立翁께서는 '心學'으로 허여하시고, 扁號를 '心齋'라고 명해주셨다. 이는 대개 呂藍田의 詩에서 뜻을 취한 것이다.[17] 山樓에서 講會하는 날, 樗翁(저옹) 南漢朝 公께서는 '가벼운 수레에 익숙한 길'이라고 비유하시고, 江皐(강고) 柳尋春 公께서는 '門路가 端正하고 明確하다'

조).

16) 程明道가 澶州에 있을 때 橋梁을 수리한 일이 있었는데, 그 후로는 이곳저곳을 出入하면서 좋은 材木을 보면 항상 '計度하는 마음'이 생겼다고 한다. 明道는 이러한 경험을 바탕으로 "學者들은 마음에 하나의 일도 남겨두어서는 안 된다."는 경계를 남긴 바 있다(『宋元學案』 卷14, 〈明道學案〉下 참조).

17) 呂藍田의 詩는 "학문이 元凱 같아도 바야흐로 癖이 되고, 문장이 司馬相如 같아도 俳優의 무리 될 뿐. 孔門에 우뚝 서 하나도 일삼음이 없음이여. 顔子만이 깨우쳐 心齋를 터득했네(學如元凱方成癖, 文到相如始類俳. 獨立孔門無一事. 只輸顔子得心齋)"라는 것인데, 이에 대하여 程伊川은 "옛날의 君子는 오직 性情을 기르는 데 힘쓰고 그 밖의 것들은 공부하지 않았다. 지금의 文章을 한다는 사람들은 오직 章句에 힘써서 남의 耳目을 즐겁게 하니, 俳優가 아니고 무엇인가? 이 詩는 根本을 얻었다고 할 만하다."라고 칭송했다고 한다(『宋元學案』 卷31, 〈正字呂藍田先生大臨〉 참조).

고 칭송하셨는데, 이는 대개 公을 깊이 허여한 것이었다. 晩翁께서 돌아가신 뒤로는 '누구를 본받아야 하는가'라고 깊이 애통해 하셨다. 이어서 立翁께서 後學들을 버리고 돌아가시자, 애통함을 이기지 못하고, 의심스러운 問目을 미처 모두 나아가 질문하지 못했음을 통한으로 여겼으며, 예전에 들은 것을 수집하여 스승께 전수한 학문을 밝히는 것으로 일을 삼았다.

丁未年(1847년, 81세)에 병환이 생겨 여러 날을 앓아누우셨는데도 정신을 잃지 않으시고, 子弟들에게 다음과 같은 두 絶句를 받아쓰도록 명하셨다.

平生守拙爲身規　　평생토록 守拙을 내 원칙으로 삼고서,
不錯人間有是非　　세상의 是非에 얽혀들지 않았노라.
點撿心身多過失　　心身을 점검하니, 過失이 많았구려.
到今垂死恨難追　　이제 죽음 드리우니, 고칠 수 없음 한스럽네.
生無可樂死無悲　　살아서 즐거움 없었으니, 죽음도 슬프지 않네.
符到臨期我自知　　符節이 이름에 임박한 기한, 스스로 알겠노라.
莫借刀圭扶護力　　醫術 빌려 내 목숨을 扶護하지 말지어다.
樂復天命復奚疑　　즐거이 天命에 돌아가는데, 다시 무엇 의심하랴.

公은 늙도록 拳拳服膺하여 畏敬을 게을리하지 않으셨거니와, 돌아가실 무렵에도 그러한 모습을 보여주신 것이다. 다음 날 寅時에 자리를 바르게 하고 돌아가셨으니, 곧 正月 30일이다. 이해 月 日에 注谷(주실마을)의 앞산 丁坐의 언덕에 장사했는데, 서로 상엿줄을 잡고 따른 士林이 수백 명이었다.

公은 성품이 순박하고 아름다웠으며, 거동이 신중하였다. 한결같이 誠信과 朴實을 주로 하여, 조금도 外樣에 힘써서 꾸미려는 뜻이 없었으니, 어려서부터 老年에 이르기까지 모든 행실에 흠이 없었다. 선조의 제사를 받들 때에는 지극하게 정성을 다했으니, 期日에 앞서 齋戒하고, 몸소 降神의 술을 따르고 제물을 올렸으며, 비록 老患으로 힘써 행하기 어려울 경우라도 다른 사람이 대신하는 것을 허락하지 않았다. 여러 세대에 걸쳐 이어진 제사는 더욱 삼가서 풍성하게 지냄으로써, 받들기를 한결같이 하였다. 사당의 뜰이 매우 넓었는데, 항상 깨끗하게 청소해 놓았고, 풀을 깎는 도구를 반드시 비치해 두었다. 스승의 忌日에는 반드시 物品을 보내 祭奠을 도왔다. 과거에 합격하여 영광스럽게 돌아온 날에는 祭文을 지어 墓祀를 지냈거니와, 한결같이 섬기는 정성은 또한 평소의 행실이 깊은 데서 말미암은 것이었다.

兄弟는 넷이었는데, 友愛가 매우 독실하였다. 맛있는 음식은 나누어 먹었고, 따뜻한 옷은 함께 입었으며, 책상을 마주하고 함께 공부하여서, 古人의 '幃幔의 樂'[18]이 있었다. 번갈아가면서 仲父를 섬길 때엔 지극하게 정성과 공경을 다해서, 別味가 생기면 반드시 仲父께 올리고, 柳氏 집안으로 시집간 따님이 몇 벌의 새 옷을 가져오자 곧바로 仲父께 바쳤다. 또 族祖 居重氏가 年老하여 곤궁하게 사시자, 몇 차례나 周恤하였다. 恬翁 星臣氏는 文士였는데, 老年에 視力을 잃고서도 자주 찾아오면 公의 집에 머물게 하고, 돌아갈 때엔 입던 옷을 벗어주곤 했다. 큰 凶年을 만나면 항상 여러 친족들이 밥을 지었는지 살펴보아 한 말 또는 한 되라도 보내주었고, 불쌍한 乞人이

18) '幃幔(위만)'이란 휘장으로 장막을 치는 것. 楊椿과 楊津은 형제 사이로서, 아침이면 대청에 모여 종일토록 서로 마주하여 일찍이 안에 들어가지 않았고, 한 가지라도 맛있는 음식이 있으면 형제가 모이지 않고는 먹지 않았으며, 대청마루 사이에 휘장으로 칸막이를 만들어 자거나 쉬는 곳으로 삼고 때때로 그곳에서 쉬고 돌아와서는 다시 함께 談笑하였다고 한다(『小學』 〈善行〉 第六 참조).

굶주리고 있다고 알리면 부엌의 계집종에게 따뜻한 국을 끓여서 가져다주도록 명했다. 곤궁한 사람들을 주휼하는 것은 天性에서 말미암은 것이요, 억지로 노력해서 그런 것이 아니었다.

公은 敎誘를 잘해서, 집안으로부터 마을에 이르기까지 사람마다 재주에 따라 성취시켰다. 金陽淳 公이 嶺南의 觀察使였을 때 고을의 원님이 公을 都訓長으로 임명했는데, 매월 초하루마다 읽은 책들을 講하도록 하여, 부지런하고 게으른 바를 살펴 賞·罰을 시행했으며, 비록 時文[19]을 권장하여 가르칠 때에도 반드시 程式이 있어서 고을의 자제들이 모두 공경하여 복종하고 가르침에 따랐다. 徵逐[20]을 기뻐하지 않았고, 더욱 麯糵[21]의 경계를 지켰거니와, 항상 사람들의 宴會에 갔을 경우, 술잔을 들고 와서 친압하는 자가 있으면 公은 곧 자리를 피했다. 그 사람은 본래 술을 즐겼었는데, 이 일을 부끄럽게 여기고 종신토록 다시는 술을 가까이하지 않았다고 한다. 진실한 행동으로 남을 감복시킨 것이 이와 같았다.

公은 交際를 삼가서, 門에는 잡된 손님이 없었고, 座席에서는 한가한 이야기가 없었다. 그리하여 사람들은 간혹 지나치게 簡默한 것이 아닌가 의심하기도 했다. 그러나 때때로 마음의 벗이 찾아와서 經典의 가르침을 강론할 때엔 밤에도 불을 밝히고 단정하게 앉아 자세를 조금도 흩뜨리지 않았으며, 古書를 인용할 때엔 5~6줄씩 연달아 외웠는데, 글자를 읽는 소리가 낭랑하여 집 바깥에서 들어도 모두 알아들을 수 있었다. '뜻을 같이하는 벗과 모이는 즐거움'이 늙을 무렵 더욱 두터웠던 것이다. 일찍이 素隱 柳炳文 公과 『中庸』의 '如淵如天, 其淵其天'의 뜻을 논하는데, 아침부터 저녁까지 계속되었다.

19) 時文 : 四六騈驪文 등 科擧에 응시할 때 쓰는 문체. 科文.
20) 徵逐(징축) : 부르고 불리고 하여, 서로 친하게 왕래함.
21) 麯糵(국얼) : '술'을 달리 일컫는 말.

곁에 있던 사람이 "무슨 설명이 어찌 그렇게 긴 것인가?"라고 말하자, 公이 웃으면서 "千百年 동안 서로 道를 전한 것이 다만 이 이야기인데, 하룻밤의 이야기를 어찌 길다고 하는가?"라고 하였다. 禮數와 酬答에도 더욱 정성을 다해, 비록 筍束[22]처럼 많은 편지가 쌓여 있고 편지를 전하는 심부름꾼이 아무리 바빠도 반드시 그 기회에 답신을 보냈으며, 매번 다른 사람의 편지를 받으면 정성스럽게 싸서 보관하면서 "情人이 은혜를 베푼 것이니, 더럽혀서는 안 된다."고 하였다. 일생 왕복한 편지가 상자에 가득하여, 하나라도 빠뜨리거나 망실한 것이 없다. 이처럼 誠心으로 사람들을 대했으니, 백 가지 행실 가운데 하나를 볼 수 있다.

평소 거처할 때엔 정신을 모으고 고요히 앉아 衣冠을 숙연하게 하여, 입으로는 저속한 말을 내지 않았으며, 몸으로는 게으른 기색을 보이지 않았다. 항상 너그럽고 평화로우며 두터운 기상을 지니고 있어서, 일찍이 子姪들에게도 꾸짖는 소리를 하지 않았다. 그러나 뜻에 옳지 않다고 여겨지는 것이 있으면 반드시 비유를 들어 준엄하게 책망하였다. '義와 利' 및 '사양할 것과 받을 것'을 구분하면서는 더욱 통렬하게 분변하여, 辭氣의 사이에 截然하여 침범할 수 없는 바가 있었다. 매일 아침 일찍 일어나 세수하고, 子姪들을 불러 학업을 가르칠 때엔 곧 "實情을 꾸며 명예를 구하는 것은 매우 부끄러운 일"이라고 경계했으며, 또 "立志는 마땅히 古人으로 스스로를 기약해야 한다. 만약 너희가 악착스럽고 굽은 행실이 없다면 거의 된 것이다."라고 경계하였다. 바둑이나 장기 및 여러 놀이에 대해서는 '陶廣州의 故事'[23]를 들어 더욱 경계했다. 역사책을 읽다가 古人의 忠孝大節에

---

22) 筍束(순속) : 죽순 다발. 韓退之의 詩句에 '詩多如束筍(詩가 죽순 다발처럼 많다)'이라는 구절이 있는데, 그리하여 '書札이나 詩卷 등이 많음'을 '筍束'이라 일컫게 됨.

이르면 반드시 돌아가면서 읽게 하고, 그 뜻을 미루어 설명하여, 子姪들이 感動하도록 하였다. 벽에는 范益謙의 座右銘[24]을 붙여놓고 "士君子가 立身하여 일할 때엔 반드시 이 銘처럼 해야 한다."고 하였는데, 대개 그 14가지 조목은 公께서 종신토록 늘 실천했던 일이다.

公은 본래 성품이 평온하고 느긋하여 일찍이 빨리 말씀하고 서두르는 기색이 없었다. 하루는 어린 계집종에게 등불을 켜도록 명했는데, 계집종이 기름을 엎어 이불을 적시자, 침착하게 명하여 기름을 닦아내게 했는데, 이를 본 사람들이 '劉寬에게 국을 엎은 일'[25]에 견

23) '陶廣州'는 廣州刺史 陶侃(도간)을 가리키는 말. 도간은 公務가 없는 날에는 아침에 백 개의 벽돌을 집 밖으로 옮겼다가, 저녁에 다시 집 안으로 옮겼다. 사람들이 그 이유를 묻자, 도간은 "내 장차 中原에 힘을 다하려 하는데, 지나치게 편안하면 일을 감당하지 못할까 두렵기 때문"이라고 답했다. 도간은 항상 사람들에게 "大禹는 聖人이었는데도 한 치의 光陰을 아끼셨으니, 일반 사람들은 마땅히 한 푼의 光陰도 아껴야 한다. 어찌 편안히 놀고 크게 취하여, 살아서는 당시에 보탬이 없고 죽어서는 후세에 알려짐이 없게 하겠는가? 이는 스스로 포기하는 것이다."라고 하였다. 도간은 보좌관들이 잡담과 희롱으로 일을 폐하는 자가 있으면 술그릇과 장기판 등을 江에 던져버리게 했다고 한다(『小學』〈善行〉 第六 참조)

24) 范益謙의 座右銘은 다음과 같은 14조목이다. 첫째, 朝廷의 利害 및 변방의 보고와 관원의 임명을 말하지 말 것. 둘째, 州縣 관원의 장단점과 득실을 말하지 말 것. 셋째, 여러 사람이 저지른 과실과 나쁜 일을 말하지 말 것. 넷째, 관직에 나아감과 때에 따라 권세에 아부함을 말하지 말 것. 다섯째, 財利의 많고 적음과 가난을 싫어하고 富를 구함을 말하지 말 것. 여섯째, 음탕하고 친압하고 희롱하고 不敬함과 女色에 관한 평론을 말하지 말 것. 일곱째, 남에게 물건을 요구하거나 술과 음식을 찾는 것을 말하지 말 것. 그리고 첫째, 남이 書信을 부탁하거든 뜯어보거나 지체시키지 말 것. 둘째, 남과 함께 앉았을 때에 남의 사사로운 글을 훔쳐보지 말 것. 셋째, 남의 집에 들어갈 때 남의 글을 보지 말 것. 넷째, 남의 물건을 빌렸으면 훼손시키거나 떼먹지 말 것. 다섯째, 음식을 먹을 때엔 가려서 버리거나 취하지 말 것. 여섯째, 남과 함께 거처할 때 자기에게 편리한 것만 고르지 말 것. 일곱째, 남의 富貴를 보고 감탄하고 부러워하거나 헐뜯지 말 것(『小學』〈嘉言〉 第五 참조).

25) 劉寬은 매우 침착한 사람이어서, 비록 창졸간에 있더라도 말을 빨리하거나 얼굴빛이 급히 변한 적이 없었다. 그의 부인이 유관을 시험하여 성내게 하고자 하여, 계집종으로 하여금 일부러 유관의 朝服에 국을 엎도록 했는데, 유관은 神色이 변하지 않고, 침착하게 계집종에게 "국에 네 손을 데었느냐?"라고 물었다고 한다

주었다. 田丁이 수확한 곡식을 몰래 훔친 일이 있었는데, 일이 탄로 났어도 캐묻지 않았다. 村丁들이 무리를 지어 소를 훔쳐서 산의 계곡에서 몰래 도살한 일이 있었는데, 일이 발각되어 法대로 처리하자는 의론이 있자, 公께서 만류하여 "저들은 흉년이 들어 本心을 잃은 것인데, 만약 法으로 다스린다면 다치지 않을 수 있겠는가?"라고 하면서, '秦穆公의 食馬飮酒의 說'[26]로 설명하셨다. 비록 같은 마을의 늙은이라도 公이 꾸짖는 소리를 들어보지 못한 것이다. 사나운 관리들이 서로 심하게 싸우고는 회초리를 지고 와서 罪를 청하기도 하였다. 일찍이 公께서 일이 있어 鄕校에 갔는데, 사람들이 어그러져 다투기를 그치지 않고 있다가, 公을 보고는 매우 부끄러워 스스로 解散하고 말았으니, 이른바 '사람들이 바라보고 감히 사나운 마음을 품지 못한다'는 것이었다.

평생토록 남의 옳고 그름을 말하지 않았고, 남의 長短을 논할 때면 항상 孟子의 '後患을 당하면 어찌할 것인가'[27]라는 가르침을 외우면서 서너 번을 거듭 생각했다. 간혹 남의 장단을 말하는 자가 있으면 못 들은 척했고, 심한 경우가 있으면 반드시 "전한 사람이 잘못 전했을 것이다. 그 사람이 어찌 그런 짓을 했겠는가?"라고 하였다. 일찍이 말씀하기를 "교만하게 긍지를 갖는 것은 크게 일을 해치는 것이다. 사람에게 이런 병이 있으면 자신을 해칠 뿐만 아니라 후손

(『小學』〈善行〉第六 참조). 한편 〈心齋行狀〉의 原文에서는 이를 '張湛翻羹事'라고 했는데, 이는 '劉寬'과 '張湛'을 혼동한 것 같다. 『小學』〈善行〉第六에서는 '劉寬에게 국을 엎은 고사'를 소개하고, 바로 이어서 '張湛이 禮를 좋아한 고사'를 소개하고 있다.

26) 秦穆公이 굶주린 野人들에게 말을 잡아 먹이고 술을 마시게 했는데, 훗날 秦穆公과 晉惠公이 싸울 때 秦穆公의 은혜를 입은 野人들이 목숨을 바쳐 싸워서 秦穆公이 大勝했다고 한다(『呂氏春秋』〈仲秋紀〉 참조).

27) 孟子는 "남의 不善을 말하다가, 後患을 당하면 어찌할 것인가?"라고 경계한 바 있다(『孟子』 離婁下 제8장).

들 또한 반드시 떨치지 못하니, 간절하게 경계해야 마땅하다."고 했으며, 또 "우리 儒者의 本分은 다만 守拙에 있으니, 生業의 근심으로 뜻을 손상하고 허물을 키우면 안 된다고 했는데, 참으로 名言이다. 돌이켜 보면 스스로 물려받은 전답과 집이 있으니, 마땅히 先人의 家業을 삼가 지켜서 失墜하지 않으면 되는 것이다."라고 했으며, 또 "窮塞함과 通達함에는 命이 있으니, 智力으로 구할 수 있는 것이 아니다. 분수에 따라 밭에서 농사를 짓고, 삼가 세금을 바치고 몸을 닦는 것도 또한 임금을 섬기는 하나의 방도이다."라고 했다. 비록 草野에 있어도 忠君愛國을 잊지 않았으니, 나라에 慶事가 있으면 기뻐서 손뼉을 쳤고, 나라에 恤事가 있으면 가슴 아프게 여겼으며, 간혹 詩와 文章으로 표현하여 芹曝[28]의 정성을 부쳤다.

항상 '縣의 門을 바라보지 않는다'는 경계를 지켜서, 성곽의 門이 비록 가까이 있어도 그쪽으로 거의 발자국을 옮기지 않았다. 전후의 원님들이 부임해 와서 부지런히 서로 이어서 안부를 물어와도, 한 번도 가서 만나보지 않았다. 그 가운데 원님 李能秀는 독실한 學士로서, 公의 이름을 사모하여 교제를 원하고 더욱 禮意를 다했으나, 公이 사양함으로써 한 번도 謝禮하지 못하고 그쳤다. 또 원님 宋欽天은 심부름꾼을 통해 편지를 보내서 "內弟가 左試[29]를 주관하오니, 公의 子姪 가운데 과거에 응하는 자가 누구인지 알고 싶습니다."라고 청했는데, 公께서 "이미 다 과거를 치렀다."고 사양하고 이름을 알려주지 않자, 宋欽天이 탄복하였다.

책을 보는 것이 매우 자세하고 정밀했으며, 교감하는 데는 더욱 정밀했으니, 『立齋集』을 거듭 교정함에 公께서 訂正한 것이 가장 많

28) 芹曝(근폭) : 미나리와 햇볕. '芹曝의 정성'이란 '미나리와 햇볕을 선사하는 정성'이라는 말로, 보잘것없으나마 정성을 다한다는 뜻.
29) 左試 : 左學의 시험. '左學'은 '小學'의 별칭, 또는 '太學'의 별칭.

았다. 이에 內弟 石坡公이 편지를 보내 “親炙한 바가 깊으니, 정밀하고 넓은 견해를 오늘에 더욱 실감할 수 있겠다.”고 謝禮한 바 있다. 스스로를 봉양함은 매우 簡約했으나, 손님을 대접할 때에는 닭을 잡고 곡식으로 밥을 지었다. 비록 정성을 다하는 사이에 쌀독이 비게 되더라도, 마음이 淡泊하여 또한 근심하지 않았다. 일찍이 葱麥[30]으로 손님을 대접한 일이 있는데, 손님이 “거친 밥을 먹으면 사람들은 그 근심을 이기지 못한다고 했는데, 바로 그대가 거친 밥을 먹는구려!”라 하고, 이어서 “顔子가 즐긴 바는 夫子의 道를 즐긴 것인가?”라고 물었다.[31] 이에 公이 “옛날에 鷹使가 程伊川께 이 문제를 질문한 바 있는데, 程伊川은 ‘渾然한 天理를 즐긴 것’이라고 답했다.”라고 답하자, 손님이 “나는 일찍이 順菴 安鼎福 公께 이 말을 들은 바 있다. 公의 말씀이 安公의 말씀과 어찌 그렇게 똑같은가?”라고 하였다.

세상의 취미는 일절 탐내거나 좋아하는 바가 없었으나, 오직 書冊에 대해서만은 嗜慾이 있었다. 病이 심한 경우가 아니면 일찍이 하루도 책을 놓은 적이 없었고, 일찍이 보지 못한 좋은 책이 있다는 말을 들으면 비록 먼 곳이라도 반드시 빌려다 보았고, 보고 난 다음에는 곧바로 돌려주었거니와, ‘江祿의 경계’[32]를 더욱 지켜서, 사람들이 싫어하지 않았다.

평소에 泉石을 좋아했거니와, 公이 살았던 동네의 어귀에 있는 숲과 계곡, 바위와 샘을 즐기는 취미가 있었고, 날씨가 온화하고 경치

---

30) 葱麥 : 파를 넣어 끓인 국과 보리밥. 麥飯葱湯. 보잘것없는 음식.

31) 『論語』 雍也 제9장에는 “어질도다. 顔回여! 한 대그릇의 밥과 한 표주박의 마실 것으로 누추한 곳에 사는 것을, 사람들은 그 근심을 견디지 못하거늘, 顔回는 그 즐거움을 고치지 아니하니, 어질도다, 顔回여!”라는 말이 보인다.

32) 江祿은 책을 읽다가 그만둘 때에는 아무리 급한 일이 있더라도 반드시 책을 덮고 책상을 整理整頓하여 책이 손상되지 않도록 했거니와, 그리하여 사람들은 강록이 책을 빌려달라고 하는 것을 싫어하지 않았다고 한다(『小學』 〈嘉言〉 第五 참조).

가 맑은 때를 만나면 그곳에 나아가 詩를 읊거나 노래를 부르고 돌아왔다. 公께서는 '俗世를 벗어나려는 생각'이 있었거니와, 晩年에 그윽하고 조용한 장소를 골라, 집 뒤의 시냇가 한구석에 조그만 亭子를 짓고 '枕泉'이라는 扁額을 걸었는데, 이는 晦翁(朱子)의 詩에서 뜻을 취한 것이다.[33] 海隱 姜必孝 公이 지은 〈枕泉亭記〉에서는 "궁색해도 道를 잊지 않고, 늙어서도 學問을 게을리하지 않았다."고 했으며, 또 "인간 세상에 비가 내리면 몸을 윤택하게 하는 德雨로 삼았다."고 했는데, 대개 그 '뜻이 있었음에도 베풀지 못함'을 한탄한 것이었다.

公은 規模와 法門을 한결같이 숨겨서, 비록 높게 스스로 표방하지는 않았어도 스스로 이 학문에 자처하였다. 內外의 師承이 모두 端正하고 明確했으니, 집안에서 보고 들으면서 익힌 것과 외숙과 생질 사이에 氣脈이 전한 것은 진실로 남들과 다른 것으로서, 薰陶와 承襲이 저절로 德을 이룬 것이었다. 一生의 用工은 오로지 '마음을 다스리는 학문(治心之學)'에 있었다. 얻음과 잃음에 마음이 흔들리지 않았고, 世間의 誹謗이나 稱譽에 개의치 않았으며, 오직 자신의 本分에 마땅히 행해야 할 것에만 힘썼다. 마침내 用工이 더욱 두터워지고 心目이 더욱 정밀해짐에, 저술한 論說들이 모두 經典의 本旨를 發明하기에 충분했다. 예컨대 〈心統性情說〉·〈人心道心說〉·〈浩氣說〉 등이 그 핵심이다. 存養하고 省察하며 儆戒하는 방법에 대해서는 盤盂에 새겨두기도 했는데, 〈懲忿箴〉·〈窒慾箴〉·〈戒懼箴〉 등 9편의 箴과 〈誠銘〉·〈敬銘〉·〈仁銘〉·〈恕銘〉 등 17편의 銘은 모두 體認한 가운데 얻은 것이다.

---

33) 朱子는 〈西閣〉이라는 詩에서 "安得枕下泉 去作人間雨(어찌하면 베개 밑의 샘물을 얻어다가, 세상을 적실 비를 만들 수 있겠는가?"라고 읊었는데, 이는 '經世濟民의 뜻'을 표현한 것이라 한다.

『小學』과 『四書』에 나아가 要義를 뽑아 講錄을 만들었고, 『中庸』과 『大學』에 대해서는 더욱 자세하여, 章마다 分析을 가하고 각각 攷證하여 『庸學辨疑』라고 이름 지었는데, 海隱公(姜必孝)은 “후세에 전할 만한 것으로, 의심스러운 점이 없다”고 평하였다. 무릇 그 밖의 著述들도 평이하고 간결하며 담백하여, 꾸밈에 힘쓰지 않았다. 詩도 또한 典雅하고 朴實하여, 특히 濃艶의 자태가 없었으니, 세속의 화려한 꾸밈을 오로지 숭상하는 자들은 간혹 깊이 기뻐하지 않았다. 그러나 詩學에는 오로지 杜·陸을 본받는 데 노력했고,[34] 구절을 다듬고 글자를 활용함에는 또한 모두 내력이 있었다. 謙虛하고 물러나 사양하여, 어짊(賢)과 지혜(智)를 뽐내 남보다 앞서지 않았으니, 그러므로 당시의 交遊를 또한 모두 알 수는 없다.

이제 남겨진 文章으로 살펴보면, 天·人·性·命의 근원과 動·靜·體·用의 나뉨을 추론하여 곡진하게 설명했으니, 字句를 발라내고 章節을 찾는 자와 견줄 것이 아니다. 삼가 訓詁를 지키고 새로운 견해를 끼워 넣지 않았으며, 여러 학설을 널리 고찰하되 한쪽으로 치우치지 않았으니, 여기에 입각하여 그 端緖를 찾으면, 정밀한 견해가 쇄도함은 실로 쌓인 노력으로부터 말미암고, 모든 일을 공정하게 논함은 저절로 속일 수 없는 학문의 힘이었음을 알 수 있다. 마음을 보존함은 公正했고, 자신을 규율함은 嚴格했으며, 일을 처리할 때엔 자세히 살폈고, 사람들과 교제할 때엔 너그럽게 용서했다. 친한 사람들로부터 소원한 사람까지 미치고, 작은 것으로부터 큰 것에 미쳐서, 사물과 나 사이에 간격이 없고, 안과 밖이 한결같았으며, 고요한 물처럼 맑고, 봄바람처럼 향기로워, 한 번 보면 德이 있는 君子임을 알

34) ‘杜·陸’은 唐代의 시인 杜甫와 宋代의 시인 陸游를 말하는 것 같다. 杜甫의 詩風은 雄渾沈痛했으며 忠厚의 情이 넘쳤다고 한다. 陸游의 詩風은 淸新하였으며 자기 고장의 風土를 사랑하여 詩로 읊었다고 한다.

수 있었다. 그러므로 비록 여러 갈래로 毁謗이 많았던 세상에 처했으면서도 일찍이 흠을 잡히지 않았던 것이다. 당시의 '80평생 赤子의 마음을 잃지 않았다'는 말은 참으로 公을 잘 아는 말이었다.

다행히 때를 만나서 무언가 할 수 있는 지위를 얻었더라면, 事理를 종합함은 일을 주관하기에 충분했을 것이요, 忠厚함은 風俗의 모범이 되기에 충분했을 것이며, 백성을 어질게 대하고 만물을 사랑하는 德도 또한 남들에게까지 미쳤을 것이다. 그런데 草野에서 늙어 名聲이 다만 太學(성균관)에서 머물고 말았으며, 薦擧를 받아도 곧장 時論의 해치는 바 되었으니, 이것이 世道의 恨이 되는 것이다. 그러나 소진되지 않는 恩澤이 남아 후손들에 뻗쳐서, 家門이 점차 번창하고 文雅가 서로 이어지니, 公께서 어질고 착한 德을 많이 쌓았음을 또한 증험할 수 있겠다.

配 宜人 姜氏는 晋州의 촉망받는 집안 출신으로, 監役 宅一의 따님이요, 縣監 再恒의 孫女이다. 부드럽고 아름답고 효도하고 공경하여, 婦德이 있다는 칭송을 받았다. 壬午年(1762년)에 태어나서, 公보다 35년 먼저 돌아가셨는데, 合葬하지 않고 德峯의 庚向의 언덕에 장사지냈다. 3男 3女를 두었는데, 아들은 秉周・秉魯・秉性이다. 첫째 딸은 柳致陽에게 시집갔는데, 곧 必永의 祖考이시다.[35] 둘째 딸은 李相休에게 시집갔고, 셋째 딸은 金樂奎에게 시집갔다.

秉周는 1男을 두었는데 泰容이며, 2女를 두었는데 李彙喬와 金壽求에게 시집갔다. 秉魯는 1男을 두었는데 思容이며, 2女를 두었는데 李炳斗와 李壽燮에게 시집갔다. 秉性은 1男을 두었는데 圭容이며, 1女를 두었는데 柳達洙에게 시집갔다. 柳致陽은 아들 星鎭과 定鎭을

35) '柳必永'은 〈心齋行狀〉을 지은 사람으로, 心齋의 첫째 따님의 孫子이니, 心齋에게는 外曾孫이 된다.

두었다. 李相休는 아들 進榮과 近榮을 두었고, 딸들은 權鑦과 朴羲秀에게 시집갔다. 金樂奎는 아들 輝學과 輝夔와 輝卨을 두었고, 딸들은 柳壽淵과 宋某에게 시집갔다.

泰容은 아들 承基·命基(出系했다)·永基를 두었고, 딸은 李壽昇에게 시집갔다. 思容은 아들 亨基·英基·始基(出系했다)·準基를 두었고, 딸들은 姜龜元·金中秉·鄭承模에게 시집갔다. 圭容의 딸은 南孝順에게 시집갔다.

承基는 2男을 두었는데 하나는 寅錫이고 하나는 어리며, 딸들은 李中學과 金某秉에게 시집갔고 하나는 어리다. 命基는 7男을 두었는데 龜錫·龍錫(出系했다)·駿錫·禧錫·鵬錫(出系했다)이고, 나머지는 어리다.

必永은 獅孫[36]의 어린 아이로서, 늦게 태어나 公을 뵙지 못한 恨이 있다. 그러나 先人의 兄弟들을 모실 때에 公의 돈독한 制行과 착실한 用工을 자주 듣고는 사모하고 기뻐하고 존경하고 우러렀으니, 恩惠를 받고 敎誨를 입은 자와 다름이 없을 것이다. 內兄 承基氏가 그 王考公의 著述과 遺事를 내게 보내면서, 行狀을 지어달라고 청했다. 돌이켜 생각해보니, 아름다운 행실과 진실한 德을 지닌 분에 대해서는, 마땅히 당세의 으뜸가는 文筆家를 얻어서 그 행적을 칭송하여 후세에 전해야 할 것이다. 그런데도 內兄이 반드시 必永에게 요청한 것은 바로 公의 '儉約하여, 화려하게 꾸미지 마라'는 遺意를 따른 것이었다. 이에 감히 끝내 사양하지 못하고, 삼가 檃栝[37]하고 차례를 정했으며, 평소에 가정에서 들은 바를 간략히 덧붙였다. 그러나 나는 文章이 메마르고 識見이 부족하여, 公의 아름다운 德을 제

36) 獅孫 : '外孫'을 달리 일컫는 말.
37) 檃栝(은괄) : 도지개. 바로잡음. 휜 것을 바로잡는 기구를 '檃'이라 하고, 뒤틀린 것을 바로잡는 기구를 '栝'이라 함.

대로 형용하지 못한 것이 송구스럽다. 그러나 讀者들은 이글을 바탕으로 公의 참된 모습을 본받게 되기를 바란다. 세상의 立言하는 君子는 나의 참람하고 졸렬함을 용서하고, 나의 말을 마름질하여 받아들이기 바란다.

〈참고문헌〉

『四書集註大全』
『大學或問』
『中庸或問』
『五經大全』
『朱子大全』
『朱子語類』
『二程全書』
『宋元學案』
『王陽明全集』
『莊子』
『古文眞寶』
『正祖實錄』

趙彦儒, 『心齋遺稿』, 景仁文化社 영인본, 2002.
趙光祖, 『靜菴集』, 성균관대학교 대동문화연구원 영인본, 1988.
李 滉, 『增補 退溪全書』, 성균관대학교 대동문화연구원 영인본, 1985.
李 珥, 『栗谷全書』, 성균관대학교 대동문화연구원 영인본, 1978.
李 珥, 『四書栗谷諺解』, 成均館大學校 養賢齋 영인본, 1974.
李 瀷, 『星湖集』, 민족문화추진회, 한국문집총간본, 2001.
李象靖, 『大山集』, 민족문화추진회, 한국문집총간본, 2001.

鄭宗魯, 『立齋集』, 민족문화추진회, 한국문집총간본, 2001.
趙述道, 『晩谷集』, 景仁文化社 영인본, 2002.
金長生, 『沙溪全書』, 明寶精版社 영인본, 1978.
金平默, 『重菴集』, 宇鍾社 영인본, 1975.
丁若鏞, 『與猶堂全書』, 아름출판사 영인본, 1995.
金正喜, 『阮堂全集』, 민족문화추진회 영인본, 1995.
趙承基, 『南洲集』, 石印本.
柳必永, 『西坡集』, 石印本.

趙彦儒 原著, 李相益 譯註, 『譯註 庸學辨疑』, 심산, 2006.
成百曉 譯註, 『大學·中庸集註』, 전통문화연구회, 1999.
成百曉 譯註, 『論語集註』, 전통문화연구회, 1994.
成百曉 譯註, 『孟子集註』, 전통문화연구회, 1994.

權五榮, 『조선후기 유림의 사상과 활동』, 돌베개, 2003.
權五榮, 「『心齋遺稿』 解題」(『心齋遺稿』 上 所收), 경인문화사, 2002.
柳承國, 「四書栗谷諺解 解題」, 『四書栗谷諺解』, 成均館大學校 養賢齋 영인본 所收.
柳承國, 『한국의 유교』, 세종대왕기념사업회, 1980.
柳承國, 『東洋哲學硏究』, 槿域書齋, 1983.
안동대학교 안동문화연구소 지음, 『영양 주실 마을』, 예문서원, 2002.
안유경, 「조선후기 퇴계학파의 '理發說'에 대한 해석」, 『東洋哲學』 제25집, 한국동양철학회, 2006.
李東俊, 『유교의 인도주의와 한국사상』, 한울, 1997.

李東俊, 「十六世紀 韓國性理學派의 歷史意識에 관한 연구」, 성균관대 박사학위논문, 1975.
李東俊, 『16세기 한국 성리학파의 철학사상과 역사의식』, 심산, 2007.
李相星, 『정암 조광조의 도학사상』, 심산, 2003.
李相星, 『趙光祖 : 한국 道學의 태산북두』, 성균관대학교 출판부, 2006.
李相益, 『儒家社會哲學研究』, 심산, 2001.
李相益, 『畿湖性理學論考』, 심산, 2005.
李相益, 『歷史哲學과 易學思想』, 성균관대출판부, 1996.
李相益, 「大山 李象靖의 理主氣資論 : 退·栗 性理說과 대비하여」, 『東方學志』 제142집, 연세대학교 국학연구원, 2008.
李相益, 「立齋 鄭宗魯의 理强氣弱論과 公七情理發論」, 미발표 원고.
李弘稙 편, 『增補 새 國史事典』, 교학사, 2000.
趙熏泳, 「靜菴 趙光祖의 道學思想 研究」, 성균관대학교 유학대학원 석사학위논문, 2000.
崔英成, 『韓國儒學思想史』 Ⅳ, 아세아문화사, 1995.

〈찾아보기〉